中经财税培训

智昌库 蔡昌财税系列

合法节税

企业全流程税收筹划180例

蔡　昌◎著

中国经济出版社
CHINA ECONOMIC PUBLISHING HOUSE
·北京·

图书在版编目（CIP）数据

合法节税 ：企业全流程税收筹划 180 例 / 蔡昌著 .
北京 ：中国经济出版社，2024. 12. -- ISBN 978-7
-5136-8024-0

Ⅰ. F812. 423

中国国家版本馆 CIP 数据核字第 2024NA6585 号

责任编辑　夏军城
责任印制　马小宾
封面设计　任燕飞

出版发行　中国经济出版社
印 刷 者　天津嘉恒印务有限公司
经 销 者　各地新华书店
开　　本　710mm×1000mm　1/16
印　　张　26. 25
字　　数　486 千字
版　　次　2024 年 12 月第 1 版
印　　次　2024 年 12 月第 1 次
定　　价　98. 00 元
广告经营许可证　京西工商广字第 8179 号

中国经济出版社　**网址** http://epc. sinopec. com/epc/　**社址** 北京市东城区安定门外大街 58 号　**邮编** 100011
本版图书如存在印装质量问题，请与本社销售中心联系调换（联系电话：010-57512564）

前言

1

民以食为天，国以税为本。随着市场经济的深入发展，税收与经济的关系越发密切，税收更多地影响着人们的生产和生活。2015 年以来，足球运动员梅西、马斯切拉诺、内马尔等曾因涉嫌逃税被西班牙政府制裁和处罚。2017 年，欧盟宣布对亚马逊与卢森堡签订的税收协议展开调查，认为亚马逊在卢森堡非法避税，要求其补缴 2.5 亿欧元的税款及利息。此后，亚马逊与美国国内税务局（IRS）的税收争议案提请美国税务法庭审议，法官阿尔伯特·劳勃尔驳回了 IRS 的诸多指控，判定 IRS 滥用自由裁量权，本案最终以 IRS 败诉而结案。2018 年 10 月 3 日，深受社会关注的国内某演员“阴阳合同”逃税案最终公布了处理结果：税务当局对其处以 8.84 亿元的巨额罚款，该案终于尘埃落定。2021 年，浙江省杭州市税务部门对网络主播涉嫌偷逃税款展开调查发现，朱××、林××两名网络主播通过在上海、广西、江西等地设立个人独资企业，虚构业务将其取得的个人工资薪金和劳务报酬所得转变为个人独资企业的经营所得，偷逃个人所得税，税务部门对两人分别追缴税款、加收滞纳金及罚款 6555.31 万元、2767.25 万元。黄××在上海崇明区、奉贤区和舟山市设立了多家个人独资企业和合伙企业，这些企业没有实质性经营活动，只是享受了当地的税收优惠政策，并凭借产业园区核定征收政策，以隐匿收入、虚构业务、转换收入性质、虚假申报等方式逃避税款 6.43 亿元，少缴其他税款 0.6 亿元，税务机关依法对黄××作出了税务行政处理处罚决定，追缴税款、加收滞纳金并处罚款 13.41 亿元。这些事件都表明税收已深度嵌入社会与人们的日常活动，印证了 Klepper 和 Nagin（1989）的经典名言“人的一生中有三件事情是确定的：死亡、税收以及人类为逃避这两件事所作出的不懈努力”。

税收规则对判断税收活动的性质至关重要，目前国际税收规则正处于剧烈演变时期，经济数字化带来了严峻的税收挑战。2019 年 6 月，经济合作与发展组织（OECD）发布了税基侵蚀和利润转移（BEPS）两大支柱性咨询意见，进一步影响了国际税收环境。2020 年 1 月 31 日，OECD 发布了两大支柱性包容性框架声明，为应对数字经济税收提出了建议性方案。2020 年 7 月 13 日，开曼群岛当局颁布了《开曼群岛经济实质指引 3.0》①，这是国际反避税规则的重大发展。无独有偶，海南自贸港建设也开启了新税制设计与运行，对实质性运营进行了深入诠释：企业注册在自贸港且在自贸港之外未设立分支机构的，判断实质性运营的条件是居民企业的生产经营、人员、财务、资产在自贸港。② 企业注册在自贸港且在自贸港之外设立分支机构的，属于总机构在自贸港的跨自贸港经营汇总纳税企业，判定其是否属于实质性运营，主要取决于注册在自贸港的居民企业是否能够从生产经营、人员、财务、资产四个维度实施对各分支机构的实质性全面管理和控制。

2

税收筹划是一种融战略规划、经营模式、商务结构及管理方式为一体，旨在降低税收成本与税务风险的智慧行为。美国《会计技术》杂志称税收筹划为"皇冠上的明珠"，税收筹划要合规，放射出耀眼的光芒，必须洞察照射在明珠上的每一束光。

从理论与实践融合的角度分析，税收筹划是指纳税人在既定的税制框架下，通过对纳税主体的战略模式、经营活动、投资行为、理财涉税事项等进行事先规划和安排，以规避税务风险、递延纳税、降低税负为手段，实现税后收益最大化目标的一系列税务规划活动。出于理财决策和税收利益的考虑，集团企业、商务机构乃至自然人都十分重视税收筹划的实践运作。一些税务师事务所、会计师事务所、律师事务所等机构积极推出了满足社会各界需求的高端税收筹划业务。

中国注册税务师协会发布的《税务师行业涉税专业服务规范基本指引（试行）——税务师行业涉税专业服务规范第 1.0 号》规定，税收策划业务指引是税务师事务所接受纳税人、扣缴义务人委托，指派本所税务师、注册会计师、

---

① 开曼群岛当局 2018 年 12 月 27 日颁布了《国际税收合作（经济实质）法》［*The International Tax Co-Operation*（*Economic Substance*）*Law*］，要求在开曼群岛设立的经济主体开展"相关活动"并取得"相关收入"，必须满足经济实质测试，同时向开曼群岛税务信息局申报相关信息。

《开曼群岛经济实质指引 3.0》重点扩充了"附表：行业具体指南"（*The Schedule*：*Sector Specific Guidance*）的内容，对全部 9 类"相关活动"的定义、核心经济活动及经济实质要求等进行了较为详细的说明。此外，3.0 版本指引文件正面回应了《国际税收合作（经济实质）法》实施以来业界较为关注的部分问题。

② 生产经营、人员、财务、资产四要素任何一项不在自贸港的，就不属于实质性运营。

律师，就委托人的经营、投资、融资活动提供符合税收法律法规及相关规定的纳税计划、纳税方案的基本规范。

“横看成岭侧成峰，远近高低各不同。”对税收筹划的理解与认识也是如此，税收筹划的核心在于解决产权归属问题。税收是对一部分私人产权的剥夺，同时是对私人产权的认可与保护。没有对私人产权的保护，就没有税收筹划。税收筹划要遵循税收法定与私法自治。税收法定是税收筹划的基础条件，确立了纳税人的税收筹划权；私法自治①是税收筹划的重要保障，私法自治框架下的纳税人因其拥有事务安排和税收筹划的自由度，从而真正使税收筹划权作为一项纳税人的合法权益而存在。税收筹划是市场经济环境下的产物，是纳税人具有法律意识的主动行为，不仅具备合法性基本要件，而且体现了民主、正义的税收契约精神。

征税与纳税是一种永恒的、高智商的动态博弈对局，人们经常用“渔网理论”来刻画征纳双方之间的微妙关系：渔民编织渔网出海捕鱼，但捕鱼过程中必然会出现一些漏网之鱼。鱼之漏网，原因在于网而不在于鱼，鱼从网中钻出是其渴望生存的天性使然。渔民不应该埋怨漏网之鱼，而应该想办法修补捕鱼之网。其实，“渔网理论”对税收筹划具有一定的借鉴意义：税法犹如一张渔网，再结实的渔网都有网眼过大乃至破损之处，再完善的税法都有缺陷和漏洞。因此，税收筹划体现了纳税人捕捉“税法漏洞”、寻觅“税收空间”的洞察力，是纳税人对税收环境的反应和适应。更为重要的是，税收筹划堪称税收公平与效率的试金石，使政府意识到修补“税法之网”的迫切性，进而演变成一种税制变迁的推动力，引发税制的诱致性制度变迁。②

3

关于税收筹划的起源，最早可追溯至19世纪中叶的意大利。当时的意大利税务咨询业已出现税收筹划服务，可以看作是税收筹划的最初萌芽。税收筹划的正式提出始于美国财务会计准则（FASB），美国财务会计准则委员会（FASB）在《SFAS109——所得税的会计处理》中首次提出了“税收筹划战略”

① 私法自治原则建立在19世纪个人自由主义之上，强调国家应严格限制其权力范围和权力界限，充分关注个体利益，最大限度地发挥个体的主观能动性和积极性，以实现社会效益的最大化和社会的公平正义。

② 诱致性制度变迁是与强制性制度变迁相对立的一种制度演进模式。北京大学林毅夫教授认为：“诱致性制度变迁指的是一群（个）人在响应由制度不均衡引致的获利机会时所进行的自发性变迁；强制性制度变迁指的是由政府行动来加以促进。”（参见林毅夫 . 关于制度变迁的经济学理论：诱致性变迁与强制性变迁［C］//财产权利与制度变迁——产权学派与新制度学派译文集 . 上海：上海三联书店，上海人民出版社，1994 年 .）

(Tax-planning Strategy)。欧洲税务联合会于1959年在法国巴黎成立，当时由5个欧洲国家从事税务咨询的专业团体发起成立，其主要业务就是为纳税人开展税收筹划。美国经济学家迈伦·斯科尔斯、马克·沃尔夫森（2004）提出了“有效税收筹划理论”。[①] 该理论体现了一般均衡的战略思想，旨在建立一个透视税收规则如何影响税务决策、资产定价、资本结构和财务战略的理论框架。自罗纳德·H. 科斯获得诺贝尔经济学奖以来，产权经济学思想逐步渗透进税收领域，税收筹划被视为“由社会多方契约关系制约的、多方契约力量之合力推动的一种经济行为”（蔡昌，2008）。[②] 在承认理性经济人的逐利本性、契约的不完备性和利益博弈均衡等前提下，契约各方当事人（涵盖经营者、投资者、债权人、供应商、代理商等利益相关者）便有动机、有条件利用交易契约进行税收筹划运作，在更大范围内、更主动地灵活安排理财涉税事项，以达成契约各方的共赢局面。美国税务协会前任主席萨利·琼斯、谢利·罗兹-盖特那奇（2010）敏锐地指出：“税收代表一种经营成本，而且要像产品成本、雇员工资、财务成本等一样进行管理，将税收作为一种战略规划变量，特别强调其在经营决策制定中的角色。”[③]

纵观世界范围税收筹划领域的发展，理论研究总是滞后于实务。究其原因，一是税收筹划是致用之学，更多地与商业实践联系在一起；二是税收筹划属于边缘学科，理论研究向纵深推进颇有难度，研究视角必须向经济学、管理学、法学等方向拓展。税收筹划实务离不开理论的指导，缺乏理论根基的实务总是充满风险，理论研究要有前瞻性，就必须超越实务发展的阶段。因此，税收筹划研究视野、研究方法、研究范式等都亟待突破，基于经济学原理构建税收筹划的一般理论框架将是未来的方向，利用实证方法检验税收筹划的内在规律是理论指导实践的必由之路，创立一种能够解释税收筹划实务的理论范式将是本学科未来发展的重点。

4

本书是一本税收筹划实务教程，是笔者根据多年的潜心研究和实践经验精心编写而成。本书之所以称为“实战秘籍”，一方面是因为内容都是笔者对税收实践操作长期思考的结果，有很多方法和技巧已经得到实践证明；另一方面，

---

① 迈伦·斯科尔斯，马克·沃尔夫森，默尔·埃里克森，等. 税收与企业战略：筹划方法［M］. 2版. 北京：中国财政经济出版社，2004.

② 蔡昌. 契约视角的税收筹划研究［M］. 北京：中国财政经济出版社，2008.

③ 萨利·琼斯，谢利·罗兹-盖特那奇. 高级税收战略［M］. 4版. 梁云凤，译. 北京：人民邮电出版社，2010.

“实战秘籍”含有技术规律总结之意，本书不仅是税收实践和案例的真实记录，而且是对税收筹划技术、模式的总结和升华，含有精华思想之寓意。本书上篇是战略方法，重在阐释税收筹划思想脉络与战略规划，帮助读者抓住税收筹划的思想源头，从根本上把握税收筹划原理与思路；中篇是实战秘籍，注重税收筹划基本方法、技术与实战操作，按照业务流程顺序论述税收筹划的实务方法与筹划要点；下篇是经典案例，剖析国内和国际税收案例，从实务角度把握税收筹划的精髓。本书结构紧凑、篇幅宏大，从思想脉络到方法体系，再到经典案例，多维视角解读政策、解剖现实，尝试构筑一种基于战略规划、经营模式、资本交易、财务决策的税收筹划范式。本书以税收筹划思想、原理为切入点，按照业务流程逻辑讲解税收筹划方法与实务，以方法论思维阐释税收筹划的应用范式。

本书不仅是税收筹划实务教程，而且体现了税收筹划的战略方法，从更高层面体现了税收筹划理论与实践的统一性，旨在将思维模式与理论方法深蕴于实践运行之中，深入贯彻“知行合一”理念。本书不仅可以供企业高管、财务人员，税务师事务所、会计师事务所、律师事务所从业人员借鉴，还可以供研究人员，高等院校的会计、税务、金融、投资等专业师生学习使用。限于笔者学识与水平，疏漏在所难免，恳请读者不吝指正。

蔡 昌
中央财经大学教授、博士生导师
税收筹划与法律研究中心主任
北京大数据协会财税大数据专委会会长

目录

上 篇

战略方法（frontier thought）

中 篇

实战秘籍（practic script）

下 篇

经典案例（classic case）

上　篇

战略方法（frontier thought）

税收筹划被称为“皇冠上的明珠”。诚然，税收筹划不仅是一种理财思维，也是一个有效的税控工具。

第1章

税收筹划基础

1.1　税收筹划的起源与发展

1.1.1　税收的概念

1. 税收的起源与发展

税收乃“国之重器”，可谓立国之本。税收是政府筹集财政收入的一种形式，马克思深刻地指出：“国家存在的经济体现就是捐税。”① 税收作为一个古老的财政范畴，随着国家的出现而出现。无国无税，无税无国。税收是“取之于民、用之于民”的财富流，是人类社会进步之旅的映射，是璀璨的文明之花。

税收是政治与经济的交汇点，体现着政治制度及社会变革的深刻性，展现了经济演进的轨迹。数千年前的古希腊、古罗马和古埃及就已存在税收。英美很早就有“只有死亡和纳税是不可避免的”之类的名言；中国唐代诗人杜荀鹤的名句“任是深山更深处，也应无计避征徭”，道出了几千年来的赋税制度。

注意汉字“税”的写法，就会发现：“税”字的左边是禾木旁，右边是一个“兑”。从“税”字的构成来看，税最早起源于农业，“税”的探源性解释为税取之于民，民以禾为兑。税收最早起源于农业，最早的税收是以农产品形式征收的，也就是说农业税的雏形是以禾苗或粮食为代表的“实物税”。只是到了后来，税收渗透进工商业、服务业、建筑房地产业等领域，逐渐演变为“货币税”。

税收的英文为“tax”，源于拉丁文“taxo”，含有“必须忍受”“必须负担”的意思。可以说，税收是与人类的文明进程相伴随的，没有税收就不可能创造

① 中共中央马克思恩格斯列宁斯大林著作编译局．马克思恩格斯选集：第1卷［M］．北京：人民出版社，1995.

出辉煌的人类文明。

从历史角度观察，在我国最早出现的是农业税，从夏朝开始就有“任土作贡”的国法，即按土地的好坏分等级征税。《孟子》中记载：“夏后氏五十而贡，殷人七十而助，周人百亩而彻，其实皆什一也。”这里的“贡”“助”“彻”都属于原始的土地税征收形式，“五十”“七十”“百亩”均是计算征税土地的数量单位，“其实皆什一也”是说当时的征税率均为1/10。

商代井田制就是在一块四方形的土地上写一个大大的“井”字，把土地平分为九份，最中间的一块是公田，其余八块是私田，公田由耕种私田的八家农户共同耕种。《孟子》中载：“方里而井，井九百亩，其中为公田。八家皆私百亩，同养公田；公事毕，然后敢治私事。”井田制是典型的赋税制度，即农户先耕种公田，公田的农活干完之后，才能够耕种私田。公田的全部收入上缴政府，私田的收入归农户所有。一份公田的收入用于缴税，八份私田的收入属于农户，井田制的税率相当于1/9。

2. 税收的概念与本质

税收是国家财政收入的主要来源，是政府赖以实施宏观调控的重要杠杆。从本质上说，税收是一种政府行为，体现着政府的意志。从不同的角度分析，税收具有不同的内涵。下面分别从收入分配、公共财政和法学角度探讨税收的内涵与本质。

从收入分配角度分析，税收是国家凭借其政治权力强制性参与国民收入分配的一种工具，具有强制性、固定性、无偿性特征。马克思认为：“国家存在的经济体现就是捐税。”[①] “捐税体现着表现在经济上的国家存在，官吏和僧侣、士兵和女舞蹈家、教师和警察、希腊式的博物馆和哥特式的尖塔、王室费用和官阶表这一切童话般的存在物于胚胎时期就已安睡在一个共同的种子——捐税之中了。”[②] 列宁认为：“所谓税赋，就是国家不付任何报酬而向居民取得东西。”[③] 税收从本质上来说是一种政府参与分配的行为。

从公共财政角度分析，税收是公共产品的价格。美国法学家奥利弗·霍尔姆斯有一句经典名言：税收是我们为文明社会所付出的代价。布坎南认为，税收是个人为支付由政府通过集体筹资所提供的商品与劳务的价格。纳税人享受

---

① 中共中央马克思恩格斯列宁斯大林著作编译局．马克思恩格斯全集：第4卷［M］．北京：人民出版社，1995.

② 中共中央马克思恩格斯列宁斯大林著作编译局．马克思恩格斯选集：第1卷［M］．北京：人民出版社，1995.

③ 中共中央马克思恩格斯列宁斯大林著作编译局．列宁全集：第32卷［M］．北京：人民出版社，1992.

政府的公共产品，实际上是因为纳税人支付了税收。税收被认为是公共产品的价格，即税收体现着国家与纳税人之间的一种利益交换关系。

从法学角度看，税收又是以法的形式存在的。“法律上的税收概念是指，作为法律上的权利与义务主体的纳税者（公民），以自己的给付适用于宪法规定的各项权利为前提，并在此范围内，依照遵从宪法制定的税法，承担的物质性给付义务。”①

1.1.2 税收筹划的产生与发展

1. 税收筹划的产生

“一部税收史，同时是一部税收抗争史。”② 其实，纳税人的税收抗争活动本身就蕴含着税收筹划行为，只不过税收抗争是比税收筹划更为宽泛的一个概念，它还包含避税、逃税、抗税等内涵。

税收筹划最早可以追溯到19世纪中叶的意大利，当时意大利的税务咨询业务中已存在税收筹划行为，意大利的税务专家地位不断提高，可以看作是税收筹划的最早萌芽。③ 税收筹划的正式提出始于美国财务会计准则，美国财务会计准则委员会（FASB）在《SFAS109——所得税的会计处理》中首次提出“税收筹划战略”（tax-planning strategy）的概念，并将其表述为：“一项目满足某种标准，其执行会使一项纳税利益或营业亏损或税款移后扣减在到期之前得以实现的举措。在评估是否需要递延所得税资产的估价准备及所需要的金额时，要考虑税收筹划策略。”这一表述较为准确地说明了税收筹划与税务会计的关系，尽管现代税收筹划的边界远远超出了《SFAS109——所得税的会计处理》所定义的范围，但税收筹划始终是税务会计的重要组成部分。

从历史逻辑角度分析，理性经济人假设是税收筹划产生的前提条件，私法自治原则是税收筹划产生的温暖土壤。税收法定主义确立了纳税人的税收筹划权，而私法自治使这种权利成为现实。因此，税收筹划是市场经济的必然产物，是纳税人具有法律意识的维权行为，体现着民主、正义、自由的税收契约精神。

2. 税收筹划的发展状况

自20世纪中期以来，税收筹划为越来越多的纳税人所青睐，税务师事务所、会计师事务所、律师事务所、咨询公司等中介机构纷纷进军税收筹划咨询业。

---

① 刘剑文，熊伟．税法基础理论［M］．北京：北京大学出版社，2004.

② 盖地，等．税收筹划理论研究：多角度透视［M］．北京：中国人民大学出版社，2013.

③ 梁云凤．战略性税收筹划研究［M］．北京：中国财政经济出版社，2006.

目前，从事税收筹划实务的主要有两类人：一类是学院派，另一类是实务派。学院派主要包括高等院校、科研机构的一些研究者；实务派主要包括企业高管、职业经理人、财务总监以及税务系统等实践从业者。学院派主要从税收原理出发，结合税制要素和业务流程分析税收筹划的基本方法和技术，致力于揭示税法中存在的税收优惠待遇或“税收漏洞”（tax loop-holes）。学院派偏向于税收筹划方法论的研究和运用，原理性强、逻辑结构严谨，但是他们所设计的税收筹划方案与实务工作联系不够紧密，可操作性差，在税收实务中往往需要结合具体情况进行验证。相反，实务派从一开始就注重税收筹划方案的可行性。他们从税收实务角度出发探索可行的税收筹划操作方案，可操作性强，但是缺乏原理性分析和方法论基础，仅力求从这些税收筹划实践中总结出一些基本规律和方法。实务派的税收筹划因为缺乏原理性分析和方法论基础，容易陷入“一事一议”的局限，特别是在税制变革时容易失效。①

3. 数字经济时代的税收筹划

在数字经济时代，除了劳动、资本、土地之外，知识、技术、管理、数据等生产要素涌现，数据成为企业重要的生产要素，构建以数据为核心的税收筹划决策能力变得至关重要。大数据技术推动了信息系统建设，也推动了税收筹划向纵深发展。科学的节税思想要求改变现有的思维方式，从“我需要做什么”到“我需要预知什么”，即企业希望更多地使用数据来获得洞察力，甚至是对未来的预见性，通过使用更复杂的数字技术来探究数据，识别财税不合规行为，剖析业务层面的变化及其对税收的影响。运用数字技术，主要涉及两个方面的应用：一是企业利用大数据、云计算、区块链等对企业经营、投资和筹资等数据进行深入挖掘和分析，基于数据可视化为企业税收筹划决策提供智能化支撑。二是企业利用财税云平台，将税收筹划渗透到采购、生产、销售等多个环节，打通不同部门和不同系统之间的数据壁垒，实现数据的高效共享，开展精准税收筹划。

在数字经济时代，纳税人的税收筹划工具主要有以下四种：一是契约堤坝，契约是一切业务活动与财税管理的法律基础，契约堤坝是以契约为边界的业务设计与税务安排。二是“税收洼地”，“税收洼地”具有虹吸效应，能带动地方经济发展，利用“税收洼地”就是以地方政府税收优惠或财政激励为抓手开展的税务规划。三是知识产权，其在现代社会经济中的地位越来越高。苹果、亚马逊、阿里巴巴、腾讯等都是以知识产权和数据资产为主流的现代新经济主体，知识产权因存在价值不确定性，从而为纳税人提供了税收筹划空间。四是智能

① 宋春平．中国企业税收筹划战略——斯科尔斯税收筹划框架的应用［D］．厦门：厦门大学，2012.

大数据平台，即通过建设大数据平台实现数据打通和数据共享，帮助纳税人进行涉税决策与税务方案设计。

1.1.3 税收筹划的操作方法

回顾我国税收筹划的操作方法，大致分为三种范式：一是按照税种类别开展税收筹划，分析不同税种的税收筹划特点、方法与规律；二是按照业务流程开展税收筹划，分析不同业务流程的税收筹划特点、方法与规律；三是按照行业类别开展税收筹划，分析不同行业的税收筹划特点、方法和规律。

1.1.4 税收筹划的方法论

方法是指人们实现特定目的的手段或途径，是主体接近、达到或改变客体的工具和桥梁；而方法论是指人们认识世界、改造世界的一般方法，具体是指人们用什么样的方式、方法来观察事物与处理问题，是一整套解决问题的方法体系。税收筹划的方法论是如何开展税收筹划活动、解决税收筹划问题的一整套方法体系，来自对税收筹划理论与现实问题的研究与探索。

归纳法、演绎法是推理、判断和认识问题本质的科学方法，广泛应用于税收筹划领域，税收筹划方法论的精髓在于归纳法、演绎法的交替使用。归纳法是通过样本信息来推断总体信息的思维方法，即从个别前提得出一般结论的方法，其优点是能体现众多事物的根本规律，且能体现事物的共性。演绎法是人们以一定的反映客观规律的理论认识为依据，从服从该认识的已知部分推知事物的未知部分的思维方法，即由一般到个别的认识方法。

恩格斯的《自然辩证法》中有一段关于归纳演绎的精辟言论："归纳和演绎正如分析和综合一样是必然相互联系着的，我们不应当在两者之中牺牲一个而把另一个高高地抬上天去，我们应当力求在其适当的地位来应用它们中间的任何一个，而要想做到这点，就只有注意它们之间的相互联系、它们的相互补充。"

归纳法和演绎法带给了人们很多启示，税收筹划方法论就是归纳、演绎方法在税收筹划领域的引入。众所周知，税收筹划是致用之学，备受纳税人重视，实务中已经出现大量成功案例。从税收筹划个案出发，运用归纳法，从特殊推理到一般，归纳概括出税收筹划的基本方法与规律；然后从基本方法与规律出发，运用演绎法，从一般推演到特殊，将归纳获得的税收筹划基本方法与规律演绎推广到税收筹划实践中。通过归纳、演绎方法的交替使用，可以深化对税收筹划本质的认识，挖掘税收筹划的各种方法，既有助于解决现实问题，也有利于将理论、方法与现实操作完美结合起来。

1.2 税收筹划的演进：概念、主体与微观目标

1.2.1 税收筹划的概念之争

学术界对于税收筹划的认识，存在以下五种不同称谓：税收筹划、税务筹划、纳税筹划、税收策划[①]、税收规划[②]。其实这些说法并无本质差别，尤其是前三个概念基本上混用。国内大多将“tax planning”译为“税收筹划”。但也存在不同看法，盖地教授认为“税务筹划”与“税务会计”相对应，将其称为税务筹划对于纳税人更为妥帖。[③] 针对“税收筹划”与“税务筹划”的概念之争，黄凤羽认为：“从一个侧面说明了国内从事税收筹划研究的学者，所遵从的两种不同研究范式与分析线索。‘税收筹划’观点体现了以税收学中的税务管理和税收制度为基础的分析范式，‘税务筹划’观点代表了以会计学中的税务会计和财务管理为基础的研究思路。在某种程度上，二者体现了殊途同归的学术思想，也是国内税收筹划研究‘百家争鸣、百花齐放’的发展趋势所使然，都是值得加以肯定的……循着研究传承的逻辑一致性，既然在‘tax planning’引入我国之初就将其译为‘税收筹划’，况且这种译法也没有什么不妥之处，并能够更好地体现纳税人减轻税收负担的中性结果，今后也不妨继续沿用约定俗成的规范用语。”[④] 笔者对此所持观点为，“tax planning”最准确的含义应该是“税务规划”，即强调事前性和科学规划性特征，但“税收筹划”之称谓比较规范，能够较好地体现税收筹划是一种纳税策略和技巧的意蕴，且已被社会各界广泛接受。基于上述考虑，笔者认为学术界、实务界继续沿用“税收筹划”这一规范称谓是有效推广和传播税收筹划的明智之举。

2017年5月5日，《国家税务总局关于发布〈涉税专业服务监管办法（试行）〉的公告》（国家税务总局公告2017年第13号）第五条规定：“……（四）税收策划。对纳税人、扣缴义务人的经营和投资活动提供符合税收法律法规及相关规定的纳税计划、纳税方案。……”这是国家税务总局对税收筹划的权威性概念界定，使用了税收策划这一概念，并特别强调合规性要求，即只有符合税收法律及其他相关规定的纳税计划、纳税方案才可以称为税收策划，这是税

---

① 庄粉荣．实用税收策划［M］．成都：西南财经大学出版社，2001.

② 刘心一，刘从戎．税收规划：节税的原理、方法和策略［M］．北京：经济管理出版社，2006.

③ 盖地的《税务筹划》《税务会计与税务筹划》《企业税务筹划理论与实务》三本书书名都有“税务筹划”。

④ 黄凤羽．从“消极避税”到“阳光筹划”［J］．税务研究，2006（6）：72-74.

收策划的本质要求。如果纳税人以违法手段设计并实施纳税计划、纳税方案，导致国家税收流失和纳税人违法犯罪，就会受到国家法律的惩处。

1.2.2 税收筹划的主体之争

关于税收筹划的主体，有“征纳双方”① 与“纳税人一方”两种观点，即存在“双主体论”和“单主体论”的争辩。目前，“单主体论”是主流观点，大量的学术文献都支持该观点。盖地教授认为：“在征纳双方法律地位平等但不对等的情况下，对公法来说，应遵循‘法无授权不得行’的原则，即依法行政。因此，如果他们（税收执法机关）还可以进行‘税收筹划’，则会造成对公法的滥用和对纳税人权益的侵害。”②

笔者认为，所谓的税收执法机关的“征税筹划”其实是不存在的，税收筹划只是针对纳税人而言，其主体只能是纳税人。“征税筹划”只不过是“征税计划”或“征税规划”而已，即针对不同性质、不同表现的纳税人，税务当局采取不同的监控方式和征管模式，以实现税款征收管理的计划性和有效性。

1.2.3 税收筹划的多维观点

什么是税收筹划，可谓众说纷纭，目前尚难从税收词典和教科书中找到权威而统一的说法。下面是国内外一些学者的观点，我们尝试进行一些比较评价。

荷兰国际财政文献局（IBFD，1988）编写的《国际税收税汇》对其这样定义：税收筹划是使私人的经营活动及（或）私人缴纳尽可能少的税收的安排。③

美国华盛顿大学斯特温·J. 赖斯教授给出的定义为：“税收筹划是纳税人控制自己的经营行为以避免不希望的税收后果的过程，你可以把税收筹划看成挖掘现行税法中的理论漏洞并设计自己的交易行为以利用这些漏洞的过程。”④

美国南加州大学 W. B. 梅格斯博士在其著作《会计学》中作了以下阐述：“人们合理而又合法地安排自己的经营活动，使之缴纳可能最低的税收。他们使用的方法可称为税收筹划……少缴税款和递延纳税是税收筹划的目标所在。……税制的复杂性使得为企业提供详尽的税收筹划成为一种谋生的职业。现在几乎所有的公司都聘用专业的税务专家，研究企业主要经营决策上的税收影响，为合

---

① 张中秀在《公司避税节税转嫁筹划》一书中指出：税收筹划=纳税筹划+征税筹划。贺志东在其所著的《征税筹划》，站到税务机关的角度，专门对征税筹划进行探讨。刘建民等在《企业税收筹划理论与实务》一书中指出，税收筹划的内容主要涉及两个方面：一种是站在税收征管的角度进行的纳税筹划；另一种是站在纳税人减少税收成本的角度进行的征税筹划。

② 盖地．企业税务筹划理论与实务［M］．大连：东北财经大学出版社，2005.

③ 国家税务总局税收科学研究所．国际税收辞汇［M］．北京：中国财政经济出版社，1992。

④ Steven J. Rice. Introduction to taxation［M］. South-Western Publishing Co，1994：5-6.

法地少纳税制订计划。”①

唐腾翔、唐向（1994）认为：“税收筹划指的是在法律规定许可的范围内，通过对经营、投资、理财活动的事先筹划和安排，尽可能地取得节税（tax savings）的税收利益。”②

盖地（2013）认为：“税务筹划是纳税人在特定税收制度环境下，在遵守税法、尊重税法的前提下，以规避涉税风险、控制或减轻税负、获取税收利益有利于实现企业财务目标的谋划、对策与安排。”③

从上述观点来看，虽然税收筹划没有统一的概念，但学术界、实业界存在一些共识，即税收筹划是在法律许可的范围内合理降低税收负担和税务风险的一种经济行为。笔者认为，税收筹划是纳税人在既定的税制框架内，通过对纳税主体的战略模式、经营活动、投资行为、理财涉税事项进行事先规划和安排，以规避税务风险、递延纳税、控制或减轻税负，实现税后收益最大化目标的一系列税务规划活动。

借用罗马法谚——“私法乃为机警之人而设”，说明税法作为公法也有“为机警之人而设”之妙用。从法律角度出发，税收法定原则要求实务中对税收法规作严格解释，即法律没有禁止的就是允许的，这意味着税收筹划包括避税和节税（童锦治等，2009）。④ 法学派对税收筹划的研究内容可以概括为：注重从司法原理上界定税收筹划（避税）的范围，通过控制经济交易的税法细节和例外规定来进行合法的税收筹划。法学派对税收筹划的研究主要基于具体技术和特定规则的范式；在约束避税这种具有不确定性和超前性行为的问题上，普通法系在一定程度上比大陆法系有更大的约束力（梅利曼，2004）。⑤

税收筹划是纳税人的一种理性经济行为，有其存在的市场空间。税收筹划有其存在的社会经济土壤，主要是指市场经济的优良环境，使其具有自发性特征，勃勃生机。税收筹划之所以具有生长的自发性和韧性，源于纳税主体的利益诉求与外部制度安排形成的双重驱动力。

1.2.4 税收筹划的微观目标

税收筹划作为一种纳税设计和战略规划活动，主要有三大微观目标。

---

① W. B. Meigs，R. F. Meigs. Accounting［M］. Mc. Graw Hill Book Company，1996：738-776.

② 唐腾翔，唐向．税务筹划［M］. 北京：中国财政经济出版社，1994.

③ 盖地．税务筹划理论研究：多角度透视［M］. 北京：中国人民大学出版社，2013.

④ 童锦治，熊魏，宋春平．税收筹划［M］. 北京：科学出版社，2009.

⑤ 约翰・亨利・梅利曼．大陆法系［M］. 2 版．顾培东，禄正平，译．北京：法律出版社，2004.

1. 降低企业涉税风险

税收筹划是远离风险的，设计税收筹划方案要领悟税法精神，吃透税法条款。虽然税收筹划与逃税、避税在概念上相差甚远，但在实践中，有时难以划清其界限。逃税、避税的涉税风险较大，纳税人在设计税收筹划方案时，必须有效防范涉税风险，过滤、查定并化解税务隐患，以规避可能出现的税务风险。

2. 挖掘规律性的纳税模式

税收筹划是针对企业个性特征而提出的一种纳税优化方案。企业经营管理和运作是有规律可循的，通过税收筹划活动，可以挖掘最为合适、最为有效的纳税模式，使之逐步制度化并用于企业内部管理，为企业发展的长期战略目标服务。

虽然不同的企业在经营管理方面有着较大的差异，但在纳税问题上惊人的相似。通过税收筹划方案成功解决企业的某一纳税难题，可开创一种成功的纳税模式，并可推演到其他企业或相关领域。在税收微观层面，许多优秀的纳税模式可以被复制、移植和嫁接，这都归功于税收筹划。

3. 维护企业的合法权益

税收筹划以税收负担的低位选择为己任，设计税收筹划方案的目的在于维护企业的合法权益。

(1) 税收筹划在一定程度上可以降低企业的税收负担，合法节税。但这种节税效应必须建立在合法基础之上，不应该蕴藏任何法律风险。

(2) 税收筹划在一定程度上是挖掘税务管理的最佳模式，探寻最优纳税方法。企业应当合法履行纳税人权利，在实施税收筹划方案中，纳税人权利会得到最大限度的保障。

(3) 税收筹划承担着维护企业权益的重任，企业在实施税收筹划方案中，必须对税收筹划的操作细节进行严格监控，以保证其有效性和合法性。

1.2.5 税收筹划操作的基本步骤

1. 熟练掌握有关法律规定

纳税人开展税收筹划的基本前提和首要步骤是熟练掌握有关法律规定。

(1) 理解法律法规的相关规定

税收法律法规内容繁多，税收优惠政策常随着国家的社会经济发展状况适时调整，所以纳税人很难准确掌握所有法律、政策。但如果纳税人准备开展税收筹划活动，就必须准确把握与本企业相关的所有税收法律法规；如果纳税人的水平和能力确实无法达到要求，则可以将税收筹划活动外包给专业机构（如税务师事务所等中介机构）。要理解税收法律法规的精神，至少理解企业涉及的各个税种及其具体规定，特别是要熟练掌握企业可能涉及的各项税收优惠的规定。对各个税收法规以及各个税种之间的相关性要认真加以研究；对税收征纳程序、税务行政法制也要有充分的了解。

（2）了解税务机关对政策执行的度

在税收法律法规条文中，有一些内容没有清晰的界定范围，也没有量化标准，还有一些表述可能会引发歧义，对于纳税人或者中介机构来说，关键是要了解税务机关的理解和把握的度——就是税务机关对政策执行的度。只有这样，企业才能真正把握税收法律法规的具体要求，最大限度地化解税收筹划可能产生的风险，保证税收筹划方案的成功。

2. 了解纳税人的情况和要求

税务师事务所和税务师在帮助纳税人进行税收筹划时，需要对纳税人的基本情况有一个深入的了解，包括纳税人的身份界定、企业日常的生产经营状况、企业的财务状况、企业不同时期的生产经营目标和财务管理目标、企业对待各种风险的态度等。此外，税务师事务所和税务师还需要掌握纳税人对税收筹划的功能定位，根据企业的组织形式、经营规模、财务状况、对待风险的态度，以及对税收筹划的目标要求，和纳税人进行充分沟通，以全面了解和掌握相关情况。

3. 签订委托合同

签订委托合同是税收筹划活动的重要步骤之一。委托合同对于委托方和受托方的权利、义务有明确的规定，有助于税收筹划活动的顺利进行。一般而言，税务师事务所等中介机构作为税收筹划活动的受托方，在收到企业等委托方的申请后，往往要与委托方进行前期沟通，明确双方对税收筹划的目标。随后中介机构要进行事实调查，收集相关资料，接受委托后就要签订相应的委托合同。

委托合同一般包括委托方和受托方的基本信息、总则、委托事项、业务内容、税收筹划的酬金、税收筹划成果的形式及归属、保护委托方及受托方权益的基本规定，以及日期和地点等内容，并由双方签字盖章。

4. 制定税收筹划方案并实施

税收筹划方案的制定主要考虑委托方的基本要求，同时结合委托方的实际情况。如果委托方的客观条件不具备，或者委托方的目标要求过于脱离实际，则无论受托方如何努力，都很难达到税收筹划的既定目标。因此，税收筹划方案一定要符合企业的实际情况，且切实可行。税收筹划方案应至少包括以下内容：①纳税人的业务背景分析；②筹划方案的可行性分析及相关政策依据阐述；③筹划前后应纳税额的计算及比较；④税收筹划影响因素分析与风险评估。在税收筹划方案制定过程中，不仅要考虑影响税收筹划的相关因素，还要特别注意防范税收筹划风险。

在税收筹划方案制定之后，需要和委托方做进一步沟通，将方案的内容、实施步骤、预期结果、可能出现的问题、对风险的判断等内容告知委托方；听取委托方的意见和要求，对方案进行修订，在获得委托方充分认可的前提下，帮助其实施方案。

5. 控制税收筹划方案的运行

税收筹划方案执行的时间跨度较长，环节、步骤较多，在整个实施过程中，需要控制其运行的状况，以保证筹划方案的科学性与合规性。控制的前提是充分、及时地掌握税收筹划方案运行过程中的所有相关信息，并对这些信息进行分析判断。如果出现意外情况，需要及时采取应对措施，对方案进行调整；同时与委托方沟通，最大限度地保证税收筹划目标的实现。

1.3 税收筹划的形成机理与效仿现象

1.3.1 税收筹划的诱因

1. 税收制度的“非中性”和真空地带

由于各国经济背景、税收法律环境不同，税收制度的具体规定千差万别。为了实现不同的目标，各国规定了许多差异化政策，如差别税率、免征额、减免优惠政策等，使得税收制度呈现“非中性”特征，从而使企业的经营活动对税收契约呈现差异化反应，理性的企业自然会选择收益最大化的税收筹划方案，并有意识地进行事前筹划和安排。

税收制度是有关部门在有限信息条件下的决策结果，不可能对现实的所有情况、所有交易和事项产生约束，也难以对未来的情况、交易和事项作出规范，从而必然留下真空地带，形成税法空白。税法空白诱发了纳税人进行税收筹划的热情。纳税人利用税法空白进行税收筹划，是其追逐税收利益的一种本能反应。

2. 税收漏洞的存在

在税收活动中，导致税收制度失效、低效的因素都可以称为税收漏洞。税收漏洞可视为税收制度因各种难以克服的因素而形成的税收制度缺陷。从法律角度来看，税收漏洞可分为立法税收漏洞和执法税收漏洞。尽管国家反对纳税人利用税收漏洞进行避税，但不可否认，无论发展中国家还是发达国家，税收漏洞是普遍存在的，且在很长一段时间内都会存在。由于纳税人数量巨大，对税法的解剖和考察是全方位的，只要存在税收漏洞，就很容易被纳税人识破并捕捉。

税收漏洞的存在诱发了纳税人的税收筹划行为，利用税法中存在的逻辑矛盾和税收制度缺陷进行税收筹划，是纳税人追逐税收利益的一种方式。

3. 税收负担重、税收监管体系严密

税收负担过重、税收监管体系严密会刺激税收筹划的产生。税收负担过重促使纳税人寻找有效的税收筹划方法以控制其税负支出，税收筹划既不违法又能有效降低税负，必然成为纳税人追逐税收利益的首选。税收筹划和税收负担之间存在一种良性的互动关系，从某种意义上看，税收负担背后所隐含的国家宏观政策意图是引导纳税人进行税收筹划的路标，而税收筹划是纳税人针对“路标”所做出的良性反应。

严密的税收监管体系会形成良好的税收执法环境，纳税人要获得税收利益，只能通过合法的税收筹划获取正当的税收利益，一般不会、不易或不敢选择逃税避税以获取税收利益。

4. 公正的社会政治环境

在社会政治环境较公正的社会中，纳税人通过政治运作减轻税负的空间较小，倾向于在依法纳税的前提下，通过税收筹划减轻其税收负担。在政治环境较差的社会中，纳税人仅通过政治运作或行政操作就可以减轻税收负担，倾向于采用政治运作、贿赂政府官员或税务官员、偷逃税或欺诈等手段减轻税收负担。因此，社会政治环境是影响税收筹划的一个不可忽视的社会性因素，而公正的社会政治环境是诱发税收筹划行为的基础性条件。

1.3.2 税收筹划的动因

1. 理性经济人的选择

理性经济人假设是经济学的理论基石，也是税收筹划动因的理论支撑。理性经济人根据所处的环境条件和自身利益决定其行为走向，尽可能实现利益最大化。纳税人作为市场主体，根据市场条件和税收环境理性地选择最优纳税方案，追求税后利润最大化的经济结果是其理性选择。

减轻税负、实现税后收益最大化是理性纳税人与生俱来的动机和不懈追求。在法律允许的情况下，纳税人总是在寻求这样的结果，即在最晚的时间支付最少的税款。正如盖地教授所指出的：“纳税人在纳税理性的支配下，最大限度地

寻求投入最少（纳税额与相关成本）、产出最大（税后利润、企业价值）的均衡。”①

2. 税收法定与私法自治的导向

税收法定与私法自治是税收筹划的法理基础。税收法定是规范和限制国家权力、保障公民财产权的基本要求。税收制度的法定性越强，税收筹划的预期性越明确，税收筹划的技术、方法就越具有稳定性和规范性。私法自治则表现为公民个人参与社会活动、处分其私有财产权利的自主性。税收法定和私法自治二者相互融合、相互协调，共同保证纳税人权利的实现。基于私法自治原则，基于私法上的经济活动形式的自由选择权，在法律框架下进行合法的税收筹划，是纳税人享有的一项正当权利。

3. 利用税收规则的自由度

纳税人作为税收契约关系中的弱势群体，虽然不能制定税收规则，但享有利用税收规则的自由度。因此，纳税人更好地理解税收规则、利用税收规则，从现行税收规则中谋取最大的税收利益是上乘之计。纳税人无法选择税收制度（除非移民到别的国家或迁移到国际避税地），但可以选择适用税收制度的相关条款谋取税收利益最大化。

1.3.3　税收筹划的形成机理

自负盈亏的经济主体在竞争激烈的市场环境及其他内外部制度因素的推动驱使下产生利益最大化需求，激发了企业的节税动机。从逻辑角度分析，本能的趋利动机使纳税人寻找降低税收负担的各种方法以实现税后收益最大化。

在这种情况下，纳税人和代表国家征管税收的税务部门目标的差异引发一场激烈的博弈对局。博弈结果不外乎两种情况：一是企业选择了非税收筹划手段而遭到税法的严厉制裁和处罚。随着税收监管力度的加大，企业通过这种方式获得的收益很可能无法弥补由此导致的利益丧失。二是企业选择税收筹划，企业可通过税收筹划获取的利益弥补并超过所耗费的成本。

税收筹划与税收监管是一对相互促进的矛盾体，税收监管为税收筹划提供了法律保障，税收制度的变革引导税收筹划顺利实施；税收筹划为税收制度的变革和完善指明了方向。② 上述博弈过程导致了税收筹划的产生，税收筹划的形成机理如图 1-1 所示。

---

① 盖地．税收筹划理论研究：多角度透视［M］．北京：中国人民大学出版社，2013.

② 孙进营，张峰，马骥．税收筹划动力源泉分析［J］．南京财经大学学报，2008（4）：40-44.

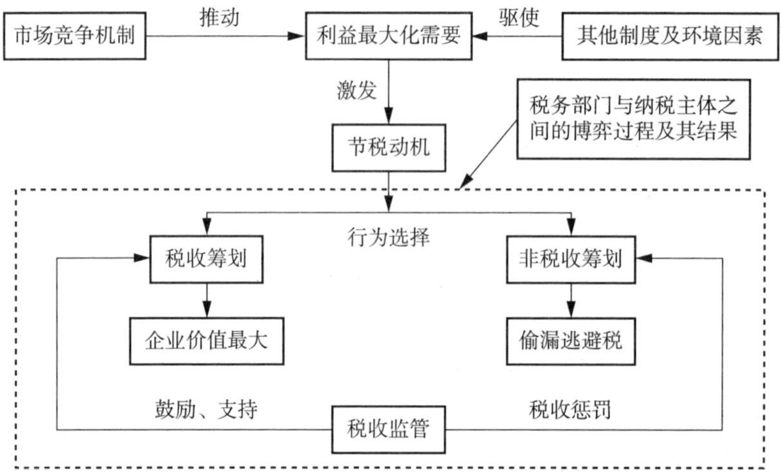

图 1-1　税收筹划的形成机理

分析思考题

1. 我国台湾的租税主要强调以下三大功能：

（1）使政府达成资源配置效率（allocation efficiency）；

（2）所得重分配（income redistribution）；

（3）经济稳定与成长（economic stabilization and growth）。

要求：请用经济学原理解释租税的三大功能及其对社会经济发展的贡献。

2. 我国台湾为达成租税之三大功能，常借由订立子规则、条例、规则、办法或发布解释函令等方式来顺应商业及税务环境的剧烈变化。但这造成租税法规日趋复杂化及专业化，导致纳税义务人遵循税法之困难。

要求：针对现实情况，论证纳税义务人应如何面对商业及税务环境的剧烈变化，有哪些应对策略？

综合阅读题

亚马逊成本分摊税收争议案①

亚马逊集团在美国总公司与卢森堡子公司之间的成本分摊协议是一个典型的利用成本分摊协议降低税负的案例。

① 本案例借鉴德勤中国税务与商务咨询合伙人舒伟、总监余华颖、经理孙一顺 2018 年 2 月发表于《国际税收》杂志的《成本分摊协议何去何从——美国亚马逊案例之浅析》。

亚马逊公司（以下简称 AMZN US）是美国最大的网络零售商和全球第二大互联网企业，其无形资产会为企业带来了高额利润。为扩大公司在欧洲的业务，AMZN US 将其欧洲总部设立在卢森堡。卢森堡的税率比美国更低，且是欧盟内部增值税税率最低的国家。2004 年，AMZN US 与其在卢森堡的子公司（以下简称 AMZN LU）签订了成本分摊协议，AMZN US 向 AMZN LU 转让无形资产，AMZN LU 对这些已经存在的无形资产按成本分摊协议约定的“买进付款”，向 AMZN US 支付约 2.55 亿美元，同时承担后续无形资产研究和开发的成本。根据成本分摊协议，AMZN US 向 AMZN LU 转让的已经存在的无形资产主要包括亚马逊的网站建立、维护技术、客户信息和营销型无形资产（包括商标和域名）。2005 年和 2006 年，AMZN LU 分别支付了约 1.16 亿美元和约 7700 万美元的研究开发费用。①

美国国税局（IRS）认为 AMZN LU 所支付的“买进付款”明显低估了被授权的无形资产价值，IRS 使用现金流贴现方法计算的“买进付款”为 36 亿美元，要求 AMZN US 调整应纳税所得额并补缴税款。AMZN US 对 IRS 的计算方法提出疑问，认为应该使用可比非受控交易法对无形资产进行估价，并向美国税务法庭提起诉讼。

如图 1-2 所示，AMZN US 与 AMZN LU 签订的成本分摊协议规定，AMZN LU 可以使用 AMZN US 已有的三种无形资产并进行“买入支付”，支付的对价为 2.55 亿美元。这三类无形资产分别为：①运营网站所需要的软件和技术；②运行网站所需要的域名、商标、商品名称等营销性无形资产；③亚马逊的欧洲客户名单及客户信息。同时，AMZN LU 对以后的无形资产研发活动进行成本分摊，2005 年和 2006 年，AMZN LU 分别支付了约 1.16 亿美元和约 7700 万美元。

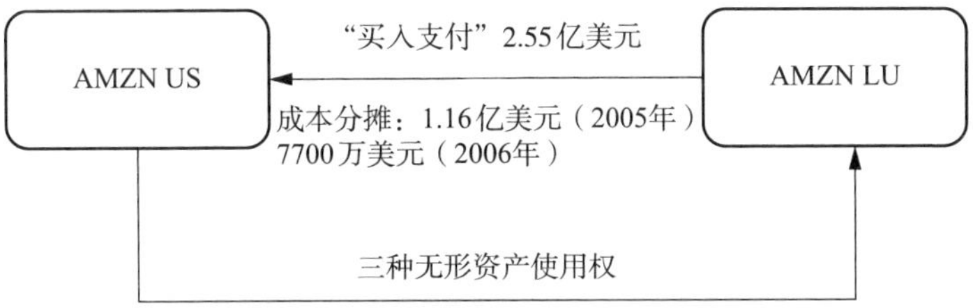

图 1-2 亚马逊集团的成本分摊协议

经过这一安排，AMZN US 获得了较少的无形资产使用权的对价，减轻了其在美国的税收负担，且因为是母子公司之间的税费和相关管理费用支付并不影

---

① 案例来源：IBFD. United States-Amazon. com & Subsidiaries v. Commissioner of Internal Revenue，16 August 2019（Decision）. https：//research. ibfd. org/#/doc？url=/linkresolver/static/cl_us_2019_08_16_1.

响集团利润；AMZN LU 支付了较少的研究开发费用，把研究开发费用的扣除留在 AMZN US，以节约其在美国的税收。

2017 年，美国税务法庭作出判决，认为 IRS 滥用其自由裁量权，在计算无形资产价值时加入了成本分摊协议中没有涉及的无形资产，确定合理的“买进付款”为 7.79 亿美元，IRS 不服，向美国第九上诉法院提请上诉。2019 年 8 月 16 日，美国第九上诉法院宣布判决支持美国税务法庭的观点，认为无形资产的计算方法应为可比非受控价格法，IRS 的纳税调整不合适。

问题：

（1）亚马逊成本分摊税收争议的核心问题是什么？有什么税收影响？

（2）美国税务法庭为何判定美国国税局败诉？从该案例可获得哪些启发？

第2章

税收筹划战略管理与契约安排

在纳税人之间、不同时期之间、各种组织形式之间以及各种经济活动之间，存在税率差异的情况下，纳税人具有与其他纳税人订立契约，从而改变他们边际税率的动机。

——诺贝尔经济学奖得主　迈伦·斯科尔斯

2.1　税收筹划的战略管理

2.1.1　企业战略与税收筹划

1. 企业战略管理与税收筹划的关系

（1）战略管理指导税收筹划

战略管理是首要的，税收筹划是为之服务的。税收筹划只有在战略管理的框架下才能充分发挥作用，税收筹划对企业战略管理发挥一定作用，但不可能起决定性作用。

（2）战略管理重视税收筹划

战略管理是从宏观角度看待问题，关注的是企业整体，战略管理不仅考虑税收对企业的影响，还考虑其他非税收因素对企业的影响。税收是影响企业战略的重要因素之一，税收筹划是战略管理要考虑的一个重点，其必然成为企业战略管理框架的组成部分。

战略管理和税收筹划有着共同的目的，即从企业整体绩效出发，为股东创造最大价值。在实现这一目标的过程中，税收筹划带有长期战略的痕迹。但当企业决策是否进入某个行业或市场时，考虑最多的是该行业或市场的潜力，而不是税收筹划。尽管企业战略决策要考虑相关税收政策和税收筹划，但是附属的、次要的，即不能因为税收因素而改变企业的战略决策，这是一条重要法则。

2. 企业战略税收筹划的导向

企业战略是对企业未来长期发展所做的全局性总体谋划，是为未来而设定的成长路径。其本质在于调整和变革以适应未来环境的变化，实现价值创造和可持续发展。企业战略支配着企业经营与财务活动，自然包括税收筹划。因此，税收筹划必须服从于企业的总体发展战略。

在探讨企业战略与税收筹划的关系时，必须强调企业战略是首要的，其次才是税收筹划，税收筹划只有在企业战略确定的情况下才能充分发挥作用。当然，在某些条件下，税收筹划对确定企业战略起到一定作用，但不是决定性的。企业战略目标决定了税收筹划的内容和方式，企业不同阶段的不同需求和战略目标定位，对税收筹划的领域和内容提出要求，并对税收筹划的方式提出约束条件。不符合企业战略目标要求的税收筹划方案，难以得到实施。

2.1.2 税收筹划的战略管理方法

税收筹划的战略管理是立足系统思维和超前思维的战略性管理活动，所采用的核心工具是“税收链”，运用的战略管理方法是合作博弈。

1. “税收链”思想及应用

（1）价值链概念

价值链概念最早是由迈克尔·波特教授于1985年提出。每一个企业都是从事设计、生产、销售、发送和产品生产过程中进行的种种辅助活动的集合体，这些活动可以用一个价值链来表示。价值链的含义包括三个部分：第一，企业各种活动之间联系密切，如原材料供应的计划性、及时性与企业的产品生产联系密切。第二，每项活动都能给企业带来有形或无形的价值，如售后服务。如果企业密切关注顾客的需要或售后服务良好，就可以为企业赢得良好的信誉，进而带来无形价值；第三，价值链不仅包括企业内部各链式活动，还包括企业的外部活动，如与供应商、顾客之间的活动。由此可见，价值链将一个企业分解成许多相关的战略性活动，企业的价值和利润增长是在这些活动中产生的。

（2）“税收链”思想

企业所从事的生产经营活动多种多样，生产经营过程中面临的税收问题也多种多样，既有增值税等流转性质的税收，又有企业所得税和个人所得税等所得性质的税收，还有诸如房产税、契税、土地增值税等其他性质的税收。如果从企业的生产经营过程来看，可分为供应、研发、生产、销售四大经营活动，即企业先采购原材料，后研发新技术、设计新产品，继而进行生产加工，最后到市场上销售产品。所有这些环节都创造了价值或实现了价值，形成了完整的价值链。在这条价值链上，有一部分价值是以税收的形式流入国库。企业所承担的税收，是在价值流转的节点确认纳税义务并实际缴纳给国家的。如果沿着价值流转的路径观察，则形成了一个与税收相关的链条，即所谓的“税收链”（见图2-1）。

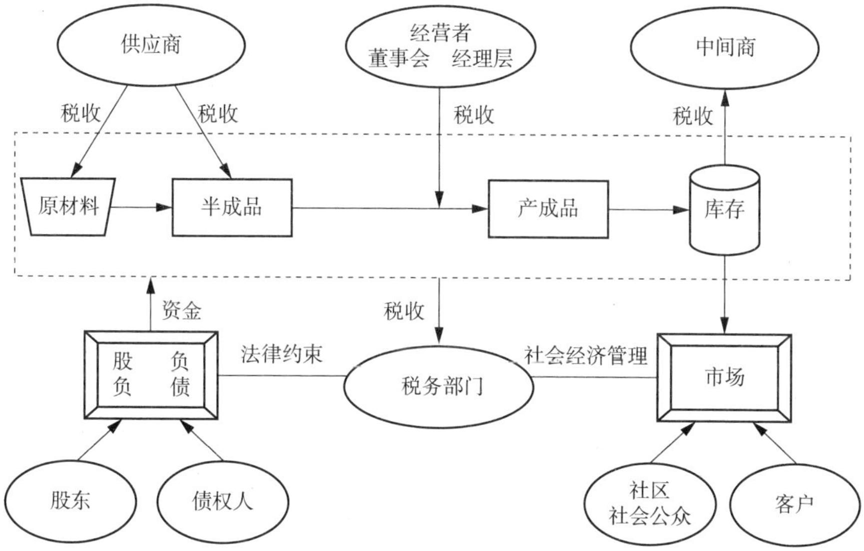

图2-1 “税收链”示意图

注：图中虚线框内环节为企业生产经营主体部分，利益相关者皆用椭圆形表示。

“税收链”有助于分析税收的形成机理与纳税环节。对于企业来说，许多税收是在流程中形成的，税收的流程观其实就是“税收链”思想。

税收筹划是实现企业价值增长与战略目标的重要工具，企业“税收链”（价值链）某一环节的改善或优化，都可能与税收筹划产生直接或间接的联系。因此，要站在战略的高度，用战略思想统筹税收筹划工作，结合企业内外部环境的变化，将企业“税收链”（价值链）与税收筹划有机结合，对企业的涉税事项进行战略规划。

（3）“税收链”的应用

如果企业具有“税收链”观念，就能够找到税收筹划的易胜之地，即与哪些利益相关者合作最有效，在哪个流程筹划最合适，哪些税种的筹划空间最大。基于“税收链”的企业税收战略，树立系统观，从整体和全局角度出发，不仅考虑局部环节的税收负担或个别利益相关者的税收利益，还要具有开阔的视野，考虑全部流程的税款支出及利益相关者的利益诉求。

“税收链”思想要求企业从利益相关者视角看问题，不仅要考虑企业自身的税收情况，还要基于企业与利益相关者的交易在整个价值链上的位置来考虑，照顾利益相关者的纳税要求，这样才能真正利用“税收链”彻底解决与利益相关者因交易活动而产生的税收问题。推而广之，在国际税收领域，随着数字经济的兴起，世界联系日益密切，国家或地区的各个经济体共同形成一条涉及数字经济的全球产业链，各个经济体在产业链上的位置及对全球产业链的贡献程度，都会对各个经济体的实际税负水平和利润率水平产生影响。因此，从全球产业链视角分析，也涉及一条庞大的全球“税收链”，其对税收的影响超越了国界、国境，形成全球视野的跨境税收分配大格局。全球“税收链”的影响对一国或地区的税收主权形成挑战。从人类命运共同体角度出发，人类的经济活动和价值创造要兼顾税收公平和国际利益均衡思想，要坚决反对任何霸权主义和经济侵略主义思潮和行为。

【案例 2-1】甲公司的“税收链”上有一家代理商，属于小规模纳税人。该代理商在代理产品时不能为终端客户开具增值税专用发票，因而其市场拓展方面一直存在障碍。从“税收链”角度分析，即使该代理商的价格（指含税销售额）比一般企业低，只要不低到一定程度，终端客户一般也不会购买。道理很简单，如果终端客户购买了该代理商的产品，因不能取得增值税专用发票，不能抵扣进项税额，无疑会增加终端客户的税收负担。

如果利用“税收链”思维，就能够彻底解决该问题。按照这一思维模式，可以给出下面多种解决方案。

方案一：甲公司对代理商实行销售让利，并促使代理商给终端客户让利，代理商的价格优势会吸引来大量终端客户；

方案二：甲公司协助代理商让税务机关代开增值税专用发票，解决代理商不能为终端客户开具增值税专用发票问题；

方案三：甲公司和代理商相互协作，把原来代理商买断后再对外销售的商业模式改为“委托代销”模式，即代理商只充当销售代理中介，由甲公司为终端客户开具增值税专用发票。

2. 合作博弈：税收筹划的战略方法

税收合作博弈是税收筹划中的一个重要概念，包括企业与企业之间的税收合作、企业与税务机关之间的税收合作，以及企业与客户之间的税收合作。这种税收合作并不是博弈双方合谋逃避税收，而是一种正当的税收合作行为。

（1）企业之间的税收合作博弈

企业之间的税收合作形式是多种多样的，企业之间或集团内部组织之间通过合理的转让定价模式转移利润与税收，是常用的税收筹划方法。例如，集团内部企业之间通过转让定价将高税区的利润转移至低税区实现，则可以降低集团的整体税收负担。只要两个企业之间有购销往来关系，就是利益关联方，就可以利用转让定价共同实现筹划节税。市场价格处于不断波动的状态，有高也有低，因此转让定价可以稍高于市场价格，也可以稍低于市场价格，具有一定的弹性。利用转让定价的灵活性，在关联企业之间合理进行利润转移，可以合理控制税负。

企业之间的税收合作主要有以下六种形式：一是商品交易定价的税收合作；二是提供劳务或服务定价的税收合作；三是无形资产交易定价的税收合作；四是租赁业务租金的税收合作；五是融资业务的税收合作；六是成本分摊与费用转嫁的税收合作。

（2）企业与客户（消费者）之间的税收合作博弈

企业与客户之间的税收合作也是一种重要的税收合作，这种税收合作也可以归入企业与企业之间的税收合作，但由于一些客户可能属于自然人，因此这里单列出来。商品最终要销售给客户，因此企业与客户的税收合作具有重要的现实意义。比如装修服务，是由企业还是客户提供装修材料，是可以协商的。再如房产租赁业务，出租人与承租人在租金额度以及支付方式上也是可以磋商合作的，双方的契约安排和有效合作可以大大降低税收负担。

（3）企业与税务机关之间的税收合作博弈

企业与税务机关之间也存在税收合作，且这种税收合作同样具有操作空间。税务机关征税是要花费成本的，而企业的生产经营活动错综复杂，税务机关无法掌握企业经营活动的全貌。因此，对于税务机关来说，详细了解每个企业的具体情况，并对企业每项经营活动实施监控，需要花费高昂的成本。如果企业与税务机关相互沟通和协调，就能减少征税成本。例如，涉及转让定价时，企业与税务机关采取预约定价安排，不仅可以方便税务机关征税，降低其征税成本，而且会给纳税人带来好处，既可以适当采用有利的转让价格，又可以避免转让价格被调整的税务风险。

2.1.3　税收筹划的战略模型

税收筹划战略是指导税收筹划全局的计划和策略，具体表现为企业适应税收环境的一组税收行动计划和策略，其作用在于规避涉税风险、降低税收负担。税收筹划战略要求企业将税收筹划纳入企业战略决策之中，以获得市场竞争优势。基于企业税收筹划环境的复杂性，尤其是企业面对众多的利益相关者，应该借鉴战略管理的思想，制定科学的税收筹划战略。

为了提高税收筹划的效率，实现税后收益最大化目标，企业在与利益相关者进行交易时需要充分考虑税收因素的影响，这是建立税收筹划战略模型的意义之所在。基于税境与利益相关者分析框架的税收筹划战略模型设计如图 2-2 所示。

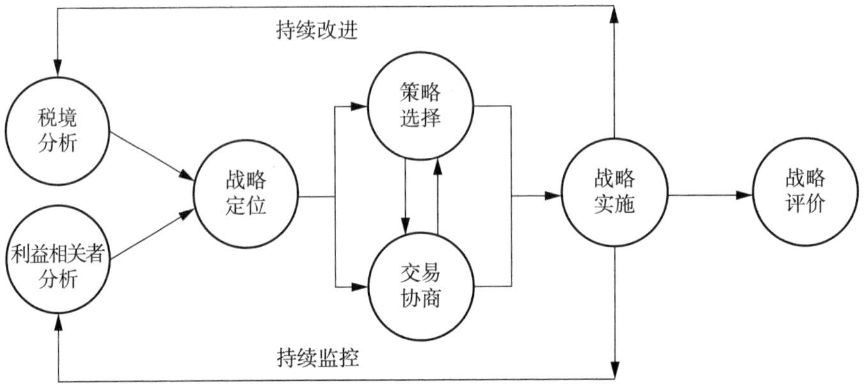

图 2-2　基于税境与利益相关者分析框架的企业税收筹划战略模型

从战略管理视角分析，税收筹划对环境和相关主体有着高度依赖性，持续监控环境和相关主体的变化情况，持续改进税收筹划策略与战略规划，是税收筹划获得成功的基本保障。从“战略定位”到“策略选择—交易协商”的交互融合，再到“战略实施”，是税收筹划战略管理的关键所在。

1. 战略环境分析

战略环境分析包括税境分析与利益相关者分析。

所谓税境分析，指的是对企业所处税收环境的分析，主要从经济发展水平、市场开放程度、物价变动、税制变革、税种结构、征管模式、税务人员素质等方面分析税收环境的复杂性与变动性，为制定税收筹划战略提供基础性环境信息。税境分析要预测税收制度的变化及其对企业和利益相关者的税收影响。我国正在进行的税制改革对社会经济产生了重大影响，企业存有许多税收筹划的机会和空间。

在市场经济中，企业与利益相关者的关系非常密切，为了实现税收筹划战略目标，必须对利益相关者的基本情况进行分析。对利益相关者的分析，主要从行业背景、经营特征、发展战略、业务模式、税收状况等方面进行，掌握利益相关者的经营情况、财务状况、纳税状况，为税收筹划战略制定及具体策略选择提供决策依据。

2. 战略定位

企业根据税境分析及利益相关者分析确定税收筹划的战略目标，给出明确的战略定位。税收筹划战略表明了公司未来的路径指向，是企业税收筹划的前进方向。税收筹划的战略定位必须建立在企业外部环境、内部条件和战略目标的基础之上。

3. 策略选择

美国战略学家乔治·斯坦纳（George A. Steiner）教授认为：“策略即为达成策略计划中制定的目标所采取的特别行动，通常，这类行动是指资源的配置与运用。”① 从博弈论的角度理解，策略就是参与人在给定信息情况下的行动规则，它规定参与人在什么时候选择什么行为。策略也可以理解为特定环境下对于特定问题的应对之策，即“对策”。对于一个企业而言，策略是抽象的，它体现了企业的战略导向。企业战略驾驭着策略，战略可以被认为是一组或多组策略的组合。因此，策略支配着整个生产经营活动，决定着企业的生存和发展。

企业战略的实现在于成功地选择策略，对于企业税收筹划战略也是如此。在企业实际经营管理活动中，策略选择是通过资源的系统规划来建立竞争优势的一种适应性行为。

4. 交易协商

交易协商是关于税收利益分配的协商，包括两个方面：一是企业与税务部门协商税收利益的分配，如税务部门与企业协商给予一定的税收优惠，鼓励企业实施再就业工程或吸引投资；二是企业与利益相关者协商交易价格及交易形式，如协商关联定价的原则、关联交易的时间、契约履行的条件等。交易协商可以在企业与其一个利益相关者之间进行，也可以在企业与其多个利益相关者之间进行。交易协商的目的是就交易中的税收利益达成一致。

交易协商是策略选择的下一步，两者直接关联，且相互影响。策略选择决定交易协商的内容，交易协商的结果则会引起策略选择的调整。

5. 战略实施

战略实施是战略付诸实施或执行的过程。在税收筹划战略实施过程中，要特别注意环境变化和战略定位的持续改进。

现代社会环境变化迅速，无论税收筹划战略制定得如何缜密、科学，也需要随着环境的变化进行修订。

6. 战略评价

战略评价是对战略实施结果的评价与总结。税收筹划战略实施后，应该对其实施结果进行检查和评价。要将税收筹划战略的实施结果与战略目标进行比较，审查执行业绩及战略执行成本，分析其有效性。此外，战略评价还要从税收筹划对企业的财务、税收及战略管理的影响角度分析税收筹划战略的适应性。

---

① 刘心一，刘从戎．税收规划：节税的原理、方法和策略［M］．北京：经济管理出版社，2006.

2.1.4 战略税收筹划的基本理论

战略税收筹划思想是在20世纪建立起来的，它把企业战略与税收筹划有机地结合在一起。诺贝尔经济学奖得主迈伦·斯科尔斯在其所著的《高管商学院：税收与企业战略》“写给中文译本的序”中写道：所有国家的筹划者都必须确定税收战略与公司的财务和经营战略之间的相互影响性。

1. 战略税收筹划的基本观点

基于企业税收筹划环境的复杂性，税收筹划不能停留在具体方法的探索上，应该借鉴战略管理思想，从战略的高度审视和把握企业的税收活动。盖地教授指出：税收筹划研究从单纯的节税论向经营战略论的转变是一个新的研究方向。① 因此，在企业总体战略下，应该存在一个纳税战略，但纳税战略很难脱离企业总体战略而单独存在，所以从战略税收筹划角度研究纳税战略可能更为容易，更能与企业管理结合起来全面把握税收对企业战略的影响。

国内一些学者积极探索了战略税收筹划的基本内涵与实践应用，下面是国内关于战略税收筹划的一些观点。

战略税收筹划是指为谋求企业税收利益和实现企业战略，为发挥企业在税收筹划方面的优势，从战略管理的角度，在分析企业内外部环境因素对企业税收筹划的影响的基础上，对企业的纳税计划进行全局性、长期性和创造性的谋划，并确保其执行的过程。②

所谓战略性税收筹划，是指企业以税收环境为因变量，在战略愿景的驱动下，通过企业战略调整，在战略调整过程中采取的一系列措施和方法，通过运用税收优惠政策等重塑企业的经济行为，对企业进行系统性协调，在追求企业可持续发展的目标引导下实现恰当纳税的过程。战略性税收筹划包含了税收筹划的基本内容，它不是对传统税收筹划的全盘否定，而是在传统税收筹划的基础上注入战略思想，拓展税收筹划的时间和空间范围，是适应战略管理的需要对传统税收筹划的发展和完善。③

战略税收筹划基于企业战略高度，以全局视野考量税收筹划定位与运作，以协调各方利益关系为线索，以控制经营风险、财税风险及综合性风险为支柱，以实现企业价值最大化为目标取向。战略税收筹划是兼顾宏观与微观、动态与

---

① 盖地．税收筹划几个基本理论问题探讨［C］//天津财经大学2005年MPAcc《税收筹划》教学研讨会论文集，2005.

② 谭光荣．战略税收筹划研究［M］．长沙：湖南大学出版社，2007.

③ 梁云凤．战略性税收筹划研究［M］．北京：中国财政经济出版社，2006.

静态，并受到局部利益与全局利益、短期利益与长远利益等关系影响的税收战略规划行为。适应税收环境并整合资源是战略税收筹划的主要思维模式。

2. 战略税收筹划的内容

战略税收筹划包括战略纳税环境分析、战略税收筹划目标与原则制定、战略税收筹划的实施与控制。这里主要引入 SWOT 分析法，根据战略纳税环境的变化，适时选择和实施战略税收筹划方案。首先，运用 SWOT 分析法分析企业开展税收筹划的优势与劣势，优势通常是指企业所擅长的一些事情，或那些能提升企业竞争力的与众不同的特征；劣势则指竞争对手拥有但企业尚不具备或不擅长的竞争性资源以及其他使公司处于不利竞争地位的内部条件。为判断企业税收筹划资源的优势与劣势，设计表 2-1 进行分析。

表 2-1　企业税收筹划资源的优势与劣势

企业潜在的优势	企业潜在的劣势
• 筹划战略目标细化到各组织 • 企业内部良好的筹划氛围 • 企业内各组织筹划协调有序 • 拥有税收筹划专业人才 • 拥有卓越的技术手段 • 取得规模经济效益及学习经验的曲线效应 • 良好的财务状况以及充足的资金 • 紧密的战略联盟	• 战略方向不清晰 • 企业内部筹划环境缺失 • 组织内筹划行为混乱 • 专业人才的匮乏 • 技术设备落后于竞争对手 • 筹划所针对的可适用范围太狭窄 • 经营资金不足 • 筹划伙伴的缺失

其次，运用 SWOT 分析法分析企业开展税收筹划所面临的机会及风险。评估企业的筹划机会及其吸引力时，应避免将行业机会等同于企业的机会。企业应根据自身的资源状况来把握外部的筹划机会，留心未来可能有的筹划收益机会。同时，要警惕外部环境的某些因素对企业筹划构成的威胁。例如，政府出台新的税收政策给企业带来税收筹划方面的限制。面对外部风险，企业一方面需要预测这些风险可能会带来的负面影响；另一方面，明确企业如何采取措施来减轻或消除这些影响。为评价企业开展税收筹划的机会与风险，设计表 2-2 进行评价。

表 2-2　税收筹划 SWOT 分析矩阵

外部因素			内部因素	
			优势	劣势
外部因素	机会	国家各类税收优惠政策	内部优势：对国家相关税收政策有专门研究、与外部机会相匹配	内部劣势：研究资金、专业人才的紧缺与外部机会相关
	风险	国家法律、经济政策的非稳定性	内部优势：对国家经济运行状况有所研究、与外部风险相匹配	内部劣势：相关部门税收筹划氛围的缺失与外部风险相关

战略税收筹划的重点是对税收筹划风险、战略纳税评价的分析。战略税收风险包括环境风险、经营管理风险、金融风险、财务风险、筹划风险。战略税收筹划评价可以运用平衡计分卡评价理论，从财务、客户、内部经营、学习与创新四个方面评价企业的战略税收筹划活动。

2.2 税收筹划的契约选择

2.2.1 税收筹划的契约特征

1. 契约是税收筹划的根源与基石

企业的实质是“一系列契约的联结”，包括企业与股东、管理者、债权人、政府、职工、供应商、客户等之间的契约。各契约关系人之间存在利益冲突，当我们承认理性经济人的逐利本性、契约的不完全性和部分契约是以会计数据作为基础等前提条件时，部分契约关系人（如股东或管理者）便有动机和机会进行一些操纵，以实现收益最大化。因此，只要企业税收契约中使用会计数据作为决定税负大小的重要指标，则在税收契约执行过程中，投资者与经营者就会产生对会计数据及相关行为进行管理控制以谋取自身利益的动机。纳税人掌握着企业的真实会计信息，在信息不对称和契约不完备的条件下，纳税人自然具有强烈的税收筹划动机以减轻其税收负担。纳税人对税法的选择性利用和税负的低位选择是其一项正当的权利，对税收规则的利用拥有相当的自主权和自由度，这进一步解释了税收筹划之所以存在的缘故。所以，如果没有税收契约关系存在，就没有税收筹划存在的可能性。

2. 税收筹划存在多重契约方及利益诉求

纳税人的税收筹划要考虑多重契约方，即在进行税收筹划时不仅要考虑纳税人与税务部门的关系，还要考虑纳税人与其利益相关者的关系。所以，纳税人开展税收筹划所考虑的契约方至少包括税务部门和利益相关者两类不同的契约方。

纳税人针对不同的契约方，应当采取不同的契约模式和税务对策。引入“契约理论”作为研究的起点，采用契约思想诠释税收筹划，旨在说明契约方影响税收筹划的决策行为。不同的契约方有不同的利益诉求，一个成功的税收筹划方案不仅体现在纳税人所获取的税收利益的大小上，还取决于各契约方所获取的税收利益及其满意程度。迈伦·斯科尔斯曾对契约观点作以下评论：“契约具体说明在不同的环境下，契约各方作出决策和收取现金流的权利。”[①] 迈伦·斯科尔斯还阐述了“在税收筹划中必须考虑所有契约方”的观点。

3. 税收筹划受到法定税收契约的制约

税收筹划是纳税人在税制框架下通过投资、经营、理财等活动的事前谋划、安排以降低风险和减轻税负的规划活动。税收筹划之所以出现，源于纳税人与国家之间的法定税收契约关系。国家作为企业契约的参与者，在向企业提供公共物品的同时，“强制”与企业签订了税收契约，即颁布其所制定的税法，并按税法规定强制性征税。所以，税法应被视为国家与纳税人签订的通用税收契约。在这种固定契约下，税款征纳是由税收的强制性来保障的。国家征税是出于保证财政收入以维护国家机器的正常运转，纳税人依法纳税是一种责任和义务。

在市场经济环境下，出于自身利益的考虑，纳税人总有寻求节税的动机。如果税收不具有强制性，而像慈善活动一样靠企业自愿捐赠，那么税收筹划就会失去其存在的意义。所以，只要存在法定税收契约，就一定存在税收筹划，税收筹划实际上是纳税人对税收环境的一种适应性反应。但税收筹划必须在税制框架下开展，这是法定税收契约对税收筹划的一种强制性约束。

2.2.2　契约规则与契约选择

1. 利用契约规则获取税收利益

税收筹划的作用在于利用契约规则合理安排交易，降低隐含在交易中的税收负担。如果企业之间存在税率差，即适用不同的企业所得税税率，则企业之间可以通过订立契约而合法地将应税收入从高税率纳税人转移到低税率纳税人。这是纳税人之间的一种税收合作博弈模式。纳税人之间所订立的契约模式（契约中蕴含的交易结构、交易形式、交易要素等）稍作调整，就会显著地引起税收负担的变化。

税收筹划担负着实现税后利润最大化的重任，即为最大化税后收益而组织的生产必须考虑契约各方目前和未来的税收状况。税收筹划要求企业充分利用现有税收契约的优惠条款，积极发掘税法空白点与税收漏洞，以寻求更大的节税空间；税收筹划鼓励企业充分利用契约平等原则，在与税务机关或其他利益相关者缔约过程中，尽可能争取更多的税收利益。所以，从契约角度看，税收

---

① 迈伦·斯科尔斯，马克·沃尔夫森·高管商学院：税收与企业战略［M］. 张雁翎，译. 北京：中国劳动社会保障出版社，2004.

筹划的过程其实就是纳税人利用契约规则获取税收利益的过程。

【案例 2-2】 假定初始市场上有两种无风险投资具有相同的税前投资收益率，两种投资所适用的税收政策也无差别，这是一种相对稳定的均衡状态。如果国家出于宏观调控和产业结构调整的考虑，对其中一种形式的投资（以下简称第一种投资）给予税收优惠政策，这就导致其税后投资收益率高于没有给予税收优惠的另一种投资的税后投资收益率。于是，税后投资收益率的提高必然抬高第一种投资的市场价格，进而会使其税后投资收益率降低，直至两种投资的税后投资收益率相等，实现新的市场均衡。

市场达到均衡点以后，尽管边际投资者对两种资产的选择无差异，但市场上仍有相当一部分非边际投资者，他们之间仍可以通过相互订立契约的方式进行税收筹划而受益。

2. 税收筹划的契约选择策略

诺贝尔经济学奖得主迈伦·斯科尔斯认为，为实现各种社会目标而设计的任何税收制度都不可避免地刺激社会个体进行税收筹划活动。任何既追求财产再分配又资助特定经济活动的税收制度，都会导致边际税率在不同契约方之间、特定契约方在不同时期、不同经济活动中产生大幅变动。美国税务学会主席萨利·M. 琼斯认为，企业交易的税收结果取决于交易事项的法律和财务结构。企业经常通过改变结构来改变税收结果。①

在市场经济中，纳税人的交易活动可以通过契约形式约定交易结构、交易条件，即不同的契约形式界定不同的业务模式。纳税人与其利益相关者通过调整契约条件、变换契约形式、设计交易结构等手段，在更大范围内、更主动地安排纳税事宜以获取税收利益。迈伦·斯科尔斯认为，低税负和高税负的企业双方可以签订一项安排财产权的契约，若该契约能够使低税负企业有效地将税收利益出售给高税负企业，对双方都有利。②

当同一纳税人在不同纳税期存在税率差，以及同一纳税人在同一纳税期内不同经济活动间存在税率差时，都可以通过调整契约内容、变换契约形式、设计交易结构等手段，通过税收筹划以寻求节税空间。

【案例 2-3】 某公司董事长以个人名义向公司借款300万元购买别墅，并办理了借款手续，第二年末仍未归还该笔借款。根据《财政部　国家税务总局关

---

① 萨莉·M. 琼斯，谢利·C. 罗兹-卡塔纳奇．税收筹划原理：经营和投资规划的税收原则［M］. 11版．梁云凤，译．北京：中国人民大学出版社，2008.

② 迈伦·斯科尔斯，马克·沃尔夫森．高管商学院：税收与企业战略［M］. 张雁翎，译．北京：中国劳动社会保障出版社，2004.

于规范个人投资者个人所得税征收管理的通知》（财税〔2003〕158号）的规定，个人投资者从其投资企业（个人独资企业、合伙企业除外）借款，在一个纳税年度未归还的，且又未用于企业生产经营的，应视为企业对个人投资者的红利分配，征收20%的个人所得税。由于该公司没有对董事长的借款作出任何处理。税务稽查人员要求企业补缴60万元的税款，并加征滞纳金和罚款。

如果利用契约思想进行税收筹划方案设计，该涉税事项完全可以实现节税，以下为两个基于契约思想的税收筹划方案。

方案一：该公司董事长在年末筹备周转资金偿还个人借款，进入次年再签订借款合同借出该笔款项以偿还周转金。这样操作的结果是该公司董事长的借款的期限不超过1年，无须承担纳税义务。

方案二：在签订借款协议时转变契约方，即让该公司董事长让其他人代为办理个人借款（不是公司的股东），从而可以摆脱上述税收政策的约束，即使借款超过1年，也不用缴纳任何税金。

【案例2-4】世界上大多数国家允许对建筑物、设备、机器进行加速折旧，这是一项鼓励资本性投资的税收政策。如果一个经营主体租用的机器设备超过了其经济寿命，租赁费用只能按实际发生额进行税前扣除，而租赁费用扣除额的现值通常远远低于折旧扣除额的现值。但不能由此得出在经营中使用自有机器设备的所有企业都能最小化本企业的税负这一结论。分析低税负和高税负纳税人双方的税收状况就会发现，放弃节税和出租的机会而租赁高税负企业的设备对低税负纳税人可能更有利。从税收角度分析，对于低税负企业，通过降低承租设备的租赁费率，可以控制高税负企业出租设备的租金收入，从而控制高税负企业的税收支出。反之，低税负企业出租设备给高税负企业，则可以提高设备的租赁费率，从而将利润由高税负企业转移至低税负企业，有效控制双方的税收支出。当然，高税负企业和低税负企业通过调整租赁费率的方法，虽然可以控制税负支出，但双方所签订的安排财产权的契约不仅要约定租赁费率，还要约定所获取的税收利益在两个企业之间的转移方法和分配比例。

2.2.3 契约视角的税收筹划创新①

1. 税收契约的内涵与类别

（1）税收契约的内涵

税收契约思想源于社会契约论，霍布斯、洛克、孟德斯鸠、卢梭等人将契约思想从私人领域扩展到了公共领域，形成了社会契约论思想，税收契约正是

① 蔡昌．论税收契约的源流嬗变：类型、效力及实施机制［J］．税务研究，2012（6）：68-73.

社会契约在税收领域承继、沿袭的必然产物。税收契约作为一种公共契约，天然具有契约的基本属性。税收契约的表现形式为税收法律制度，它是国家和纳税人经过多层次博弈形成的一种相对固化的税收分配与管理关系，税收制度的演化其实是税收契约关系演化的积累与外在表现形式。

税收契约建立在平等原则基础之上，它的缔结必须遵循社会正义与诚实信用原则。因此，税收契约一旦签订就受法律保护。税收契约既要求纳税人依法诚信纳税，不能蓄意逃避税收；也要求税务机关代表国家以宪法为依据行使征税权，依宪治税。税收契约对税务机关与纳税人的合法权益均等保护，不偏袒任何一方。

（2）税收契约的类别界定

契约理论认为，企业实质上是“一系列契约的联结”。税收契约是企业契约的重要组成部分，是企业契约关系网中的利益焦点。在企业契约集合中存在两类较为明显的税收契约：一是国家与纳税人之间的“法定税收契约”；二是纳税人与其利益相关者之间的“交易税收契约”。两类税收契约在经济发展中发挥着重要作用，影响着资源配置效率与纳税主体的税收利益。

税收筹划作为由社会多方契约关系制约的、多方契约力量之合力推动的一种社会经济行为，与税收契约之间有着千丝万缕的联系。在承认理性经济人的逐利本性、契约的不完备性和部分契约是以会计信息作为基础等前提条件下，税收契约各方当事人（包括经营者、投资者、供应商、代理商等利益相关者）便有动机、有条件进行税收规划和安排，以实现税后利润最大化乃至企业价值最大化的战略目标。

2. 法定税收契约与政策性税收筹划

（1）法定税收契约的内涵

税收本质上是一种契约关系，作为公民财产权的一种让渡，公民必须获得国家提供的公共产品。国家和公民之间以获得公共产品为“标的”的特殊交换关系具有公共契约的性质。国家征税和纳税人缴税是一种权利和义务的交换。国家具有政治权力的垄断性，为避免国家对其权力的滥用，国家和纳税人之间需要缔结“契约”，把国家与纳税人之间的产权分割用“法”的形式固定下来。由于国家和纳税人之间的税收契约是国家强加给纳税人的一种不可推卸的责任，国家是不请自来的“法定契约方”，笔者把这种天然存在的税收契约称为“法定税收契约”。例如，作为税收程序法的《中华人民共和国税收征收管理法》，以及作为税收实体法的《中华人民共和国企业所得税法》（以下简称《企业所得税法》）、《中华人民共和国个人所得税法》（以下简称《个人所得税法》）、《中华人民共和国车船税法》等都是法定税收契约的典型表现形式。在经济学界和法学界，法定税收契约已经得到广泛认可、传播和应用。

法定税收契约其实是国家依照政治权力以提供公共产品为目的而分享纳税人利益的依据。在法定税收契约缔结过程中，国家和纳税人是平等的，国家和纳税人各自依法享有法定权利。这种双方权利平等关系体现了契约精神的本质，并贯穿于国家和纳税人之间关系的各个层面。在国家和纳税人法定税收契约的履行中，超出这种契约要求的税法规定的额度和范围的税款征收就是一种掠夺，而纳税人也不应该因其向国家纳税而提出某些过分的要求。

税法是按照国家的意愿设定的，国家出于宏观经济调控的需要，必须经常性修改税法，因此税法的固定性是相对的。但是，税法条款的修正通常又带有明显的时滞性，税法的级次越高，其修正的时滞性就越强。税法条款的非固定性以及修正的时滞性会对纳税人的税收筹划行为产生重大影响。

（2）法定税收契约的效力

法定税收契约具有强制性。法定税收契约的效力不仅源于国家具有政治强制力，还源于税收契约的签订具有公共选择的机制和程序。法定税收契约的签订是社会成员通过公共选择机制选择的结果，代表着社会成员的集体意愿。在经过一定的立法程序把这种集体意愿固化为税收法律后，税收契约就有了法律强制力，社会成员和国家都必须遵守。如果纳税人和国家或者税务机关违反税法这种税收法定契约，必须承担相应的责任。

《中华人民共和国税收征收管理法》规定了对纳税人的核定征收、税款追缴、滞纳金征收、纳税担保、税收保全、纳税救济等保障国家税收权益的措施。同样，国家或者税务机关对纳税人造成侵犯时也要承担一定的责任。国家在税务机关对纳税人执法不当造成的损失要承担相应的赔偿责任：税收保全不当造成的损失国家要对纳税人进行税收赔偿；对纳税人超额征收的税款要加息归还给纳税人。法定税收契约对税务执法人员本身的徇私舞弊规定了禁止性和惩罚性条款。法定税收契约不仅是强制性的，也包含着代表着执政者偏好的国家利益的驱动。

（3）法定税收契约的实施机制

法定税收契约是国家和公民之间为获得公共产品或服务而签订的，法定税收契约签订过程是双方合意通过公共选择机制得以表示的结果。一旦国家和公民之间签署了这一契约，法定税收契约就具有了强制性。国家作为订立社会契约的缔约方，其实是一个抽象的权利主体，国家的权利要由政府这个代理人来执行。

法定税收契约的实施是一个复杂的过程。从契约论的观点来看，国家权利和公民（纳税人）的权利是平等的，但国家的公权力和公民的私权利发生冲突时，公民权常处于弱势地位。政府作为国家的代理人，有追求预算收入规模最大化的动机与行为。为保障纳税人的权利，需要围绕税收契约进行立宪，以保障税收契约实施过程中双方权利、义务的一致性。对于符合税收宪政的税收契约，由国家委托政府的征税机关来实施税款的征收。征税机关代表政府对违反税法（税收契约的固化形式）规定的纳税人实施强制征税、加收滞纳金或者罚款等惩戒行为，以保障国家获得税收收入的权利。国家要对税收的征收使用情况向纳税人进行信息公开，接受广大纳税人的监督。对国际违反法定税收契约的情形，纳税人有权借助其代表机构通过公共选择的程序更改税收契约内容，并让国家对纳税人进行合法补偿。因此，法定税收契约的实施机制是建立在委托—代理制基础上的，但委托—代理制的执行须以法定税收契约的依法履行为前提，法定税收契约的有效履行会促进一国或地区税收制度的优化与演变。

（4）政策性税收筹划：法定税收契约框架下的税收筹划创新

政策性税收筹划是指企业在不违背税收立法精神的前提下，与税务、财政等部门进行协商，试图改变现有对企业（或行业）不适用的税收制度，以实现企业利益最大化的筹划活动。政策性税收筹划作为一种动态的筹划方式，其对国民经济和企业产生宏观和微观的双重效应，不仅企业的涉税风险小，而且对完善税收制度发挥着重大作用。

从经济学角度分析，政策性税收筹划实质上是一种税收筹划的创新活动，它改变了原来的法定税收契约关系，本质上是一种契约变革性质的税收筹划模式。当企业发现税收制度的非均衡①，从而产生税收制度的创新需求，企业通过游说或其他方式推动税收制度变迁，国家根据这一制度需求对税收制度供给进行调整，制定多种备选的税收制度变迁方案，企业再根据自身利益需求影响或决定税收制度变迁方案的选择，最终达到税收制度变迁后的均衡状态。政策性税收筹划的操作模式如图 2-3 所示。

政策性税收筹划是以一种更有效率的新的税收制度替代旧有税收制度的过程，体现了税收制度由非均衡到均衡的运动。② 政策性税收筹划与一般的税收筹划策略存在较大差异，但是其并非对目前税收筹划模式的背叛，而是对税收筹划模式的延伸和扩展，更能发挥纳税人在税收筹划中的主动性。采取政策性税收筹划的企业一般是那些掌控重大资源、拥有话语权的重要行业的大型企业

---

① 税收制度的非均衡是指税收征纳博弈各方对现行税收制度的不满意状态，从供求关系看，呈现一种制度供给与制度需求不一致的状态。

② 税收制度的非均衡必然意味着现行税收制度安排的净收益小于可供选择税收制度安排的净收益，而基于企业（行业）特殊性对原有税收制度的修正和改进，符合税收的公平与合理原则。国家的利益不仅不会减少，反而会因为企业（行业）生产积极性的提高而大幅增加，形成税收制度创新的潜在收益，推动税收制度的变迁。

集团，如金融业、石油化工业、电力水利以及烟草业等国有垄断行业，具有较高的社会经济地位甚至政治地位，能够影响国计民生和国家宏观决策。国家为了实现一定的经济目标，会对其政策需求或利益诉求提供宽松型税收政策，或者专门为其提供特殊性税收政策或税收优惠待遇。

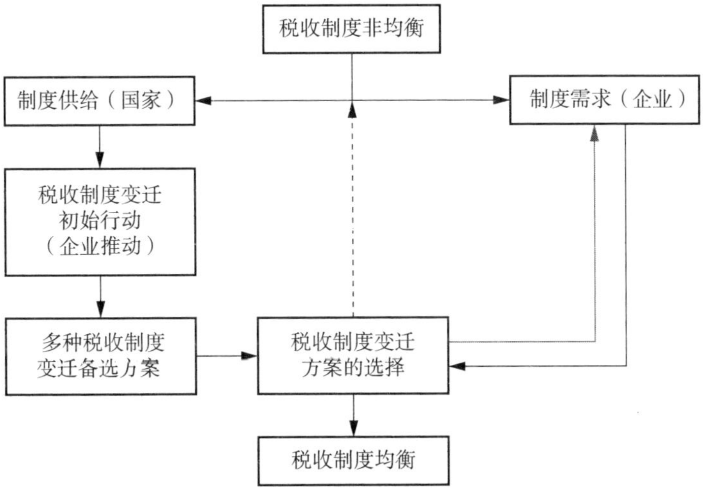

图 2-3　政策性税收筹划的操作模式

3. 交易税收契约与税收筹划创新

（1）交易税收契约的内涵

契约是交易当事人在市场交易活动中所确立的一种权利义务关系，交易活动的实质是交易当事人对财产权利作出的契约安排，其目的是实现资源在时间和空间上的合理配置与有效利用。企业是“一系列契约的联结”，在这种契约的联结中，存在包括股东、债权人、供应商、代理商、终端客户、职业经理人、雇员等在内的各类利益相关者。尽管企业与这些利益相关者之间的关系是纯粹的市场关系，但他们之间缔结的交易合约对企业的纳税行为和税收负担有着微妙的影响。①

企业与其利益相关者之间的税收关系是交易当事人各方确立的权利和义务关系的一种，笔者把他们之间由于交易活动引发的税收关系称为交易税收契约。交易税收契约是企业契约集合中的子契约，可以将其界定为企业法人与其利益相关者在交易活动中所形成的有关财产权利流转的税收协议或者约定。斯韦托

① 蔡昌．契约视角的税收筹划研究［M］．北京：中国财政经济出版社，2008.

扎尔·平乔维奇（1999）认为，契约是人们用以寻找、辨别和商讨交易机会的工具。[①] 对契约功能的这一深刻认识非常适用于交易税收契约，各方缔约交易税收契约的目的在于探寻和把握交易机会、获取经济利益。交易税收契约的各缔约方利用契约的签订合理规划其税务活动，实施税务战略管理，并最终实现税收利益乃至经济利益的最大化。

企业与其利益相关者的交易税收契约所涉及的各项交易包含复杂的关系，关系和交易紧密结合，同等重要且不可分割，属于一种典型的关系契约，[②] 具有以下四个显著特征。

第一，交易税收契约各方存在契约团结或共同意识。缔约方利用正式或非正式规则确保他们之间关系的稳定性。正是利益相互依赖性使交易缔约各方当事人必须就某些事件达成共识，这种共识的达成具体表现为当事人之间的沟通。在沟通过程中，各种正式或非正式规则会产生，以规范交易过程中当事人的行为，减少契约各方存在的信息不对称，从而降低交易费用。因此，交易税收契约强调合作及其长期关系的维持，契约当事人都愿意建立一种规制结构来对契约关系进行适应性调整。

第二，交易税收契约各方是伙伴关系。与法定税收契约要借助法律的强制性来维护国家与纳税人之间的契约关系不同，交易税收契约依赖于企业与利益相关者的经济活动“市场合约”，他们之间是以利益为纽带结成的伙伴关系。其实，基于伙伴关系的交易税收契约的最终目标是获得相应的经济利益。因此，交易税收契约注重经济伙伴关系的过程性与连续性，以至于很多契约条款悬而未决，留待以后根据商业形势作适当的变化。这使得交易税收契约具有灵活多变的特征。因此，在交易税收契约的缔结与履行过程中，不出现阻碍契约自由的权利、等级和命令，纯粹是一种商业环境下的利益合约。在交易税收契约中，冲突的解决可以自我调节，可以通过第三方的介入，也可以通过其他的利益协调机制。

第三，交易税收契约具有不完备性特征。与法定税收契约相比，交易税收契约的不完备性更加明显，这种不完备性增加了缔约各方灵活应对商业形势变化的便利，也增加了交易税收契约履行的难度。交易税收契约的履行需要依靠契约团结或者共同意识。交易中的企业一般假定会持续经营，因此企业和其利益相关者之间的经济关系可以看作是长期的。这种长期合作无论是采取一次次

---

① 斯韦托扎尔·平乔维奇．产权经济学［M］．蒋琳琦，译．北京：经济科学出版社，1999.

② 关系契约的概念是由著名法学家麦克尼尔（Macneil）提出的，他认为契约具有社会性和关系性，即契约是当事人及其协议内容的内在性社会关系的体现。

独立的短期合约，还是采取一次签订长期合约，都使得交易缔约各方形成一种长期的、信息不完备下的动态博弈关系。在长期的博弈中，即使交易活动的参与者极为注重短期利益，也有动机假冒成注重长期合作的参与者从而获得长期利益的最大化。因此，交易税收契约的履行要依赖缔约各方长期的合作博弈，而不是短期的、一次性的竞争博弈。

第四，交易税收契约具有合法边界下的自由性。交易税收契约缔约各方的自由权利受到法律保护，包括缔约的自由、选择缔约方的自由、决定缔约内容与形式的自由、变更或解除缔约的自由，这些自由权利体现在契约的意思自治方面。但缔约各方不存在绝对的自由权利，其缔约的自由度具有一定的边界，即必须在法定税收契约的框架约束下进行，受制于一国或地区法律的约束；超越了这一边界，交易税收契约是不成立的。

（2）交易税收契约的效力

交易税收契约属于一种经济规则或者经济合约，建立在利益基点上。利益是研究人类经济活动的出发点，利益是“社会化的需求，它在本质上属于社会关系范畴”。[①] 人类个体与群体既是利益的需要者，也是利益的供给者。在利益相关者的社会网络中，获得利益必须通过与其他利益主体进行利益的交换。交易活动的每一利益相关者都是“理性人”，在交易中追求短期利益或长期利益的最大化。由于交易各方的力量并不均衡，在交易中必然出现利益冲突。契约因利益冲突而存在，以利益协调为目的，通过利益关系调整而对交易行为进行约束。交易税收契约以追求利益作为效力根源，是寻求经济利益的一个有效工具，缔约方都倾向于从税收契约中获得相应的利益。利益的存在和分配是纳税人及其利益相关者签订有利的税收契约以保护自身利益的驱动力。从这一角度分析，交易税收契约的履行并不需要具有强制性政治约束，主要由交易的利益各方为获得满意的利益而自我约束。当然，交易税收契约效力的发挥必然被限定在以宪法、税法等为首的法律框架内。

契约是市场中交易当事人在交易过程中所确立的一种权利义务关系。当事人交易时所约定的基本内容，构成了契约的基础。交易活动的实质是交易当事人之间对财产权利所作出的契约安排，其目的是实现资源在时间和空间上的合理配置和有效利用。从利益相关者角度分析，企业与包括股东、债权人、供应商、客户、职工等在内的各利益相关者之间存在微妙的关系，他们之间的博弈竞争与合作关系是靠契约来维持的，这种契约是一种纯粹的市场契约。

企业与其利益相关者之间的税收契约作为企业契约集合中的一个子契约，

---

① 周孟璞．马克思主义哲学全书［M］．北京：中国人民大学出版社，1996.

是在经济交易中形成、维护并履行的，其本质是税收影响各利益相关者收益分配与资源配置的一个强有力的工具。交易税收契约明显区别于国家与纳税人之间的法定税收契约，如果给交易税收契约下一个准确的定义，可以表述如下：交易税收契约是利益相关者在经济交易中所形成的有关财产权利流转的税收方面的协议或约定。

从税收筹划角度分析，交易税收契约的引入，可以指导企业与其利益相关者签订理性的税收契约，在更大范围内、更主动地巧妙安排纳税理财事宜，有效开展税收筹划，实现企业与其利益相关者的双赢。

（3）利用契约规则的税收筹划：交易税收契约形式的转化

交易税收契约属于一种典型的关系契约，在缔约、履约过程中，易于在各契约方之间进行契约形式的变换以获取税收利益。交易税收契约形式的转化主要有以下三种模式：业务形式转变、业务口袋转换、业务期间转移。

第一，业务形式转变。利用交易税收契约的形式转化规律，将企业的业务活动从一种业务形式转变为另一种业务形式。随着业务形式的转变，其所涉及的业务收入和税种会发生相应变化，最终会导致税收负担不同。也就是说，通过业务形式转变可以产生税收筹划节税空间。

【案例2-5】美国的股份公司经常为其利益相关者——职工购买多份生命保险，保费的资金来源是贷款，贷款既可以是银行的，也可以是保险公司的。按照税法规定，银行贷款利息可以在税前扣除，每年购买保单的资金不必立刻缴税，可在保单变现时予以课税。在这个案例中，购买保单是一项享受税收优惠的投资。进一步分析，如果保费是由保险公司提供的融资，若企业要求保险公司通过银行转贷该笔融资供自己使用，则可以实现贷款利息扣除，而保险公司可以从银行拿到利息收入，如图2-4所示。这一融资形式的转变体现了业务形式转化思想。

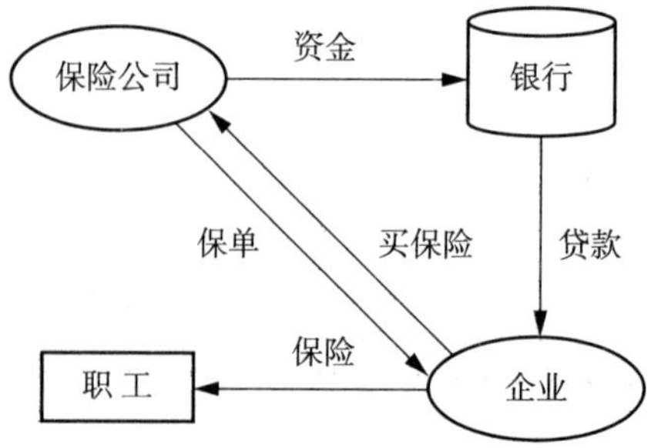

图2-4 企业为职工购买保险的税收筹划模型

第二，业务口袋转换。利用交易税收契约的形式转化规律，将一个纳税主体的业务转化为另一个纳税主体的业务。最为典型的案例是利用关联企业之间的税率差，以转让定价方式实现利润转移，从而实现节税的目的。

【案例2-6】一家设备生产企业自行研发了一套高科技智能软件，与设备配置在一起对外销售。这套高科技智能软件使设备的性能大大改善，企业因此提高了设备销售价格，但随之而来的是企业面临高昂的税收负担问题，增值税和企业所得税负担很重。对于该税收问题，企业可以采用业务口袋转化模式寻求税收筹划空间。从业务流程分析，税负高的原因在于设备销售价格高，而销售价格高的原因源自这套软件。软件属于高附加值产品，整个设备的增值率因此而上升。

根据现行税法利用转化思想设计以下税收筹划方案：设备生产企业进行企业分立，拆分出一家软件公司。设备生产企业在向客户出售设备主体的同时，由软件公司出售高科技智能软件，即把一个纳税主体的一项交易拆分为两个纳税主体的两项交易。这一操作对于客户没有太大的影响，但设备生产企业的税收状况发生了显著变化：在设备主体和软件交易过程中，设备主体和软件分摊了原来的销售价格，且购买方采购活动没有增加任何额外支出，但新分立的软件公司变成了一个独立的纳税主体，可以申请为高新技术企业，其自产自销的软件收入享受软件产品税收优惠，实际仅负担15%的企业所得税与3%的增值税。[①] 该税收筹划方案的关键是引入业务口袋转化模式，即把原来的销售收入合理分解流入不同的“口袋”，而不同的“口袋”税收待遇迥然不同，从而实现筹划节税目标。

随着交易的进一步深入，购买方所投资的自动化设备需要设备生产企业提供软件升级、设备维护等后续服务，如果这些服务全部由设备生产企业提供，主要有两种操作模式：一是设备生产企业在设备实现销售时一次性收取服务费；二是设备生产企业逐年收取服务费。但这两种方式都不太合适：前者会导致设备生产企业提前纳税[②]，后者虽然实现了递延纳税，但不能摆脱较高的税收负担。对于后续服务问题，利用业务口袋转换模式可以有效控制税负，具体方案如下：设备生产企业再投资成立一家网络科技服务公司（申办为高新技术企业），可享受企业所得税15%的低税率优惠。由该网络科技服务公司逐年收取服务费，即实现的服务费收入由原来的设备生产企业转移到新办的网络科技服

---

① 《财政部　国家税务总局关于软件产品增值税政策的通知》（财税〔2011〕100号）规定，自2011年1月1日起，增值税一般纳税人销售其自行开发生产的软件产品，按17%税率征收增值税后，对其增值税实际税负超过3%的部分实行即征即退政策。

② 销售设备时一并收取后续服务费，属于混合销售行为，对于生产企业应一并征收增值税。后续服务费提前实现，就要提前纳税。

务公司，则可以获得两个企业税率差带来的税收利益。服务费收入适用6%的增值税税率，同时允许抵扣相应的进项税额，可以适当控制企业增值税负担。

第三，业务期间转移。利用交易税收契约的形式转化规律，将一个纳税期间的业务转移为另一个纳税期间的业务，则可以实现业务收入、费用（成本）及税金的跨期转移，以实现筹划节税。

业务期间转换的最典型例子是控制收入的实现时间。控制收入的实现时间可以合理地将收入归属于合理的期间，从而影响企业当期的应税收入和税收。在经济生活中，企业控制收入的实现时间主要有以下三种方法：其一，合理安排交易时间，控制交易进度，即调节经济业务的交易时间来合理控制税收；其二，利用交易合同来控制，即通过交易合同的签订和履行控制税收；其三，通过不同的收入结算方式来控制收入实现时间。

通过交易税收契约形式转化实现业务期间转移，还可以利用一些理财工具来实现，譬如企业年金[①]就是一种重要工具。国际上通行的企业年金计划是EET征税模式，字母E（enterprise，指企业）、E（exempt，指免税）、T（tax，指征税）表示国家对企业年金计划的课税情况。该模式对职工在工作期间的企业年金（补充养老保险金）、企业年金基金（补充养老保险基金）的投资收益免税，只在职工未来领取补充养老保险金时予以课征个人所得税。这种企业年金计划事实上是一种将现在收入转化为未来收入并推迟缴纳税收的薪酬形式。

下面从税收筹划角度分析企业年金的税收优势。假定企业采用企业年金计划时，每年把少支付职工的现金形式的工资 U 全部转化为企业年金，个人所得税税率为 t。个人所获得的相当于年金部分的工资全部用于投资，投资报酬率为 r，企业年金基金的投资报酬率也为 r。企业年金缴纳的持续期间为 n 年，第 $n+1$ 年年初全部返还给个人。

若企业采取现金形式支付工资 U，则税前工资投资 n 年后获得的收益为

$$F_c=U(1-t)[1+r(1-t)]^n$$

若企业把现金工资 U 转化为企业年金形式，则企业年金项目经过 n 年后获得的收益为

$$F_p=U(1-t)(1+r)^n$$

---

① 企业年金（occupational pension）是指政府养老保险制度之外，雇主为进一步提高其雇员退休后的收入水平而建立的一种补充性养老保险制度。在欧美国家，企业年金一般称为补充养老保险计划（supplementary schemes 或 complementary schemes）。《企业会计准则第10号——企业年金基金》应用指南中规定：企业年金是指企业及其职工在依法参加基本养老保险的基础上，自愿建立的补充养老保险制度。企业年金由企业缴费、职工个人缴费和企业年金基金投资运营收益组成，实行完全积累，通过个人账户方式进行管理。

由于 $U(1-t)(1+r)^n>U(1-t)[1+r(1-t)]^n$

故 $F_p>F_c$

比较现金形式的工资和企业年金，发现两者投资回报率有所差别，现金形式的工资投资报酬率为 $r(1-t)$，企业年金的税前投资报酬率为 r。因此，对于职工来说，获得企业年金显然比现金形式的工资更为合适。

若企业采取现金形式支付工资，职工每年多获得的现金工资 U 在 n 年后的税后总收益为

$$E_c=U(1-t)[1+r(1-t)]^n+U[1+r(1-t)]^{n-1}+U[1+r(1-t)]^{n-2}+\cdots+U[1+r(1-t)]$$

$$=U(1-t)\{1+1/[r(1-t)]\}\{[1+r(1-t)]^n-1\}$$

若企业把支付职工的现金工资 U 转化为企业年金形式，n 年后企业年金基金的税后总价值为

$$E_p=U(1-t)(1+r)^n+U(1-t)(1+r)^{n-1}+U(1-t)(1+r)^{n-2}+\cdots+U(1-t)(1+r)$$

$$=U(1-t)(1+1/r)[(1+r)^n-1]$$

比较可知，有 $E_p>E_c$，即职工以企业年金形式获得的税后总收益大于现金形式的工资的税后总收益。因此，从税收筹划角度分析，企业年金优于现金形式的工资。

（4）利益格局调整：交易税收契约下的税收筹划

基于交易税收契约的安排，纳税人可以利用契约规则实现税收筹划模式的创新。企业与其利益相关者（如供应商、代理商、债权人）之间的契约关系集中体现在商品、劳务、资金的成本和价格之中。企业及其利益相关者在与税务机关博弈的过程中利益趋于一致，形成一个自然利益团体，他们都希望尽量减轻税收负担。于是，利益团体中的利益相关者就有可能进行合谋，即签订合谋契约，从国家手中争取更大的税收利益。同时，利益团体中的利益相关者之间存在利益冲突，都希望将税负转嫁给他人（税负前转或税负后转），而不希望别人将税负转嫁给自己，从而形成一个极为微妙的博弈对局关系。

根据纳税人及其利益相关者的利益格局调整情况，税收筹划可划分为偏利税收筹划、零和税收筹划、多赢税收筹划三种类型，如图 2-5 所示。

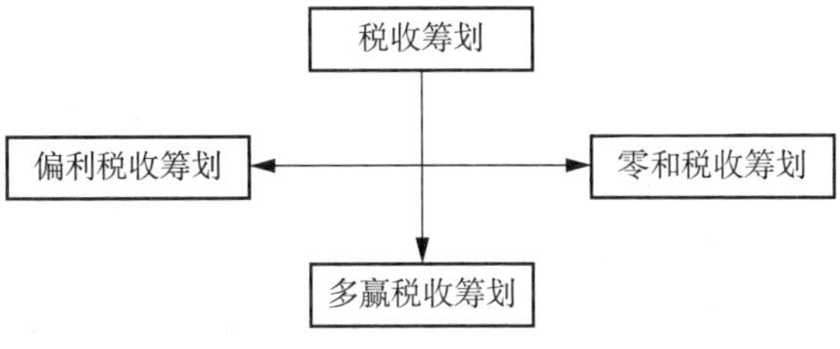

图 2-5 税收筹划的三大类型

①类型一：偏利税收筹划。

偏利税收筹划是指通过交易税收契约的优化创造出新的价值，即企业通过税收筹划享受其所带来的税收利益的同时，对利益相关者不会造成利益损失，但利益相关者也没有任何额外收益。换言之，税收筹划使得企业获取税收利益，但不对其利益相关者产生任何影响。为了有效实施税收筹划，有时可能需要利益相关者给予各种形式上的支持与配合。

偏利税收筹划的显著特征是其偏利性，即税收筹划所创造出来的新的价值主要分配给筹划者一方。由于利益相关者没有收益也没有损失，他们并不热衷于这种筹划活动，但出于战略联盟或维护合作关系的考虑，利益相关者一般会支持或配合税收筹划。若企业改变交易模式进行税收筹划，可能需要客户在签订交易契约时予以配合，因为交易模式的改变可能会导致交易契约的改变。

当然，纳税人实施的税收筹划活动也可能不需要利益相关者参与或者配合，如企业自身创造条件单方面享受税收优惠就属于纯粹的偏利税收筹划。例如，某大型集团公司适用25%的企业所得税税率，为降低税收负担，该集团公司将其经营的高科技产业分拆出来，单独设立了一家高新技术子公司，该子公司可以享受15%的低税率优惠。该项税收筹划活动不会影响客户的税收利益，但可以降低集团公司的总体税收负担，因此属于纯粹的偏利税收筹划。

②类型二：零和税收筹划。

零和税收筹划是指企业进行税收筹划获取了一定的税收利益，但其利益相关者因此蒙受与企业税收利益等额的税收损失，即双方的税收利益与税收损失之和为零。这虽然对双方总体的税收结果没有影响，但对于任何一方都产生了重大影响，反映为税收利益在双方之间的等量转移，最终体现为双方税收利益的一种再分配。

零和税收筹划在现实生活中并非完全不可能，如果企业承诺给予利益相关者一定的补偿或其他经济利益，可能会使利益相关者被迫接受该类型的税收筹划。由于企业获得的税收利益是建立在利益相关者承担等量税收损失的基础上的，因此来自利益相关者的阻力会使零和税收筹划难以付诸实施。在现实经济中，较为典型的零和税收筹划的例子是税负转嫁。税负转嫁实质上是商品供应者与需求者之间的税收博弈，供求双方天然地存在利益冲突，自由价格机制的存在是税负转嫁存在的客观条件。税负转嫁的受益方通常是强势的一方，而弱势的一方蒙受税收损失，但只能被动接受。

③类型三：多赢税收筹划。

多赢税收筹划是指能够给企业以及参与其中的利益相关者都带来税收利益的一种税收筹划类型。税收筹划给企业带来税收利益的同时给其利益相关者带来税收利益，即双方都能从税收筹划活动中受益。企业作为主动的筹划一方，积极获取税收利益是其天性使然；利益相关者是被动的一方，被动地享受税收筹划带来的好处。因而，利益相关者非常愿意甚至热衷于参与这种类型的税收筹划。多赢税收筹划是最佳的税收合作模式，有时可能涉及三方或者三方以上的利益相关者，这时税收筹划所带来的税收利益在企业及其所有利益相关者之间进行分配。

案例分析题

均衡点增值率的测算方法

假定纳税人销售某类商品的增值率为 R，该商品的含税价格为 S，购进商品的含税价格为 P，则 $R=(S-P)/S$。一般纳税人的适用税率为 T_1，小规模纳税人的征收率为 T_2。

问题：

（1）当一般纳税人和小规模纳税人税负相等时，推导均衡点增值率 R 的表达式。当 $T_1=13\%$，$T_2=3\%$时，计算税负均衡点增值率的大小。

（2）分析“营改增”后影响增值税税负的相关因素。企业应该如何控制增值税税负？可以采取哪些有效的税收筹划方法？

第3章

有效税收筹划模式

各特殊利益集团和政治家们认为，利息支付所带来的税收扣除鼓励人们采取举债收购方式……为什么目标公司非要求助举债收购，而不能依靠自己举债或调整自身资本结构？原因在于，税收成本之外的非税成本使资本重组相较于其他税收替代手段更有效。

——诺贝尔经济学奖得主　迈伦·斯科尔斯

3.1　有效税收筹划模式的基本框架

3.1.1　有效税收筹划模式的含义

早期的传统税收筹划理论没有考虑成本，只以纳税最小化为目标。针对传统理论的种种缺陷，美国斯坦福大学教授、诺贝尔经济学奖得主迈伦·斯科尔斯和马克·A. 沃尔夫森（Mark A. Wolfson）提出了有效税收筹划模式，它是一种在各种约束条件下实现纳税人“税后利润最大化”目标的税收筹划理论与实践模式。

有效税收筹划是企业战略的一个有机组成部分，它是在现行国家政策法规许可的范围内决策时，考虑所有利益相关者、综合衡量税收及全部商业成本下作出的、旨在实现企业价值最大化的战略税收管理安排。①

3.1.2　有效税收筹划模式的框架体系

有效税收筹划模式构成了一个严密的逻辑体系。当企业进行投融资决策时，其目标是取得最大化的投资报酬率或最小化的融资成本。税收规则的存在，使

---

①　杨华．企业有效税务筹划研究［M］．北京：中国财政经济出版社，2011.

企业在进行各项战略决策时必须考虑税收因素。此模式还提出了非税成本的概念，即将税收筹划所引起的税收成本以外的其他各项成本统称为非税成本。从经济学角度考察，税收成本和非税成本可以统称为交易成本。显然，交易成本是由于交易各方之间利益不一致和信息不对称所引起的。此理论还将税收成本划分为显性税收和隐性税收，显性税收是收缴国库的税收，隐性税收的概念将在下文详细讲解。

有效税收筹划模式的框架体系分为三部分，其脉络思路可以通过交易成本连接起来，如图 3-1 所示。

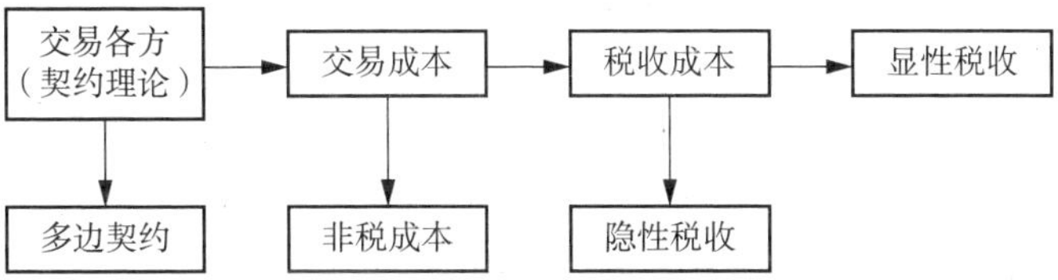

图 3-1　有效税收筹划模式的框架体系

由图 3-1 可知，有效税收筹划模式的框架体系包括以下三个方面：①有效税收筹划要求筹划者从交易各方多边契约角度来考虑交易的税收问题；②有效税收筹划要求筹划者认识到税收成本仅仅是企业成本的一种，在税收筹划过程中必须考虑所有的成本，一些被提议的税收筹划方案的实施可能会带来大量的非税成本；③有效税收筹划要求筹划者在决策时，不仅考虑显性税收，还要考虑隐性税收。

有效税收筹划模式的三个核心思想并非随意的组合，而是一个相互依存、层层分解的有机整体；多边契约与利益相关者相关，交易成本与企业组织紧密相关，使得在这一框架下的企业税收筹划活动（本身属于企业组织设计活动的一部分）从企业整体角度进行，严格区别于短期化倾向的“税负最小化”目标；有效税收筹划既考虑税收成本又考虑非税成本，目标是“税后利润最大化”；有效税收筹划还综合考虑显性税收和隐性税收，对税收成本进行全面权衡与分析。

3.2　有效税收筹划模式的核心观点

3.2.1　多边契约

有效税收筹划模式的一个重要内容是运用契约理论（contracting theories）

的基本观点和方法展开分析，研究在信息不对称的现实市场上，各种类型税收筹划的产生和发展过程。

如果将税收因素考虑在内，那么作为税法的代表政府毫无疑问应被引入订立契约的程序。不过，相对于其他契约方而言，国家无法及时调整其策略，因为这需要通过修订税法来实现，而税法调整通常是滞后的。国家与其他契约方的另一个显著差别在于国家所追求的目标具有多样性，社会公平、社会责任也是其追求的目标，社会公平目标的实现往往要借助累进税率，这使得支付能力不同的纳税人面临不同的边际税率。国家对于市场中出现的外部性的纠正，使得不同类型投资的税收待遇大不相同，进一步加大了投资者边际税率的差别，从而为税收筹划提供了空间。

税收体系的多重目标性使纳税人处于不同的税收地位，同时改变了纳税人的税前收益率。假定初始市场上有两种无风险资产具有相同的税前投资收益率。两种资产的税收待遇不同，其中一种资产由于享受了税收优惠其税后收益率高于另一种没有享受税收优惠的资产。这种状态显然是不均衡的，因为投资者会增加对税后收益率较高享受税收优惠的资产的投资。需求的增加将改变享受税收优惠资产的价格，使其不断上升，从而导致其税后收益率下降直到两种资产税后收益率相同实现均衡。在均衡点，边际投资者对两种资产的选择是无差异的。不过，由于税率具有累进性，比边际投资者处于更高或更低税率级次的投资者相互依然可以通过订立契约而受益。面临比边际投资者税率高的投资者倾向于享受税收优惠的资产，面临比边际投资者税率低的投资者倾向于没有税收优惠的资产。他们之间订立的合作契约将使总财富达到最大化，并使除政府以外其他当事人都受益。因此，从一定程度上讲，这种契约实现了税收筹划的帕累托改进。

【案例 3-1】假定均衡市场上有三个投资者甲、乙和丙，面临的边际税率依次为 30%、40%和 50%。有两种无风险资产 A 和 B，其中 A 为免税债券，利率为 6%；B 为应就收益全额纳税的公司债券，利率为 10%。由于市场处于均衡，因此两种资产利率保持不变。对于乙而言，投资 A 和 B 的税后收益率相同，均为 6%［10%×(1-40%)］。因此，乙为边际投资者（对购买两种同等风险但纳税不同的资产无偏好的投资者）。对于丙而言，投资 B 的税后收益率为 5%［10%×(1-50%)］，低于 A（6%）。对于甲而言，投资 B 的税后收益率为 7%［10%×(1-30%)］，高于 A（6%）。因此，在其他条件相同的情况下，丙会选择 A，甲会选择 B。

现假设考虑其他因素后，丙要投资 B，而甲要投资 A。如果两人直接投资，且均为一个单位，那么丙的收益为 0.05［1×10%×(1-50%)］，甲获得的收益为

0.06（1×6%），总收益为0.11（0.05+0.06）。此时，如果甲和丙订立契约，由甲投资B而丙投资A，然后两人进行交换，那么两者的总收益为0.13［1×6%+1×10%×(1−30%)］，比前者多出0.02。将这一部分增加的收益在甲、丙之间进行分配，则使甲、丙均比未订立契约获得的收益增加，增加的值就是国家税收收入的减少。

3.2.2 非税成本

1. 非税成本的概念

非税成本是指纳税人因实施税收筹划而引致的非税收支出形式的各种成本费用。非税成本是一个内涵丰富的概念，既有可以量化的部分，也有不能够量化的部分，具有相当的复杂性和多样性。在一般情况下，税收筹划引发的非税成本有代理成本、交易成本、机会成本、组织协调成本、隐性税收、财务报告成本、税务寻租成本、违规成本等。在现实社会经济生活中，环境的复杂性、人的有限理性是导致非税成本的直接诱因。

企业在设计税收筹划方案时，往往不能兼顾税收成本与非税成本，二者经常存在矛盾冲突，税收利益与财务报告成本之间的权衡是税收成本和非税成本冲突的典型表现。企业希望向税务机关报告较低应税收入以承担较低的税收成本，却因此增加企业的财务报告成本（属于一种非税成本，通常包括高管人员的激励成本、资金成本、监管成本、审计成本和政治成本等）。通常节税（或避税）策略所要求的交易或政策选择会降低报告给利益相关者的利润（当然，纳税申报的利润不同于财务报告的利润），财务报告的数据常应用于各种契约，如债务契约、报酬契约、监管契约、政治契约等，也常被证券分析师和投资者用来评价公司股票或债券价值，这导致非税成本的上升。

【案例3−2】某电梯公司主要业务为生产销售电梯并负责电梯安装及保养。按照税法规定，电梯公司既生产销售电梯又负责安装、保养电梯的行为属于混合销售行为，如果不能单独核算电梯销售收入和安装、保养收入，则应按照销售电梯所获得的全部销售收入计算缴纳17%的增值税。如果电梯公司分立出两个独立核算的电梯安装公司和电梯保养公司，则电梯安装收入和电梯保养收入可以分别按照11%和6%的税率计算缴纳增值税。这是典型的企业分立模式的税收筹划操作。

但是，在设计企业分立筹划方案时必须考虑以下非税成本：①企业分立出两家独立运营的法人机构，必然会增加财务报告成本；②企业分立出两家独立运营的法人机构，必然会增加相应的管理成本；③一笔电梯销售业务，除了需要签订销售合同外，还需要签订电梯安装合同与电梯保养合同，无疑会增加合同签订的交易成本。增加的非税成本的总额可能会超出企业分立筹划节约的税款，因此在信息不对称条件下进行税收筹划决策时，必须权衡税收收益与非税成本的大小。如果非税成本高于节税额，则税收筹划方案不符合成本效益原则，继续实施该方案，结果将是非税成本超过节税额，总体降低了企业的净利润水平，税收筹划方案是无效的甚至是失败的。

2. 未来风险——对称型不确定性导致的非税成本

在对称型不确定性的情况下，签约各方虽然同等地了解信息，但投资未来的现金流是不可知的，这种不可知意味着投资有风险。特别是当对称型不确定性与一个累进税率表相连时，即使在初始状态对风险无偏好的投资人也会因两者的共同作用显示出规避风险的态度。也就是说，对称型不确定性的存在使风险成为投资者开展有效税收筹划时不得不考虑的一个因素，累进税率表则进一步扩大了风险的影响。累进税率表的平均税率随着应税收入的增加不断升高，会导致投资者倾向于风险更小的投资。即原先属于风险中性的投资者也会呈现出规避风险的特征，对税前收益不确定的资产表现出风险厌恶。

【案例 3-3】假定投资者有 10 个单位资金，他可以选择两项投资计划中的一项。其中，一项计划是无风险的（如储蓄、购买国债等），收益为 2 个单位资金。另一项计划是有风险的。如果投资成功，可以获得 15 个单位收益；如果投资失败则遭受 10 个单位损失，成功和失败的概率均为 50%。再假定该投资人是风险中性的，他会选择期望收益较高的方案。有风险方案的期望收益为 2.5 个单位［15×50%+(−10)×50%］，高于无风险方案，所以投资人会选择有风险的投资方案。现考虑税收因素，假定投资人面临这样一个税率表：如果所得为正，则税率为 30%；如果所得为负或为 0，税率为 0（对于新开办的企业而言，如果投资失败则企业不复存在；对于已开业的企业，我们可以假定税法规定不允许亏损前转或后转）。毫无疑问，这是一个有两档税率的累进税率表。投资人将通过比较资产的税后收益作出选择，由于无风险方案的税后收益为 1.4 个单位［2×(1−30%)］，而有风险方案的税后收益为 0.25 个单位［50%×15×(1−30%)+50%×(−10)］，此时，投资者会选择无风险方案。为什么会出现这种变化呢？这是因为有风险方案所缴纳的税收（2.25 个单位，15×30%×50%）要高于无风险方案所缴纳的税收（0.6 个单位，2×30%），而且这种税收上的差异导致两个方案的税后收益出现相反变化。

累进税率表的平均税率随着应税收入的增加而不断升高，导致投资人倾向于风险更小的投资。也就是说，即便原先属于风险中性的投资者也会呈现规避风险的特征。在许多国家，当纳税人的应纳税所得额为负（出现亏损）时，一般允许其向以后期间递延，即递减以后期间的应纳税额。这种规定实际上降低了税率表累进的程度，但税率表仍是累进的（基于货币时间价值的考虑，后一期间节约的税收总是小于同等金额当期的税收）。

3. 道德风险与逆向选择——非对称型不确定性导致的非税成本

非对称型不确定性是现实生活中普遍存在的一种状态。由于契约双方拥有不对称信息，导致一方无法观察到交易另一方的行为或进行控制。这种情况增加了契约订立的成本，甚至有时为了获得其他方面更大的利益，交易方不得不放弃减少税收的计划。企业在开展税收筹划时必须考虑由于非对称型不确定性而增加的成本。

【案例 3-4】 假定某公司生产的产品是一种家用电器——耐用消费品，雇主和雇员的利益存在矛盾。雇员有两种行动策略可以选择：①努力工作，使产品的使用寿命达到 L。②不努力工作，产品的使用寿命只有 S，L>S 且 P(L)>P(S)，即随着产品使用寿命增加，其销售价格也会提高，且这种提高的比率大大超出了成本的增加。在这种情况下，雇主自然希望雇员能够努力工作，并愿意为此支付额外的奖金。假定受到相关法律的限制，即使雇员没有努力工作且雇主观察到雇员没有努力工作，雇主也不能采取额外罚款或其他方式处罚。另外，不考虑时间价值，即雇员对即期支付和推迟支付没有偏好，他们追求的是总收入的最大化。在忽略税收的情况下，为减少这种信息的不对称，雇主激励雇员努力工作的最有效方式是将对雇员的支付推迟到超过 S 期以后，因为这样就可以清楚地观察到雇员的行动。不过这种激励安排显然与以税收最小化为目的的契约相冲突。当然，雇主税率不断升高而雇员税率不断降低，那么税收最小化的方案就是推迟支付了。不过，假如我们再加上一个考虑因素，即虽然不存在时间价值，但雇员对即期还是推迟支付不是无偏好的。原因在于推迟支付会使雇员承担企业可能丧失支付能力的风险。如果雇员一味增大对这种风险的预期，他们就会放弃推迟支付而要求即期支付。但此时的税制显然使推迟支付更能节约纳税。这时，为了激励仍然要放弃税收最小化。

3.2.3 隐性税收

1. 隐性税收的内涵

迈伦·斯科尔斯认为，显性税收通常意义上是由税务机关按照税法规定征收的税款，这部分税收支出是由企业真实承担的；隐性税收则是指同等风险的两种资产税前投资回报率的差额。隐性税收是开展税收筹划时不可忽视的一个因素。

国家出于宏观经济调控的考虑，对某些特殊行业或地区实行税收优惠待遇，如免税、减税等，税收优惠政策实施的结果导致不同资产承担的法定税负有所差异。理性的纳税人通常会选择低税负的资产进行投资，从而导致低税负资产的价格被抬高。也就是说，有税收优惠的资产以取得较低税前收益率的形式间接支付了税收，这部分差额成为企业的隐性税负。

与显性税收完全不同，隐性税收的产生源于市场。在一个给定的市场环境中，不存在税法的限制和交易成本，两种资产的初始税前投资回报率相同且均为无风险资产，不同的是它们面临着不同的税率。由于一种资产的税前回报率高于另一种资产，从而吸引投资投向税收待遇较为优惠的资产，使其价格上升，投资回报率下降，直到两种资产的税后投资回报率相同，达到一般均衡状态。

隐性税收产生的前提是在税收以外的其他条件相同的情况下，因为投资者竞逐于存在税收优惠的资产，其价格被抬高导致该项税收优惠资产调整后的税前报酬率低于无税收优惠的资产的税前报酬率。国内一些学者进一步阐述了对隐性税收的认识。“隐性税收是指在完全竞争市场上，投资者以较低的税前收益率承担部分收益的损失，这部分损失的收益率相当于投资者以隐性的方式承担了一部分税收，这部分税收就称为隐性税收。”① “显性税收是纳税人按照税法规定负担的应该支付给税务机关的税款；隐性税收可定义为纳税人持有税收优惠资产而获得较低的税前收益率，承担导致税前收益降低的机会成本。”②

2. 隐性税收存在的证据

Shackelford（1991）以员工持股计划的借款利率来探讨隐性税收问题。1984年美国税收改革法案拟给予金融机构贷款给员工持股计划的利息收入半数免税。在这项免税规定正式通过之前，许多金融机构将其作为不确定的税收优惠，与合约对象按金融机构将来是否取得该项税收优惠而分别订定两种不同情况的利率：当金融机构无法取得该项税收优惠时贷款利率较高，当金融机构能够取得该项税收优惠时贷款利率则较低。两种不同贷款利率的税前利率的差异即是反映隐性税收存在的一个证据。Shackelford的实证结果显示大约75%的税收减免利益由借款人获得。

Wilkie（1991）研究了美国公司所享受税收补贴程度与税前报酬率之间在统计上有显著的负相关性。Wilkie所使用的税收补贴可以认为是由于投资税收优惠资产而引起的显性税收的抵减项目，即它是公司收入被课以最高法定税率的显性税收和实际税收之间的差异。其实证结果显示，公司享受税收补贴程度与其税前报酬率之间有显著的负相关性，即对税收补贴的竞相追逐导致公司以

---

① 陈小云，朱军生．不同市场结构下隐性税收的归宿分析［J］．税务与经济，2006（1）：35-37.

② 盖地，崔志娟．显性税收、隐性税收与税收资本化［J］．经济与管理研究，2008（3）：79-83.

较低的税前报酬率为代价支付了隐性税收。但是这种负相关关系在市场摩擦大量存在的情况下要弱于预期无摩擦的经济状况。

Berger（1993）对美国 1981 年经济复苏法案给予公司研发支出投资抵减所产生的隐性税收进行了研究。该研究以 1975—1989 年美国 263 家公司的面板数据为基础，实证结果显示，政府给予 R&D 投资抵减导致公司的研发活动承担了隐性税收，其程度小于 27.2%。

Guenther（1994）研究了当时法定税率下降前后美国国债价格的变化。采用收付实现制的纳税人，购买折价发行的零息国债所获得的利息收入在债券到期以前无须纳税。因此，两个在年末前后到期、刚好遇上税率变动的国债的利息收入可能会按照不同的利率被征税。如果税率下降导致投资者的税前收益率下降，隐性税收模型预期收益将在高税率年度的 12 月到低税率年度的 1 月期间下降。Guenther 在研究 1981 年和 1986 年税率下降后的收益情况时发现了这一现象，并提供了与隐性税收存在相一致的证据。

Callihan 和 White（1999）对 Wilkie（1992）的实证结果进行了进一步解释，他们把 Wilkie 的研究扩展到检验公司的潜在市场力量对隐性税收和税前收益率之间关系的影响上。结果显示，公司承担隐性税收的程度与其税前报酬率有显著的负向关系，隐性税收与公司所处行业的市场集中度及销售收入占该行业市场销售总额的比例呈显著负相关，即公司所处行业的市场集中度越大或公司本身所拥有的市场力量越强，其承担的隐性税收就越少。

Erickson 和 Maydew（1998）探讨了 1995 年美国财政部提案拟将公司收到股利所得的免税比率由 70%降至 50%这一事件对隐性税收的影响。他们的实证结果证明，由于提高了股利的所得税显性税率，股利的隐性税收因此而降低。

Debra A. Salbador 和 Valaria P. Vendrzyk（2006）通过研究美国国防承包商在《税收改革法案》颁布前后的税前收益率变化和税收优惠变化之间的关系，发现两者存在显著的负相关关系，验证了隐性税收的存在。同时发现市场中存在具有市场力量的承包商，比不具备市场力量的承包商能够更大程度地保留税收优惠，从而承担较少的隐性税收。

戚啸艳等（2006）对我国上市公司的隐性税收进行了实证研究。在完全竞争市场上，若税收以外的其他条件均相同，那么公司间税前收益的差异就等于隐性税收。他们借鉴“C-W 模型”的思想，以沪、深两市 10 个行业上市公司的数据为样本，构建了以超额税前报酬率为因变量，以有效税率（税收优惠指标）、市场占有率（公司竞争力指标）等为控制变量的回归模型。研究结果显示，我国上市公司基本不负担隐性税收，税收优惠的利益基本由上市公司享有；

随着市场机制的不断完善，一些行业开始出现隐性税收迹象，且公司竞争力越强，其负担的隐性税收就越少。①

上述实证研究结果显示，隐性税收不仅影响资产的定价，还影响公司投资活动及整体的税前报酬率。因此，国家在制定税收优惠政策或投资者在进行税收筹划决策时必须充分考虑隐性税收的影响。

3. 隐性税收的计量模型②

税收优惠待遇会导致投资者哄抬税收优惠资产的价格，从而降低税收优惠资产的税前收益率。税收优惠资产待遇导致纳税人承担较低的显性税收和较低的税前收益率，我们把这种关系称为隐性税收计量模型。

隐性税收的计量模型即由迈伦·斯科尔斯和马克·沃尔夫森于1992年提出的S-W模型。S-W模型明确指出企业承担的总税收应该是显性税收与隐性税收的和。S-W模型引入了“基准资产”的概念。基准资产是一种经过风险调整后所获收益每年按照一般所得税税率全额课税的资产，即基准资产被定位为按最高的法定税率全额征税的资产。基准资产仅负担显性税收，不享受任何税收优惠，如完全应税债券等。有了基准资产，就可以把其他享有税收优惠资产的税前收益率跟基准资产的税前收益率做比较，并借以确定这些资产的显性税率、隐性税率和总税率。

任何一种资产的隐性税收等于基准资产和已调整风险的备选资产（如有税收优惠的债券）之间税前收益率的差额。假设 a 为税收优惠资产，b 为基准资产，t_a 为税收优惠资产承担的隐性税率③，R_b 为基准资产的税前收益率，R_a 为税收优惠资产的税前收益率，则投资该项税收优惠资产 a 的隐性税收为 R_b-R_a。在没有税收约束和摩擦的完全竞争均衡状态下，所有已经调整风险的资产税后收益率应当相同；否则就会存在税收套利的机会，即一定有 $R_b(1-t_a)=R_a$。

故而，可以反推出隐性税率的计算公式为

$$t_a=\frac{(R_b-R_a)}{R_b}$$

从市场均衡角度分析，任何投资者支付的税收总额都应当是显性税收与隐性税收之和。用 r^* 表示这个共同的税后收益，则总税收可以表示为

$$\begin{aligned}\text{总税收}&=\text{隐性税收}+\text{显性税收}\\&=(R_b-R_a)+(R_a-r^*)\\&=R_b-r^*\end{aligned}$$

---

① 戚啸艳，张睿，胡汉辉．我国上市公司隐性税收实证研究［J］．税务研究，2006（9）：82-85.

② 杨华．企业有效税务筹划研究［M］．北京：中国财政经济出版社，2011.

③ 若该税率被显性地用在基准资产上，则基准资产获得的税前收益率将会与税收优惠资产的税前收益率相等。

由上式可知，在完全竞争状态下，所有资产负担的税收总额是一样的。

然而在实际经济生活中，市场远未达到完全竞争的状态，市场摩擦①与税务约束②无处不在，税收套利的困难和昂贵的成本，使得 S-W 模型中隐性税收的计算结果仅是一种理想状态，实际的隐性税收远远低于其理想值。

S-W 模型在实际经济中难以推广的重要原因还在于如何选择合适的基准资产并衡量其预期的税前收益率。Callihan 和 White（1999）对 S-W 模型进行了扩展研究，提出了 C-W 模型。这是一种综合运用企业财务报表所提供的信息来计量隐性税收的方法，其最为重要的突破是解决了如何利用财务会计的数据来衡量隐性税收的各项指标。C-W 模型如下：

基准资产（完全应税资产）的税前收益率 $R_b=[(PTI-CTE)/(1-t)]/SE$，

基准资产（完全应税资产）的税后收益率 $r_b=[(PTI-CTE)/(1-t)]/[SE(1-t)]$，

备选投资资产的税前收益率 $R_a=PTI/SE$，

备选投资资产的税后收益率 $r_a=(PTI-CTE)/SE$。

式中，R_b 为已调整风险的完全应税资产的税前收益率，PTI 为企业的税前所得（账面价值），CTE 为企业目前的税收支出，SE 为企业的股东权益，t 为最高的法定税率。在完全竞争的市场环境中，完全应税投资资产所获得的税后收益率与其同风险的备选投资资产的税后收益率相同，故有

$$隐性税率=（R_b-R_a）/R_b=\left[\frac{PTI-CTE}{1-t}-PTI\right]/\left[\frac{PTI-CTE}{1-t}\right]$$

$$显性税率=R_a-r_a=CTE/\left[\frac{PTI-CTE}{1-t}\right]$$

C-W 模型中隐性税率的转化形式为

$$隐性税率=(t-ETR)/(1-ETR)$$

其中，ETR 为企业的平均有效税率（$ETR<t$），$ETR=CTE/PTI$。

比如，一个企业投资于一项税收优惠资产，取得账面价值为 100 万元的税前所得 PTI。假定根据税收优惠政策，企业可抵减应税所得的金额为 30 万元，则企业的应税所得实际为 70 万元，法定税率为 25%。

则税收支出 CTE 为 17.5 万元（70×25%=17.5）

$$企业的平均有效税率\ ETR=\frac{17.5}{100}=17.5\%$$

---

① 经济学上的摩擦是指在不完全市场下，买卖资产而发生的交易费用和相关信息成本。

② 指税收规则约束，即国家通过立法施加的、阻止纳税人利用各种方法，以牺牲社会公共利益的方式减少纳税义务的一系列限制。在不完全市场经济环境下，税收规则约束是普遍存在的约束条件，具体表现为现行各项税收法规。

隐性税率 $t_a=(t-ETR)/(1-ETR)=(25\%-17.5\%)/(1-17.5\%)=9.1\%$

C-W 模型克服了 S-W 模型的计量缺陷，首次尝试运用企业的财务会计数据建立衡量隐性税收的计量模型。C-W 模型中隐性税率的转化形式表明，衡量企业的隐性税收负担可以只考虑企业最高法定税率与有效税率之间的差异，而不用基准投资资产税前收益率估计企业的隐性税收。C-W 模型虽然尝试运用财务会计数据对企业的隐性税收问题进行衡量，但其应用前提依然是完全竞争市场，且仅针对企业隐性税收的衡量，而不是某个方案承担的隐性税收，因而限制了其在税收筹划方案选择中的运用。

我们不妨对 S-W 模型的假设作一定的放松，在税收筹划时，把享有税收优惠的方案视作优惠资产，把不享有税收优惠的方案视作基准资产，从而可以计算出享有税收优惠的方案承担的“相对隐性税收”，帮助企业在进行税收筹划决策时全面衡量方案的税收负担。同时，要考虑税收筹划时的市场摩擦和税收约束。①

假定企业在进行税收筹划决策时面临两个方案，享受税收优惠的方案 A 的税前收益率为 R_a，无税收优惠或较少税收优惠的方案 B 的税前收益率为 R_b。同时，设 c 为市场摩擦率，s 为税收约束率，在阻碍税收套利的进程中，市场摩擦占的权重为 θ_1，税收约束占的权重为 θ_2，m 是市场摩擦和税收约束的函数，即 $m=f\left[c(\theta_1),s(\theta_2)\right]$。$m$ 取决于不同投资资产的交易摩擦程度和税收约束程度，则不完全竞争市场下税收套利的均衡结果应该是

$$R_b\times\left[1-\frac{t_a}{1-m}\right]=R_a$$

此时隐性税率为

$$t_a=\frac{R_b-R_a}{R_b}\ (1-m)$$

通过放松假设，我们得到了“相对隐性税收”的数值。虽然尚不够精确，但把它放入税收筹划方案中，可弥补税收筹划单纯考虑税收收益的缺陷。同时，我们发现隐性税收的高低与市场摩擦程度、税收约束程度密切相关。市场摩擦程度越低，税收约束越松散，隐性税收越高；反之，市场摩擦程度越高，税收约束越紧，隐性税收越低。

由于隐性税收和交易成本的存在，国家按照既定的产业政策给予某些产业的税收优惠并不能被该产业完全得到。隐性税收将抵销一部分税收优惠带来的

① 所谓市场摩擦，是指市场中发生的交易成本，这些成本使实施某种特定的税收筹划策略需要付出一定的代价。所谓税收约束，是指税务机关施加的限制，阻止纳税人利用税收套利方式减少税收。

税收收益，但这种抵销并不同于交易成本对税收优惠的抵销（其实质是市场摩擦导致的一种无谓损失），隐性税收起到一种转移税收利益的作用。在没有市场摩擦和税收约束的前提下，投资资产有着相同的税后报酬率是市场均衡的结果；即在理想状态下，税收优惠完全与企业无关，并不影响企业的财税决策。但是，由于存在市场摩擦，存在交易费用，在信息不对称和市场结构不对称的情况下，结果就大不一样。因此，企业在决策时，要考虑的是综合税收，而不仅仅是显性税收，实现总税收负担（显性税收与隐性税收之和）最小化最理想。在税收优惠政策出台的早期，因为资本不可能在短期内大幅增加或缩减，税收优惠的受益企业的确获得了税收优惠。但随着时间的推移，投资者开始出现税收套利，社会资本向该产业流动，其资产增值速度趋于缓慢，隐性税收随之产生。换言之，税收优惠刺激了税收套利，税收套利导致了隐性税收。[①] 所以，任何投资都有一个时间周期，预见性比较强的企业可尽早抓住投资的最佳时机，既可以享受税收优惠，又可以在投资额的高峰期到来之前（税收优惠资产价格抬高之前）充分享受高税前收益率的回报。

4. 隐性税收对税收筹划决策的影响

隐性税收的存在，使得企业的实际税负水平大于按照显性税收计算的水平。因此，在衡量税收成本时必须测算隐性税收进而准确确定实际税收负担。纳税人通过税收筹划减轻的税收负担不仅包括显性税收，还应该包括隐性税收，即税收总额（显性税收与隐性税收之和）的降低才是理想的税收筹划目标。

纳税人应了解隐性税收的生成机理，基于成本效益原则采取税收筹划措施。从另一个角度分析，对于不同竞争市场环境下的行业来说，隐性税收理论对其税收筹划决策方向具有指导意义；对于近似完全竞争市场的行业，市场可以自行调节达到资源的优化配置，基本不存在税收筹划空间或空间较小，因为这种情况下在竞争市场趋于均衡时，不同投资资产的显性税收与隐性税收之和相等，即不同资产负担的税收总额相等或比较接近，既不存在资产转换的税收套利空间，也就不存在税收筹划的显著节税效应；对于寡头垄断市场，当国家颁布较多的税收优惠政策时，企业之间可以利用定价合谋行为整体获取税收利益，即存在较大的基于契约形式转换的税收筹划空间；对于完全垄断市场，国家需要对该垄断行业实施限价措施，以保证消费者的利益，增进社会福利。同时，国家不宜颁布过多的涉及垄断企业利益的税收优惠政策，否则会导致巨大的税收筹划空间。

---

① 于浩瀛．税收优惠和纳税筹划的隐性税收浅析［J］．全国流通经济，2007（9）：81-82.

5. 税收套利及其应用

税收套利，是指通过一种资产的买进和另一种资产的卖出，在净投资额为零的水平下产生一个确定的利润，即通过资产的买卖获取一定的税收利益。尽管市场达到均衡点以后，边际投资者对两种资产的选择是无差异的，但市场上仍有相当一部分非边际投资者，他们之间可以通过相互订立契约而受益。非边际投资者的存在，从理论上导致了税收套利行为。在存在税收套利的同时，也存在阻碍税收套利有效实施的约束力，主要包括市场摩擦和税收约束。

税收套利分为组织形式套利（organization-form arbitrage）、顾客基础套利（clientel-based arbitrage）两种类型。

（1）组织形式套利

组织形式套利是指通过一种享有税收优惠的组织形式“多头”持有一项资产或者生产性行为，同时通过一种没有税收优惠的组织形式“空头”持有一项资产或者生产性行为。

【案例3-5】 20世纪90年代中期，美国许多企业通过持有企业所有的生命保险（corporate owned life lnsurance）转移收入。具体而言，就是由企业为雇员购买多份生命保险，再使用贷款资金支付保费，或者直接向保险公司贷回应支付的保费。由于借款利息在每期发生时即可扣除（无论实际是否以现金支付利息），而每年投入保单的投资收益不必立即交税（按规定保单在获得现金或取得投资收益时才需要纳税甚至免税）。因此，企业只要每年将相当于投资收益的资金用于保费，就可以获得延迟纳税甚至节税的好处，从而达到税收套利的目的。

上述案例是一个典型的组织形式套利模式，即通过持有一种有税收优惠的生命保险类型资产，同时以一种没有税收优惠的形式持有可以产生相应利息扣除的贷款，而净投资额为零，且产生了税收套利的效果。

税收约束有利于阻止组织形式套利的实施。上例中，国家可以通过限制纳税人从应税收入中税前扣除贷款利息来干预或避免税收套利行为。如果税法规定了纳税人可以扣除的贷款利息金额不能超过其应税投资所获得的收益，则组织形式套利效果就会大打折扣。这一税收约束避免了纳税人借入资金的税后成本低于投资免税资产或储蓄的税后收益。美国税收法典也作出了类似的规定，即允许利息的税前扣除仅限于纳税人获得的应税投资收益部分，包括利息、股利、租金等。

市场摩擦也有利于阻止组织形式套利的实施。上述案例中，假设存在一定程度的市场摩擦，那么在投资生命保险时，就会发生一些特定的市场摩擦，即必须支付固定的交易费用（如生命保险的签约费、信息搜寻费、审计监督费等），纳税人将损失这一部分从这一工具中所获得的税前收益。假设生命保险的

投入额为 Y，生命保险的收益率为 R，生命保险的市场摩擦交易费用率为 f，则生命保险投资所实际获得的收益只有 $Y(1-f)$，其中 Yf 部分因为市场摩擦而流失，就像纳税人支付了一个税率为 f 的现行税收一样。因此，生命保险投资最终所获取的实际投资收益率仅为 $R(1-f)$。

（2）顾客基础套利

顾客基础套利也是对一项税收优惠资产做多头，对一项非税收优惠资产做空头，其本质取决于纳税人是否从一个相对高或者相对低的边际税率开始。对于高税率的纳税人，顾客基础套利是对一项税收优惠资产做多头（该资产负担相对较高的隐性税收）和对一项非税收优惠资产做空头（该资产负担相对较高的显性税收）。对于低税率的纳税人，顾客基础套利是对非税收优惠资产做多头，而对税收优惠资产做空头。

顾客基础套利意味着以增加隐性税收为代价并减少显性税收，或者相反。这样的策略经常出现于以下情形：纳税人能够多头和空头持有不同的应税资产，且至少其中一个负担隐性税收，每个纳税人面临不同的边际税率。

在没有税收约束和市场摩擦的情况下，顾客基础套利导致所有纳税人面临相同的边际税率，所有资产都会承担相同的总税率（隐性税率与显性税率之和）。如果资产买卖成本不是很高，边际税率相对而言极高或极低的投资者会产生税收套利动机，即高边际税率的纳税人具有持有税收优惠资产的动机，而低边际税率的纳税人则偏好持有非税收优惠资产。其中的一种情形是顾客基础套利使高税率纳税人能够把缴纳显性税率的收入转变成缴纳隐性税率的收入。一个简单的例子是使用税前扣除利息的借款购买免税债券，虽然这种策略可以消除显性税收，但同时产生了隐性税收。

税收约束有利于阻止顾客基础套利的实现，针对使用税前扣除利息的借款购买免税债券的行为，可以采取的约束规则是不允许使用借款购买某种可获得免税收益的资产（如政府债券），以避免产生利息扣除。因此，税收约束和市场摩擦缩小了顾客基础套利得以有效实施的一系列外界空间。

论述分析题

1. 隐性税收是一个重要的概念，对于理解有效税收筹划模式有着重要的意义。请根据所掌握的知识论述以下问题：

（1）如何理解隐性税收的概念，试举出一个证明隐形税收存在的真实案例。

（2）隐性税收的分析对税收筹划有何意义？

2. 试列举现实中属于零和税收筹划、多赢税收筹划类型的案例，并进行案例分析。

中 篇

实战秘籍（practic script）

世界上绝大多数纳税人缴纳的税收不会超过他们自己认为必须缴纳的金额，他们花费大量资源来安排经济活动，以使税收带来的刺痛尽可能降到最低。这些活动安排得如此精确，以致使税收政策具有巨大的潜力成为实现各种社会目标的工具。

第4章
税收筹划操作方法与技术

零散的宝石和修理珠宝不会被征税……如果你把祖母胸针上的宝石重新镶嵌在别处，你就会被征税；但是如果把一颗从戒指上掉下的价值30000美元的钻石重新安上，由于属于修补，你就不会被征税。

——著名学者　斯科特·R. 施梅德尔

税收筹划是一门致用之学，既具有旺盛的生命力和敦厚的实践性，又具有逻辑框架的科学性与观念的前瞻性。研究税收筹划的理论体系、探索税收筹划的实践应用，既要做到王阳明所倡导的“知行合一”，又要跳出税收筹划狭隘的学科禁锢与税制细节的冗杂，从经济解释视角重新审视税收筹划的普适方法与操作技术，从管理创新视角重新解读税收筹划的经典案例与实践方式。笔者认为，实现理论与实务的完美结合是税收筹划研究与实践的最高境界。

本章所探讨的税收筹划操作方法与技术，主要基于规律挖掘，找到方法与技术手段的理论根基与现实支点；税收筹划的研究与探索，既不必拘泥于税制结构与税收政策的细节，也不必局限于财务管理与会计核算的定式思维，而应把税收筹划放到一个更为开阔的管理学、经济学、社会学、法学等多维学科空间，从普遍意义上探讨税收筹划的普适方法与操作技术。

4.1　纳税主体筹划法

4.1.1　纳税主体筹划法的原理

纳税主体筹划法聚焦于纳税人身份的合理界定与转化，研究如何使纳税人承担的税负最小化，或者直接避免成为某一特定税种的纳税人。纳税主体筹划法植根于管理思维，从管理创新角度探索纳税人的税务管理思路。纳税主体筹划法可以合理降低纳税人的税负，且方法简单、易于操作。纳税主体筹划法的关键是准确把握纳税人的内涵和外延，合理确定纳税人的范围。

纳税主体亦称纳税义务人（简称纳税人），是指税法规定的直接负有纳税义务的单位和个人。纳税人可以是法人也可以是自然人，法人又分为行政法人、事业法人、企业法人等类型。纳税人是税制的一个基本要素，每一种税都有关于纳税人的规定，如果纳税人不履行纳税义务，就需要承担法律责任。

4.1.2 纳税主体筹划法的操作技术

1. 不同类型纳税人的选择

从纳税人性质角度分析，现阶段我国有多种类型的纳税人，如个体工商户、个人独资企业、合伙企业、民办非企业单位、公司制企业等。不同类型的纳税人所适用的税收政策存在很大差异，这为税收筹划提供了操作空间。

个体工商户、个人独资企业和合伙企业的经营所得，以每一纳税年度的收入总额减除成本、费用以及损失后的余额为应纳税所得额，计算缴纳个人所得税，不需要缴纳企业所得税。公司制企业按照税法要求需要就其经营利润缴纳企业所得税，通常税率为25%。若公司制企业对其自然人股东进行税后利润分配，还需要再缴纳20%的个人所得税。针对公司制企业的这种纳税规定，一般称为“双重征税”，双重征税的税负率恰好等于个人所得税税率20%的两倍，具体分析如下：

双重征税的综合税负率 $=25\%+(1-25\%)\times 20\%=40\%$

当然，运用纳税主体筹划法还应充分考虑其他重要因素，譬如风险因素。当经营者选择不同性质的企业类型或组织机构类型时，其所面对的经营风险与财税风险有所不同：个人独资企业、合伙企业承担无限责任，经营风险、财税风险较大；民营企业若以有限责任公司或股份有限公司的形式出现，只需以企业资产总额为限对其所欠债务承担有限责任，以出资额为限对企业经营承担有限责任，经营风险与财税风险相对较小。

2. 不同类型纳税人之间的转化

税法规定，纳税人分为一般纳税人和小规模纳税人，针对两种类型纳税人征收增值税时，计税方法和征管要求不同。一般将年应税销售额超过小规模纳税人标准的个人、非企业性单位、不经常发生应税行为的企业，视同小规模纳税人。年应税销售额未超过小规模纳税人标准的，从事货物生产或提供劳务的小规模企业和企业性单位，账簿健全，能准确核算并提供销项税额、进项税额，并能按规定报送有关税务资料的，经企业申请，税务部门可将其认定为一般纳税人。一般纳税人实行进项税款抵扣制，而小规模纳税人必须按照适用的简易计税方法计算缴纳增值税，不实行进项税款抵扣制。

一般纳税人采取税款抵扣制，即销项税额减去进项税额后的余额为应纳增值税额；而小规模纳税人不采取税款抵扣制，不允许抵扣进项税额，采用简易计税方法计税，即以销售额乘以征收率计算应纳增值税额。

一般情况下，小规模纳税人的税负略重于一般纳税人，原因在于选择一般纳税人可以将进项税额抵扣，尤其是当应税销售额增值率较小时，一般纳税人的税负明显低于小规模纳税人。但也不绝对，需要通过比较两类纳税人的应税商品的增值率与税负平衡点的关系，合理合法选择税负较轻的纳税人身份。

纳税人之间的转化一般存在多种情形，比如增值税一般纳税人和小规模纳税人之间的合理转变，可以实现筹划节税。

（1）情形一：税负无差别平衡点增值率（不含税销售额）的测算

假定纳税人的不含税增值率为 R，不含税销售额为 S，不含税可抵扣购进金额为 P，一般纳税人适用的增值税率为 T_1，小规模纳税人适用的征收率为 T_2，则 $R=(S-P)\div S$。

一般纳税人应纳增值税额＝销项税额－进项税额

$$=S\times T_1-P\times T_1$$

$$=S\times T_1-S\times(1-R)\times T_1$$

$$=S\times T_1\times R$$

小规模纳税人应纳增值税额＝$S\times T_2$

当一般纳税人和小规模纳税人的税负相等时，其增值率是税负无差别平衡点增值率（不含税销售额），则有 $S\times T_1\times R=S\times T_2$。

则税负无差别平衡点（不含税销售额）的增值率 $R^*=T_2\div T_1$。

按照上述结论，税负无差别平衡点的增值率（不含税销售额）组合如表 4-1 所示。

表 4-1　税负无差别平衡点的增值率（不含税销售额）

T_1	T_2		R^*	
13%	3%	5%	23.08%	38.46%
9%	3%	5%	33.33%	55.56%
6%	3%	5%	50.00%	83.33%

（2）情形二：税负无差别平衡点增值率（含税销售额）的测算

假定纳税人的增值率为 R，含税销售额为 S，含税可抵扣购进金额为 P，一般纳税人适用的增值税率为 T_1，小规模纳税人适用的征收率为 T_2，则 $R=(S-P)\div S$。

无差别平衡点的增值率（含税销售额）计算推导如下：

一般纳税人应纳增值税额=销项税额-进项税额

$$=(S\times T_1)/(1+T_1)-(P\times T_1)/(1+T_1)$$
$$=[S\times T_1-S\times(1-R)\times T_1]/(1+T_1)$$
$$=SRT_1/(1+T_1)$$

小规模纳税人应纳增值税额 $=S\times T_2/(1+T_2)$

当一般纳税人和小规模纳税人的税负相等时，其增值率是税负无差别平衡点增值率（含税销售额），则有 $SRT_1/(1+T_1)=S\times T_2/(1+T_2)$。

税负无差别平衡点增值率（含税销售额）计算如下：

$$R^*=[(1+T_1)T_2]\div[(1+T_2)T_1]$$

或表述为

$$R^*=(T_2/T_1)[(1+T_1)/(1+T_2)]$$

按照上述结论，税负无差别平衡点的增值率（含税销售额）组合如表 4-2 所示。

表 4-2　税负无差别平衡点的增值率（含税销售额）

T_1	T_2		R^*	
13%	3%	5%	25. 32%	41. 39%
9%	3%	5%	35. 28%	57. 67%
6%	3%	5%	51. 46%	84. 13%

【案例 4-1】假设某零售商主要从小规模纳税人处购入服装对外销售，年销售额为 900 万元（不含增值税），其中可抵扣进项增值税的购入项目金额为 600 万元，取得的增值税专用发票上记载的增值税额为 60 万元。该零售商应如何进行税收筹划？

解析：按照一般纳税人认定标准，该零售商（从事货物批发或零售的纳税人）年销售额超过 500 万元，应被认定为一般纳税人，须缴纳 57 万元（900×13%-60）的增值税。但由于从事商品销售的税负无差别平衡点增值率（不含税销售额）为 23. 08%，而该零售商的增值率（不含税销售额）为 50%[(900-600)/600]。因此把该零售商拆分为小规模纳税人，其整体税负会下降。

按照这一思路，如果该零售商被认定为小规模纳税人，只需缴纳 27 万元（900×3%）的增值税。因此，应用纳税主体筹划法，将该零售商分立为两个零售企业，每个零售企业的年销售额均控制在 500 万元以下，被分立的两个零售企业就会被认定为小规模纳税人，按照 3%的征收率计算缴纳增值税。通过企业分立实现一般纳税人转化为小规模纳税人，实现节约税款 30 万元（57 万元-27 万元）。

3. 避免成为某种税的纳税人

纳税人通过合理运作，使其不符合某税种的纳税人条件，从而可以避免成为该税种的纳税人。譬如，通过税收筹划安排，使纳税人发生的某项业务不属于某一种税的征税范围，则该项业务就可避免负担该种税的税负。例如，税法规定，房产税的征税范围是城市、县城、建制镇和工矿区的房产，而将房产界定为有屋面和围护结构（有墙或两边有柱），能够遮风挡雨，可供人们在其中生产、学习、娱乐、居住或者储藏物资的场所。符合上述房产条件的场所一般需要计算缴纳房产税，而独立于房屋之外的建筑物，如围墙、烟囱、水塔、变电塔、室外游泳池、喷泉等则不属于房产。企业拥有上述建筑物，不成为房产税的纳税人，不需要缴纳房产税。

【案例 4-2】信达公司兴建一座工业园区，工业园除厂房、办公用房外，还包括厂区围墙、水塔、变电塔、停车场、露天凉亭、喷泉设施等建筑物，工程造价为 8 亿元，除厂房、办公用房外的建筑设施总造价为 2 亿元。如果把 8 亿元建筑物都作为房产，则信达公司从工业园区建成后的次月起就应全额缴纳房产税，每年需要缴纳房产税（假设当地政府规定的房产税扣除比例为 30%）金额为

$$80000\times(1-30\%)\times1.2\%=672\ （万元）$$

解析：除厂房、办公用房以外的建筑物，如停车场、游泳池等，都为露天，并且把这些独立建筑物的造价同厂房、办公用房的造价分开，在会计账簿中单独核算。按照税法规定，这部分建筑物的造价不计入房产原值，不需要缴纳房产税。这样信达公司每年可以少缴纳房产税

$$20000\times(1-30\%)\times1.2\%=168\ （万元）$$

4.2 税基筹划法

4.2.1 税基筹划法的原理

税基筹划法是指纳税人通过控制或改变计税依据的方式来减轻税负的一种筹划方法。税基就是计税依据，是计算税款的基本依据。大部分税种采用税基

与适用税率的乘积来计算应纳税额。在税率固定不变的情况下，应纳税额的大小与税基成正比，即税基越小，纳税人负担的纳税义务就越轻。因此，如果能够有效控制税基，也就等于控制了应纳税额。

不同税种的税基确认与计算方法不同，税基一般采取历史成本、公允价值等多种计量模式，实务中也可能存在税务机关核定税基的情形。一般认为，税基的确认既与会计确认、计量密切相关，也与资产的价值评估密切相关。

4.2.2 税基筹划法的操作技术

1. 控制或安排税基实现时间

（1）税基推迟实现

在税基总量不变的条件下，合法推迟税基的实现时间，就等于推迟了纳税时间。税基推迟实现可以实现递延纳税；在通货膨胀环境下，税基推迟实现的效果更为明显，能够降低未来所付出税款的现金流购买力，相当于获取了资金时间价值。

（2）税基均衡实现

在税基总量不变的条件下，均衡税基在各个纳税期间的分布，可以均衡税基在不同期间的确认金额，在适用累进税率的情况下，可以实现边际税率的最小化，从而有效控制税负。

（3）税基提前实现

在税基总量不变的条件下，合法操作将税基提前实现，就可以提前确认税基。处于税收减免期间，税基提前实现可以享受更多的税收减免优惠。

2. 分解税基

分解税基是把税基进行合理分解、分拆，实现税基由税负较重的形式转变为税负较轻的形式。分解税基筹划法一般适用于累进税率或存在差别性比例税率的情况。如纳税人存在较高的综合所得、需缴纳土地增值税的房地产收入、适用不同增值税税率的混合销售收入等情形，分解税基是一种有效的税收筹划技术。

【案例 4-3】晨晖中央空调公司主要生产大型中央空调机，每台售价为 100 万元（不含增值税），售价相对较高，原因是售价中包含 5 年的维护保养费，维护保养费占售价的 20%。由于维护保养费包含在售价中，税法规定一律视为销售额计算缴纳增值税。

在税收筹划前，晨晖中央空调公司应缴纳增值税为

$$100\times13\%=13\ (万元)$$

问题：晨晖中央空调公司应如何进行税收筹划？

解析：针对空调维护保养专门注册成立一家具有独立法人资格的“晨晖中央空调维护服务公司”，主营业务为中央空调机维护保养服务。销售中央空调机时，晨晖中央空调公司负责签订销售合同，只收取中央空调机的销售额80万元，款项汇入晨晖中央空调公司的基本账户；晨晖中央空调维护服务公司负责签订维修服务合同，只收取中央空调机的维护服务费20万元，款项汇入晨晖中央空调维护服务公司的基本账户。这样一来，两家公司各负其责，共同完成中央空调机的销售与服务业务。税收筹划后的纳税额计算如下：

晨晖中央空调公司应缴纳增值税=100×(1-20%)×13%=10.4（万元）

晨晖中央空调维护服务公司应缴纳增值税=20×6%=1.2（万元）

合计纳税额=10.4+1.2=11.6（万元）

税收筹划方案节税额=13-11.6=1.4（万元）

3. 缩小税基

缩小税基是指基于税法规定借助税收筹划操作技术使税基合法缩小，从而减少应纳税额或避免多缴税的税务管理行为。缩小税基技术是企业所得税、增值税、消费税等税种常用的税收筹划方法。

【案例4-4】信达房地产开发公司实现年销售收入9000万元，各项代收款项2500万元，包括水电初装费、燃（煤）气费、维修基金等各种配套设施费，代收手续费收入125万元（按代收款项的5%计算）。对于信达房地产开发公司来说，这些配套设施费属于代收应付款项，不作为房产的销售收入，应作为其他应付款处理。

解析：根据《财政部　国家税务总局关于全面推开营业税改征增值税试点的通知》（财税〔2016〕36号）规定：销售额是指纳税人发生应税行为取得的全部价款和价外费用。价外费用，是指价外收取的各种性质的收费。

为了降低价外费用的税收负担，信达房地产开发公司成立独立的物业公司，将这部分价外费用转由物业公司收取。这样其代收款项就不属于税法规定的价外费用，不再适用9%的税率计算增值税。

上述两个方案的纳税情况比较如下：

（1）原方案：代收款项作为价外费用

信达房地产开发公司应缴纳增值税销项税额=(9000+2500+125)×9%=1046.25（万元）

应缴纳城市维护建设税及教育费附加=1046.25×(7%+3%)=104.63（万元）

应缴纳税费合计=1046.25+104.63=1150.88（万元）

（2）税收筹划方案：各项代收款项转为物业公司收取

信达房地产开发公司应缴纳增值税销项税额=9000×9%=810（万元）

应纳城市维护建设税及教育费附加=810×(7%+3%)=81（万元）

物业公司应缴纳增值税=(2500+125)×6%=157.5（万元）

物业公司应缴纳城市维护建设税及教育费附加=157.5×(7%+3%)=15.75（万元）

两个公司应缴纳税费合计=810+81+157.5+15.75=1064.25（万元）

税收筹划方案比原方案节约税费金额=1150.88-1064.25=86.63（万元）

案例分析

促销税收筹划

某房地产公司销售房产总面积为80000平方米，土地增值税其他扣除项目金额为14000万元，其他成本费用支出为16000万元（已包含其他扣除项目金额20%），该公司采用简易计税方法计算房地产的增值税。

该房地产公司设计了两种促销方案，方案一：销售毛坯房价格为4000元/平方米（均为不含增值税价），同时送装修服务1000元/平方米；方案二：直接销售毛坯房价格为3000元/平方米，装修费用自付。

以下从房地产企业的角度分析。

方案一分析：

应缴纳增值税=80000×0.4×5%=1600（万元）

应缴纳城市维护建设税及教育费附加、地方教育费附加=1600×(7%+3%+2%)=192（万元）

应缴纳印花税=80000×0.4×0.0005=16（万元）

土地增值税扣除项目金额=14000+16000+192+16=30208（万元）

增值额=32000-30208=1792（万元）

增值率=1792/30208=5.9%

应缴纳土地增值税=1792×30%=537.6（万元）

利润额=80000×0.4-16000-192-16-537.6-8000=7254.4（万元）

应缴纳企业所得税=7254.4×25%=1813.6（万元）

合计纳税额=1600+192+16+537.6+1813.6=4159.2（万元）

方案二分析：

应缴纳增值税=80000×0.3×5%=1200（万元）

应缴纳城市维护建设税及教育费附加、地方教育费附加=1200×(7%+3%+2%)=144（万元）

印花税＝80000×0.3×0.0005＝12（万元）

土地增值税扣除项目金额＝14000+16000+144+12＝30156（万元）

增值额＝32000－30156＝1844（万元）

增值率＝1844/30156＝6.1%

应缴纳土地增值税＝1844×30%＝553.2（万元）

利润额＝80000×0.3－16000－144－12－553.2＝7290.8（万元）

应缴纳企业所得税＝7290.8×25%＝1822.7（万元）

合计纳税额＝1200+144+12+553.2+1822.7＝3731.9（万元）

由计算可知，方案一实现利润小于方案二，多缴纳一部分土地增值税和企业所得税，装修收入与售房一起计入房地产销售收入，加大了土地增值税的税基，因此房地产企业销售房屋附赠装修的行为使得房地产企业多缴纳了土地增值税。

综上所述，由于房屋的销售价格影响到土地增值税的收入金额，进而影响土地增值税负担，因此房地产企业采取买房送装修的做法会使企业税收负担增加。

本案例的税收筹划点归纳如下：一是建议房地产企业从税收角度考虑，尽量避免采取买房送装修的做法，因为此种做法使土地增值税的计税基数增加；二是在订立售房合同时，房地产企业可以与客户分别签订房屋买卖合同和装修合同，如此装修合同部分就不用计入土地增值税的计税基数，相应的装修成本也不能从房地产开发成本中扣除。

4.3　税率筹划法

4.3.1　税率筹划法的原理

税率筹划法是指纳税人通过降低适用税率的方式来减轻税负的一种筹划方法。税率是最重要的税制要素之一，是决定纳税人税负高低的主要因素。在税基一定的情况下，纳税额与税率呈正相关性，即降低税率就等于降低税负，这是税率筹划法的基本原理。一般情况下，税率越低，应纳税额就越少，税后利润就越多。但是，需要注意的是，纳税人适用的税率低，并不能一定保证其税后利润最大化。

不同的税种适用不同的税率，纳税人可以利用对课税对象的界定不同而适用不同的税率。即使是同一税种，适用税率也因税基或其他前提条件不同而不同。纳税人可以直接选择适用较低的税率或通过改变税基分布调整适用的税率，从而达到降低税负的目的。

4.3.2 税率筹划法的操作技术

1. 比例税率筹划法

同一税种对不同征税对象实行不同的比例税率政策，直接影响纳税人应纳税额及税后利润，纳税人可以通过比例税率筹划法寻找满足税后利润最大化的最低税负点或最佳税负点。譬如，我国增值税除13%的基本税率之外，还有9%、6%等多档税率；对小规模纳税人的征收率为3%或5%。纳税人对上述比例税率进行筹划，可以寻找最低税负点或最佳税负点。税法对消费税、企业所得税等税种也规定了多档不同的比例税率，纳税人可以进一步筹划比例税率，尽量适用较低的比例税率以节约税金。

2. 累进税率筹划法

各种形式的累进税率都存在一定的税收筹划空间，累进税率筹划法的关键目标是防止税率爬升。相较而言，适用超额累进税率的纳税人对防止税率爬升的欲望较弱，而适用全额累进税率的纳税人对防止税率爬升的欲望较强，适用超率累进税率的纳税人防止税率爬升的欲望与超额累进税率相同。

我国个人所得税中涉及的综合所得（包括工资薪金所得、劳务报酬所得、稿酬所得、特许权使用费所得）适用累进税率，具体税率表如表4-3、表4-4所示。对于工资薪金所得、劳务报酬所得、综合所得来说，采用累进税率筹划法可以取得较好的节税效果。

表4-3 综合所得适用税率（按年）

级数	全年应纳税所得额（含税级距）	全年应纳税所得额（不含税级距）	税率（%）	速算扣除数
1	不超过36000元	不超过34920元	3	0
2	超过36000元至144000元的部分	超过34920元至132120元的部分	10	2520
3	超过144000元至300000元的部分	超过132120元至283080元的部分	20	16920
4	超过300000元至420000元的部分	超过283080元至346920元的部分	25	31920
5	超过420000元至660000元的部分	超过346920元至514920元的部分	30	52920
6	超过660000元至960000元的部分	超过514920元至709920元的部分	35	85920
7	超过960000元的部分	超过709920元的部分	45	181920

注：（1）本表所称全年应纳税所得额是指依照《个人所得税法》第六条的规定，从2019年1月1日开始，居民个人取得综合所得以每一纳税年度收入额减除费用6万元以及专项扣除、专项附加扣除和依法确定的其他扣除后的余额。（2）非居民个人取得工资薪金所得、劳务报酬所得、稿酬所得和特许权使用费所得，依照本表按月换算后计算应纳税额。

表 4-4 综合所得适用税率（按月）

级数	全月应纳税所得额（含税级距）	全月应纳税所得额（不含税级距）	税率（%）	速算扣除数
1	不超过 3000 元	不超过 2910 元	3	0
2	超过 3000 元至 12000 元的部分	超过 2910 元至 11010 元的部分	10	210
3	超过 12000 元至 25000 元的部分	超过 11010 元至 21410 元的部分	20	1410
4	超过 25000 元至 35000 元的部分	超过 21410 元至 28910 元的部分	25	2660
5	超过 35000 元至 55000 元的部分	超过 28910 元至 42910 元的部分	30	4410
6	超过 55000 元至 80000 元的部分	超过 42910 元至 59160 元的部分	35	7160
7	超过 80000 元的部分	超过 59160 元的部分	45	15160

【案例 4-5】某工程设计人员利用业余时间为某工程项目设计图纸，同时担任该项工程的总顾问，设计图纸花费 3 个月时间，获取报酬 120000 元。

问题：该工程设计人员应如何进行预缴环节的税收筹划（暂不考虑综合所得年终汇算清缴的影响）？

解析：如果该工程设计人员要求工程项目单位在其担任工程顾问期间，将其报酬一次性支付或分 3 个月支付，则该工程设计人员的税负会明显不同。

方案一：一次性支付 120000 元报酬。

劳务报酬收入按次征税，应纳税所得额在 50000 元以上的部分，适用 40% 的税率。

该工程设计人员应预缴个人所得税计算如下：

应纳税所得额 = 120000×(1−20%) = 96000（元）≥50000，适用 40% 的个人所得税税率。

预缴税额 = 120000×(1−20%)×40%−7000 = 31400（元）

方案二：分 3 个月支付报酬。

3 个月共预缴税额为［(120000÷3)×(1−20%)×30%−2000］×3 = 22800（元）

分月支付报酬可节税 31400−22800 = 8600（元）

在本例中，分次支付报酬可以减轻预缴税款的资金压力，即通过延迟支付获得货币时间价值。由于《个人所得税法》将劳务报酬所得纳入综合所得计税，分次缴纳税款可以减轻纳税人预缴环节的资金压力。但从全年度考察，个人所得税的总税负并未因此而降低。

从税收角度分析，分 3 个月支付报酬，该工程设计人员适用的税率为 30%，如果再进行税基分解使其适用 20% 的税率，则预缴的总税额还能降低。按照税法要求，某项活动带来的收入按照业务内容分项签约的，按照分项收入分别计算税金；某一项收入持续在1个月以上的，支付间隔超过1个月，按每次收入额计入各月计算税金，间隔时间不超过1个月的，应合并收入额计算税金。因此，劳务报酬所得的税收筹划思路是把120000元的总报酬先拆分为不同项目的收入，按不同项目分不同月份发放，既可以按照项目分拆收入，又进一步按照支付时间分拆收入，最终使收入所适用的税率降至最低，从而可有效控制税负总额。

4.4 会计政策筹划法

4.4.1 会计政策筹划法的原理

当企业可选择会计政策时，择定有利于税后利润最大化的会计政策组合，就是所谓的会计政策筹划法，其目标在于将会计政策引入纳税活动，形成会计政策选择与税收筹划的联合效应。

会计政策是会计核算时所遵循的基本原则以及所采纳的具体处理方法和程序的总称。会计政策在形式上表现为会计处理的一种技术规范，本质上是一项社会经济政策和政治利益的博弈规则与制度安排。不同的会计政策选择必然形成不同的财务结果，也必然导致不同的税收负担，同时对利益相关者乃至社会经济环境产生不同程度的影响。

4.4.2 会计政策筹划法的操作技术

1. 分摊筹划法

对于一项费用，如果涉及多个分摊对象，分摊依据的不同会导致分摊结果的不同；对于一项拟摊销的支出，所采用的摊销期限和摊销方法不同，摊销结果也会不同。分摊筹划法通过影响企业的损益计量和资产计价，进而影响企业的实际税负水平。

分摊筹划法涉及的主要会计事项有无形资产摊销、待摊费用摊销、固定资产折旧、存货计价方法选择以及间接费用分配等。例如，存货计价方法会对企业的纳税结果造成影响。在财税实务中，存货计价方法主要有先进先出法、月末一次加权平均法、移动加权平均法、个别计价法等。在不同的财税形势下，应根据存货的市场价格变动趋势合理选择存货计价方法。表4-5反映了不同情况下选择存货计价方法的要领。

表 4-5 存货发出计价方法的选择

项目	比例税率			累进税率
价格变动趋势	物价上涨	物价下跌	物价波动	物价波动
存货计价方法	加权平均法	先进先出法	加权平均法	加权平均法
选择理由	多计发出存货成本，少计期末存货成本，减少当期所得税支出	提高本期发出存货成本，减少当期收益，减轻所得税负担	避免各期利润忽高忽低及企业各期应纳所得税上下波动，有利于企业资金安排与管理	使计入成本的存货价格比较均衡，进而使各期利润比较均衡，避免适用较高的税率而加重税负

2. 会计估计筹划法

由于企业的生产经营活动存在诸多不确定因素，一些项目不能精确计量，只能加以合理的会计估计与测算。因此，在会计核算中，对尚在延续中、结果尚未确定的交易或事项需要估计入账。会计估计会影响计入特定会计期间的收益或费用的金额，进而影响企业的收益水平与税收负担。

会计估计筹划法涉及的主要会计事项有坏账估计、存货跌价估计、折旧年限估计、固定资产净残值估计、无形资产受益期限估计等。

【案例 4-6】 丽江天然矿泉水公司是一家生产销售天然矿泉水的生产商，该公司为鼓励代理商，给予如下优惠折扣政策：①年销售矿泉水在 100 万瓶以下的，每瓶享受 0. 20 元的折扣；②年销售矿泉水在 100 万~500 万瓶的，每瓶享受 0. 25 元的折扣；③年销售矿泉水在 500 万瓶以上的，每瓶享受 0. 30 元的折扣。但是，由于丽江天然矿泉水公司不知道也不可能知道每家代理商到底每年究竟能销售多少瓶矿泉水，自然就不能确定每家代理商应享受的折扣率。因此，丽江天然矿泉水公司通常采用下列做法：年底或次年初，一次性结算应给代理商的折扣总额，单独开具红字发票。但这种折扣在计税时不允许冲减销售收入，结果造成企业每年多缴纳一部分税款。那么，有没有办法改变这一现状？

解析：丽江天然矿泉水公司可通过采取预估折扣率的办法来解决折扣问题，具体有两种操作模式。

筹划方法一：每年年初，丽江天然矿泉水公司按最低折扣率或根据上年每家经销代理商的实际销量初步确定一个折扣率，销售时按照预估的折扣率减除预扣的折扣额来确定销售收入，即在代理期间每一份销售发票上都根据预估折扣率计算预扣的折扣额，这样企业可以减除折扣额后的收入确认为主营业务收入，从而降低每期的应纳税额。年底或次年初每家代理商的实际销售数量和销售折扣率确定后，再调整预估折扣额与实际折扣额的差额。若需调增折扣额，虽不能再冲减销售收入，但绝大部分的折扣额已经在平时的销售中直接冲减了销售收入，降低了税款支出。

筹划方法二：采用递延折扣额方法，平时预估折扣率的操作处理与第一种方法相同，不同的是年底或次年初每家代理商的实际销售数量和销售折扣率确定后，将预估折扣额与实际折扣额的差额部分递延到下一年度确认，即将本年度需要返还代理商的折扣额差额部分，作为下一年度销售收入的折扣额进行处理，从下一年度的销售收入中扣除。

4.5 税负转嫁筹划法

4.5.1 税负转嫁筹划法的原理

税负转嫁筹划法是指在市场环境下，受商业利益驱动，纳税人通过种种途径和方式将税负部分或全部转移给他人的操作方法。税负转嫁可以视为市场主体之间的一种税收博弈行为。

税负转嫁是一种纳税技巧，可在悄无声息中实现纳税人税负的降低。税负转嫁筹划法的操作平台是价格，其基本原理是利用价格浮动、价格分解来转移或规避税负。税负转嫁筹划能否通过价格浮动方式实现，关键取决于商品需求价格弹性的大小，需求价格弹性越小，越容易实现税负转嫁。在现实经济活动中，实现价格浮动的手段和方法不拘一格，税负转嫁的手段灵活多样。

采用税负转嫁筹划法应注意以下几个方面：第一，税负转嫁和商品价格直接相关，和价格无关的因素不能纳入税负转嫁的范畴；第二，税负转嫁是一个客观过程，没有税收转移不能算作税负转嫁；第三，税负转嫁应理解为纳税人的主动行为，与纳税人主动行为无关的价格再分配性质的价值转移不能算作税负转嫁。

税负转嫁意味着税负的实际承担者可能不是缴纳税款的纳税人本人，而是背后的负税人。税款的直接纳税人通过转嫁税负给他人，并不承担纳税义务，仅仅是充当税务机关与实际纳税人之间的中介桥梁。由于税负转嫁没有伤害国家利益，也不违法，因此税负转嫁筹划法受到纳税人普遍青睐。利用税负转嫁筹划法可减轻纳税人的税负，已成为一种普遍的财税管理活动。

4.5.2 税负转嫁筹划法的操作技术

1. 税负前转筹划法

税负前转是指纳税人将其所负担的税款，通过提高商品或生产要素价格的方式转移给购买者或最终消费者承担。这是最典型、最普遍的税负转嫁形式。比如，在生产环节课征的税收，生产企业可以通过提高商品出厂价格而把税负转嫁给批发商，批发商再以类似的方式转嫁给零售商，零售商将税负转嫁给最终消费者。税负前转筹划法也称为税负顺转法，一般适用于市场紧俏的生产要素或知名品牌商品。

税负前转筹划法的基础是价格平台，如果将税负前转筹划法与转让定价策略及集团运营结合起来，会显示出更大的威力。税负前转筹划法操作便捷灵巧，有时能起到“四两拨千斤”的奇妙效果。

税负前转筹划法只能将企业的部分税负进行转嫁。从实践情况来看，能够进行税负前转的，主要是那些征税时无法确定其最终负担者的税种，比如增值税、消费税、关税等。比如，一家生产制造公司属于增值税一般纳税人，其增值税负担并不代表其真实税负率，因为其销项税额是由购买方或消费者提供的。再如，对香烟征收消费税，实际上香烟的消费者是香烟消费税的承担者。但由于预先并不能确定每包香烟的消费者，因而只能以香烟为征税对象，以其制造者和贩卖者为纳税人，再由制造者和贩卖者将税负转移给消费者和购买者。这与增值税的税收原理基本一致，其共同点是税款可以加在商品价格上，通过提高商品售价的方式将税负转移给消费者，最终实现税负转嫁。

【案例 4-7】我国南方一些竹木产区生产竹木地板，这种地板的特点是清凉、透气、加工制造简单。但是与革制地板、化纤地毯相比，显得不够美观漂亮。生产厂商将竹木地板的定价确定为 80 元/平方米。由于竹木地板只适用于南方潮湿地区，北方多数地区无法使用（竹木地板易裂，怕干燥），市场需求量不大，竹木地板生产厂商只能简单维持企业运转，增值税负担也只能由生产厂商承担。

后来，日本人发现了这种竹木地板，经分析测定，竹木地板具有很高的养身功效与医用价值，使用竹木地板可保持人与纤维的密切接触，对人体循环和代谢平衡起很大作用。因此，日本及东南亚国家纷纷到我国南方竹木地板厂订货，原来 80 元/平方米的竹木地板，在国际上的销售价格一跃变成 60 美元/平方米。这样一来，竹木地板生产厂商利润水平大幅提高了，其所承担的增值税负担通过提高售价顺利实现了税负转嫁。

2. 税负后转筹划法

税负后转筹划法与税负前转筹划法的原理大致相同，只是税负转嫁的方向不同。纳税人通过降低生产要素购进价格、压低工资或其他转嫁方式，将其负担的税收转移给提供生产要素的企业。在这种情况下，纳税人已纳税款因种种原因不能转嫁给购买者和消费者，而是转嫁给货物的供给者和生产者。比如，一个批发商纳税后，因为商品价格下降，已纳税款难以加到商品价格之上转移给零售商，于是批发商要求厂家退货或厂家承担全部或部分已纳税款，这时就会发生税负后转。税负后转筹划法一般适用于生产要素或商品积压时的买方市场。

在现实经济生活中，税负转嫁筹划法的运用非常灵活。在有些情况下，购买方还没有付款，就要求销售方先开具增值税专用发票，再根据资金周转安排情况付款给销售方，这时会出现税负转嫁现象：购买方在没有付款的情况下先取得了增值税专用发票，当期就可以抵扣进项税额；而销售方向购买方开具增值税专用发票后，必须计提销项税额并缴纳增值税。如果遇上所得税申报期，销售方还要计算应纳税所得额缴纳企业所得税。因此，购买方在取得增值税专用发票而没有支付价款的情况下，会实现税负后转，即销售方因此承担了购买方转嫁来的增值税负担。

【案例4-8】酒厂生产的白酒是一种特殊的消费品，不仅需要缴纳增值税，还需要缴纳消费税。白酒厂商为了保持适当的税后利润率，通常会相应提高出厂价。但这样做一方面会影响市场销量，另一方面会导致消费税与增值税的攀升。下面分析酒厂利用税负转嫁原理进行税收筹划的基本操作。

解析：(1) 设立独立的销售公司规避消费税。许多酒厂都设立独立的销售公司，利用增加流通环节转嫁税负。由于酒类产品的消费税仅在出厂环节征收，即按照白酒的出厂价计征消费税，后续的分销、零售等环节不再征收消费税。在这种情况下，可通过引入独立的销售公司，采取“前低后高”的价格转移策略转嫁税负，即先以相对较低的价格将白酒卖给自设的销售公司，再由销售公司以合理的高价层层分销，最终到达消费者手中。这样操作可在确保总体销售收入的同时降低消费税负担。

(2) 市场营销费、广告费的税负转嫁。酒厂还有一种转嫁税负的手段，即将市场营销费、广告费等合理转嫁给经销商负担，但酒厂要对经销商作出一定的价格让步，以弥补经销商负担的市场营销费、广告费等相关支出。这种费用的转嫁方式，降低了白酒的出厂价，直接转嫁了增值税，降低了消费税。对于经销商来说，在销售及其他因素不变的情况下，白酒进价的降低导致其可以抵扣的进项税额减少，相当于经销商负担了酒厂的一部分增值税，而酒厂的一部分消费税却在转嫁中悄然消失了。对于经销商多负担的增值税，因经销商增加市场营销费、广告费等支出，从其降低的企业所得税中得到补偿，补偿程度因市场营销费、广告费等开支以及白酒出厂价格让利程度的不同而不同。

4.6 规避平台筹划法

4.6.1 规避平台筹划法的原理

在税收筹划实务中，税法规定的若干临界点常被称为“规避平台”。规避平台建立的基础是临界点，临界点会因“量”的积累而引起“质”的飞跃，是一个关键点。当纳税人突破某个临界点时，由于其所适用的税率降低或满足享受税收优惠的条件，可以获得一定的税收利益，这便是规避平台筹划法的基本原理。因此，规避平台筹划法着眼于寻找临界点，并巧妙利用临界点控制税负水平。

4.6.2 规避平台筹划法的操作技术

1. 税基临界点筹划法

税基临界点筹划法主要是寻找税基临界点，并利用税基临界点控制税负。税基临界点主要有起征点、扣除限额、税率跳跃点等。税基相对于临界点的变化会引起税负的巨大变化，即临界点的边际税率出现迅速递增或递减的变化态势。

税基临界点筹划法聚焦于临界点，即要关注临界点、测算临界点、利用临界点。诸如个人所得税的起征点、税率跳跃点，企业所得税的税前扣除限额等，都是典型的税基临界点，对其进行税收筹划可以降低税负。

诸如公益性捐赠支出、业务招待费、广告费和业务宣传费等扣除项目都有税前扣除限额，都属于税基临界点。《企业所得税法》及其实施条例规定，企业发生的公益性捐赠支出，在年度利润总额12%以内的部分，准予在计算应纳税所得额时扣除；企业发生的业务招待费，按照实际发生额的60%扣除，最高不超过营业额（销售额）的5‰；企业发生的广告费和业务宣传费，在不超过营业额（销售额）15%的范围内扣除。

2. 优惠临界点筹划法

优惠临界点筹划法主要着眼于优惠政策所适用的前提条件，只有满足前提条件才能适用税收优惠政策。一般优惠临界点包括以下三种情况：一是绝对数额临界点；二是相对比例临界点；三是时间期限临界点。

规避平台利用的是临界点的量变质变规律。如果实际业务距离优惠临界点过远，要突破它，必须有足够的量变积累，这可能会导致成本损耗与费用支出。所以，在利用优惠临界点筹划法时应合理规划，测算达到临界点的非税成本大小，避免出现舍本逐利、本末倒置的情况，保证规避平台筹划法达到最佳的筹划效果。

【案例 4-9】：李明在天津市拥有一套家庭唯一生活用房，已经居住 4 年零 9 个月，这时他在北京找到了工作，需要出售该住房搬到北京居住，那么李明应如何进行税收筹划？

解析：(1)《关于调整房地产交易环节契税、个人所得税优惠政策的通知》（财税〔2010〕94 号）规定，自 2010 年 10 月 1 日起，对个人住房转让所得征收个人所得税原则上实行核定征税，核定征税的比例暂按 1%确定。对个人转让自用 5 年以上，并且是家庭唯一生活用房取得的所得免征个人所得税。对出售自有住房并在 1 年内重新购房的纳税人不再减免个人所得税。如果李明马上出售天津的住房，则必须缴纳个人所得税。

合乎理性的筹划方法是其将住房于 3 个月后转让而不是马上转让，且在北京购房时间延续到天津住房转让 1 年后，这样才符合上述免税政策规定。当然，如果遇到合适的买主，李明也可以立即出售该住房。采取时间期限临界点筹划法，即和买主签订两份合同：一份是远期房产转让合同（3 个月后正式交割房产）；另一份是为期 3 个月的房产租赁合同。只要租金和售价之和等于买主期望的价位，这种交易很容易成功。这样买主既可以马上住进去，李明也顺利享受了个人所得税的免税待遇。

(2) 个人将购买不足 2 年的住房对外销售的，全额征收增值税；个人将购买 2 年以上（含 2 年）的住房对外销售的，免征增值税。李明拥有天津的住房期限已经超过 2 年，可免征增值税。

4.7 转让定价筹划法

转让定价筹划法利用企业间存在税率差异或减免税政策，通过合理操纵价格实现企业间利润转移。转让定价一般适用于关联企业，通过转让定价实现关联企业之间的利益再分配。

【案例 4-10】 振邦集团适用的企业所得税税率为 25%，其子公司振龙公司雇用残疾人比例达到 75%，被认定为福利企业，暂免征收企业所得税。振邦集团把成本为 80 万元，原应作价 120 万元的一批货物以 100 万元的转让定价销售给振龙公司，振龙公司再以 140 万元的价格销售到集团之外。

下面分析转让定价筹划法对振邦集团总体税负水平的影响：

振邦集团按正常定价应负担的税收 $=(120-80)\times25\%=10$（万元）

采用降低定价转让，振邦集团实际负担的税收 $=(100-80)\times25\%=5$（万元）

采用转让定价，振邦集团实现节税额为10-5=5（万元）

转让定价之所以被广泛运用的前提条件是纳税人对商品存在一定的自主定价权。但是，有失公允的转让定价会被税务机关实施税务调整，故转让定价筹划法具有一定的风险。

下面通过转让定价模型分析转让定价筹划法的运用技巧。

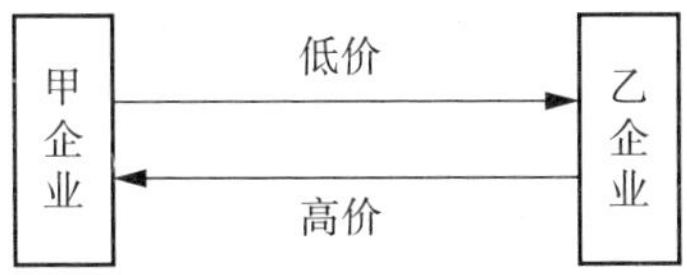

图4-1 转让定价简单模型

图4-1中，甲企业和乙企业为异地关联企业，当两家企业适用的企业所得税税率不同时，将利润从税率高的企业向税率低的企业转移有利于关联企业整体税负的降低。当甲企业适用税率高于乙企业时，采取低价出货给乙企业、从乙企业高价进货的方法，将利润转移给乙企业，可减少应纳税额。当乙企业适用税率高于甲企业时，甲企业采取从乙企业低价进货、高价出货的方式，将利润转移到甲企业，可减少应纳税额。

假如甲、乙企业为异地非关联企业，甲企业的税率高于乙企业的税率，如果再采取如图4-1的方式，甲企业抬高进价、压低售价，会使非关联企业获益，自身利益受损。因而要引入另外一家企业——丙企业，假定丙企业与甲企业是关联企业，且丙企业与乙企业同处一地，适用税率与乙企业相同。此时，税收筹划基本思路如图4-2所示：甲企业先与丙企业按转让定价核算，再由丙企业与乙企业按市场价格进行正常交易。

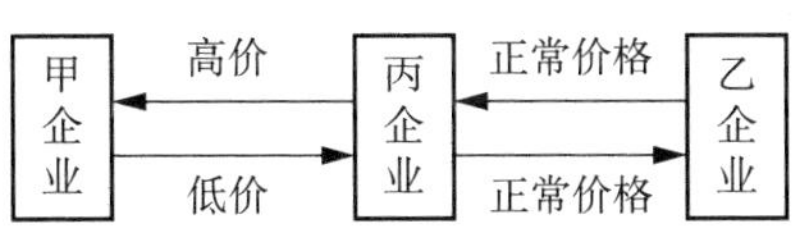

图4-2 转让定价扩大模型

还有更为复杂的转让定价筹划，比如，引入没有关联关系的第三方甚至更多方，利用关联交易非关联化处理，通过多边关系多重交易以转让定价方式实现利润转移的目的。

除了货物交易的转让定价之外，关联企业间的劳务转让定价、资金借贷转让定价、资产租赁转让定价、无形资产转让定价、管理费用分摊转让定价等都可以实现利润从集团内高税率公司向低税率公司转移，其操作原理与货物交易如出一辙。

4.8 资产重组筹划法

4.8.1 资产重组筹划法的原理

资产重组筹划法是指纳税人通过合并、分立等筹划手段，实施资源优化配置，科学筹划税收，为资产重组活动节税。

资产重组的核心是实现资源的合理配置和资本效用的最大化，实质是以收购、兼并、分立等重组行为实现经营业务整合、资产结构优化、财务状况改善、税款节约等目的。资产重组不可避免地影响着产权关系，甚至还会打破原来的企业边界，实现资产转移、股权关系的变化。资产重组筹划法的基本原理是资产重组行为改变了产权结构，产权结构的变化影响纳税活动，从而影响企业实际税负水平。其实，诸如纳税地点、纳税时间、纳税环节、纳税主体等税制要素都会因为资产重组、产权结构变化而变化。从一定意义上说，资产重组筹划法旨在打破企业边界的“束缚”，寻找最佳资源配置结构，寻找税负最小化的产权关系。

4.8.2 资产重组筹划法的操作技术

1. 合并筹划法

企业合并是实现资源流动与有效配置的重要方式，企业合并不可避免地涉及税收筹划问题。合并筹划法是指企业利用并购及资产重组手段，改变其组织形式及股权关系，实现控制税负的筹划方法。

合并筹划法一般应用于以下五个方面：一是企业合并完成后，可以进入新的领域、新的行业，享受新领域、新行业的税收优惠政策；二是企业并购若有大量亏损的公司，可以实现盈亏抵补、低成本扩张；① 三是企业合并可以实现关联企业或上下游企业流通环节的减少，合理规避流转税和印花税；四是企业合并可能改变纳税主体性质，譬如企业可能因为合并行为而由小规模纳税人转变为一般纳税人，或由内资企业转变为中外合资企业；五是企业合并符合免税重组政策条件的，可以不确认资产转让所得，不缴纳企业所得税。借助企业合并的特殊性重组政策，可以合法规避资产转让的所得税负担，具体参照《财政部　国家税务总局关于企业重组业务企业所得税处理若干问题的通知》（财税〔2009〕

---

① 适用一般重组的企业合并，被合并企业的亏损不得在合并企业结转弥补；适用特殊性重组的企业合并，合并企业能以限额弥补被合并企业的亏损。

59 号）的相关规定。[①]

2. 分立筹划法

企业分立，是指一家企业将部分或全部资产分离转让给现存或新设的企业，被分立企业股东换取分立企业的股权或非股权支付，实现企业的依法分立。企业分立有利于企业更好地适应环境和利用税收政策获得税收方面的利益。

分立筹划法是指利用分拆手段，有效改变企业规模和组织形式、降低企业整体税负的一种税收筹划方法。分立筹划法一般应用于以下几个方面：一是企业分立为多个纳税主体，形成有关联关系的企业群，实施集团化管理和系统化筹划；二是企业分立可以将兼营或混合销售中的低税率或零税率业务独立出来，单独计税降低税负；三是企业分立使适用累进税率的纳税主体分化成两个或多个适用低税率的纳税主体，税负自然降低；四是企业分立可以增加一道流通环节，有利于增值税抵扣及转让定价策略的运用。

企业分立，被分立企业所有股东按原持股比例取得分立企业的股权，分立企业和被分立企业均不改变原来的实质经营活动，且被分立企业股东在该企业分立发生时取得的股权支付金额不低于其交易支付总额的 85%，可以按以下规定处理：①分立企业接受被分立企业资产和负债的计税基础，以被分立企业的原有计税基础确定。②被分立企业已分立出去资产相应的所得税事项由分立企业承继。③被分立企业未超过法定弥补期限的亏损额可按分立资产占全部资产的比例进行分配，由分立企业继续弥补。④被分立企业的股东取得分立企业的股权（以下简称“新股”），如需部分或全部放弃原持有的被分立企业的股权（以下简称“旧股”），“新股”的计税基础应以放弃“旧股”的计税基础确定。如无须放弃“旧股”，则其取得“新股”的计税基础可从以下两种方法中选择确定：直接将“新股”的计税基础确定为零；或者以被分立企业分立出去的净资产占被分立企业全部净资产的比例先调减原持有的“旧股”的计税基础，再将调减的计税基础平均分配到“新股”上。[②]

分立筹划法在实际操作中要注意以下两个问题：一是采用分立筹划法时必须先进行成本权衡分析，即要求企业分立所产生的非税成本必须小于节税利益；

---

① 符合特殊性重组的条件如下：①具有合理的商业目的，且不以减少、免除或者推迟缴纳税款为主要目的。②企业重组后连续 12 个月内不改变重组资产原来的实质性经营活动。③企业重组中取得股权支付的原主要股东，在重组后连续 12 个月内，不得转让所取得的股权。④被收购、合并或分立部分的资产或股权比例超过 50%。⑤企业股东在该企业合并发生时取得的股权支付金额不低于其交易支付总额的 85%，以及同一控制下且不需要支付对价的企业合并。

② 参见《财政部　国家税务总局关于企业重组业务企业所得税处理若干问题的通知》（财税〔2009〕59 号）的相关规定。

二是企业分立进行业务拆分时，必须考虑定价的合理性。由于分立企业之间存在一定的关联关系，如果定价不合理，税务机关有权调整作为税基的定价。

【案例 4-11】神力电梯公司主要生产销售电梯并负责电梯的安装、维修及保养。8 月，神力电梯公司取得含税销售收入 3390 万元，其中安装费约占含税销售收入的 30%，维修费约占含税销售收入的 10%。假设 8 月购进的进项税额为 200 万元，请为神力电梯公司设计税收筹划方案。

解析：混合销售行为和兼营非应税劳务应当缴纳增值税，其销售额分别为货物与非应税劳务的销售额的合计、货物或者应税劳务与非应税劳务的销售额的合计。神力电梯公司既生产销售电梯又负责安装维修电梯属于混合销售行为，按照税法规定，8 月神力电梯公司应纳增值税额计算如下：

$$3390 \div (1+13\%) \times 13\% - 200 = 190 \text{（万元）}$$

如果神力电梯公司设立一个独立核算的安装公司，神力电梯公司只负责生产销售电梯，安装公司专门负责电梯的安装维修，神力电梯公司和安装公司分别就销售电梯收入、安装维修收入开具发票。这样一来，纳税情况就会发生变化。对销售电梯取得的收入，征收 13%的增值税；对不从事电梯生产销售，只从事电梯安装和维修的安装公司就其取得的电梯安装收入征收 9%的增值税，取得的电梯维修收入征收 6%的增值税。

神力电梯公司应纳增值税 $= 3390 \times (1-10\%-30\%) \div (1+13\%) \times 13\% - 200 = 34$（万元）

安装公司应纳增值税 $= 3390 \times 30\% \times 9\% \div (1+9\%) + 3390 \times 10\% \times 6\% \div (1+6\%) = 103.16$（万元）

神力电梯公司分立出安装公司，节省增值税额为 $190 - 34 - 103.16 = 52.84$（万元）

【案例 4-12】乙公司是制造型企业，为加快产品研发和技术更新，2021 年底成立了技术研发部，2022 年该研发部门全年研发费用为 1000 万元，技术转让收入为 3000 万元。乙公司当年税前利润为 4000 万元，研发费用已全部计入当期损益，且没有其他纳税调整事项。

2022 年乙公司应缴纳企业所得税为

$$(4000-1000) \times 25\% = 750 \text{（万元）}$$

如果由乙公司的研发部门单独成立一家全资控股的高新技术企业——B 公司，B 公司独立运营、自负盈亏，预计年技术转让收入为 3000 万元，成本支出为 1000 万元，税前利润为 2000 万元。

解析：(1) 若 B 公司处于免税期，无须缴纳企业所得税。将研发部门独立出来后，乙公司的税前利润变为

$$4000+1000-3000=2000 \text{（万元）}$$

乙公司应缴纳企业所得税为

$$2000\times25\%=500 \text{（万元）}$$

则两家公司合计应缴纳企业所得税500万元。

因此，乙公司将研发部门独立更节税，少缴纳税金为

$$750-500=250 \text{（万元）}$$

（2）若B公司适用居民企业技术转让所得优惠政策：一个纳税年度内居民企业技术转让所得不超过500万元的部分免征企业所得税，超过500万元的部分减半征收企业所得税。

B公司技术转让所得①为

$$3000-1000=2000 \text{（万元）}$$

应缴纳企业所得税为

$$(2000-500)\times25\%\times50\%=187.5 \text{（万元）}$$

同样乙公司应缴纳企业所得税为500万元，两家公司合计应缴纳企业所得税为

$$187.5+500=687.5 \text{（万元）}$$

乙公司将研发部门独立出来，节税额为750-687.5=62.5（万元）

（3）若B公司按优惠所得税税率15%计算，应缴纳企业所得税为

$$(3000-1000-500)\times15\%\times50\%=112.5 \text{（万元）}$$

同样乙公司应缴纳企业所得税为500万元。

两家公司合计应缴纳企业所得税为112.5+500=612.5（万元）

乙公司将研发部门独立出来，节税额为750-612.5=137.5（万元）

4.9 业务转化筹划法

4.9.1 业务转化筹划法的原理

业务转化筹划法是一种在变化中寻找节税空间的税收筹划方法。业务转化筹划法所采用的手段灵活多样，体现出与时俱进的开创思维。穷则变，变则通，通则久，业务转化筹划法强调的是转变，变是世间唯一不变的规则，只有变才能立于不败之地。

“春播夏长，秋收冬藏。”世间万物有其变化规律，业务转化筹划法崇尚的

---

① 技术转让所得=技术转让收入-技术转让成本-相关税费。

是转化规律，关键是掌握变化之道。现实经济活动中的购买、销售、运输、建房等业务可以合理转化为代购、代销、代运、代建房等，无形资产转让可以合理转化为技术研发服务或非货币性资产投资业务，甚至有公司雇员与非雇员之间的相互转化……业务转化使得纳税人享受的税收政策天壤之别，正是变化的业务模式与设计的交易结构凸显了税收筹划的操作空间。

4.9.2 业务转化筹划法的操作技术

业务转化筹划法蕴含着业务模式转变思想，不同的业务模式适用不同的税收政策，从而形成不同的税负状况，显示出一定的节税空间。业务转化筹划法主要有业务形式转化、业务口袋转化、业务期间转化三种操作技术。

1. 业务形式转化

业务形式转化，即将纳税人的收入从一种形式转化为另一种形式。随着业务形式的转化，所涉及的收入性质、税种、应纳税额会发生相应变化，税负结果自然不同。

案例分析

销售房产转化为代建模式的税收筹划

为了建设“社会主义新农村”，响应城乡一体化发展战略，中部地区某村庄推出“新型城镇”计划，具体建设规划如下：在村民集中居住地的南面统一建设10栋两单元五层的居住楼妥善安置600余名村民，待居住楼建设完毕后再统一拆迁原居民院落，变原院落为耕地。由于当地政府资金不足，将该房地产开发项目转给了村中某房地产企业进行开发，该房地产企业对该项目进行了初步规划：本着自愿原则，对每户同意拆迁的村民给予10万元的拆迁补偿费，待房屋建设完毕再以每平方米1500元的售价销售给村民。因该项目的涉税金额较大，税后利润很少，甚至可以忽略不计。

筹划分析：该项目对于开发企业而言，构成了销售房地产的业务形式，涉及的税种较多，税负较大。

该项目的税收筹划核心是变房地产开发业务为代建业务。若符合代建房业务条件，则可以免征土地增值税、契税等税种。经过分析发现，该项目可以按照代建业务操作，具体实施过程及关键环节如下：

（1）立项。将此次房地产开发项目由企业立项变为当地政府立项并报当地发展改革委备案，即开发主体是政府而非房地产企业。

（2）征地。由政府出面同村民签订征地协议，合同双方分别为政府和同意征地的村民，改变原先由企业与村民签订协议的做法。

（3）费用。为了解决当地政府资金不足问题，企业可以将征地款项借予政府，但要求地方政府定期偿还。

（4）合同。和当地政府签订代建房合同，变企业售房模式为代建房模式，并对收取的代建收入按照“建筑安装服务”税目纳税。

转化前后企业适用的税收政策和享受的税收待遇天壤之别，税收筹划节税空间瞬息凸显。

【案例4-13】科研人员张明发明了一种新技术，该技术获得了国家专利，专利权属其个人拥有。由于该专利的实用性很强，甲公司欲以500万元（不含税价）购买。这种情况下，张明是否应该转让其技术专利呢？

解析：根据增值税的有关政策规定，转让专利权属转让无形资产，适用税率为6%，张明应纳增值税额为

$$500\times6\%=30\text{（万元）}$$

根据《个人所得税法》的有关规定，转让专利使用权属特许权使用费收入，个人取得的收入，每次收入不超过4000元的，减除费用800元；4000元以上的，减除费用的20%，张明应缴纳的个人所得税额为

$$500\times(1-20\%)\times20\%=80\text{（万元）}$$

张明获得的税后收益为500−30−80=390（万元）

如果采用业务转化筹划法，张明可将技术专利折合为股份投资于甲公司。按甲公司的经营状况测算，张明每年预计从甲公司获取股息收入50万元。若张明愿意采取折股投资方式，则其所负担的税收额将大大降低：①按照增值税有关规定，纳税人提供技术开发和与之相关的技术服务免征增值税；②按照《个人所得税法》规定，个人取得的技术咨询、技术服务所得，应按照20%的税率缴纳个人所得税。所以，张明每年应纳个人所得税额为

$$50\times20\%=10\text{（万元）}$$

若采用技术服务形式，张明每年仅需负担10万元的税款，且实现了以后期间的递延纳税。如果每年可获取股息收入50万元，只要运营10年，张明就可获得500万元收入。

【案例4-14】远扬电动车厂拥有多家代理商，销售返利政策如下：代理商每次购买1000辆电动车，当累计达到3000辆时，该电动车厂商给予代理商3%的销售返利，并当期支付。税务机关对此销售返利的看法是：达到3000辆时才给予代理商销售返利，与税法规定不符。不能够在发票上体现折扣额，即不属于折扣销售，必须按照销售收入全额确认收入纳税。对此情况，该电动车厂家

应该如何筹划销售返利？

方案一：当代理商的销售量达到3000辆时，对最后的1000辆给予9%的折扣，且在发票上注明折扣额。这样一来，可使销售返利转化为折扣，解决了销售返利的纳税问题。

方案二：当代理商的销售量达到3000辆时，厂商的销售返利不再当期返还，而作为下一期间的折扣额，在下一期间的销售发票上体现，即采取销售返利后期递延方式处理。

2. 业务口袋转化

业务口袋转化，即将一个会计主体的业务收入转化为另一个会计主体的业务收入，最常见的是利用税率差在关联企业之间以转让定价方式实现收入口袋转化，从而达到节税目的。

3. 业务期间转化

业务期间转化，即把一个纳税期间的业务转化为另一个纳税期间的业务，实现业务收入、费用（成本）及税金的跨期转移，从而实现节税目的。

业务期间转化最典型的例子是企业控制收入的实现时间。控制收入的实现时间就可以合理地将收入归属于合理的期间，从而影响企业当期的应税收入和应纳税额。在经济实践中，企业控制收入的实现时间主要有以下三种方法：一是合理安排交易时间，控制交易进度和收入实现时间；二是利用交易合同来控制，即通过签订并履行交易合同来控制收入实现时间；三是通过收入结算方式来控制收入实现时间及所归属的期间。

总而言之，业务转化筹划法的精髓在于因时而变、因事而变、因地而变。推演之，孕育变化、适应变化、收藏变化，乃是税收筹划之道。

案例分析

自持物业下经营租赁服务与仓储服务的税负比较

一、政策分析

（一）增值税

1. 仓储服务

仓储服务是指利用仓库、货场或者其他场所代客贮放、保管货物的业务活动，属于现代服务—物流辅助服务，增值税税率为6%；一般纳税人发生仓储服务的应税行为可以选择适用简易计税方法计税，简易计税适用征收率3%（小规模纳税人适用征收率3%/1%）。

物流辅助服务，包括航空服务、港口码头服务、货运客运场站服务、打捞救助服务、装卸搬运服务、仓储服务和收派服务。

一般纳税人发生下列应税行为可以选择适用简易计税方法计税：电影放映服务、仓储服务、装卸搬运服务、收派服务和文化体育服务。①

2. 经营租赁服务

经营租赁服务是指在约定时间内将有形动产或者不动产转让他人使用且租赁物所有权不变更的业务活动。不动产租赁属于现代服务—租赁服务，增值税税率为9%。符合条件可以选择简易计税方式计税，提供不动产经营租赁简易计税适用5%征收率。

现代服务，是指围绕制造业、文化产业、现代物流产业等提供技术性、知识性服务的业务活动。包括研发和技术服务、信息技术服务、文化创意服务、物流辅助服务、租赁服务、鉴证咨询服务、广播影视服务、商务辅助服务和其他现代服务。

一般纳税人出租其2016年4月30日前取得的不动产，可以选择适用简易计税方法，按照5%的征收率计算应纳税额。纳税人出租其2016年4月30日前取得的与机构所在地不在同一县（市）的不动产，应按照上述计税方法在不动产所在地预缴税款后，向机构所在地主管税务机关进行纳税申报。②

（二）房产税

1. 提供仓储服务按房产余值计税，从价计征房产税

2. 提供不动产租赁服务的纳税人，从租计征房产税

《中华人民共和国房产税暂行条例》（国发〔1986〕90号，2011年修订）第三条规定：房产税依照房产原值一次减除10%至30%后的余值计算缴纳。具体减除幅度，由省、自治区、直辖市人民政府规定。没有房产原值作为依据的，由房产所在地税务机关参考同类房产核定。房产出租的，以房产租金收入为房产税的计税依据。

（三）印花税（无差别）

1. 提供仓储服务

仓储保管合同/仓储合同税目，适用税率按仓储保管费用千分之一贴花。③

2. 提供不动产租赁

财产租赁合同/租赁合同税目，适用税率按租赁金额千分之一贴花。税额不

---

①② 参见《财政部 国家税务总局关于全面推开营业税改征增值税试点的通知》（财税〔2016〕36号）。

③ 参见《中华人民共和国印花税暂行条例》（国务院令第11号）（本条例自2022年7月1日起废止）和《中华人民共和国印花税法》。

足一元的按一元贴花。①

（四）企业所得税（可以无差别）

1. 提供仓储服务——权责发生制

《中华人民共和国企业所得税法实施条例》第十五条规定：企业所得税法第六条第（二）项所称提供劳务收入，是指企业从事建筑安装、修理修配、交通运输、仓储租赁、金融保险、邮电通信、咨询经纪、文化体育、科学研究、技术服务、教育培训、餐饮住宿、中介代理、卫生保健、社区服务、旅游、娱乐、加工以及其他劳务服务活动取得的收入。

2. 提供不动产租赁——权责发生制和合同约定

《中华人民共和国企业所得税法实施条例》第十九条规定：企业所得税法第六条第（六）项所称租金收入，是指企业提供固定资产、包装物或者其他有形资产的使用权取得的收入。

租金收入，按照合同约定的承租人应付租金的日期确认收入的实现。

《国家税务总局关于贯彻落实企业所得税法若干税收问题的通知》（国税函〔2010〕79号）规定：根据《实施条例》第十九条的规定，企业提供固定资产、包装物或者其他有形资产的使用权取得的租金收入，应按交易合同或协议规定的承租人应付租金的日期确认收入的实现。其中，如果交易合同或协议中规定租赁期限跨年度，且租金提前一次性支付的，根据《实施条例》第九条规定的收入与费用配比原则，出租人可对上述已确认的收入，在租赁期内，分期均匀计入相关年度收入。

（五）城镇土地使用税——优惠政策

1. 提供仓储服务——特殊政策

《关于继续实施物流企业大宗商品仓储设施用地城镇土地使用税优惠政策的公告》（财政部、国家税务总局公告2023年第15号）规定：自2023年1月1日至2027年12月31日止，对物流企业自有（包括自用和出租）或承租的大宗商品仓储设施用地，减按所属土地等级适用税额标准的50%计征城镇土地使用税。

2. 提供不动产租赁——无特殊政策

二、实务操作

1. 测算

测算提供仓储服务和提供不动产租赁整体综合税负，同时要与客户谈判。

---

① 参见《中华人民共和国印花税暂行条例》（国务院令第11号）（本条例自2022年7月1日起废止）和《中华人民共和国印花税法》。

2. 如何签署合同

（1）是否有保管义务是区别租赁服务和仓储服务的关键

（2）其他非财税部门的配合：合同的签署

《中华人民共和国民法典》第三编第十四章　租赁合同

第七百零三条　租赁合同是出租人将租赁物交付承租人使用、收益，承租人支付租金的合同。

第七百零四条　租赁合同的内容一般包括租赁物的名称、数量、用途、租赁期限、租金及其支付期限和方式、租赁物维修等条款。

《中华人民共和国民法典》第三编第二十二章　仓储合同

第九百零四条　仓储合同是保管人储存存货人交付的仓储物，存货人支付仓储费的合同。

第九百零五条　仓储合同自保管人和存货人意思表示一致时成立。

第九百零六条　储存易燃、易爆、有毒、有腐蚀性、有放射性等危险物品或者易变质物品的，存货人应当说明该物品的性质，提供有关资料。

存货人违反前款规定的，保管人可以拒收仓储物，也可以采取相应措施以避免损失的发生，因此产生的费用由存货人负担。

保管人储存易燃、易爆、有毒、有腐蚀性、有放射性等危险物品的，应当具备相应的保管条件。

第九百零七条　保管人应当按照约定对入库仓储物进行验收。保管人验收时发现入库仓储物与约定不符合的，应当及时通知存货人。保管人验收后，发生仓储物的品种、数量、质量不符合约定的，保管人应当承担赔偿责任。

第九百零八条　存货人交付仓储物的，保管人应当出具仓单、入库单等凭证。

3. 业务实质

如果测算按照仓储合同缴纳的税费少，那么不能只签订仓储合同，必须进行实质业务的安排，增补保管服务内容。否则，在提供仓储服务的过程中，没有保管服务不能算是仓储服务，应按照租赁服务处理。

案例分析题

案例1　警惕酒店的“小惠”

陈先生是阳光服装公司的销售部经理，经常到外地出差。某日，陈先生在一家酒店设宴款待客户，但结账付款索要发票时，被酒店收款员婉言拒绝。酒店收款员对陈先生说：“你的消费金额为1000元，如果不要发票，可以给你5%

的价格折扣，或者赠送价值50元的饮料。”

从税收筹划角度分析，陈先生应该放弃索要发票而接受价格折扣或者饮料吗？为什么？酒店为何不愿给客户开发票？在实际生活中遇到类似的情况应如何处理？

案例2　机构设立的税收筹划

某外国企业拟到中国开展技术服务，预计每年可获得1000万元收入（暂不考虑相关成本、费用支出）。该企业面临以下三种操作方案：

1. 在中国境内设立实际管理机构。

2. 在中国境内不设立实际管理机构，但设立营业机构，营业机构适用25%的企业所得税。劳务收入通过境内设立的营业机构收取。

3. 在中国境内既不设立实际管理机构，也不设立营业机构。

请从税收筹划角度比较三种操作方案的优劣。

案例3　资本结构的税收筹划

某股份有限公司计划筹措1000万元资金用于某高科技产品生产线的建设，设计了A、B、C三种筹资方案。假设企业所得税税率为25%，三种筹资方案下息税前利润（扣除利息和企业所得税前的年利润额）均为300万元。

A方案：1000万元资金全部采用权益筹资方式，即向社会公开发行股票，每股计划发行价格为2元，共计500万股。

B方案：1000万元资金全部采用向商业银行借款的负债筹资方式，借款年利率为10%。

C方案：1000万元资金全部采用向其他企业借款的负债筹资方式，借款年利率为12%。

要求：请分析比较三种筹资方案的优劣。

案例4　“买一赠一”促销模式

某房地产公司推出“买一赠一”促销活动，购买一栋300平方米、市场价为120万元的别墅，赠送一个车库，市场价为30万元。

要求：该房地产公司应如何确认主营业务收入，应如何缴纳税款？

综合阅读题

双鹭药业股权激励案例

1. 双鹭药业发展历程

北京双鹭药业股份有限公司（以下简称双鹭药业）是由新乡白鹭化纤集团有限责任公司等四家法人单位以及徐明波等五位自然人于2000年6月共同发起设立的股份有限公司，属药品生产行业，经营范围主要包括生产片剂、重组产品、小容量注射剂、冻干粉针剂、胶囊剂、颗粒剂、原料药等。经中国证监会批准，公司于2004年9月9日以募集方式向社会公开发行A股股票并在深圳证券交易所上市，注册资本为人民币38070万元，法定代表人是徐明波。

双鹭药业自上市以来取得了多种药品生产批文、专利、自主知识产权、生产许可证、药品注册批件等，并不断增强公司创新能力，研发、生产多类新药投放新市场，巩固和扩大了主营业务的产品分布和地区分布，使公司获得了良好的发展，总资产和营业收入规模快速增长。双鹭药业上市以来，总资产规模不断扩大，从上市之初的4亿元增加至22亿元，年增长率达71.08%；营业收入也由最初的9000多万元增加至10亿元，增长了近11倍。

2. 双鹭药业的股权激励方案

（1）激励计划的股票来源和股票数量。激励对象被授予200万份股票期权，每份期权具有以下权利：授权日起6年内的可行权日，满足行权条件时，以预先设定的行权价格购买股票。200万股的激励计划股票通过定向发行获得。

（2）激励计划的有效期、授权日、可行权日以及禁售期。2006年6月14日，双鹭药业发布董事会决议公告，确定此次股票期权激励的授权日为2006年6月13日，有效期为自授权日起6年。行权等待期为3年，授权日起3年，即2009年6月13日起，激励对象如满足设定的行权条件，可以开始行权，行权有效期为3年。2009年8月14日激励对象第一次行权，首次行权90日后，激励对象可在有效期内分次或一次全部行权。2009年11月26日，激励对象进行第二次行权，截至2011年4月28日最后一次行权，激励对象共发生6次行权，股权激励计划中的标的股票全部行权完毕。

（3）股票期权的行权价格。期权的行权价格为9.83元/股，即满足行权条件后，激励对象获授的每份股票期权可以以9.83元/股的价格购买。

由此，管理层可以采取以下方式最大化自身利益：一是选择“公告日”，即选择市价较低时公告股权激励计划；二是采取“选择性信息披露”，在公告前披露更多的坏消息以降低股价。

3. 公告日、行权日的选择

本案例采用事件研究方法分析公告日或行权日前后股票价格的变化情况，检验管理层选择公告日或行权日是否存在择时行为。

（1）事件发生日选择。本案例以董事会发布股权激励计划草案的公告日或激励对象行权日作为事件发生日。事件发生日为交易日，如遇节假日或其他原因无法进行交易则顺延至下一个交易日。

（2）事件窗口。本案例事件窗口定为［-15，15］，采用市场调整模型来计量异常收益。该模型中的个股期望收益率可以利用事件窗口内的市场或行业收益率来估计，因此不需要设计估计窗口。

（3）异常收益率的计量。本案例采用市场调整收益模型来计算异常收益率，并选择深证A指作为市场风险的代理变量。

4. 节税收益的计算

本案例以“节税收益”来衡量管理层通过降低行权日市价而减少缴纳的所得税额，通过以下步骤估算管理层股票期权行权日选择的节税收益。

（1）计算股票期权应纳税所得额，公式如下：

$$S_1=N(P_1-P_0) \tag{4-1}$$

$$S_2=N(P_2-P_0) \tag{4-2}$$

式中，S_1 为正常行权日时的股票期权应纳税所得额；P_1 为正常行权日的股票收盘价；S_2 为选择行权日时的股票期权应纳税所得额；P_2 为选择行权日的股票收盘价；P_0 为股票的行权价；N 为授予股票的数量。

（2）计算管理层股票期权的应纳税额，公式如下：

$$TAX_1=(\frac{S_1}{N}\times t_1-a_1)\times n=S_1t_1-a_1n \tag{4-3}$$

$$TAX_2=(\frac{S_2}{N}\times t_2-a_2)\times n=S_2t_2-a_2n \tag{4-4}$$

式中，TAX_1 为正常行权日的股票期权应纳税额；TAX_2 为选择行权日的股票期权应纳税额；S_1、S_2 的定义同上；t_1、t_2 分别为适用的个人所得税税率；a_1、a_2 分别为适用的速算扣除数；n 为规定月份数。

（3）计算管理层选择行权日获得节税收益，公式如下：

$$TAXSAVING=TAX_1-TAX_2=S_1t_1-a_1n-(S_2t_2-a_2n) \tag{4-5}$$

式中，各个变量的定义同上。

5. 选择性信息披露

管理层为使其期权价值最大化而采取公司盈余公告与分析师盈利预测相背离的行为。为了获得较低的行权价和行权时的股价，管理层会在激励计划公告前和行权前披露坏消息。公告和行权之前异常超额收益显著为负，之后有所反转。本案例将公司披露的信息分为好、坏两种，其中，好消息包括披露盈利为大增、预增、扭亏、续盈的业绩预告以及净利润增幅为正值的业绩快报，坏消息包括披露盈利为大降、预减、首亏、续亏的业绩预告以及净利润增幅为负值的业绩快报，此处的好、坏消息表征“选择性信息”。业绩预告和业绩快报仅涉及利润总额和净利润等盈利指标，而不包含其他非盈利性信息。

表 4-6 双鹤药业股票价格状况（行权日价格、公告日价格、行权当月股票的最低价格）

时间	Tax Savings（万元）	P_1（元/股）	P_2（元/股）	P_0（元/股）	N（万股）	$t_1=t_2$
2009 年 8 月 14 日	729.17	35.05	33.05	2.94	810	45%
2009 年 11 月 26 日	164.03	43.95	43.50	2.94	810	45%
2009 年 12 月 30 日	409.19	45.78	44.66	2.94	810	45%
2010 年 6 月 18 日	917.96	43.02	40.50	2.74	810	45%
2010 年 10 月 14 日	2353.53	48.56	42.10	2.74	810	45%
2011 年 4 月 28 日	5776.37	48.89	33.04	1.66	810	45%

6. 公告日及行权日选择

（1）公告日选择。股权激励计划草案公告日与股票期权行权价格的确定有关。《上市公司股权激励管理办法》规定行权价格为股权激励计划草案摘要公布前一个交易日公司股票收盘价与计划草案摘要公布前 30 个交易日公司股票平均收盘价的较高者。双鹭药业股权激励公告前 15 个交易日的 CAR 均为负，公告后第 3 个交易日 CAR 逐步上升，表明公告前股票超额收益显著为负，符合管理层选择股价相对较低的日期公告股权激励计划的特征。

（2）行权日选择。管理层为了减少缴纳个人所得税，有动机降低行权时的市价。为检验管理层是否在股票超额收益较低的日期选择行权，本案例计算行权日前后 15 天的超额收益。研究发现，除第四次行权外，其他行权后超额收益均显著高于行权前超额收益，并且行权日前 3 天的超额收益均呈现下降趋势，符合管理层选择股价相对较低日期行权的特征。

下面进一步验证管理层是否在股票价格相对较低的日期选择行权。

表 4-6 报告了行权日价格、公告日价格，以及行权当月股票的最低价格，可以看出，除第四次行权外，行权日股票价格均低于公告日股票价格；对比行权日与当月最低股票价格可以看出，行权日价格与当月最低股票价格相差很小，特别是第五次和第六次行权日股票价格与当月最低股票价格相同。这进一步表

明管理层在选择行权日时，尽可能选择股票价格较低的日期。

通过计算行权日前后的超额收益，以及对比行权日股票价格、公告日股票价格和行权当月股票最低价格，我们发现管理层在行权时，会尽可能选择股票价格较低的日期，以获得纳税收益。根据节税收益计算公式，管理层共获得节税收益10350.25万元，按期权数量折算为12.78元/股，相当于初始行权价9.83元/股的1.30倍，调整后最终行权价格是1.66元/股的7.70倍。

(3) 选择性信息披露。为进一步检验行权日股票价格的下降是否为管理层刻意选择的信息披露时机，本案例将行权前后一个季度披露的消息划分为好消息和坏消息。通过查阅双鹭药业各项公告，发现管理层倾向于在行权前披露相关信息，而行权后则没有披露任何消息。通过对比行权前公司披露的好消息和坏消息发现，除第四次和第六次行权之外，其他行权前一季度披露的坏消息数量明显多于好消息。上述结果在一定程度上说明管理层会选择信息披露时机，特别是通过披露坏消息影响股票价格，进而降低行权价格。

要求：(1) 试分析双鹤药业管理层影响股票价格的经济原理。

(2) 试分析股权激励活动计划草案的会计处理与税务处理的差异。

第5章

企业设立的税收筹划

税收代表一种经营成本，而且要像产品成本、雇员工资、财务成本等一样进行管理。将税收作为一种战略规划变量，特别强调其在经营决策制定中的角色。

——美国前税务学会主席　萨利·琼斯

5.1　居民企业与非居民企业的设立与筹划

5.1.1　居民企业的设立与筹划

1. 居民企业的界定

《企业所得税法》规定，在中华人民共和国境内，企业和其他取得收入的组织为企业所得税的纳税人。企业所得税的纳税人分为居民企业和非居民企业。

居民企业是指依法在中国境内成立，或者依照外国（地区）法律成立但实际管理机构在中国境内的企业。居民企业包括两大类：一类是依照中国法律、行政法规在中国境内成立的企业、事业单位、社会团体以及其他取得收入的组织；另一类是依照外国（地区）法律成立的企业和其他取得收入的组织。

“依法在中国境内成立”中的“法”是指中国的法律、行政法规。目前我国法人实体中各种企业及其他组织类型分别由各个领域的法律、行政法规规定。如《中华人民共和国公司法》《中华人民共和国全民所有制工业企业法》《中华人民共和国乡镇企业法》《事业单位登记管理暂行条例》《社会团体登记管理条例》《基金会管理办法》等，是有关企业及其他取得收入的组织成立的法律、法规依据。

居民企业如果是依照外国（地区）法律成立的，必须具备其实际管理机构在中国境内这一条件。所谓的“实际管理机构”是指对企业的生产经营、人员、账务、财产等实施实质性全面管理和控制的机构。借鉴国际惯例，我国对“实际管理机构”作出了明确的界定：

第一，对企业有实质性管理和控制的机构。实际管理机构与名誉上的企业行政中心不同，属于企业真实的管理中心。一个企业在利用资源和取得收入方面往往和其经营活动的管理中心联系密切。国际私法对法人所在地的判断标准，通常采取“最密切联系地”的标准，也符合实质重于形式的原则。税法将实质性管理和控制作为认定实际管理机构的标准之一，有利于防止外国企业逃避税收征管，从而保障我国的税收主权。

第二，对企业实行全面的管理和控制的机构。如果该机构只是对该企业的一部分或并不关键的生产经营活动进行影响和控制，如只是对在中国境内的某一个生产车间进行管理，则不被认定为实际管理机构。只有对企业的整体或者主要的生产经营活动有实际管理控制，对本企业的生产经营活动负总体责任的管理控制机构，才符合实际管理机构标准。

第三，管理和控制的是企业的生产经营、人员、账务、财产等，这是界定实际管理机构的最关键标准，尤其是人事权和财务权的控制。到中国投资的许多外国企业，如果其设在中国的管理机构冠以“亚太区总部”“亚洲区总部”等字样，一般被认定为“实际管理机构”，即其对企业具有实质性管理和控制的权力。例如，在我国注册成立的通用汽车（中国）公司，就是我国的居民企业；在英国、美国、百慕大群岛等国家和地区注册的企业，实际管理机构在我国境内的，也是我国的居民企业。

知识链接

中资企业是否属于居民企业的认定标准

根据《国家税务总局关于境外注册中资控股企业依据实际管理机构标准认定为居民企业有关问题的通知》（国税发〔2009〕82号）第二条规定，境外中资企业同时符合以下条件的，根据企业所得税法第二条第二款和实施条例第四条的规定，应判定其为实际管理机构在中国境内的居民企业，并实施相应的税收管理，就其来源于中国境内、境外的所得征收企业所得税。

（一）企业负责实施日常生产经营管理运作的高层管理人员及其高层管理部门履行职责的场所主要位于中国境内；

（二）企业的财务决策（如借款、放款、融资、财务风险管理等）和人事决策（如任命、解聘和薪酬等）由位于中国境内的机构或人员决定，或需要得到位于中国境内的机构或人员批准；

（三）企业的主要财产、会计账簿、公司印章、董事会和股东会议纪要档案等位于或存放于中国境内；

（四）企业1/2（含1/2）以上有投票权的董事或高层管理人员经常居住于中国境内。

2. 居民企业的税收政策

居民企业负担全面的纳税义务。居民企业应当就其来源于中国境内、境外的所得缴纳企业所得税。所得，包括销售货物所得、提供劳务所得、转让财产所得、股息红利等权益性投资所得、利息所得、租金所得、特许权使用费所得、接受捐赠所得和其他所得。

公司制企业属于法人实体，有独立的法人财产，享有法人财产权。公司以其全部财产对公司的债务承担有限责任。公司制企业一般分为有限责任公司和股份有限公司两大类。《中华人民共和国公司法》还规定了两种特殊形式的有限责任公司：一人有限公司和国有独资公司。

无论是有限责任公司还是股份有限公司，作为法人实体，我国税法作了统一规定，即公司制企业应对其实现的利润总额作相应的纳税调整后缴纳企业所得税，如果向自然人投资者分配股息或红利，还要代扣投资者20%的个人所得税。对于投资国内（沪市和深市）上市公司的自然人股东，对其所获得的股息红利所得，按10%的税率征收个人所得税。

就税收负担而言，公司形式应该是股份公司为最佳，原因如下：第一，世界各国鼓励投资的有关税收减免条款一般针对股份公司；第二，以股份公司形式运营有利于股东降低税收负担。《国家税务总局关于股份制企业转增股本和派发红股征免个人所得税的通知》（国税发〔1997〕198号）规定：股份制企业用资本公积转增股本不属于股息、红利性质的分配，对个人取得的转增股本数额，不作为个人所得，不征收个人所得税。《关于股权奖励和转增股本个人所得税征管问题的公告》（国家税务总局公告2015年第80号）规定：未上市及未在全国中小企业股份转让系统挂牌的中小高新技术企业以未分配利润、盈余公积、资本公积向个人股东转增股本，并符合财税〔2015〕116号文件有关规定的，纳税人可分期缴纳个人所得税；非上市及未在全国中小企业股份转让系统挂牌的其他企业转增股本，应及时代扣代缴个人所得税。上市公司或在全国中小企业股份转让系统挂牌的企业转增资本（不含以股票发行溢价形成的资本公积转增股本），按现行有关股息红利差别化政策执行。

5.1.2 非居民企业的设立与筹划

1. 非居民企业的界定

非居民企业，是指依照外国（地区）法律成立且实际管理机构不在中国境内，但在中国境内设立机构、场所的，或者在中国境内未设立机构、场所，但有来源于中国境内所得的企业。

机构、场所，是指在中国境内从事生产经营活动的机构、场所，这里所说的机构、场所包括：

（1）管理机构、营业机构、办事机构。管理机构是指对企业生产经营活动进行管理决策的机构；营业机构是指企业开展日常生产经营活动的固定场所，如商场等；办事机构是指企业在当地设立的从事联络和宣传等活动的机构，如外国企业在中国设立的代表处，往往为开拓中国市场进行调查和宣传等工作，为企业到中国开展经营活动打基础。

（2）工厂、农场、开采自然资源的场所，这三类属于企业开展生产经营活动的场所。工厂是工业企业的生产经营场所，如制造业的生产厂房、车间所在地；农场是农业、牧业等生产经营的场所；开采自然资源的场所主要是采掘业的生产经营活动场所，如矿山、油田等。

（3）提供劳务的场所。提供劳务的场所包括从事交通运输、仓储租赁、咨询经纪、科学研究、技术服务、教育培训、餐饮住宿、中介代理、旅游、娱乐、加工以及其他劳务服务活动的场所。

（4）从事建筑、安装、装配、修理、勘探等工程作业的场所，包括建筑工地、港口码头、地质勘探场地等工程作业场所。

（5）其他从事生产经营活动的机构、场所。

（6）非居民企业委托营业代理人在中国境内从事生产经营活动的，包括委托单位和个人经常代其签订合同，或者储存、交付货物等，该营业代理人视为非居民企业在中国境内设立的机构、场所。

2. 非居民企业的税收政策

第一，非居民企业在中国境内设立机构、场所的，应当就其所设机构、场所取得的来源于中国境内的所得，以及发生在中国境外但与其所设机构、场所有实际联系的所得，缴纳企业所得税。这里所说的实际联系，是指非居民企业在中国境内设立的机构、场所拥有据以取得所得的股权、债权，以及拥有、管理、控制据以取得所得的财产等。

第二，非居民企业在中国境内未设立机构、场所的，或者虽设立机构、场所，但取得的所得与其所设机构、场所没有实际联系的，应当就其来源于中国境内的所得缴纳企业所得税。具体地，应就其来源于中国境内的收入全额（除有关文件和税收协定另有规定外）按20%税率减半缴纳“预提所得税”（实际税率相当于10%）。

非居民企业的税收政策相对复杂，且适用较为复杂的税率制度，居民企业与非居民企业适用的税率概括如表5-1所示，非居民企业税率适用的判断过程归纳如图5-1所示。

表5-1 居民企业与非居民企业的适用税率情形比较

<table>
<tr><th colspan="2">项目</th><th colspan="2">所得类别</th><th colspan="2">税率</th></tr>
<tr><td>居民企业</td><td>登记注册地或实际管理机构在中国境内；
依法在中国境内成立，或依照外国（地区）法律成立但实际管理机构在中国境内的企业</td><td colspan="2">来源于中国境内、境外的所得</td><td>25%</td><td rowspan="3">基本税率</td></tr>
<tr><td rowspan="4">非居民企业</td><td rowspan="4">依照外国（地区）法律成立且实际管理机构不在中国境内，但在中国境内设立机构、场所的，或者在中国境内未设立机构、场所，但有来源于中国境内所得的企业</td><td>来源于中国境内的所得</td><td>在中国境内设立机构、场所的</td><td rowspan="2">25%</td></tr>
<tr><td>来源于中国境外的所得</td><td>在中国境内设立机构、场所且取得的所得与机构、场所有联系的</td></tr>
<tr><td>来源于中国境内的所得</td><td>在中国境内未设立机构、场所的</td><td rowspan="2">20%</td><td rowspan="2">预提所得税税率（实际是减半征收）</td></tr>
<tr><td>来源于中国境内的所得</td><td>在中国境内设立机构、场所但取得的所得与其所设机构、场所没有实际联系的</td></tr>
</table>

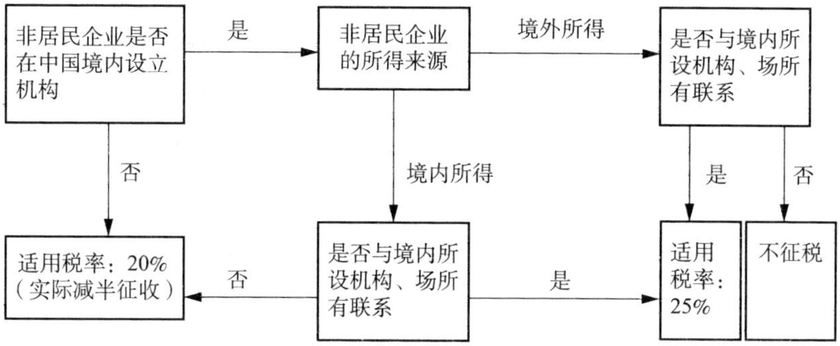

图5-1 非居民企业税率适用判断过程

居民企业和非居民企业都属于企业所得税的纳税人，我国之所以对居民企业与非居民企业进行合理划分，关键是为了区分纳税义务的不同，这会对不同纳税主体的税收活动产生深远影响。

【案例5-1】 某企业为境外中资企业，由一个在英属维尔京群岛投资的中国公司出资设立，该企业的预计贸易所得为1000万元。根据英属维尔京群岛的规定，该企业在当地不需要缴纳所得税。但是如果该企业被认定为实际管理机构在中国，就产生了中国的企业所得税纳税义务250万元（税率为25%）。企业应如何设计税收筹划方案以降低税收负担？

解析：为了控制税务风险，该企业可以将决策、管理和运营中心设在中国香港，且主要财产、会计账簿、公司印章、董事会和股东会议纪要档案也保存于中国香港，避免成为企业所得税法中的居民企业，从而不用承担企业所得税的纳税义务。

需要注意的是，企业的实际管理机构如果设在境外的其他国家（地区），也可能会界定为居民企业。因此，设立管理机构时，还要考虑当地的税收管辖权。

【案例5-2】 英国的居民企业A在中国投资建立一个生产基地B。某年A准备转让一项专利技术给中国的居民企业C，转让价格为2000万元，该专利技术的研发费用为1200万元。已知B当年在中国获得利润总额为2500万元，不包括该专利技术转让所得800万元。试问企业A、B、C该如何进行税收筹划？

解析：有以下三种税务方案可供选择。

方案一：

B在中国注册成立为一家独立的法人公司，成为中国的居民企业，适用25%的企业所得税税率。由B成立研发部门组织开发该专利技术，发生研发费用支出1200万元，由B将该专利技术转让给C。

根据《企业研究开发费用税前扣除管理办法（试行）》规定，对其发生的研发费用可以加计扣除，且居民企业的技术转让所得不超过500万元的部分可以免征企业所得税，超过500万元的部分减半征收企业所得税。B在中国应纳税额为

$$(2500-1200\times75\%)\times25\%+(800-500)\times25\%\times50\%$$
$$=400+37.5=437.5\text{（万元）}$$

方案二：

B为A设立在中国的生产机构，没有在中国注册，其实际管理机构在英国，不具备中国居民企业身份。由B成立研发部门组织开发该专利技术，发生研发费用支出1200万元，再由B将该专利技术转让给C。

由于B为中国的非居民企业，不能享受上述加计扣除和减免企业所得税优惠，但B在中国境内有机构场所，且B的专利技术收入与其在中国境内所设的机构场所有联系，视同居民企业征税，即按25%的企业所得税税率征收。B在中国的应纳税额为

$$(2500-1200)\times25\%+2000\times25\%=825\text{（万元）}$$

方案三：

B在中国注册为一家独立的法人公司，为中国的居民企业。由A在英国成立研发部门组织开发该专利技术，发生研发费用支出1200万元，由A直接转让该专利技术给C。

该技术转让收入不是通过A在中国境内的B取得的，即该项收入与B没有任何联系，则A获得的收入全额征收预提所得税。A在中国的应纳预提所得税额为

$$2000\times10\%=200\text{（万元）}$$

B在中国应纳企业所得税额为

$$2500\times25\%=625\text{（万元）}$$

A、B在中国纳税额合计为

$$200+625=825\text{（万元）}$$

综合以上，采用方案一，B在中国的纳税额为437.5万元；采用方案二，B在中国的纳税额为825万元；采用方案三，A、B在中国的纳税额为825万元，由此可知方案一最优。方案一主要利用了中国研发费用加计扣除政策和技术转让减免税优惠政策。方案三只是计算了在中国缴纳的税款，由于A专利技术的研发过程发生在英国，这里没有系统考虑研发费用支出对A在英国缴纳企业所得税的影响。

5.2　分支机构的设立与税收筹划

5.2.1　分支机构的设立与税收政策

分支机构的所得税缴纳有两种方式：一种是分支机构独立申报纳税；另一种是分支机构集中到总公司汇总纳税。采用何种方式纳税取决于分支机构的性质——是否为独立纳税人。同时，受分支机构的盈亏状况、所处地区的税率及资金控制等因素影响，不同纳税方式会使企业当期及未来各期的税负水平产生显著差异。由于受分支机构可能存在的盈亏不均、地区税率差异及资金控制等因素影响，不同组织形式的分支机构其税收待遇不同，甚至在当期和未来期间

会产生较大的税负差异。

1. 子公司的设立及税收政策

《中华人民共和国公司法》第十三条规定：子公司具有法人资格，依法独立承担民事责任。分公司不具有法人资格，其民事责任由公司承担。

子公司是对应母公司而言的，是指被另一家公司（母公司）有效控制的下属公司或者是母公司直接或间接控制的一系列公司中的一家公司。子公司因其具有独立法人资格，而被所在国视为居民企业，通常要履行与该国其他居民企业一样的全面纳税义务，同时能享受所在国为新设公司提供的免税期或其他税收优惠政策。但建立子公司一般需要复杂的手续，财务制度较为严格，必须独立开设账簿，并需要复杂的审计和证明；经营亏损不能冲抵母公司利润，与母公司的关联交易的真实性与关联交易定价往往是税务机关反避税审查的重点内容。

子公司属于独立法人企业，拥有独立的财产权，一般独立对外开展经营活动，与母公司之间没有连带责任。母公司作为子公司的控股公司，仅在控股权基础上对子公司行使权利，享有对子公司重大事务的决定权。设立子公司，在税收筹划方面有以下优势：一是子公司可以独立享受所在区域或行业的税收优惠政策；二是子公司的利润分配形式灵活，且不受母公司的干预；三是子公司的税务风险责任不会给母公司造成影响，即母公司没有连带责任风险。

2. 分公司的设立及税收政策

分公司是指总公司下辖的独立核算的、经营全部或部分业务的分支机构，如分厂、分店、分部等。分公司是总公司的组成部分，没有独立的财产权，不具有独立的法人资格，不单独构成独立的民事责任主体，其经营活动所有后果均由总公司承担。

《企业所得税法》第五十条规定：居民企业在中国境内设立不具有法人资格的营业机构的，应当汇总计算并缴纳企业所得税。汇总纳税是指一个企业总机构和其分支机构的经营所得，通过汇总纳税申报的办法实现所得税的汇总计算和缴纳。我国实行法人所得税制度，不仅是引入和借鉴国际惯例的结果，也是实现所得税调节功能的必然选择。法人所得税制要求总、分公司汇总计算缴纳企业所得税。因此，设立分支机构，使其不具有法人资格，就可由总公司汇总缴纳企业所得税；可以实现总、分公司之间盈亏互抵，合理减轻税收负担。

《国家税务总局关于印发〈跨地区经营汇总纳税企业所得税征收管理办法〉的公告》（国家税务总局公告2012年第57号）规定：汇总纳税企业实行“统一计算、分级管理、就地预缴、汇总清算、财政调库”的企业所得税征收管理办法。上述管理办法的基本内容是：总机构统一计算包括汇总纳税企业所属各个不具有法人资格分支机构在内的全部应纳税所得额、应纳税额。总机构、分支机构所在地的主管税务机关都有对当地机构进行企业所得税管理的责任，总机构和分支机构应分别接受机构所在地主管税务机关的管理。在每个纳税期间，总机构、分支机构应分月或分季分别向所在地主管税务机关申报预缴企业所得税。等年度终了后，总机构负责进行企业所得税的年度汇算清缴，统一计算企业的年度应纳所得税额，抵减总机构、分支机构当年已就地分期预缴的企业所得税款后，多退少补税款。

总、分机构分摊税款的计算方法如下：

$$\text{总机构分摊税款}=\text{汇总纳税企业当期应纳所得税额}\times 50\%$$

$$\text{所有分支机构分摊税款总额}=\text{汇总纳税企业当期应纳所得税额}\times 50\%$$

$$\text{某分支机构分摊税款}=\text{所有分支机构分摊税款总额}\times\text{该分支机构分摊比例}$$

总机构应按照上年度分支机构的营业收入、职工薪酬和资产总额三个因素计算各分支机构分摊所得税款的比例；三级及以下分支机构，其营业收入、职工薪酬、资产总额统一计入二级分支机构；三因素的权重依次为0. 35、0. 35、0. 30。具体计算公式如下：

$$\text{某分支机构分摊比例}=\frac{\text{该分支机构营业收入}}{\text{各分支机构营业收入之和}}\times 0.35+\frac{\text{该分支机构职工薪酬}}{\text{各分支机构职工薪酬之和}}\times 0.35+\frac{\text{该分支机构资产总额}}{\text{各分支机构资产总额之和}}\times 0.30$$

需要注意的是，税法还规定了以下二级分支机构不需要就地分摊缴纳企业所得税：

（1）不具有主体生产经营职能，且在当地不缴纳增值税的产品售后服务、内部研发、仓储等企业内部辅助性的二级及以下分支机构，不就地预缴企业所得税。

（2）上年度认定为小型微利企业的，其二级分支机构不就地预缴企业所得税。

（3）新设立的二级分支机构，设立当年不就地分摊缴纳企业所得税。

（4）当年撤销的二级分支机构，自办理注销税务登记之日所属企业所得税预缴期间起，不就地分摊缴纳企业所得税。

（5）汇总纳税企业在中国境外设立的不具有法人资格的营业机构，不就地分摊缴纳企业所得税。

总之，设立分公司有以下税收筹划优势：一是分公司与总公司之间的资本转移因不涉及所有权变动，不必纳税；二是分公司交付给总公司的利润不必纳税；三是经营初期分公司的经营亏损可以冲抵总公司的利润，减轻税收负担。

【案例 5-3】鼎新集团是一家大中型制造企业，以往年度每年盈利 1000 万元，根据市场需求，当年准备在乙地新设立 A 分支机构，从事生物制药高科技项目投资，但项目投资前两年（设立当年和第二年）由于投入较大，估计每年亏损 400 万元，第三年才可能扭亏为盈，以后各年盈利额逐年增加，第三年盈利 300 万元；第四年盈利 500 万元。鼎新集团应该以何种方式设立分支机构才能节税？

解析：如果鼎新集团当年就将 A 分支机构设立为子公司，则在设立当年和第二年两年中，一方面新设 A 子公司账面数额有巨大亏损；另一方面鼎新集团还须就每年 1000 万元盈利缴纳 250 万元的企业所得税。因此，此时将 A 分支机构设立为分公司，其每年亏损的 400 万元可抵减企业利润，使鼎新集团减少所得税款 100 万元。

但是，如果第三年及以后年度，A 分支机构仍然保持分公司的身份，与鼎新集团汇总纳税，则可能因为 A 分支机构高新技术产品销售收入、研发费用占集团全部销售收入、全部研发费用的比例达不到税法规定的优惠标准，而无法享受高新技术企业低税率优惠政策。此时，如及时将 A 分公司转换为 A 子公司，使其成为独立法人，并争取得到税务机关认定，按照高新技术企业缴纳所得税，则第三年可节税 30 万元［300×(25%－15%)］，第四年可节税 50 万元［500×(25%－15%)］。

5.2.2 选择分支机构形式的税收筹划

根据分公司及子公司的不同税收特征，下面进行选择分支机构形式的决策分析。假设分支机构与总机构都不存在税收优惠，根据总机构与分支机构预计的盈亏程度及税率的不同，可分为八种情况（见图 5-2）。

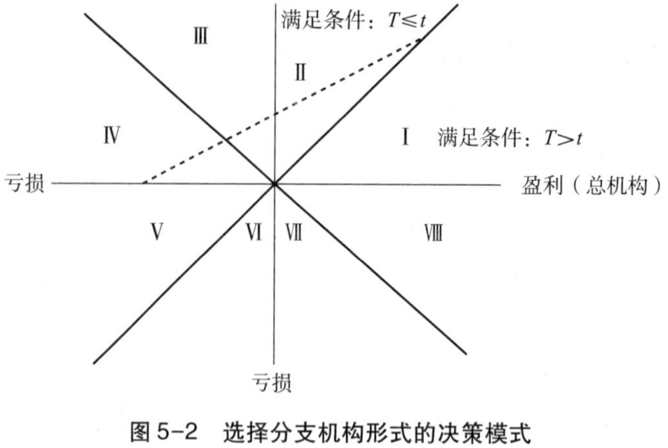

图 5-2 选择分支机构形式的决策模式

图 5-2 中，横轴表示总机构的预计盈亏状况，纵轴表示分支机构的预计盈亏状况。t 表示分支机构的税率，T 表示总机构的税率。由于我国存在多层面优惠政策，企业所得税有 25%、20%、15%等多种税率，这里分别讨论 $T>t$ 和 $T\leqslant t$ 两种情况。图中虚线区域表示采用分公司形式合适，第Ⅰ种情况下，采用子公司合适，其余区域采用子公司与分公司形式没有差别。

第Ⅰ种情况下，总机构与分支机构预计皆为盈利。在第Ⅰ种情况下，满足条件 $T>t$，若 t 属于法定低税率则不需要补税，因此分支机构采用子公司形式比较有利；若分支机构采用分公司形式，则总、分公司汇总计税，适用总公司的税率，会导致分支机构的盈利多缴纳企业所得税。所以，第Ⅰ种情况下，分支机构采用子公司形式更合适。第Ⅱ种情况下，满足条件 $T\leqslant t$，分支机构选择分公司形式，采用汇总纳税方式统一适用母公司的低税率则能够降低整体税负。

第Ⅲ、Ⅳ种情况下，总机构预计亏损，分支机构预计盈利。分支机构最好采用分公司形式，能够采取汇总纳税方式，可使总、分支机构盈亏互抵，使当期的应纳税额最少。

第Ⅴ、Ⅵ种情况下，总机构与分支机构预计皆为亏损，则分支机构无论采取哪种形式对企业（集团）的应纳税额都没有影响，即分支机构采用哪种形式对纳税总额的影响无差别。

第Ⅶ、Ⅷ种情况下，总机构预计盈利，分支机构预计亏损，则选择分公司形式可以汇总纳税，实现盈亏互抵，使总、分公司整体的应纳税额最少。

在设立分公司与子公司的选择决策中，还要考虑分支机构所处的区域优势及其享受税收优惠政策的情况。若分支机构单独运作，其所享受的税收优惠优于母公司时，分支机构应采用子公司形式，反之采用分公司形式。此外，还要考虑分支机构初期的经营情况，由于开办费、市场风险等因素很容易导致分支机构出现亏损，故在分支机构组建初期，最好采用分公司形式；当分公司开始盈利，可以经过注册登记再把分公司转变为子公司，从而收到较好的节税效果。

【案例 5-4】 深圳新营养技术生产公司为扩大生产经营范围，准备在外地兴建一家芦笋种植加工企业，在选择芦笋加工企业组织形式时，该公司进行了以下分析：

芦笋是一种根基植物，在新的区域播种，初次具有商品价值的收获期需要 4~5 年，企业在开办初期将出现较大的亏损，但亏损会逐渐减少。经估计，该芦笋种植加工公司第一年的亏损额为 200 万元，第二年亏损额为 150 万元，第三年亏损额为 100 万元，第四年亏损额为 50 万元，第五年开始盈利，盈利额为 300 万元。

该公司总部设在深圳，属于国家重点扶持的高新技术公司，适用的企业所得税税率为15%。该公司除在深圳设有总部外，在外地还有一家子公司H，适用的企业所得税税率为25%。经预测，未来5年内，深圳新营养技术生产公司总部的应税所得均为1000万元，H公司的应税所得分别为300万元、200万元、100万元、0元、-150万元。

试问该公司应如何进行税收筹划？

解析：经分析可知，有以下三种方案可供选择。

方案一：将芦笋种植加工企业设为具有独立法人资格的子公司M。

子公司具有独立法人资格，属于企业所得税的纳税人。按其应纳税所得额独立计算缴纳企业所得税。

在这种情况下，该新营养技术生产公司包括三个独立纳税主体：深圳新营养技术生产公司、子公司H和子公司M。在这种组织形式下，因芦笋种植企业——M是独立的法人实体，不能和深圳新营养技术生产公司或H合并纳税，其所形成的亏损不能抵销深圳新营养技术生产公司总部的利润，只能在其以后年度实现的利润中抵扣。

在前四年，深圳新营养技术生产公司总部及其子公司H的纳税总额分别为225万元（1000×15%+300×25%）、200万元（1000×15%+200×25%）、175万元（1000×15%+100×25%）、150万元（1000×15%），4年间缴纳的企业所得税总额为750万元。

方案二：将芦笋种植加工企业设为非独立核算的分公司。

分公司不同于子公司，不具备独立法人资格，不建立独立账簿，只作为分支机构存在。按税法规定，分支机构利润与其总部实现的利润合并纳税。深圳新营养技术生产公司仅有两个独立的纳税主体：深圳新营养技术生产公司总部和H。

在这种组织形式下，芦笋种植企业作为非独立核算的分公司，其亏损可由深圳新营养技术生产公司用其利润弥补，降低了深圳新营养技术生产公司第一年至第四年的应纳税所得额，深圳新营养技术生产公司的应纳所得税得以延缓缴纳。

在前四年，深圳新营养技术生产公司总部、子公司及分公司的纳税总额分别为195万元（1000×15%-200×15%+300×25%）、177.5万元（1000×15%-150×15%+200×25%）、160万元（1000×15%-100×15%+100×25%）、142.5万元（1000×15%-50×15%），4年间缴纳的企业所得税总额为675万元。

方案三：将芦笋种植加工企业设为子公司H的分公司。

在这种情况下，芦笋种植加工企业和H合并纳税。此时深圳新营养技术生产公司有两个独立的纳税主体：深圳新营养技术生产公司总部和H。在这种组织形式下，芦笋种植加工企业作为H的分公司，与H合并纳税，其前四年的亏损可由H当年利润弥补，降低了H第一年至第四年的应纳税所得额，不仅使H的应纳所得税得以延缓，且使得整体税负下降。

在前四年，深圳新营养技术生产公司总部、子公司及分公司的纳税总额分别为175万元（1000×15%+300×25%-200×25%）、162.5万元（1000×15%+200×25%-150×25%）、150万元（1000×15%+100×25%-100×25%）、150万元（1000×15%），4年间缴纳的企业所得税总额为637.5万元。

通过对上述三种方案进行比较可知，应该选择第三种组织形式，将芦笋种植企业设为子公司H的分公司，使整体税负最低。

5.3 各类经济组织的选择与税收筹划

5.3.1 公司制企业与非公司制企业的税收筹划

1. 公司制企业

我国法律规定，企业有公司制企业和非公司制企业之分。非公司制企业主要指个人独资企业与合伙企业，公司制企业主要指有限责任公司和股份有限公司。

公司制企业属于企业法人，有独立的法人财产，享有法人财产权。无论是有限责任公司还是股份有限公司，公司制企业应对其利润总额作相应的纳税调整后缴纳企业所得税，税率为25%。如果向自然人投资者分配股息或红利，还要为投资者代扣代缴20%税率的个人所得税。

如果属于小型微利企业，则可适用20%的企业所得税税率。小型微利企业要求从事国家非限制和禁止的行业，包括三个标准：①资产总额不超过5000万元；②从业人数不超过300人；③税收指标为年度应纳税所得额不超过300万元。

知识链接

小型微利企业所得税优惠政策

关于小型微利企业所得税优惠政策，自2014年以来政策调整如下：

（1）《财政部　国家税务总局关于小型微利企业所得税优惠政策有关问题的通知》（财税〔2014〕34号）规定，自2014年1月1日至2016年12月31

日，对年应纳税所得额低于10万元（含10万元）的小型微利企业，其所得减按50%计入应纳税所得额，按20%的税率缴纳企业所得税。

（2）《财政部　国家税务总局关于小型微利企业所得税优惠政策的通知》（财税〔2015〕34号）规定，自2015年1月1日至2017年12月31日，对年应纳税所得额低于20万元（含20万元）的小型微利企业，其所得减按50%计入应纳税所得额，按20%的税率缴纳企业所得税。

（3）《财政部　国家税务总局关于扩大小型微利企业所得税优惠政策范围的通知》（财税〔2017〕43号）规定，自2017年1月1日至2019年12月31日，将小型微利企业的年应纳税所得额上限由30万元提高至50万元，对年应纳税所得额低于50万元（含50万元）的小型微利企业，其所得减按50%计入应纳税所得额，按20%的税率缴纳企业所得税。

《财政部　税务总局关于进一步扩大小型微利企业所得税优惠政策范围的通知》（财税〔2018〕77号）规定，小型微利企业是指从事国家非限制和禁止行业，并符合下列条件的企业：①工业企业，年度应纳税所得额不超过100万元，从业人数不超过100人，资产总额不超过3000万元；②其他企业，年度应纳税所得额不超过100万元，从业人数不超过80人，资产总额不超过1000万元。

（4）《财政部　税务总局关于实施小微企业普惠性税收减免政策的通知》（财税〔2019〕13号）规定，自2019年1月1日至2021年12月31日，对月销售额10万元以下（含本数）的增值税小规模纳税人，免征增值税。对小型微利企业年应纳税所得额不超过100万元的部分，减按25%计入应纳税所得额，按20%的税率缴纳企业所得税；对年应纳税所得额超过100万元但不超过300万元的部分，减按50%计入应纳税所得额，按20%的税率缴纳企业所得税。

（5）《财政部　税务总局关于进一步实施小微企业所得税优惠政策的公告》（财政部　税务总局公告2022年第13号）规定，自2022年1月1日至2024年12月31日，对小型微利企业年应纳税所得额超过100万元但不超过300万元的部分，减按25%计入应纳税所得额，按20%的税率缴纳企业所得税。

（6）《财政部　税务总局关于小微企业和个体工商户所得税优惠政策的公告》（财政部　税务总局公告2023年第6号）规定，自2023年1月1日至2024年12月31日，对小型微利企业年应纳税所得额不超过100万元的部分，减按25%计入应纳税所得额，按20%的税率缴纳企业所得税。根据《财政部　税务总局关于进一步支持小微企业和个体工商户发展有关税费政策的公告》（财政部　税务总局公告2023年第12号）："三、对小型微利企业减按25%计算应纳税所得额，按20%的税率缴纳企业所得税政策，延续执行至2027年12月31日。"

上述小型微利企业是指从事国家非限制和禁止行业，且同时符合年度应纳税所得额不超过300万元、从业人数不超过300人、资产总额不超过5000万元三个条件的企业。

从业人数，包括与企业建立劳动关系的职工人数和企业接受的劳务派遣用工人数。所称从业人数和资产总额指标，应按企业全年的季度平均值确定。具体计算公式如下：

季度平均值=(季初值+季末值)÷2

全年季度平均值=全年各季度平均值之和÷4

年度中间开业或者终止经营活动的，以其实际经营期为一个纳税年度确定上述相关指标。

2. 个人独资企业、合伙企业

《中华人民共和国个人独资企业法》规定：个人独资企业，是指依照本法在中国境内设立，由一个自然人投资，财产为投资人个人所有，投资人以其个人财产对企业债务承担无限责任的经营实体。

《中华人民共和国合伙企业法》规定：普通合伙企业由普通合伙人组成，合伙人对合伙企业债务承担无限连带责任。本法对普通合伙人承担责任的形式有特别规定的，从其规定。有限合伙企业由普通合伙人和有限合伙人组成，普通合伙人对合伙企业债务承担无限连带责任，有限合伙人以其认缴的出资额为限对合伙企业债务承担责任。

自2000年1月1日起，我国对个人独资企业、合伙企业比照个体工商户的生产、经营所得，适用五级超额累进税率计算缴纳个人所得税。在实际操作中可以采用查账征收和核定征收两种不同方法。实行查账征税的，允许扣除与生产经营有关的成本费用。费用扣除项目及标准参照企业所得税相关规定。投资者个人可按年60000元扣除生计费用，此外不得再扣除其工资薪金等费用。合伙企业以每一合伙人作为一个纳税人，按照合伙企业的全部生产经营所得和合伙协议约定的分配比例确定应纳税所得额；合伙协议没有约定分配比例的，以全部生产经营所得和合伙人数量平均计算每个投资者的应纳税所得额。确定每一合伙人的应纳税所得额后，分别按照五级超额累进税率计缴个人所得税。

我国税法规定对于个人独资企业、合伙企业只征收个人所得税，而对于公司制企业，既要征收企业所得税又要征收个人所得税，即通常所称的“双重征税”。但由于存在股息红利和资本利得之间转化的可能，以及资本利得税率偏低甚至免征的优惠待遇，公司制企业“双重征税”下的总税负并不必然多于个人独资企业或合伙企业。因此，在组织形式选择决策中，存在个人独资企业、合伙企业与公司之间的选择。下面构建一个比较合伙企业或个人独资企业与公司的税后收益的模型。[1] 该模型假定公司的税前收益率为 R_C，合伙企业的税前收益率为 R_P，R_C 和 R_P 在不同时期均保持不变。公司所得税税率为 t_C，个人所得税税率为 t_P，资本利得税税率为 t_G。由于存在非税因素，合伙企业的生产经营和投融资活动面临较高的管理成本。在缴纳企业所得税之后个人所得税之前，公司的收益率为 r_C，且 $r_C=R_C(1-t_C)$；合伙企业缴纳个人所得税之前的收益率为 r_P，且 $r_P=R_P(1-t_P)$。假定该投资项目持续期为 n 年，n 年后公司清算买回所有的股票，且公司中间不对股东支付股利或分配利润。

如果项目是在合伙企业中实施，当取得收入时，合伙人以税率 t_P 支付税收，则合伙人 1 单位的原始投资 n 年后的税后累计收益为 $[1+R_P(1-t_P)]^n$。

如果项目是在公司实施，则 n 年后公司清算买回所有的股票时，股东的 1 单位投资税后累计收益为 $[1+R_C(1-t_C)]^n-t_G\{[1+R_C(1-t_C)]^n-1\}$。

当合伙企业与公司的税后收益率相等时，合伙企业形式与公司形式的税收筹划没有差异。令此时公司税后收益率的均衡临界值为 r_C^*，则有

$$[1+R_P(1-t_P)]^n=[1+R_C(1-t_C)]^n-t_G\{[1+R_C(1-t_C)]^n-1\}$$

整理可得

$$[1+R_P(1-t_P)]^n=[1+R_C(1-t_C)]^n(1-t_G)+t_G$$

且有 $r_P=R_P(1-t_P)$，$r_C^*=R_C(1-t_C)$

故可得 $(1+r_P)^n=(1+r_C^*)^n(1-t_G)+t_G$

则有 $r_C^*=\left[\dfrac{(1+r_P)^n-t_G}{1-t_G}\right]^{\frac{1}{n}}-1$

根据上式可知，r_C^* 受到以下因素的影响：合伙企业缴纳个人所得税之前的收益率 r_P、资本利得税税率 t_G，以及投资项目持续期 n。从税收角度来看，如果公司层次的税后收益率大于 r_C^*，则投资者选择公司形式更合适；如果公司层次的税后收益率小于 r_C^*，则投资者选择合伙企业形式更合适。

公司制企业晚于个人独资企业、合伙企业出现，相对较为进步，不仅体现在公司较低的运作风险方面，而且体现在公司税收方面的独特优势：公司在冲抵损失时不限于当期利润，损失甚至可以延续冲抵未来的利润；公司能够在合理范围内税前列支有利于雇员金额相当可观的年金支出；公司还能够在所得税扣除方面税前列支更多的成本费用项目。这些都是个人独资企业或合伙企业所不可比拟的。

---

① 迈伦·斯科尔斯，马克·沃尔夫森，默尔·埃里克森，等．税收与企业战略［M］．2 版．北京：中国财政经济出版社，2004.

5.3.2　个人独资企业、合伙企业的设立与税收筹划

个人独资企业、合伙企业的生产、经营所得适用五级超额累进税率，仅征收个人所得税；而公司制企业需要缴纳企业所得税，如果向个人投资者分配股息、红利，还要代扣其个人所得税（个人投资者分回的股息、红利，税法规定适用20%的税率）。

一般来说，企业设立时应合理选择纳税主体的身份，思路如下：

第一，从总体税负角度考虑，个人独资企业、合伙企业一般要低于公司制企业，因为前者不存在重复征税问题，而后者一般涉及双重征税问题。

第二，在选择个人独资企业、合伙企业与公司制企业的决策中，要充分考虑税基、税率和税收优惠政策等多种因素，税负的最终高低是多种因素综合作用的结果，不能只考虑一种因素。

第三，在选择个人独资企业、合伙企业与公司制企业的决策中，还要充分考虑可能出现的各种风险。

【案例5-5】 李先生投资兴办了一家企业，年应纳税所得额为100万元。那么李先生在个人独资企业、合伙企业、有限责任公司之间应如何选择?

解析：该企业如果注册登记为个人独资企业，应按照经营所得缴纳个人所得税，经营所得适用5%~35%的超额累进税率（见表5-2）。

表5-2　经营所得适用5%~35%的五级超额累进税率

级数	全年应纳税所得额	税率（%）	速算扣除数
1	不超过30000元的	5	0
2	超过30000元至90000元的部分	10	1500
3	超过90000元至300000元的部分	20	10500
4	超过300000元至500000元的部分	30	40500
5	超过500000元的部分	35	65500

注：本表所称全年应纳税所得额，是指以每一纳税年度的收入总额减除成本、费用以及损失后的余额。

个人所得税负担为

$$1000000\times35\%-65500=284500\text{（元）}$$

企业税后净收益为

$$1000000-284500=715500\text{（元）}$$

如果该企业注册为有限责任公司，则应首先以法人身份计算缴纳企业所得税，分配给投资者的税后利润再按照股息、红利所得计缴个人所得税，总税收

负担为

$$1000000\times25\%+1000000\times(1-25\%)\times20\%=400000\ (元)$$

企业税后净收益为

$$1000000-400000=600000\ (元)$$

由此可见，该企业作为有限责任公司比个人独资企业多缴纳税收额为115500元。

另外，如果投资成立的是合伙企业，虽然仅需要缴纳个人所得税，但由于现行税制规定每一个合伙人单独按照其所获得的收益计缴个人所得税，投资者有更多机会按照相对较低的税率计税，其总体税负比个人独资企业更低。

如果李先生与三位朋友共同注册成立一家合伙企业，投资总额为200万元，每人投资比例均为25%，假定年应纳税所得额为100万元，则其个人所得税负担为

$$(1000000\div4\times20\%-10500)\times4=158000\ (元)$$

合伙企业比个人独资企业少缴所得税金额为

$$284500-158000=126500\ (元)$$

公司制企业所得税采用25%的比例税率，意味着无论企业应纳税所得额规模多大，其税收负担率是不变的（小型微利企业税率为20%）；而个人所得税对生产、经营性收入采用五级超额累进税率，意味着应纳税所得额越大，其税收负担率越高。从个人所得税生产、经营所得适用的五级超额累进税率表可以看出，个人独资企业的应税所得额在30万元时，适用的边际税率为20%，由于超额累进税率计税时将以前级次适用低税率部分的差额减除，因此其实际税率为16.5%［$(300000\times20\%-10500)\div300000\times100\%=16.5\%$］。应税所得额在50万元时，适用的边际税率为30%，其实际税率是21.90%［$(500000\times30\%-40500)\div500000\times100\%=21.90\%$］。应税所得额为80万元时，适用的边际税率为35%，其实际税率是26.81%［$(800000\times35\%-65500)\div800000\times100\%=26.81\%$］。随着应税所得的增加，个人独资企业的实际税率还会逐渐增加。

因此，如果单纯比较公司制企业所得税与个人独资企业经营所得的税收负担率，公司制企业负担的企业所得税税负率高于个人独资企业经营所得的税负率。

【案例5-6】王立、张伟打算成立一家玩具制造厂，两人每月从制造厂领取工资12000元（不考虑专项附加扣除），企业年度盈利两人平均分配。预计202×年度实现会计利润200000元（已扣除投资者工资），符合小型微利企业标准，无其他纳税调整事项。在选择企业组织形式的决策中，主要从税收角度考虑，有两种方案：一是成立有限责任公司，二是成立合伙企业。试分析他们选择何

种企业组织形式所得税负担最低（不考虑“三险一金”）。

解析：王立、张伟成立玩具制造厂，无论是选择设立有限责任公司还是设立合伙企业，流转税税负都相同，差异主要在于所得税税负。

（1）方案一：设立有限责任公司

如果选择设立有限责任公司，则需缴纳工资薪金和股息、红利的个人所得税，以及企业所得税。

工资薪金应纳个人所得税＝［(12000×12－60000)×10%－2520］×2
＝11760（元）

应纳企业所得税＝200000×25%×20%＝10000（元）（小微企业税收优惠）

股息、红利所得应纳个人所得税＝(200000－10000)×20%＝38000（元）

202×年度应纳所得税合计＝11760+10000+38000＝59760（元）

两位投资者当年共实现税后收益＝12000×12×2－11760+200000－10000－38000
＝428240（元）

（2）方案二：设立合伙企业

如果选择设立合伙企业，则无须缴纳企业所得税，只缴纳个人所得税。但投资者个人领取的工资须并入应纳税所得额，只允许扣除每人每月5000元的生计费用，按“个体工商户生产、经营所得”缴纳个人所得税。

各合伙人202×年度应纳税所得额＝(200000+12000×12×2－5000×12×2)÷2
＝184000（元）

应纳个人所得税＝(184000×20%－10500)×2＝52600（元）

两位投资者202×年度共实现税后收益＝12000×12×2+200000－52600
＝435400（元）

通过比较可知，方案二比方案一多实现税后收益7160元（435400－428240）。因此，若从税收角度考虑，选择设立合伙企业税收负担较轻。

有限合伙的法人合伙人享受的税收优惠，与直接投资中小高新技术企业的法人企业相比是有差别的，因为后者可以按投资额的70%抵扣其全部应纳税所得额，而前者只能抵扣从该合伙企业分得的应纳税所得额。如果该合伙企业在股权投资未上市中小高新技术企业满2年的当年，分配给法人合伙人的所得和该法人合伙人按其占有限合伙制创业投资企业的出资比例应分得的合伙企业留存收益之和少于股权投资额的70%，则需要结转以后年度抵扣。

【案例5-7】甲企业现有闲置资金400万元，欲投资A企业，A企业是一个未上市中小高新技术企业。投资满2年的当年，甲企业的应纳税所得额为300万元。现有两种方案可供选择：方案一，甲企业对A企业进行直接股权投资。

方案二，甲企业通过创业投资企业B间接投资于A企业，B企业是有限合伙企业，在与B企业的协议中，甲企业所占份额的比例为40%。假定投资满2年后，B企业的应纳税所得额为200万元。从税收角度考虑，甲企业应如何选择？

解析：（1）方案一：根据现行税法的规定，甲企业对未上市中小高新技术企业的直接股权投资，在满2年的当年，可以抵扣其应纳税所得额相当于其投资额的70%，即280万元（400×70%），甲企业当年的应纳税所得额为300万元，则抵扣后应纳税所得额为20万元。

（2）方案二：由于有限合伙创业投资企业B不具有法人资格，其本身不是企业所得税的纳税人，而是采用“先分后税”方式，由投资者根据合伙协议应享有的实际分配收益缴纳所得税。甲企业通过B企业投资于A企业，其归属于甲企业的投资额仍为400万元，可以抵扣应纳税所得额仍为280万元。甲企业在投资满2年的当年，甲企业的应纳税所得额为300万元，但从有限合伙企业B分得的应纳税所得额为80万元（200×40%），则甲企业当年只能抵扣从B企业分得的部分。抵扣后甲企业的应纳税所得额为220万元（300−80）。当年抵扣后仍有220万元的投资额，需留待以后年度从来自B企业的应纳税所得额中抵扣。

当然，企业通过有限合伙企业投资于未上市中小高新技术企业（或初创科技型企业）还要兼顾税收收益和资金风险等多方面因素，综合考虑以实现资金的最大效益。直接向未上市中小高新技术企业进行股权投资需要的资金额度高、风险大，且需要专业判断；而采用由投资企业和专业投资机构组成有限合伙企业进行间接股权投资的方式，投资者作为有限合伙人承担的风险较小。

5.3.3 民营企业、个体工商户的选择与税收筹划

民营企业亦称“私有企业”，是由私人投资经营的企业，产权完全私有，与国有企业的公有产权相对应。民营企业的生产资料和产品属私人所有，经营活动由私人投资者或雇用职业经理人管理，资金来源有私人出资、通过银行筹资、发行股票筹资等。我国现阶段鼓励民营企业的存在和发展，同时允许外国资本家依法在中国投资设立各种形式的中外合资企业或外商独资企业。

个体工商户又称个体户，是个体经济单位，它以劳动者个人及其家庭成员为主体，用自有的劳动工具及生产资料、资金，经向国家有关部门登记，独立地从事生产、经营活动。个体工商户主要分布于各种小型手工业、零售商业、饮食业、服务业、运输业等行业部门。

按照现行税法规定，民营企业作为公司制企业，适用《企业所得税法》的各项规定，其适用的企业所得税税率是25%；而个体工商户适用《个人所得税法》，按照《个人所得税法》中的经营所得计税，其税率如表5-3所示。

表 5-3 个体工商户适用的个人所得税税率

级数	全年应纳税所得额	税率	速算扣除数
1	不超过 30000 元	5%	0
2	超过 30000 元至 90000 元的部分	10%	1500
3	超过 90000 元至 300000 元的部分	20%	10500
4	超过 300000 至 500000 元的部分	30%	40500
5	超过 500000 元的部分	35%	65500

注：本表所称全年应纳税所得额，是指以每一纳税年度的收入总额减除成本、费用以及损失后的余额。

个体工商户适用查账征收的，若为增值税一般纳税人，按税款抵扣制计算缴纳增值税，若为小规模纳税人，按收入总额采用简易计税方法以 3%的征收率计算缴纳增值税；附加税费中，城市维护建设税按增值税的 7%（县城、镇为 5%，乡、农村为 1%）缴纳，教育费附加按增值税的 3%缴纳，地方教育费附加按增值税的 1%缴纳。

民营企业属于公司制企业，负有全面的纳税义务，我国现行的所有税种都可能涉及。民营企业与个体工商户面临不同的税收待遇，总体来说，个体工商户的税收负担低于民营企业的税收负担。

知识链接

个人从事独立劳务，应如何选择合适的组织形式？

对于从事独立劳务的个人来说，在利用国家和地方政府提供的税收优惠政策时，可以比较不同组织形式下的税负状况，选择设立适合的经营机构或业务模式进行税收筹划。下面比较分析三种不同组织形式下的纳税模式。

一是个人从事独立劳务，不设立任何机构，以自然人身份提供劳务，则需要按照劳务报酬所得适用三级超额累进税率计算缴纳个人所得税，且在年度终了对其所获取的综合所得进行汇算清缴；二是个人成立一家公司制企业，个人的劳务报酬转化为企业的经营所得，则需要缴纳企业所得税，然后再分配税后利润，以股息、红利等形式获得报酬，但需要缴纳 20%的个人所得税；三是个人成立一家个人独资企业，则需要按照个人经营所得计算缴纳个人所得税。三种模式适用的税收政策比较如表 5-4 所示。

表 5-4　个人从事独立劳务、设立公司制企业、设立个人独资企业的税收政策比较

	个人	公司制企业（小微企业）		个人独资企业
税种	个税	企税	个税	个税
税率	劳务报酬所得最高边际税率为 40%，其余两档分别为 20%、30%，且个人的综合所得按照年度进行个人所得税汇算清缴，多退少补	应纳税所得额≤100 万元，实际税负率为 5% 100 万元<应纳税所得额≤300 万元，实际税负率为 10%； 300 万元<应纳税所得额，实际税负率为 20%（注：不再认定为小微企业）	利息、股息、红利所得，适用税率为 20%	（1）查账征收 按照 5%~35%的五级超额累进税率计算缴纳个人所得税。 （2）核定征收 对经营所得核定税率：核定征收适用的幅度税率 = 应税所得率×五级累进税率； 应税所得率一般为 10%；累进税率的最高边际税率为 35%
费用扣除	不能扣除	允许扣除	不能扣除	不能扣除
增值税	根据现行增值税政策规定，年销售收入小于 180 万元的纳税人（按月申报的销售收入不超过 15 万元，按季申报的销售收入不超过 45 万元），免征增值税；年销售收入在 180 万~500 万元的小规模纳税人，适用的增值税征收率为 3%；年销售收入在 500 万元以上的纳税人，劳务服务性质的收入适用的增值税税率为 6%			

案例分析题

案例 1　盈亏互抵的税收筹划

甲公司经营情况良好，准备扩大规模，增设一个分支机构乙公司。甲公司和乙公司均适用 25%的企业所得税税率。假设分支机构设立后 5 年内经营情况预测如下：

（1）甲公司 5 年内每年均盈利，每年应纳税所得额为 200 万元。乙公司经营初期亏损，5 年内的应纳税所得额分别为-50 万元、-15 万元、10 万元、30 万元、80 万元。

（2）甲公司 5 年内每年均盈利，每年应纳税所得额为 200 万元。乙公司 5 年内也都盈利，应纳税所得额分别为 15 万元、20 万元、40 万元、60 万元、80 万元。

（3）甲公司在分支机构设立后前两年亏损，5 年内的应纳税所得额分别为-50 万元、-30 万元、100 万元、150 万元、200 万元。乙公司 5 年内都盈利，应纳税所得额分别为 15 万元、20 万元、40 万元、60 万元、80 万元。

（4）甲公司在分支机构设立后前两年亏损，5 年内的应纳税所得额分别为 -50 万元、-30 万元、100 万元、150 万元、200 万元。乙公司经营初期亏损，5 年内应纳税所得额分别为-50 万元、-15 万元、10 万元、30 万元、80 万元。

问题：在每一种情况下，甲公司应将乙公司设立为哪种组织形式更合适？

案例 2　合伙制与公司制的权衡

李某与其两位朋友打算合开一家食品店，预计当年盈利 360000 元，三位投资者的工资薪金为每人每月 4000 元。

食品店是采取合伙制还是有限责任公司形式能降低税收负担？

案例 3　非居民企业的税收筹划

在我国香港注册的非居民企业 A，在内地设立了常设机构 B。2020 年 3 月，B 就 2019 年应纳税所得额向当地主管税务机关办理汇算清缴，应纳税所得额为 1000 万元，其中：

（1）特许权使用费收入为 500 万元，相关费用及税金为 100 万元；

（2）利息收入为 450 万元，相关费用及税金为 50 万元；

（3）从其控股 30%的中国居民企业甲取得股息 200 万元，无相关费用及税金；

（4）其他经营收入为 100 万元；

（5）可扣除的其他成本费用及税金合计为 100 万元。

上述各项所得均与 B 有实际联系，不考虑其他因素。B 的企业所得税据实申报。

$$应申报企业所得税 = 1000 \times 25\% = 250\ （万元）$$

问题：A 企业如何规划可少缴税？

综合阅读题

麦当劳组织架构的税收筹划案例

一、案情介绍①

2015 年 5 月，欧盟委员会对麦当劳进行调查，发现麦当劳 2013 年从加盟商以及该公司的欧洲各个子公司收取的 10 亿美元转款中仅就 2.88 亿美元的利润

① 万婷．间接股权转让的税收筹划分析——以麦当劳改名税案为例［J］．时代金融，2018（3）：183.

缴纳了1.4%的税收，远低于29%的卢森堡规定的企业所得税率，认为麦当劳2009—2013年一项税务安排有让其在卢森堡的子公司逃避在当地和美国缴纳约10亿欧元公司税的嫌疑。欧盟认为卢森堡可能误用国家法律和《卢森堡—美国税收协定》，为麦当劳的卢森堡公司提供了非法税收优惠，违反了欧盟国家援助规则。经过相关调查，欧盟把关注点聚焦在麦当劳的欧洲特许经营权交易上。

2009—2013年，麦当劳总部在卢森堡成立一家间接持股的卢森堡子公司，同时将欧洲特许经营权通过收取特许权使用费的方式转让给它。麦当劳卢森堡子公司又在美国和瑞士分设了两家分公司，并将欧洲特许经营权的持有权配给美国分公司，运营权分给瑞士分公司。麦当劳美国分公司持有欧洲特许经营权，承担损益；麦当劳瑞士分公司则挑起运营大梁，负责欧洲特许经营权业务，收到的特许权使用费在扣除公司运营费用后转交给美国分公司。麦当劳"美国—卢森堡—瑞士—美国"各机构的组织架构如图5-3所示。

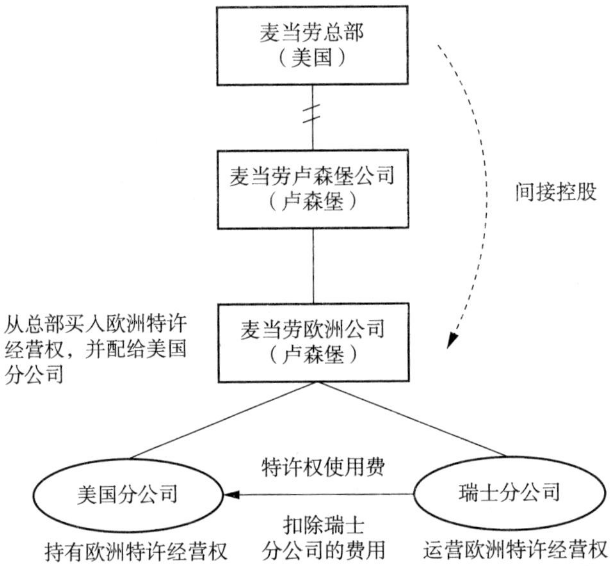

图5-3　麦当劳"美国—卢森堡—瑞士—美国"各机构的组织架构

二、组织架构的税收筹划分析

1. 业务划分

作为世界快餐行业的巨头，"麦当劳"三个字具有巨大的品牌价值，这个名称的使用权是麦当劳独一无二的无形资产，麦当劳将这个无形资产以公司为单位持有，以特许经营权的方式出售。在上述麦当劳的税收筹划方案中，它将欧洲特许经营权从美国分离出去，单独转让给一家卢森堡公司，这是无形资产的业务划分。同时麦当劳下设两家海外分公司，分离欧洲特许经营权的持有人和管理人，这是无形资产所有权和使用权的分割。麦当劳美国分公司只持有欧洲特许经营权，没有在境内开展麦当劳商贸活动，欧洲特许经营权的运营由麦当劳瑞士分公司进行，所以在美国税法下，麦当劳卢森堡公司通过其美国分公司获取的利润不属于美国的征税范围，不征收美国境内的企业所得税。

2. 设立企业类型的选择

麦当劳总部在卢森堡设立了一家子公司。之所以选择子公司，是因为子公司可以构成卢森堡的税收居民企业，享受卢森堡和美国以及瑞士签订的税收协定约定的优惠待遇。本来麦当劳卢森堡公司应该就其40亿欧元的利润向卢森堡缴纳企业所得税，但是由于麦当劳卢森堡的利润全部来自其美国和瑞士的分公司，根据卢森堡和美国、瑞士签订的税收协定，卢森堡公司的分公司仅单边征税，麦当劳美国分公司和瑞士分公司的利润均不征收卢森堡境内的企业所得税。

麦当劳欧洲公司在美国和瑞士下设了两家分公司。之所以选择设立分公司，是因为分公司可以构成税收协定中的常设机构，适用常设机构原则——常设机构的利润在来源国征税，美国仅就麦当劳美国分公司的利润征收美国境内的企业所得税，但是根据其业务划分，这笔利润不在美国的征税范围内，所以最终这笔特许经营权的利润不征收美国的企业所得税。瑞士仅就麦当劳瑞士分公司的利润征收瑞士境内的企业所得税。

3. 设立地点的选择

麦当劳总部选择在卢森堡、瑞士成立欧洲公司和分公司，首先显然是看中了卢森堡和瑞士“避税天堂”的税收地位。卢森堡具备宽松的法律和监管环境、众多税收优惠政策以及广泛的双边税收协定网络，不对境内的投资基金所得红利和资本利得征税，为外国公司提供免税服务，制定了欧洲最宽松的增值税制度；瑞士企业所得税率较低，有着完备的金融体系，尤其是严格的《银行保密法》，私人账户只要进入瑞士就无法查明资金流向。虽然如今瑞士开放了金融体系信息的交换，但是2013年时瑞士还是众多富豪隐匿收入的最佳选择。

其次是看中了卢森堡和美国以及瑞士签订的税收协定，协定规定对分公司单边征税。根据《卢森堡—美国税收协议》的规定，美国分公司作为在美国的常设机构，产生的利润仅在美国征税，免征卢森堡境内的企业所得税。分析可知美国不征收麦当劳美国分公司的企业所得税，所以麦当劳美国分公司的利润没有缴纳企业所得税。根据《卢森堡—瑞士税收协议》的规定，麦当劳瑞士分公司作为瑞士的常设机构，产生的利润仅在瑞士征税，免征卢森堡境内的企业所得税，所以麦当劳瑞士分公司的利润仅仅缴纳了较低的瑞士境内企业所得税。

4. 内部交易的规划

在这个案例中，税收协定给予了麦当劳免税待遇，所以采用任何支付方式都不会对其产生太大影响。但是麦当劳所有无形资产都是通过特许权使用费进行交易，使用这种费用支付方式更容易进行分摊和转移利润。麦当劳欧洲特许权使用费的避税原理见图 5-4。

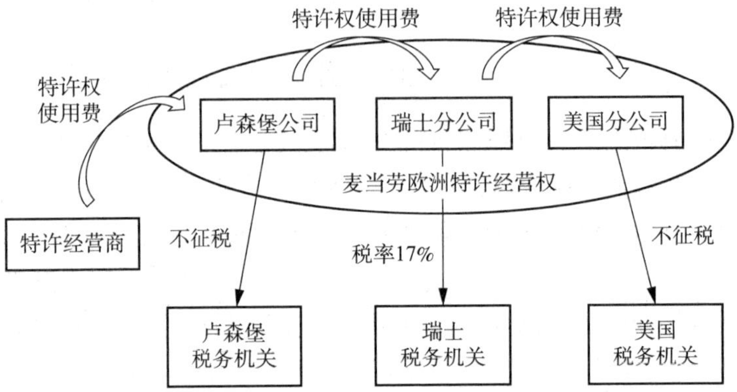

图 5-4　麦当劳欧洲特许权使用费的避税原理

三、案情结果

由图 5-4 可知，麦当劳通过税收筹划，使其欧洲特许经营权的利润仅就瑞士分公司的部分缴纳了 17%的企业所得税，完美避开了欧盟的监管。2018 年 9 月 19 日，欧盟裁定麦当劳税收合法，指出上述避税的成功是因为美国和卢森堡法律不匹配，是法律的漏洞或不适用问题。不难看出，麦当劳正是基于企业设立地点的筹划思路，选择低税率国家设立公司。

问题：

（1）针对麦当劳的组织机构设置的税收考虑，分析其税收筹划原理。

（2）政府如何应对跨国公司利用组织架构设置造成的税收流失？

第6章
投资与融资的税收筹划

在未来税前现金流量和税收法规本身存在不确定性的条件下，风险报酬往往被写入契约中，以保证税收筹划对未来预期的税收状况变化作出灵活的反应。

——诺贝尔经济学奖得主　迈伦·斯科尔斯

6.1　投资决策的税收筹划

6.1.1　投资地点选择的税收筹划

1. 境内投资地点的选择

（1）利用西部大开发税收优惠政策投资西部地区

重庆市、四川省、贵州省、云南省、西藏自治区、陕西省、甘肃省、宁夏回族自治区、青海省、新疆维吾尔自治区、新疆生产建设兵团、内蒙古自治区和广西壮族自治区，以及湖南省湘西土家族苗族自治州、湖北省恩施土家族苗族自治州、吉林省延边朝鲜族自治州和江西省赣州市，自2011年1月1日至2020年12月31日，对设在上述地区的鼓励类产业的企业减按15%的税率征收企业所得税。根据《财政部　税务总局　国家发展改革委关于延续西部大开发企业所得税政策的公告》（财政部　税务总局　国家发展改革委公告2020年第23号）对西部大开发政策延续10年，即自2021年1月1日至2030年12月31日，对设在西部地区的鼓励类产业企业减按15%的税率征收企业所得税。将鼓励类产业项目当年度主营业务收入占企业收入总额的限制比例由70%降至60%。

（2）民族自治地方的企业所得税地方分享部分可以减征或免征

《企业所得税法》第二十九条规定：民族自治地方的自治机关对本民族自治地方的企业应缴纳的企业所得税中属于地方分享的部分，可以决定减征或者免征。自治州、自治县决定减征或者免征的，须报省、自治区、直辖市人民政府批准。依照《中华人民共和国民族区域自治法》的规定，民族自治地方是指实行民族区域自治的自治区、自治州、自治县。

（3）经济特区和上海浦东新区的政策

根据《国务院关于经济特区和上海浦东新区新设立高新技术企业实行过渡性税收优惠的通知》（国发〔2007〕40号）的规定，自2008年1月1日起，对经济特区和上海浦东新区内在2008年1月1日（含）之后完成登记注册的国家需要重点扶持的高新技术企业，在经济特区和上海浦东新区内取得的所得，自取得第一笔生产经营收入所属纳税年度起，第一年至第二年免征企业所得税，第三年至第五年按照25%的法定税率减半征收企业所得税。其中，国家需要重点扶持的高新技术企业，是指拥有核心自主知识产权，同时符合《中华人民共和国企业所得税法实施条例》（以下简称《企业所得税法实施条例》）第九十三条规定的条件，并按照《高新技术企业认定管理办法》认定的高新技术企业。

企业要充分利用这些税收优惠政策，在其他条件相同的情况下，尽可能地在这些地区投资，从而实现减轻企业税负的筹划目的。

2. 跨国投资地点的选择

如果进行跨国投资，仅从税收角度出发，主要考虑以下几点：一是宏观税负的高低；二是所涉及的主要税种及其税负的高低；三是税收结构；四是居住国与投资地所在国关于避免双重征税的政策规定。

从国外的情况看，有的国家或地区不征收所得税，有的国家的所得税税率高于或者低于我国。因此，投资地点不同，税收负担有所差别，最终影响到投资收益。对于跨国投资者，还应考虑有关国家同时实行居民管辖权和收入来源地管辖权而导致对同一项所得的双重征税，以及为避免国际双重征税的双边税收协定有关税收抵免的具体规定，以进行投资国别或地区选择。

公司所得税（企业所得税）是世界上开征相当普遍的一个税种。根据对世界各国的跟踪检索，普遍征收公司所得税的国家和地区有220个，根据OECD在2019年公布的《公司所得税统计报告》对全球76个国家的法定公司所得税税率的统计，共有12个国家或地区的法定公司所得税税率为0，这12个国家或地区为英属维尔京群岛、特克斯和凯科斯群岛、沙特阿拉伯王国、美国新泽西州、英国马恩岛、英国根西岛、开曼群岛、百慕大、巴哈马、巴林、安圭拉、阿拉伯联合酋长国。一部分国家或地区的公司所得税采取累进税制。

公司所得税综合税率存在持续下降的趋势，2010年降低公司所得税税率的国家和地区至少有21个。自美国1986年实行以降低税率、拓宽税基为基调的税制改革以来，世界各国公司所得税税率普遍呈下降趋势。

不少国家的地方所得税在辖区内出现税率明显不一致的情形，如美国、日本、德国、瑞士、意大利等国家，有的差别还比较大。统计表明，20%~30%这一税率段的国家和地区最多，有46个，其中税率低于25%的国家和地区有11个；25%~30%这一税率段的国家和地区次之，有23个，其中税率为25%的国家和地区有12个。

企业在进行投资时，应充分利用不同地区的税制差别或区域性税收倾斜政策，选择整体税负较轻的地区进行投资，以提高投资收益率。表6-1为亚太地区主要国家或地区公司所得税税率。

表6-1　亚太地区主要国家或地区公司所得税税率

国家或地区	税率	备注
日本	法人税税率为30%，居民税税率为6.21%，企业地方税税率为7.56%，其法定税率达43.77%	有效税率降至40.69%
印度	国内公司：33.66%（包括附加税）；国外公司：41.82%	另有最低替代税率：国内公司为11.22%；外国公司为10.455%
韩国	14.3%（对第一个1亿韩元应税所得），27.5%（超过1亿韩元，包括10%的居民附加费）	
菲律宾	35%（主业务净所得），从经营的第四年起，毛所得适用2%的最低公司所得税	
新加坡	20%	2008年降至18%
泰国	30%（符合特定条件可以降低税率）	
印度尼西亚	10%~30%	
斯里兰卡	当地注册的企业适用15%的公司所得税税率，不在当地注册的企业适用35%的公司所得税税率	15%的低税率，适用于非传统出口、农业、旅游推广、建筑业等
澳大利亚	30%	
越南	28%	
马来西亚	28%	
新西兰	33%	
中国香港	16.5%	税率较低，体现国际避税地的优势

注：我国《企业所得税法》所规定的25%的税率在亚太地区具有较强的竞争力，但是国际上出现的减税趋势对我国可能造成较大的影响和冲击。例如，新加坡自2008年起，税率由20%降为18%。中国香港作为国际税收优惠地区，其公司所得税税率仅为16.5%。

6.1.2 投资行业选择的税收筹划

1. 流转税的行业税负差异

流转税主要通过对企业现金流量的影响约束企业的投资决策。在一定时期内，企业缴纳的流转税越多，企业在该时期的现金流量就越少，从而抑制了企业的投资；反之，企业的现金流量增加会刺激企业的投资。

在流转税方面，我国现行税法根据企业所属行业及经营业务内容分别规定按不同税种征收，即工业企业、商业企业和服务型企业销售或进口货物，提供加工修理修配劳务，提供交通运输、邮政、电信、建筑和其他服务，销售不动产，转让无形资产所获得的收入应缴纳增值税，其中，特定产品（如烟、酒、化妆品等共十五大类）在缴纳增值税的同时须缴纳消费税。

为此，企业投资进行行业选择时应首先考虑未来经营收入缴纳流转税的差异。尽管从经济学角度考虑，流转税可以转嫁他人负担，但实际能否转嫁、转嫁程度如何都会对企业的税收负担及税后利润造成影响。具体可从以下方面分析。

（1）适用税率差异

不同行业业务收入适用的税种不同，实际税负也不相同。工商企业销售收入缴纳增值税，名义税率较高，为13%或9%，但以增值额为计税依据，购进项目可作进项税额抵扣，税基较小。服务型企业提供各类服务在“营改增”后缴纳增值税，名义税率为6%。

（2）适用税种数量差异

生产销售产品的工业企业，大部分商品销售收入只缴纳增值税；而生产消费税应税产品的企业则须缴纳增值税、消费税两道流转税。由于消费税是价内税，增值税与消费税计税价格相同，消费税税率高低既影响消费税应纳税额的多少，又影响增值税应纳税额的多少。

（3）适用税目差异

同样缴纳增值税、消费税，税目不同，适用税率不尽相同，税负轻重也不相同。不同类商品或劳务适用的税目税率不同；同类商品也会有税率高低的差别，如乘用小汽车消费税根据气缸容量的不同适用不同的税率。另外，还需考虑免税项目、出口退税率差别、进口征税时关税对增值税及消费税的影响等问题。

2. 所得税的行业税负差异

所得税对企业投资决策的影响主要体现在其直接影响企业的税后利润水平，

进而影响企业的投资收益和投资决策。虽然我国企业所得税对各行业采用统一的税率，但各种优惠政策仍然为企业投资的行业选择提供了空间。

利用公共基础设施项目企业税收优惠政策。企业从事的国家重点扶持的公共基础设施项目的投资经营的所得，自项目取得第一笔生产经营收入所属纳税年度起，第一年至第三年免征企业所得税，第四年至第六年减半征收企业所得税。

利用农、林、牧、渔业项目企业税收优惠政策。企业从事农、林、牧、渔业项目的所得，可以免征、减征企业所得税。企业从事花卉、茶以及其他饮料作物和香料作物的种植，海水养殖、内陆养殖所得，减半征收企业所得税。

利用环境保护、节能节水项目企业税收优惠政策。企业从事环境保护、节能节水项目，包括公共污水处理、公共垃圾处理、沼气综合开发利用、节能减排技术改造、海水淡化等，自项目取得第一笔生产经营收入所属纳税年度起，第一年至第三年免征企业所得税，第四年至第六年减半征收企业所得税。

利用高新技术企业税收优惠政策。国家需要重点扶持的高新技术企业，减按15%的税率征收企业所得税。

利用创业投资企业税收优惠政策。创业投资企业采取股权投资方式投资于未上市的中小高新技术企业2年以上的，可以按照其投资额的70%在股权持有满2年的当年抵扣该创业投资企业的应纳税所得额；当年不足抵扣的，可以在以后纳税年度结转抵扣。

利用资源综合利用企业税收优惠政策。企业以《资源综合利用企业所得税优惠目录》规定的资源作为主要原材料，生产国家非限制和禁止并符合国家和行业相关标准的产品取得的收入，减按90%计入收入总额。

利用国家扶持动漫产业发展税收优惠政策。经认定的动漫企业自主开发、生产动漫产品，可申请享受国家现行鼓励软件产业发展的所得税优惠政策。另外，经国务院有关部门认定的动漫企业自主开发、生产动漫直接产品，确需进口的商品可享受免征进口关税和进口环节增值税的优惠政策。

利用鼓励软件产业税收优惠政策。软件生产企业实行增值税即征即退政策，所退还的税款，由企业用于研究开发软件产品和扩大再生产，不作为企业所得税应税收入，不予征收企业所得税；我国境内新办软件生产企业经认定后，自获利年度起，第一年至第二年免征企业所得税，第三年至第五年减半征收企业所得税；国家规划布局内的重点软件生产企业，如当年未享受免税优惠的，减按10%的税率征收企业所得税；软件生产企业的职工培训费用，可按实际发生额在计算应纳税所得额时扣除。

6.1.3 投资方式选择的税收筹划

1. 直接投资方式

直接投资主要是指投资者用于开办企业、购置设备、收购和兼并其他企业等的投资行为，其主要特征是投资者能有效地控制各类投资资金的使用，并能实施全过程的管理。直接投资的形式多种多样，如投资开办一家新企业；以较高比例股份参与其他企业经营；对外扩张设立子公司或分公司；收购或兼并外部企业；开办中外合资企业；等等。

（1）税收成本

企业直接投资是一个长期、极其复杂的事项，投资过程中的涉税问题同样错综复杂。企业选择投资项目，主要判断标准是以最少的投入获得最大的收益。税收成本的增加是一种现金流出，税收成本的节减与现金流入具有同样的意义。

国家税收条款有较大差异，企业投资于不同项目常常因为所适用的条款不同，税前收益与税后收益有很大差别。

【案例 6-1】 A 公司现有一笔资金准备投资兴建一个项目，有甲、乙两种备选方案。其中，甲方案预计年收入为 1000 万元，成本费用为 620 万元，计算企业所得税时，由于部分费用超过税法规定准予税前扣除的标准，故税前可扣除项目金额仅为 500 万元。乙方案预计年收入为 960 万元，收入中有 200 万元可以按 90% 比例减计收入，成本费用为 600 万元，均符合税法准予税前扣除的标准，可在税前全额扣除。两种方案适用的企业所得税税率均为 25%。

解析：税收成本计算分析如表 6-2 所示。

表 6-2 甲、乙方案的税收成本比较 单位：万元

项目	甲方案	乙方案
应纳税收入	1000	760+200×90%=940
成本费用	620	600
税前现金流	380	360
可扣除项目金额	500	600
所得税成本	(1000-500)×25%=125	(940-600)×25%=85
税后现金流	380-125=255	360-85=275

如果不考虑税收的影响，甲方案（税前现金流为 380 万元）收益优于乙方案（税前现金流为 360 万元），但当考虑税收的影响后，乙方案（税后现金流为 275 万元）优于甲方案（税后现金流为 255 万元）。

（2）税率的影响

企业投资项目在不同年度适用的边际税率不一定相等。所谓边际税率，是指当纳税人再增加一单位应纳税所得额时所适用的税率。一些国家采用的所得税税率是累进税率，在这种情况下，当纳税人年收入较少时，其所适用的边际税率较低；但当纳税人年收入较多时，其所适用的边际税率较高。虽然有的国家所得税采用的是比例税率，但对于那些可以享受定期税收优惠的企业来说，实际上不同年度所适用的边际税率也不同。

《企业所得税法实施条例》规定：企业从事国家重点扶持的公共基础设施项目的投资经营所得，自项目取得第一笔生产经营收入所属纳税年度起，第一年至第三年免征企业所得税，第四年至第六年减半征收企业所得税。不难看出，享受这项优惠政策的企业第一年至第三年适用的边际税率为0，第四年至第六年适用的边际税率为12.5%，第七年及以后年度适用的边际税率为25%，实际上是一种不同年度间的累进税率。或者说，当企业获得同样数量的应税所得（如100万元），如在第一年获得，无须缴纳企业所得税；如在第四年获得，则需要缴纳企业所得税12.5万元；如在第七年获得，则需缴纳企业所得税25万元。

【案例6-2】B公司所在国实行超额累进税率的企业所得税制度，相关税收政策规定，年应纳税所得额在60万元以下的适用税率20%；年应纳税所得额超过60万元的部分适用税率30%。2023年B公司原应纳税所得额为40万元，2024年预计年应纳税所得额为80万元。2023年追加投资一个项目，有甲、乙两个项目可供选择，两个项目均可获得30万元应纳税所得额。甲项目收益可在2023年实现，而乙项目收益可在2024年实现。

解析：两个项目的投资比较分析如表6-3所示。

表6-3　项目的投资比较分析　　单位：万元

	2023年	2024年	两年合计
如追加投资选择甲项目			
应纳税所得额	40+30=70	80	150
应纳所得税	60×20%+10×30%=15	60×20%+20×30%=18	33
税后利润	70-15=55	80-18=62	117
如追加投资选择乙项目			
应纳税所得额	40	80+30=110	150
应纳所得税	40×20%=8	60×20%+50×30%=27	35
税后利润	40-8=32	110-27=83	115

比较甲、乙两个项目可知，同样数额应税所得，由于适用的边际税率不同，缴税数额和投资项目的税后收益也不相同。投资于甲项目所获得的30万元应税所得由于是在原收入较少年度实现，其中的20万元适用税率20%，只有10万元适用较高边际税率30%；而投资于乙项目所获得的30万元应税所得是在原收入较高年度实现，全部适用30%较高的边际税率，故比甲项目多缴纳2万元企业所得税，导致税后收益降低。

（3）现值的考虑

企业投资是一项长期行为，故在投资决策中须考虑投资收益的货币时间价值，应用净现值法可以对不同时期的投资收益折现值进行比较。运用净现值法分析，税款缴纳时间会影响分析结果。

【案例6-3】 C公司投资有甲、乙两种可选择方案，两年的收入均为100万元。甲方案第一年成本费用为55万元，第二年成本费用为65万元；乙方案第一年成本费用为70万元，第二年成本费用为50万元。每年年末计算缴纳企业所得税。假设税率为30%，当期利率为10%，第一年复利现值系数为0.909，第二年复利现值系数为0.826。

解析：计算两种方案的应纳税现值如表6-4所示。

表6-4 应纳税额现值比较分析　　单位：万元

项目		甲方案	乙方案
第一年	应纳税所得额	100-55=45	100-70=30
	应纳所得税	45×30%=13.5	30×30%=9
	折现值	13.5×0.909=12.2715	9×0.909=8.181
第二年	应纳税所得额	100-65=35	100-50=50
	应纳所得税	35×30%=10.5	50×30%=15
	折现值	10.5×0.826=8.673	15×0.826=12.39
两年应纳税合计		13.5+10.5=24	9+15=24
两年应纳税现值合计		12.2715+8.673=20.9445	8.181+12.39=20.571

如果单纯从账面价值看，甲、乙两种方案两年缴纳的企业所得税总额是一样的，都是24万元。但考虑折现因素后，乙方案第一年成本费用比甲方案数额大，应纳税所得额较小，缴纳所得税额较小；第二年成本费用比甲方案数额小，应纳税所得额较大，缴纳所得税额较大。实际上是一部分税款递延了缴纳时间，降低了所缴纳税款的折现值。

2. 间接投资方式

间接投资主要是指投资者购买金融资产的投资行为。依据具体投资对象的不同，间接投资可分为股票投资、债券投资及其他金融资产投资，并可依据所投资证券的具体种类作进一步划分。例如，债券投资可细分为国库券投资、金融债券投资、公司债券投资等。间接投资的特点是投资者在资本市场上可以灵活地购入各种有价证券和期货、期权等，并能随时进行调整和转移，有利于避免各类风险，但投资者一般不能直接干预和有效控制其投资资金的使用。

（1）债券投资的税收筹划

《企业所得税法》规定，企业取得的国债利息收入免征企业所得税，而购买其他债券所取得的利息收入需要缴纳企业所得税。所以，企业在进行间接投资时，除要考虑投资风险和投资收益等因素外，还必须考虑相关税收规定，以便全面权衡和合理决策。

国库券投资收益少，但无风险，个人所获取的国库券利息收入免征个人所得税。对于个人而言，在没有时间和精力进行股票投资的情况下，购买国库券可以获得稳定的投资收益。

【案例6-4】有两种长期债券：一种是企业债券，年利率为5%；另一种为国债，年利率为4.2%。试分析企业应该投资哪一种债券？

解析：表面上看企业债券的利率要高于国债利率，但是前者要被征收25%的企业所得税，而后者不用缴纳企业所得税，实际的税后收益需通过计算比较。

$$5\%\times(1-25\%)=3.75\%<4.2\%$$

也就是说，企业债券的税后收益低于国债的税后收益，进行国债投资更为合算。事实上，只有当其他债券利率大于5.6%［4.2%/(1-25%)］时，其税后收益才大于利率为4.2%的国债收益。

【案例6-5】某企业有1000万元的闲置资金，打算进行投资。其面临两种选择：一种选择是投资国债，已知国债年利率为4%；另一种选择是投资金融债券，已知金融债券年利率为5%，企业所得税税率为25%。试问从税务角度分析哪种方式更合适？

解析：

方案一：若企业投资国债，则

$$\text{投资收益}=1000\times4\%=40\ (\text{万元})$$

根据税法规定国债的利息收入免缴所得税，故税后收益为40万元。

方案二：若企业投资金融债券，则

$$\text{投资收益}=1000\times5\%=50\ (\text{万元})$$

$$\text{税后收益}=50\times(1-25\%)=37.5\ (\text{万元})$$

所以，从税务角度看，选择国债投资对企业更有利。

（2）股票投资的税收筹划

对企业所得税纳税人投资股票取得的投资收益应根据不同情况区别处理：首先，对于企业在股票市场上低价买入、高价卖出股票获得的价差收益要并入企业收入总额计算缴纳企业所得税。其次，对于企业购买并持有上市公司股票获得的股息、红利需根据不同情况确定：①居民企业或非居民企业连续持有居民企业公开发行并上市流通的股票超过12个月取得的投资收益免征企业所得税；②居民企业或非居民企业连续持有居民企业公开发行并上市流通的股票不超过12个月取得的投资收益，应并入企业所得税应税收入，即应当依法征收企业所得税；③居民企业或非居民企业持有非居民企业公开发行并上市流通的股票取得的投资收益，一律并入企业所得税应税收入计算缴纳企业所得税。

《企业所得税法》规定，在中国境内设有机构、场所的非居民企业应就其来源于中国境内的所得，包括股息、红利所得等，按照10%的税率缴纳企业所得税。

企业在进行股票投资时可通过适当延长股票的持有时间，或选择居民企业公开发行的股票等方式，获得股息、红利等免税利益。

各国对买卖股票一般征收交易税（印花税）、资本利得税，股票投资收益征收所得税。多数国家对企业的股息收益在征收企业所得税时有税前扣除等避免经济性双重征税的规定。如美国对企业的股息所得，通常在税前扣除其所得的70%；在应税公司股份比例达到20%～80%时，税前扣除股息所得的80%；超过80%股份的，税前扣除股息的100%。多数国家或地区对个人投资所得实行不同形式的避免经济性双重征税的政策。

股票投资风险大，但收益高。一般情况下，企业通过股票投资，可以利用较少的投资实现较大规模的扩张经营，但税负一般不会有明显变化；对于个人而言，在有时间和精力的情况下，可选择股票方式进行投资，可取得较多的税后利润。

（3）基金投资的税收筹划

《财政部　国家税务总局关于企业所得税若干优惠政策的通知》（财税〔2008〕1号）规定，对证券投资基金从证券市场中取得的收入，包括买卖股票、债券的差价收入，股权的股息、红利收入，债券的利息收入及其他收入，暂不征收企业所得税。因此，企业在证券基金现金分红中获得的收益是免税的。但应注意的是，有些证券投资基金会采用拆分基金份额的方式向投资者分红。在这种分红方式中，投资者获得了更多基金份额，降低了单位基金成本，待赎回时获得的价差收益是需要缴纳企业所得税的。

显然，证券投资基金采用不同的分红方式，导致投资者的税后利益是不同的。虽然采用何种方式分红是由基金公司决定的，投资企业并没有决策权，但企业可以选择有较大税收分红收益的基金进行投资。

【案例6-6】2014年1月，A企业以500万元投资购买单位净值为1元的证券投资基金份额500万份。2015年末，基金净值升为1.6元。基金公司决定将升值部分全部向投资者分配。A企业在2016年5月基金净值为1.3元时将基金赎回。

解析：如果基金公司采用现金分红，则A企业全部税后收益为

$$(1.6-1)\times500+(1.3-1)\times500\times(1-25\%)=412.5\ (万元)$$

如果基金公司采用拆分方式，则原来的500万份拆分后变为800万份，单位净值降为0.625元。赎回时，价差收益应缴纳所得税

$$(1.3-0.625)\times800\times25\%=135\ (万元)$$

A企业的税后净收益为

$$(1.3-0.625)\times800-135=405\ (万元)$$

可以看出，现金分红方式下A企业节税7.5万元，增加了基金投资的收益。企业在进行基金投资决策时，如预计分红水平相等，应倾向于选择投资现金分红基金。

另外，由于现金分红与基金赎回收益税收待遇上的差异，投资企业在确定基金赎回时间时应将税收因素考虑进来。

【案例6-7】2020年2月，B企业投资800万元申购面值1元的Y基金800万份。2024年2月，Y基金净值为1.5元，Y基金公司决定采取大比例分红方案，每基金份额现金分红0.45元。B企业对这笔基金投资赎回的时间有两种选择：一是在Y基金分红之前赎回；二是在Y基金实施分红方案（除权日）后再赎回。

解析：

方案一：B企业的投资收益为

$$(1.5-1)\times800\times(1-25\%)=300\ (万元)$$

方案二：B企业的投资收益为

$$0.45\times800+(1.5-1.45)\times800\times(1-25\%)=390\ (万元)$$

显然，在方案二中，投资者在基金分红时先获得分红现金收益，享受了免税待遇；分红后，基金净值大幅下降，赎回收益较少，应缴税款明显减少，投资收益相应增加。

当然，企业投资者还须考虑基金投资中的税收风险。《企业所得税法》第四十七条规定，企业实施其他不具有合理商业目的的安排而减少其应纳税收入或者所得额的，税务机关有权按照合理方法调整。当企业购买基金数额较大，

超过合理投资比例，有可能被税务机关认定为以减少、免除或推迟税款缴纳为目的的不合理安排，从而对其进行调整。

6.1.4 投资方法选择的税收筹划

固定资产投资具有耗资多、时间长、风险大等特点。企业购置机器设备，进行固定资产投资既可以完全自行出资，直接购置所需设备，也可以借助他人资金，采用分期付款赊购或者融资租赁方式。显然，前者需考虑自付资金所形成的机会成本的增加，后者则需考虑借用他人资金所需承担的融资成本，无论采用哪一种方式，都需考虑税收因素。

【案例6-8】某企业欲扩大生产规模，需购置一台大型设备，设备使用年限为5年。有两种投资方案可供选择：

方案一：企业直接出资购入设备，设备购置款为2000万元。

方案二：采用融资租赁方式从某租赁公司租入设备，首期付款400万元，每年年末支付租金350万元，租期为5年。双方约定租期结束，设备所有权转让给承租方。预计租期结束设备估值40万元。

设备采用平均直线折旧法计提折旧，折旧抵税视同现金流入。折现率为10%（1年期、2年期、3年期、4年期、5年期利率为10%的复利现值系数分别为0.909、0.826、0.751、0.683和0.621）。

解析：

方案一：

购置设备现金流出：2000万元

折旧抵税（视同现金流入）：

第一年：400×25%×0.909=90.9（万元）

第二年：400×25%×0.826=82.6（万元）

第三年：400×25%×0.751=75.1（万元）

第四年：400×25%×0.683=68.3（万元）

第五年：400×25%×0.621=62.1（万元）

折旧抵税折现值：90.9+82.6+75.1+68.3+62.1=379（万元）

现金净流出：2000−379=1621（万元）

方案二：

交付首期款现金流出：400万元

每年支付租金现金流出：

第一年：350×0.909=318.15（万元）

第二年：350×0.826=289.1（万元）

第三年：350×0.751＝262.85（万元）

第四年：350×0.683＝239.05（万元）

第五年：350×0.621＝217.35（万元）

现金流出：400+318.15+289.1+262.85+239.05+217.35＝1726.5（万元）

折旧抵税：

年折旧额：(400+350×5)÷5＝430（万元）

第一年：430×25%×0.909＝97.72（万元）

第二年：430×25%×0.826＝88.80（万元）

第三年：430×25%×0.751＝80.73（万元）

第四年：430×25%×0.683＝73.42（万元）

第五年：430×25%×0.621＝66.76（万元）

折旧抵税折现值：97.72+88.80+80.73+73.42+66.76＝407.43（万元）

现金净流出：1726.5－407.43－40×0.621＝1294.23（万元）

采用融资租赁方式进行设备投资，表面上看比直接购置设备多支付设备款150万元［(400+350×5)－2000］，但从长期投资的折现角度看，融资租赁方式的投资不仅使设备购置方减轻了初期支付大额现金的压力，而且获得了低成本融资的额外利益。从折旧抵税的角度看，增加的设备使用成本也扩大了抵减企业所得税的效应。

哪一种投资方式能为投资者带来更大的税后收益并没有绝对的标准。影响投资税后收益的因素多种多样，每一项因素的变化都可能使不同投资方案的结果发生变化。分析案例6-8可知，当预计融资租赁所支付首期付款和年租金水平比较低时，方案二优于方案一。如果预计融资租赁所支付的首期付款和年租金水平比较高，尽管较高的设备使用成本可以增加折旧抵税效应，但由于现金流出量的加大，方案二的现金净流出大于方案一。

6.2　融资决策的税收筹划

6.2.1　资本结构决策与税收筹划

税收之所以对企业资本结构决策产生影响，在于税收制度对于股利支付和利息支付的区别对待，股利必须在公司所得税后支付，而利息允许税前支付。在考虑个人所得税因素后，税收对企业资本结构决策的影响波及个人所得税方面，因为国家对债权人的利息收益和股东的股利所得征收了不同的税。总之，资本结构的税收效应源于国家对不同收入项目征收不同的税。如果税收是中性的，那么，国家征税不会对资本结构产生影响，即不会对融资行为及市场配置资源产生影响。

融资对企业绩效的影响主要通过资本结构质量的变化而发挥作用，可从两个方面进行分析：资本结构的变化如何对企业绩效与税收产生影响；企业如何寻找最佳资本结构以降低税负。

1. 资本结构对企业绩效及税收的影响

资本结构，特别是负债比率合理与否，不仅影响企业风险、成本，而且在相当大程度上影响着企业税收负担以及企业权益资本税后收益的实现。

负债融资的财务杠杆效应主要体现在节税及提高权益资本收益率（包括税前和税后）等方面。其中，节税功能表现在负债利息计入财务费用抵减应纳税所得额，从而相应减少应纳所得税额。在息税前收益率不低于负债成本率的前提下，负债比率越高，额度越大，其节税效果越显著。当然，负债最重要的杠杆作用在于提高权益资本的收益水平及普通股每股收益（税后），这可以从以下公式得到充分反映：

权益资本收益率（税前）= 息税前投资收益率+负债/权益资本×（息税前投资收益率-负债成本率）

由上式可知，只要企业息税前投资收益率高于负债成本率，增加负债额度，提高负债比率，就必然会带来权益资本收益率的提高。但应当明确的是，这种分析是基于纯粹的理论，而未考虑其他约束条件，尤其是舍弃了风险因素及风险成本的追加等，MM 理论及后来的权衡理论正说明了这一点。因为随着负债比率的提高，企业的财务风险及融资风险必然增加，以致负债的成本水平超过了息税前投资收益率，从而使负债融资呈现负的杠杆效应，即权益资本收益率随着负债额度、比例的提高而下降，这正说明实现负债利息抵税效应必须满足“息税前投资收益率不低于负债成本率”这一前提条件。

2. 最佳税收筹划绩效的资本结构规划

评价税收筹划绩效优劣的标准在于是否有利于企业所有者权益的增长。由此依据企业权益资本收益率或普通股每股税后盈余预期目标，组织适度的资本结构，成为融资管理的核心任务。其中的关键在于怎样确立适度的负债比率，并以此为基础，进一步界定负债融资的有效限度。

目标负债规模与负债比率的确定：

$$EPS=[(k\times R-B\times I)(1-t)-u]/n$$

式中，EPS 为期望普通股每股盈余；R 为息税前投资收益率；B 为负债总额；I 为负债成本率；n 为已发行普通股股数；u 为优先股股利支付额；t 为企业所得税税率；k 为投资总额。

此外，还可以根据获利能力预期，通过比较负债与资本节税功能的差异，利用上述公式进行追增资本或扩大负债的优选决策。

如果企业拟扩大规模 ΔK，追加负债 ΔK，则追增负债后，有

权益资本收益率 $Q=(EBIT-BI-\Delta KJ)/S$ ①

如果企业拟扩大规模 ΔK，追加资本 ΔK，则追增资本后，有

权益资本收益率 $Q=(EBIT-BI)/(S+\Delta K)$ ②

令①=②，整理得

$$EBIT=BI+SJ+\Delta KJ$$

即

举债盈亏均衡点的息税前利润 $EBIT=BI+SJ+\Delta KJ$

进一步整理，则可得到

$$\Delta KJ=EBIT-BI-SJ$$

这样，在企业所得税税率以及其他因素既定的条件下，企业欲维持原有的权益资本收益率，就必须要求 $EBIT-BI-SJ\geqslant\Delta KJ$ 成立，方可追加负债规模，追加负债的最高限额为

$$\Delta K\leqslant(EBIT-BI)/J-S$$

式中，I 为既有负债成本率；J 为追加负债成本率；S 为权益资本额；B 为既有负债额；ΔK 为追增负债额。

3. 财务视角的税收成本及其对资本收益率的影响

税收成本与企业净收益率之间存在一定的联系。从理财角度分析，最能有效地量化所有者权益最大化的指标是自有资本净收益率（净资产收益率），其公式如下：

$$Q=[R+(R-I)\times B/S]\times(1-T)$$

式中，Q 为自有资本净收益率；R 为息税前总资本收益率；I 为借入资本利息率；B 为借入资本总额；S 为自有资本总额；T 为企业所得税税率。

上式中，税收成本相对数由［$R+(R-I)\times B/S$］$\times T$ 表示。将上述公式稍作变形可表述为

$$Q=[R+(R-I)\times B/S]-[R+(R-I)\times B/S]\times T$$

即

自有资本净收益率=自有资本总收益率-税收成本

在决定税收成本的变量中，企业所得税税率由于税法规定而具有固定性，可视为常量；息税前总资本收益率虽与资本运作有关，但主要还是由行业平均利润率决定，因此也可视为常量；借入资本利息率在一定时期内是一个常量。

因此，在决定税收成本的变量中，关键变量是负债权益比率，即通常所指的资本结构。

税收成本就是通过资本结构这一渠道对企业净收益产生作用的。如果企业弱化自有资本，利润可通过债务利息的支付而减少，由此所获利益通常被称为负债利益，由上述公式中的［$(R-I)\times B/S$］表示，从而取得巨大的节税收益，导致税收成本降低。有趣的是，即使在负债利益为零的情况下，弱化自身资本也能导致税收成本降低。

6.2.2 融资渠道选择的税收筹划

1. 多种融资渠道的比较

一般来说，企业的融资渠道有：①财政性资金；②金融机构贷款；③企业间资金拆借；④企业自我积累；⑤企业内部集资；⑥债券融资；⑦股票融资；⑧商业信用融资。企业融资渠道不外乎内部渠道和外部渠道两种。从内部来说，包括企业的自我积累和内部集资；从外部来说，包括股票融资、债券融资、财政性资金、金融机构贷款、企业间资金拆借等。

2. 债权融资与股权融资的比较

债权融资是指企业通过借贷的方式筹集资金用于企业运营，到期需要还本付息的融资方式。企业选择债权融资的具体方式时，应将各种方式的税收效应与其筹资成本、财务风险结合考虑，作出恰当的选择。债权融资按融资渠道划分，可以分为银行贷款、企业间资金拆借、商业信用、融资租赁、发行债券等具体融资方式，每种融资方式都有其优缺点。

股权融资是指企业的股东愿意出让部分企业所有权，通过企业增资的方式引进新的股东的融资方式。股权融资所获得的资金，企业无须还本付息，但新股东将与老股东同样分享企业的盈利和增长。股权融资主要分为风险投资、私募股权融资、上市发行股票融资等具体融资方式。

3. 债权融资的基本类型

（1）银行贷款

银行贷款是我国最主要的债权融资形式，银行贷款规模大、贷款利率规范公允，是企业理想的债权融资方式。在税收效应上，企业所得税方面，企业从银行获得贷款支付的利息可以在税前扣除；增值税方面，贷款利息的增值税无法进行抵扣。

但银行对放贷对象的要求较高，很多企业无法从银行获得足额贷款。国有商业银行是我国商业银行的主体，无论是在放贷规模还是在市场占有率方面都占据绝对的优势。但基于国有商业银行的国有性质，其经营易受到行政的干扰，贷款对象多为国有企业。民营企业尤其是中小企业由于其自身的局限性，很难从商业银行获得贷款。具体来讲，首先，中小企业在企业制度上存在缺陷，经营管理不够规范，人事和财务安排上随意性较大，缺乏良好的运行机制；其次，中小企业资本积累有限，缺乏长期规划，发展的可持续性较差。这些局限使得中小企业的信用层级较低，无法获得商业银行的贷款。

（2）企业间资金拆借

对于无法从商业银行取得足额贷款的企业来说，企业间资金拆借是一个能够很好解决短期资金短缺的融资渠道。相比银行贷款而言，企业间资金拆借的灵活性较大，在还款期限和借款利率上均存在较大弹性。在税收效应上，企业所得税方面，企业从非金融机构贷款，允许在企业所得税前扣除不超过按银行同期贷款利率计算的利息；增值税方面，贷款利息税前不得抵扣。

为规范企业资金拆借，国家对企业拆出资金的来源和拆入资金的用途有严格的规定：企业拆出的资金必须是暂时闲置的资金，银行贷款不得进行拆出，以防出现企业从银行低利率贷进款项高利拆出款项的牟利；拆入的资金只能用于短期资金周转，不能用于投资长期固定资产，更不能转贷牟利。

（3）商业信用

商业信用是指企业在交易过程中由于预收货款或延期支付货款所产生的借贷关系。商业信用最初形成是因为在产品的流通过程中，各上下游企业获得资金的时间不同，为了实现销售，企业间相互提供商业信用，促进交易的顺利完成。随着正常银行融资难度加大和融资成本的提高，企业除了利用商业信用扩大销售外，还将商业信用作为一种融资手段来适用。对于贷款难的中小企业来说，商业信用在企业融资中的地位更为重要。

商业信用作为融资手段最大的优点在于方便和容易取得。商业信用不需要办理正式的手续，只要交易双方达成一致，就可形成商业信用，且商业信用的取得没有成本。商业信用的实质是交易双方基于互相的信任而形成的借贷关系，这意味着商业信用不是永恒的，若企业的经营状况不好或存在频繁的失信行为，其获取商业信用的可能性就会降低。因为商业信用是在企业交易中形成的，商业信用在规模、期限、对象上都存在局限性：商业信用的规模受企业交易规模的限制，商业信用的期限受商品生产流通周期的限制，商业信用的对象受交易对象的限制。

（4）融资租赁

融资租赁是一种长期的租赁形式，承租企业由于资金不足，委托出租人代为购买所需的资产，承租人承担全部购买成本及应付的融资费用，出租人以定期收取租金的方式将投资额收回，融资租赁的资产专门性强。在税收效应上，企业定期支付的租金可全额在企业所得税前扣除；租金的增值税可进行进项税额抵扣。

融资租赁开辟了新的融资渠道，企业通过定期支付少量资金就能获得生产经营用的资产，增强了企业资金的流动性和营运能力。对于设备更新换代较快的企业而言，采用租赁的方式获取资产，还有助于加快设备的更新，避免了购买设备的成本与所获取收益不匹配的设备投资风险。此外，租赁的灵活性强，限制性条款少，企业可根据自身经营情况对租赁协议进行约定，有利于企业经营管理战略的实施。

知识链接

融资租赁与经营租赁的比较

1. 租赁的分类与税务处理

按照租赁资产所有权的相关风险和报酬是否转移，租赁分为融资租赁与经营租赁两种形式。

融资租赁是指本质上转移了与资产所有权有关的全部风险和报酬的租赁。所有权最终可能转移，也可能不转移。

融资租赁的税务处理如下：①融资租赁发生的租赁费不得直接扣除，承租方支付的手续费及安装交付使用后支付的利息等可在支付时直接扣除；②融资租赁设备可以计提折旧并在税前扣除，而租赁费高于折旧的差额可以在税前扣除；③租赁费通过举债支付，其利息可以在税前列支；④融资租入设备的改良支出可以作为递延资产，在不短于5年的时间内摊销，而企业自有固定资产的改良支出作为资产，折旧年限一般长于5年。

如果一项租赁业务实质上并没有转移与资产有关的全部风险和报酬，那么该项租赁业务应归类为经营租赁。所以，一项租赁业务归类为融资租赁还是经营租赁依赖于租赁的实质而不是合同的形式。

经营租赁的涉税处理如下：①可以避免因长期拥有设备而承担的负担和风险；②支付的租金冲减企业的利润，减少应纳税所得额；③当出租人和承租人同属一个大的利益集团时，租赁形式最终将使该利益集团实现利润合理转移，这是典型的租赁节税效应。

2. 租赁形式的选择

对于融资租赁，由于会计处理要求确认租赁资产和租赁负债，作为一种表内筹资方式，会给承租人带来不利影响。由于企业债务金额上升，已获利息倍数、净利润率、资产收益率、股本收益率等指标下降，资产负债率上升。承租人一般不欢迎租赁合同被划为融资租赁，那么如何规避呢？

《企业会计准则第21号——租赁》规定，对租赁的分类，应当全面考虑租赁期届满时租赁资产所有权是否转移、承租人是否有购买租赁资产的选择权、租赁期占租赁资产尚可使用年限的比例等因素；同时，依据实质重于形式原则，考察与租赁资产所有权有关的风险和报酬是否转移，来区分融资租赁与经营租赁。一般在租赁合同中不涉及资产所有权的转移和廉价购买权问题，或将租赁期设定为租赁资产有效经济年限的75%稍短一些，如此即可避免被认定为融资租赁。

（5）发行债券

发行债券是大企业融资的重要途径之一，债券利息可在税前扣除，同时企业可以获得财务杠杆利益。溢价发行、折价发行和平价发行是企业发行债券的三种方式。溢价发行与折价发行产生的摊销费用可计入财务费用，以冲减或者增加利息费用，摊销额必须在发行期间进行摊销。债券有直线摊销法和实际利率摊销法两种摊销方法。直线摊销法是将债券的折价额或溢价额平均分摊到各年冲减利息费用；实际利率摊销法则以应付债券的现值乘以实际利率计算出来的利息和名义利息进行比较，将其差额作为折价或溢价摊销额。两种方法的差异在于，直线摊销法下的各年利息费用均保持不变，债券的账面价值在溢价摊销时逐年增加，在折价时逐期减少；实际利率摊销法下的各年利息费用与债券的账面价值都在变化，这种差异为延期纳税提供了可能。

【案例6-9】A股份公司2022年1月1日发行债券2000万元，期限为3年，票面利率为5%，每年付息一次，公司按折价1940万元发行，市场利率为6%。

解析：该公司债券折价直线摊销如表6-5所示。

表6-5 A股份公司债券折价直线摊销法 单位：万元

付息日期	实付利息	利息费用	折价摊销	未摊销折价	账面价值
2022年1月1日	—	—	—	60	1940
2022年12月31日	100	120	20	40	1960
2023年12月31日	100	120	20	20	1980
2024年12月31日	100	120	20	0	2000
合计	300	360	60	—	—

该公司债券折价实际利率摊销法如表6-6所示。

表 6-6　A 股份公司债券折价实际利率摊销法　　单位：万元

付息日期	实付利息	利息费用	折价摊销	未摊销折价	账面价值
2022 年 1 月 1 日	—	—	—	60	1940
2022 年 12 月 31 日	100	116.4	16.4	43.6	1956.4
2023 年 12 月 31 日	100	117.39	17.39	26.21	1973.79
2024 年 12 月 31 日	100	126.21	26.21	0	2000
合计	300	360	60	—	—

通过计算可知，折价发行时，采用不同的摊销方法，利息费用的总额并没有发生变化，但是各年的利息摊销费用不同。在直线摊销法下，各年的利息费用和摊销额保持不变；采用实际利率摊销法时，各年的利息费用和摊销额一直都在变化，但前几年的摊销额及利息费用相比直线摊销法少。所以，在实际利率摊销法下，A 股份公司前期缴纳的税额比后期多。由于货币存在时间价值，A 股份公司在折价发行时采用直线摊销法能获得延期纳税的收益。

【案例 6-10】A 股份公司 2022 年 1 月 1 日发行债券 2000 万元，期限为 3 年，票面利率为 5%，每年付息一次，公司按溢价 2060 万元发行，市场利率为 4%。

解析：该公司债券折价直线摊销法如表 6-7 所示。

表 6-7　A 股份公司债券折价直线摊销法　　单位：万元

付息日期	实付利息	利息费用	溢价摊销	未摊销溢价	账面价值
2022 年 1 月 1 日	—	—	—	60	2060
2022 年 12 月 31 日	100	80	20	40	2040
2023 年 12 月 31 日	100	80	20	20	2020
2024 年 12 月 31 日	100	80	20	0	2000
合计	300	240	60	—	—

该公司债券折价实际利率摊销法如表 6-8 所示。

表 6-8　A 股份公司债券折价实际利率摊销法　　单位：万元

付息日期	实付利息	利息费用	溢价摊销	未摊销溢价	账面价值
2022 年 1 月 1 日	—	—	—	60	2060
2022 年 12 月 31 日	100	82.4	17.6	42.4	2042.4
2023 年 12 月 31 日	100	81.7	18.3	24.1	2024.1
2024 年 12 月 31 日	100	75.9	24.1	0	2000
合计	300	240	60	—	—

通过计算可知，A 股份公司在溢价发行时采用实际利率摊销法能获得延期纳税的收益。

4. 不同融资方式选择的税收筹划

（1）不同融资方式下的税收筹划分析

融资决策需要考虑众多因素，税收因素是其中之一。不同融资方式选择的税收筹划，其实就是分析融资活动对税收的影响，精心设计融资方式，以实现企业税后利润或者股东财富最大化，这是不同融资方式选择的税收筹划的基本目标。

融资作为一项相对独立的资金筹措方式，主要借助于因资本结构变动产生的财务杠杆对经营收益产生影响。资本结构是企业长期债务资本与权益资本之间的构成关系。企业在融资中应考虑以下关键性问题：一是融资活动对企业资本结构的影响；二是资本结构的变动对税收成本和企业利润的影响；三是融资方式选择在优化资本结构和减轻税负方面对税后净利润的贡献。不同融资方式的税收待遇及其所造成的税收负担的不同为税收筹划提供了空间。

税法规定，纳税人在经营期间向金融机构借款的利息支出，按照实际发生数扣除；向非金融机构借款的利息支出，不高于按照金融机构同类同期贷款利率计算的数额以内的部分，准予扣除。但是，企业通过增加资本金的方式进行融资所支付的股息或红利，是不能在税前扣除的，股权性质的融资，不允许税前列支资金成本。比较发行股票融资与发行债券融资，发行债券融资的利息支出可以作为财务费用税前列支，这种融资方式使企业所得税的税基缩小，企业实际税负得以减轻；而发行股票融资则不能实现股利的税前扣除。因此，企业应优先选择债券融资方式，后选择股票融资方式，充分发挥“利息税盾”效应。

融资活动不可避免地涉及还本付息的问题。利用利息摊入成本的不同方法和资金往来双方的关系及其所处经济活动地位的不同是实现合理节税的关键所在。金融机构贷款，其核算利息的方法和利率比较稳定、幅度变化较小，节税空间不大；而企业之间的资金拆借在利息计算和资金回收期限方面均有较大弹性和回旋余地，从而为节税提供了有利条件。尤其是企业内部基于委托贷款方式进行的资金划拨，在实际操作过程中可以由企业自行决定其利息支付额度与支付时间，通过设定不同的利率可以实现利润的转移。比如在一个集团内部，由高税率区的企业向低税率区的企业借入款项，使利息支出发生在高税率区，使利息收入发生在低税率区，可以使集团的整体税负实现最小化。

（2）融资方式选择的税收筹划案例分析

【案例 6-11】假设 A 企业为增值税一般纳税人，因生产经营需要购买一套市场价为 5000 万元的设备。A 企业有两种选择，一是从银行贷款 5000 万元，再自行购买设备，贷款为 5 年期，贷款利率为 8%，每年年末等额还款；二是进行融资租赁，委托租赁公司进行采购，每年年末等额支付租金 1252.28 万元

（为更清晰地比较两种方案的税负差异，假设两者的融资成本相同）。

①银行贷款方案

根据贷款利率和期限，可以计算出企业每年需还款1252.28万元，如表6-9所示。其中利息1261.5万元，企业所得税可税前扣除1261.5万元；5000万元的设备每年折旧金额也可在税前扣除；企业购买设备可抵扣的增值税进项税额为5000×13%=650（万元）。

表6-9 银行贷款还款本金、利息 单位：万元

期数	还款额	本金	利息	未还本金
0				5000.0
1	1252.28	852.3	400.0	4147.7
2	1252.28	920.5	331.8	3227.3
3	1252.28	994.1	258.2	2233.2
4	1252.28	1073.6	178.7	1159.5
5	1252.28	1159.5	92.8	0.0
合计	6261.40	5000.0	1261.5	

②融资租赁方案

企业每年等额支付租金1252.28万元，5年间企业共可在缴纳所得税前扣除6261.40元，见表6-10。支付租金可抵扣的增值税进项税额为6261.40×13%=814（万元）

表6-10 融资租赁方案 单位：万元

期数	还款额	本金	利息	未还本金	利息可抵扣增值税税款
0				5000.0	
1	1252.28	852.3	400.0	4147.7	52.0
2	1252.28	920.5	331.8	3227.3	43.1
3	1252.28	994.1	258.2	2233.2	33.6
4	1252.28	1073.63	178.7	1159.5	23.2
5	1252.28	1159.52	92.8	0.0	12.1
合计	6261.40	5000.0	1261.5		

通过比较分析上述方案可知，在企业所得税方面，银行贷款购买设备和融资租赁的区别在于购买设备的本金即5000万元的税前扣除时间。在银行贷款方案下，购买设备的支出需要随着设备的折旧逐渐扣除，而我国税法规定机器设备的

折旧年限最低为10年；在融资租赁方案下，设备的本金随着租金的支付在税前进行抵扣。一般而言，融资租赁年限低于资产可使用年限，这意味着采取融资租赁方案能够提前扣除设备的购买成本，从而获得资金的时间价值。

在增值税方面，银行贷款购买设备和融资租赁的区别在于利息的增值税能否得到抵扣。我国税法规定贷款利息的增值税不得进行抵扣，融资租赁支付的租金所包含的增值税可全部抵扣。分析可知，两种方案可抵扣的增值税差额是支付利息部分对应的增值税。

【案例6-12】某上市公司因业务发展计划筹资10000万元。财务人员根据当前情况及新年度发展计划提出了三种筹资方案，具体筹资方案如下：

①银行贷款集资。上年年底，银行年贷款利率为9%，筹资费率估计为1%，贷款利率可能会提高，企业所得税税率为25%。

②股票集资。在新的一年可申请增发股票筹集所需要的全部资金，筹资费率为5%。公司目前普通股市价为30元，每股股利为2元，预计年股利增长率为10%。

③联合经营集资。与下游厂家联合经营，由公司提供原材料物资，成员厂加工产品配件，由公司团购并组装成最终产品，并负责对外销售。试制成功的新产品可利用下游厂家的场地、劳动力、设备和资源等进行批量生产，从而形成专业化生产能力，保证产量、产值和税后利润的稳步增长。

试分析，该上市公司应采取哪种筹资方案？

解析：应采取比较资金成本率的方法选择最优筹资方案。

方案一：银行贷款集资

$$\text{借款资金成本率}=\text{借款年利息}\times(1-\text{所得税税率})\div[\text{借款本金}\times(1-\text{筹资费率})]$$
$$=10000\times9\%\times(1-25\%)\div[10000\times(1-1\%)]=6.82\%$$

方案二：股票集资

$$\text{普通股资金成本率}=\text{预期年股利额}\div[\text{普通股市价}\times(1-\text{普通股筹资费率})]+\text{股利年增长率}$$
$$=2\times(1+10\%)\div[30\times(1-5\%)]+10\%=17.72\%$$

方案三：联合经营集资

资金成本率分为以下两种情况：

①当成立一个联营实体时，资金成本率就是联营企业分得利润占联营企业出资总额的比例；比例越高，联营企业获得的利润越多，资金成本率越高。用公式表示为

$$\text{资金成本率}=\text{联营企业获得利润}/\text{联营企业出资总额}\times100\%$$

②当仅为一个项目合资生产时，资金成本率就是联营企业获得利润占利润总额的百分比，企业筹资必须考虑其对资本结构造成的影响。

案例分析题

案例1　融资方式的选择

甲公司对乙公司权益性投资总额为1000万元，乙公司计划从甲公司融资3000万元，融资利率为7%。金融机构同期同类贷款的利率也为7%，甲公司适用15%的税率，乙公司适用25%的税率。试问该企业应当如何进行税收筹划？

案例2　直接投资与间接控股的税收筹划

李先生拥有甲公司40%的股份，每年可以从该公司获得500万元的股息，根据我国现行个人所得税制度，李先生每年需要缴纳100万元的个人所得税。李先生所获得的股息全部用于股票投资或直接投资于其他企业，李先生应当如何进行纳税策划？

案例3　不同融资方案的比较

烟台大华公司计划筹资6000万元用于一项新产品的生产，为此制定了五种方案，企业所得税税率为25%，其他资料如表6-11所示。试从节税及避免财务风险的角度，分析各方案的优劣。

表6-11　不同融资方案的比较

项目	方案A	方案B	方案C	方案D	方案E
负债额（万元）	0	3000	4000	4500	4800
权益资本额（万元）	6000	3000	2000	1500	1200
负债比率	0：6	1：1	4：2	3：1	4：1
负债成本率（%）		6	7	9	10.5
息税前投资收益率（%）	10	10	10	10	10
普通股股数（万股）	60	30	20	15	12
息税前利润（万元）	600	600	600	600	600
利息成本（万元）	0	180	280	405	504
税前利润（万元）	600	420	320	195	96
应纳所得税（万元）	150	105	80	48.75	24
税后利润（万元）	450	315	240	146.25	72
税前权益资本收益率（%）	10	14	16	13	8
税后权益资本收益率（%）	7.5	10.5	12	9.75	6

第7章

物资采购的税收筹划

税收代表一种经营成本，而且要像产品成本、雇员工资、财务成本等一样进行管理；将税收作为一种战略规划变量，特别强调其在经营决策制定中的角色。

——美国前税务学会主席　萨利·琼斯

7.1　采购发票及税款抵扣的税收筹划

7.1.1　索取采购发票

许多企业采购时为了获得价格让利，往往同意供货方不开发票。从财务角度看，采购方没有发票意味着采购成本不能入账，就不能实现税前扣除，因为未取得发票或者取得的发票不是增值税专用发票，采购方不能抵扣增值税进项税额。因此，企业在采购过程中一定要索取合法的发票。财务会计制度对不同情况下取得采购发票作出了以下规定：

（1）在购买商品、接受服务支付款项时，应当向收款方索取符合规定的发票。不符合规定的发票，不得作为财务凭证入账。

（2）特殊情况下由付款方向收款方开具发票时，必须按号码顺序填开，填写项目齐全，内容真实，字迹清楚，全部联次一次复写、打印，内容完全一致，并在有关联次加盖财务印章或者发票专用章；采购物资时必须严格遵守发票管理办法及税法关于增值税专用发票管理的有关规定。

7.1.2　规避采购合同的税收陷阱

采购合同至关重要，在采购中一定要注意采购合同的税收陷阱。对于采购方来说，在采购合同中要避免出现以下条款：采购方全部款项付清后，由供货方开具发票。这一条款意味着只有采购方全额付款才能拿到发票。在实际工作中，由于产品质量、货物标准、供货时间等方面的原因，采购方往往不会支付全款。因此，采购合同相关条款可改为“根据采购方实际支付金额，由供货方开具发票”，如此就不会出现采购方不能取得发票的问题了。

此外，购销双方在签订合同时，应该在合同中明确结算价格、税款等关键性条件。譬如，采购方作为一般纳税人，从小规模纳税人处购进货物可能无法取得增值税专用发票，或获取的专用发票抵扣率很低，导致增值税进项税额抵扣方面的损失。在这种情况下，采购方可以通过谈判压低从小规模纳税人处购进货物的价格，以补偿相关税收损失。

7.1.3 增值税进项税额的筹划

1. 准予从销项税额中抵扣的进项税额

根据税法规定，下列进项税额准予从销项税额中抵扣：

（1）从销售方或者提供方取得的增值税专用发票（含税控机动车销售统一发票）上注明的增值税额。

（2）从海关取得的海关进口增值税专用缴款书上注明的增值税额。

（3）购进农产品，除取得增值税专用发票或者海关进口增值税专用缴款书外，按照农产品收购发票或者销售发票上注明的农产品买价和相应的扣除率计算的进项税额。其计算公式为进项税额=买价×扣除率。

买价，是指纳税人购进农产品在农产品收购发票或者销售发票上注明的价款和按规定缴纳的烟叶税。

（4）从境外单位或者个人购进服务、无形资产或者不动产，自税务机关或者扣缴义务人取得的解缴税款的完税凭证上注明的增值税额。

（5）已抵扣进项税额的购进服务发生规定情形（简易计税方法计税项目、免征增值税项目除外）的，应当将该进项税额从当期进项税额中扣减；无法确定该进项税额的，按照当期实际成本计算应扣减的进项税额。

（6）自 2019 年 4 月 1 日起，增值税一般纳税人购进不动产或者不动产在建工程的当期一次性抵扣进项税额。

（7）按照《营业税改征增值税试点实施办法》的规定，不得抵扣且未抵扣进项税额的固定资产、无形资产、不动产，发生用途改变，用于允许抵扣进项税额的应税项目，可在用途改变的次月按照下列公式计算可以抵扣的进项税额：

$$\text{可以抵扣的进项税额}=\frac{\text{固定资产、无形资产、不动产净值}}{1+\text{适用税率}}\times\text{适用税率}$$

上述可以抵扣的进项税额应取得合法有效的增值税扣税凭证。

（8）原增值税一般纳税人购进服务、无形资产或者不动产，取得的增值税专用发票上注明的增值税额为进项税额，准予从销项税额中抵扣。

（9）增值税一般纳税人购进货物或者接受加工修理修配劳务，用于《销售服务、无形资产或者不动产注释》所列项目，其进项税额准予从销项税额中抵扣。

（10）增值税一般纳税人购进国内旅客运输服务的进项税额，允许从销项税额中抵扣。具体规定如下：第一，取得增值税电子普通发票的，为发票上注明的税额；第二，取得注明旅客身份信息的航空运输电子客票行程单的，为按照下列公式计算的进项税额：航空旅客运输进项税额=（票价+燃油附加费）/（1+9%）×9%；第三，取得注明旅客身份信息的公路、水路等其他客票的，为按照下列公式计算的进项税额：公路、水路等其他旅客运输进项税额=票面金额/（1+3%）×3%。

上述进项税额扣除的具体情况如表 7-1 所示。

表 7-1 进项税额扣除情况

涉及事项	扣税凭证	取得处	进项税额
购进货物、接受应税劳务或应税服务	增值税专用发票	一般纳税人	凭证注明的金额
接受货物运输服务	增值税专用发票	一般纳税人	
进口货物	海关进口增值税专用缴款书	海关	
购进农产品	农产品销售发票	销售自产农产品的农业生产者	买价×扣除率（9%）
	农产品收购发票	零散经营的农户	
接受交通运输劳务	增值税专用发票	一般纳税人	凭证注明金额（适用9%税率）
取得购进国内旅客运输服务	航空运输电子客票行程单、铁路车票	运输服务公司	计算进项税额
购进不动产	增值税专用发票	一般纳税人或简易计税	凭证注明金额（适用9%税率或5%税率）

【案例 7-1】长江肠衣制品公司（以下简称肠衣公司）是一家规模较大的生物制品专业生产企业，取得了较好的经济效益。肠衣公司的业务流程：从全国生物收购站采购新鲜小猪肠，收购额为 27100 万元，集中到生产基地加工制作肠衣制品。其产品主要销售给国内各大医药公司，由医药公司再销售给医院。某年年初，肠衣公司财务报告显示，上一年度实现销售额 36000 万元，经营成果为微利，主要原因是增值税税收负担较重。

解析：肠衣公司从国内生物收购站采购的猪肠无法取得增值税专用发票，原材料采购无法用增值税专用发票抵扣，可以抵扣的只有水电费等少量项目，增值税进项税额为1512万元。因为医药公司一般是增值税一般纳税人，要求肠衣公司开具13%的增值税专用发票。经测算，该公司增值税情况如下：

应缴纳增值税＝36000×13%－1512＝3168（万元）

增值税税负＝3168÷36000＝8.80%

听取税务专家的建议后，肠衣公司决定改变经营模式。在各地设立猪肠收购站，规范其收购行为，向当地税务机关申请领取农副产品收购凭证收购农副产品。在这种情况下，肠衣公司向收购站收购猪肠可以抵扣9%的增值税进项税额，大大降低了税负。改变经营模式后，肠衣公司应纳增值税情况如下：

增值税进项税额＝27100×9%＝2439（万元）

应该缴纳的增值税＝36000×13%－2439－1512＝729（万元）

改变经营模式后肠衣公司节省税收

3168－729＝2439（万元）

同样，我们应该看到，在各地设立符合税务机关要求的收购站，并且要对各个收购站进行规范化建设，肠衣公司要花费一定的时间和精力，并发生大量费用。

2. 不得从销项税额中抵扣的进项税额

（1）用于简易计税方法的计税项目、免征增值税项目、集体福利或者个人消费的购进货物、加工修理修配劳务、服务、无形资产和不动产。其中涉及的固定资产、无形资产、不动产，仅指专用于上述项目的固定资产、无形资产（不包括其他权益性无形资产）、不动产。纳税人的交际应酬消费属于个人消费。

（2）非正常损失的购进货物，以及相关的加工修理修配劳务或者交通运输业服务。

（3）非正常损失的在产品、产成品所耗用的购进货物（不包括固定资产）、加工修理修配劳务或者交通运输业服务。

（4）非正常损失的不动产，以及该不动产所耗用的购进货物、设计服务和建筑服务。

（5）非正常损失的不动产在建工程所耗用的购进货物、设计服务和建筑服务。纳税人新建、改建、扩建、修缮、装饰不动产，均属于不动产在建工程。

（6）购进的旅客运输服务、贷款服务、餐饮服务、居民日常服务和娱乐服务。①

（7）纳税人接受贷款服务向贷款方支付的与该笔贷款直接相关的投融资顾

---

① 根据《财政部 税务总局 海关总署关于深化增值税改革有关政策的公告》（财政部 税务总局 海关总署公告2019年第39号），纳税人购进国内旅客运输服务，其进项税额允许从销项税额中抵扣。

问费、手续费、咨询费等费用，其进项税额不得从销项税额中抵扣。

（8）财政部和国家税务总局规定的其他情形。

3. 进项税额扣除的特殊规定

（1）适用一般计税方法的纳税人，兼营简易计税方法计税项目、免征增值税项目而无法划分不得抵扣的进项税额，按照下列公式计算不得抵扣的进项税额：

$$\text{不得抵扣的进项税额}=\text{当期无法划分的全部进项税额}\times\left(\frac{\text{当期简易计税方法}}{\text{计税项目销售额}}+\frac{\text{免征增值税}}{\text{项目销售额}}\right)\div\text{当期全部销售额营业额合计}$$

主管税务机关可以按照上述公式依据年度数据对不得抵扣的进项税额进行清算。

（2）已抵扣进项税额的购进货物、接受加工修理修配劳务或者应税服务，发生不得抵扣进项税额情形（简易计税方法计税项目、免征增值税项目除外）的，应当将该进项税额从当期进项税额中扣减；无法确定该进项税额的，按照当期实际成本计算应扣减的进项税额。

【案例7-2】上海市某运输企业于2019年1月购入一辆汽车作为企业运输业务的运输工具，车辆购入时不含税价格为40万元，取得的增值税专用发票上注明增值税税款为5.2万元，当月该企业对增值税专用发票进行了认证抵扣。2020年1月，为了提升员工福利，该企业将该车辆转作为接送员工上下班的工具。车辆折旧期为4年，采用直线法计提折旧。试问该运输企业应如何扣减已抵扣的进项税额？

解析：

（1）由于需扣减的进项税额无法确定，应按照当期实际成本计算应扣减的进项税额，即

$$\text{应扣减的进项税额}=5.2\div4\times3=3.9\text{（万元）}$$

（2）该进项税额应从当期的进项税额中扣减。假设该运输企业2020年1月可抵扣的进项税额为100万元，则

$$\text{实际可抵扣的进项税额}=100-3.9=96.1\text{（万元）}$$

7.2 采购控制的税收筹划

7.2.1 采购时间选择的税收筹划

1. 利用商品供求关系进行税收筹划

采购方应在不影响正常生产经营的情况下选择商品供大于求时进行采购。

在所需采购商品供大于求时，采购方往往可以压低购买价格，从而实现税负转嫁。

2. 利用税制变化进行税收筹划

对负有纳税义务的企业来讲，及时掌握各类商品税收政策的变化，包括征税范围、税率等的变化，就可以在购货时间上做相应策划安排，从而使税负减轻。

3. 安排购进材料的涉税处理

增值税一般纳税人用于免税项目的购进货物或者应税劳务、用于集体福利或者个人消费的购进货物或者应税劳务的进项税额不得从销项税额中抵扣。于是，一些企业在财务核算时为避免在进项税额上出现差错，将用于上述项目的外购材料单独设立“工程物资”“其他材料”等科目入账，同时将取得的进项税额直接计入材料成本。

其实上述进项税额不得从销项税额中抵扣，仅指“用于”情况下，也就是说在领用时要转出进项税额，不“用于”时则无须转出。一般情况下，材料在购进和领用环节会存在一个时间差。企业如果能充分利用材料购进和领用的时间差，就可以减轻企业税收负担，获得货币时间价值。

【案例7-3】一大型煤炭生产企业，下属有医院、食堂、宾馆、浴池、学校、幼儿园、工会、物业管理等常设非独立核算的单位和部门，以及一些在建工程项目和日常维修项目。为了保证生产、经营正常进行，必须不间断地购进材料以补充被领用的部分，保持库存相对平衡。

解析：假设企业购买的这部分材料平均金额为1130万元，如果单独设立“原材料”科目记账，将取得的进项税额直接计入材料成本，那么就不存在进项税的问题，从而简化了财务核算。如果所有购进材料都不单独记账，而是准备用于增值税应税项目，在取得增值税专用发票时就可以申报从销项税额中抵扣，领用时作进项税额转出。虽然核算相对复杂，但是企业在生产经营期间就可以少缴税款。

假设该企业材料库存始终保持1130万元的余额。如此，企业就可以申报抵扣进项税额130万元，少缴增值税130万元、城市维护建设税9.10万元、教育费附加3.90万元。如果没有这部分税金及附加，在流动资金不足的情况下，企业就需向金融机构贷款。以贷款年利率6%计算，则

节约的财务费用=(130+9.10+3.90)×6%=8.58（万元）

企业多获得的利润=8.58−8.58×25%=6.435（万元）

由此可见，企业通过对材料采购进行税收筹划，不仅可节省税款，而且可

节约利息支出。

7.2.2 供应商选择的税收筹划

作为一般纳税人，考虑到税款抵扣问题，采购货物应该选择一般纳税人，以取得增值税专用发票，最大可能地抵扣税款。但是，在现实生活中，有的货物因为质量、采购量、距离远近等因素的制约，只能向小规模纳税人采购。为此，企业采购货物时应从进项税额能否抵扣、价格、质量、付款方式（考虑资金时间价值）等多方面综合考虑。

【案例7-4】华丰商贸城为一般纳税人，当月拟购进某种商品，每件进价为20000元（不含税），销售价为22000元（不含税）。

解析：在选择进货渠道时，假设有三种选择：增值税一般纳税人；能开具增值税专用发票的小规模纳税人；开具普通发票的小规模纳税人。试问企业以这三种纳税人为供货对象，税收负担有什么不同呢?

方案一：以一般纳税人为供应商，经计算可知，增值税应纳税额为260元（22000×13%-20000×13%）。

方案二：以可以开具增值税专用发票的小规模纳税人为供应商，经计算可知，增值税应纳税额为2260元（22000×13%-20000×3%）。

方案三：以只能开具普通发票的小规模纳税人为供应商，经计算可知，增值税应纳税额为2860元（22000×13%）。

综上可知，选择一般纳税人为供应商时税负最轻，能开具增值税专用发票的小规模纳税人次之，只能开具普通发票的小规模纳税人税负最重。

7.2.3 结算方式选择的税收筹划

结算方式选择的税收筹划，关键是尽量推迟付款时间，具体操作方法如下：付款之前，先取得对方开具的增值税专用发票；采取托收承付或委托收款结算方式，尽量让销售方先垫付税款；采取赊销或分期付款方式，让销售方先垫付税款，以获得足够的资金调度时间。

【案例7-5】北方商业城于3月26日从山东某酒厂购进一批白酒，取得由防伪税控系统开具的增值税专用发票一份。北方商业城于当年4月将该份专用发票向当地税务机关申请并通过了认证，并于当月申报抵扣了专用发票上列明的进项税额6.8万元。

当年5月16日，当地税务机关在对北方商业城（增值税一般纳税人）进行增值税日常稽核时，以北方商业城未支付货款为由，责令其转出已抵扣的进项税额6.8万元。理由是北方商业城与销货方采取的是占压对方50万元货物的结算方式，且无法确定该批货物的准确支付货款时间。那么，税务机关的处理是否正确呢？

解析：并未有相关法律法规规定购货方必须付款后才可以申报抵扣进项税额，故税务机关的处理不正确。

7.2.4 委托代购方式的税收筹划

制造企业在生产经营中需要大量购进各种原辅材料，由于购销渠道的限制，企业常常需要委托商业机构代购各种材料，委托代购业务自然就产生了。委托代购中受托方一般只向委托方收取手续费，采取委托代购操作必须符合以下条件：

（1）受托方不垫付资金。

（2）销售方将发票开具给委托方，并由受托方将该发票转交给委托方。

（3）受托方按实际销售额和增值税额与委托方结算货款，另外收取手续费。在这种情况下，受托方按收取的手续费缴纳增值税。

一般纳税人通常不愿意跟小规模纳税人打交道，原因是后者不能按要求开具增值税专用发票，即使由主管税务机关代开增值税专用发票，也只能按小规模纳税人的3%的征收率抵扣。同样的原因，众多小规模纳税人因不能提供增值税专用发票而失去了许多一般纳税人客户。

如果小规模纳税人能够巧妙运用税法关于委托代购的规定，将经销转为委托代购，就可以防止一般纳税人客户的流失。

【案例7-6】某烟草站是专门从事批发、零售卷烟的小规模纳税人，在烟草站附近的供销社是一般纳税人。供销社的营业窗口点多面广，拥有固定的消费群体，其年卷烟销售额可达到500万元。这在烟草站眼里无疑是一个十分诱人的市场，近在咫尺却无法建立业务关系。原因很简单，供销社采购卷烟必须开具增值税专用发票，才能申报抵扣进项税额。供销社只能舍近求远去百里外的县烟草公司采购，运费成本居高不下。

解析：税务师事务所了解到烟草站的情况，提供了以下税收筹划方案。

（1）烟草站与供销社之间签订一份委托代购协议书，约定供销社委托烟草站代购（烟草站的供货来源是县烟草公司）××品牌的卷烟××箱，供销社应支付烟草站代购业务手续费××元等。

（2）供销社按县烟草公司的供应价（含增值税）计算，将购货款预付给烟草站，烟草站不垫付购货资金。

（3）县烟草公司凭烟草站与供销社之间签订的委托代购协议书，根据《关于代购货物免征增值税条例》，可将增值税专用发票直接开具给供销社。

（4）烟草站另开具发票向供销社收取代购手续费。

7.2.5　固定资产采购的税收筹划

1. 采购固定资产应获取增值税专用发票

需要注意的是，对除房屋、建筑物、土地等不动产以外的购进固定资产（包括接受捐赠和实物投资）、用于自制（含改扩建、安装）固定资产的购进货物或增值税应税劳务必须取得增值税专用发票，才能抵扣增值税进项税额。

纳税人租入固定资产、不动产，既用于一般计税方法计税项目，又用于简易计税方法计税项目、免征增值税项目、集体福利或者个人消费的，其进项税额准予从销项税额中全额抵扣。

2. 采购固定资产选择供货商的纳税人身份

一般纳税人在采购固定资产时，必须在不同身份纳税人之间作出抉择。假定购进固定资产的含税价款为 S，若供货商为一般纳税人，其适用的增值税税率为 T_1；若供货商为小规模纳税人（能到税务机关代开增值税专用发票），其增值税征收率为 T_2。从一般纳税人或小规模纳税人处购进固定资产时，可抵扣的增值税进项税额分别为 $ST_1/(1+T_1)$ 与 $ST_2/(1+T_2)$。

（1）若一般纳税人增值税税率 T_1 取值 13%，小规模纳税人增值税税率 T_2 取值 3%，则有 $13\%/(1+13\%)>3\%/(1+3\%)$。

（2）若一般纳税人增值税税率 T_1 取值 9%，小规模纳税人增值税税率 T_2 取值 3%，则有 $9\%/(1+9\%)>3\%/(1+3\%)$。

可见一般纳税人企业从一般纳税人处采购固定资产能获得更多的进项税额抵扣。

购入固定资产时，进项税额支付少，则抵扣少；进项税额支付多，则抵扣多。

3. 采购固定资产抵扣增值税时机的选择

当企业购买固定资产时，必须考虑固定资产的购进时机。一般来说，企业在出现大量增值税销项税额时购入固定资产最为适宜，可以实现进项税额的全额抵扣。若购进固定资产的进项税额大于该时期的销项税额，则购进固定资产时就会出现一部分进项税额不能抵扣，从而降低增值税抵扣的力度。

【案例 7-7】 A 公司为一般纳税人，准备购入一批固定资产扩大生产规模，价格为 565 万元（含税），有三个供应商可以选择：

甲为一般纳税人，适用税率 13%，可以提供增值税专用发票；

乙为小规模纳税人，可以由税务机关代开增值税专用发票；

丙为小规模纳税人，不能取得代开发票。

若A公司当期有30万元销项税额，选择哪个供应商可最大限度地获得增值税抵扣力度呢？

解析：选择甲，则

$$可抵扣进项税额=565\div(1+13\%)\times13\%=65\ （万元）$$

选择乙，则

$$可抵扣进项税额=565\div(1+3\%)\times3\%=16.46\ （万元）$$

选择丙，不能取得专用发票，不能抵扣进项税额。

计算结果显示，供应商丙劣于供应商甲和乙，选择甲可抵扣进项税额大于乙。在不考虑增值税销项税额的情况下，可以直接选择甲。因A当期只有30万元销项税额，如果考虑增值税抵扣时机，充分发挥增值税进项税额的抵扣力度，则应该选择乙，待有更多销项税额时，再分期分批购入固定资产。

案例分析题

案例1　运输业务的税收筹划

利华轧钢厂是生产钢材的增值税一般纳税人，拥有运输车辆。预计销售钢材时可同时取得运费收入100万元（不含税），车辆运输费用为30万元（不含税），其中油料等可抵扣增值税进项税额为2.5万元，可抵扣增值税的项目均取得了增值税专用发票。有两种方案可供利华轧钢厂选择：一是自营运输；二是将运输部门设立为独立的运输公司。

从税收角度考虑，利华轧钢厂应如何选择？

案例2　兼营行为的税收筹划

中超运输公司是“营改增”试点纳税人，兼营运输及仓储服务业务。6月，取得运费收入1000万元（不含税），取得仓储收入300万元（不含税），交通运输业增值税税率为9%，仓储业增值税税率为6%，城市维护建设税税率为7%，教育费附加为3%。假设不考虑其他税种，从税收角度考虑，中超运输公司的运费收入及仓储收入应如何进行税收筹划？

综合阅读题

“三流一致”能否作为判断真实交易的标准？

所谓“三流一致”，是指发票流、资金流、货物流应当统一，具体是指一张发票上的收款方、发货方、销售方（发票上的销售方）应该是同一个主体，且付款方、收货方、购买方（发票上的购买方）也应该是同一个主体。其理论根基是，既然是真实交易，那么销售方应该直接把货物发送给购买方，货款应当由购买方直接支付给销售方。如果三流不一致，企业很可能面临虚开发票的判定而遭受不利的法律后果。

一、“三流一致”的来龙去脉①

（一）资金流一致的渊源

1995年10月18日，国家税务总局出台了国税发〔1995〕192号文，其中规定：“纳税人购进货物或应税劳务，支付运输费用，所支付款项的单位，必须与开具抵扣凭证的销货单位、提供劳务的单位一致，才能够申报抵扣进项税额，否则不予抵扣。”

该文要求所支付款项的单位，必须与开具抵扣凭证的销货单位、提供劳务的单位一致。这里强调的是收款方与销售方的一致，即收取货款的应该是销售方而不是其他人，其取得的抵扣凭证才能予以抵扣进项税额。

（二）货物流一致流的来源

国税发〔1995〕192号文规定：“准予计算进项税额扣除的货运发票，其发货人、收货人、起运地、到达地、运输方式、货物名称、货物数量、运输单价、运费金额等项目的填写必须齐全，与购货发票上所列的有关项目必须相符，否则不予抵扣。”（该条款已经作废）有些人认为，该条是货物流一致的根源。笔者经过反复核实，发现该条款仅仅是用来规范运输费发票的。

（三）发票流一致

发票一致理所应当的，但问题是发票流应当与谁保持一致呢？是与货物流一致，还是与资金流一致呢？很难给出明确答案。

二、“三流一致”的具体表现

【案例】A公司开具发票给B公司，发票销售方为A公司，B公司为购买方。

（一）货物流一致的要求：A公司→B公司，具体有以下几种观点：

1. A公司必须足额发送货物到B公司，短缺或没有发送货物则货物流不一致；

2. 直接发货人只能是A公司而不能是其他人（他人代发），直接收货人只能是B公司（他人代收或指定他人接收货物）；

① 参见赵清海律师的博客（2018.7.28），网址：http：//blog.sina.com.cn/s/blog_4ca266b60102xwli.html.

3. A公司与B公司之间不能插入第三者（不排斥物流公司）；

4. A公司必须对货物享有所有权；

5. B公司收到的货物必须是A公司交付的货物，不允许调换货物。

（二）资金流一致的要求：B公司→A公司，具体有以下几种观点：

1. 货款必须足额支付，少支付或未支付属于资金流不一致；

2. 直接支付货款的必须是B公司（不能代为支付），直接接受货款的必须是A公司（不能是其他人接受款项）；

3. 在B公司到A公司之间不能插入其他环节。

问题：

（1）“三流一致”能证明交易真实吗？

（2）如果三流不一致，一定是虚开增值税发票吗？

第8章
生产研发的税收筹划

虽然各国税制的具体细节各不相同，但所得税体系都面临同样的基本问题，如对国际所得课征多少税收，以及应在何时对所得课税等。另外，所有国家的税收筹划者都必须确定税收战略与公司的财务和经营战略之间的相互影响。

——诺贝尔经济学奖得主　迈伦·斯科尔斯

8.1　存货计价与资产折旧的税收筹划

8.1.1　存货发出计价方法

纳税人采取的存货计价方式不同，对产品成本、企业利润和企业所得税都有较大影响。对于性质和用途相似的存货，应当采取相同的成本计算方法确定发出存货的成本。对于不能替代使用的存货，为特定项目专门购入的存货以及提供劳务的成本，通常采用个别计价法确定发出存货的成本。

这里的存货是指企业在生产经营过程中为销售或者耗用而储存的各种资产，如商品、产成品、半成品、在产品以及各类材料、燃料、包装物、低值易耗品等。存货既是资产负债表中的重要项目，也是利润表中用来确定主营业务成本的一项重要内容。

存货成本=期初存货+本期存货-期末存货

由上述公式可知，期末存货的大小，恰好与销货成本高低呈反向变化。换言之，本期期末存货的多计，必然会降低本期销货成本，增加本期收益。此外，本期期末存货的多计，又会增加下期期初存货成本，从而使下期的销货成本提高，降低下期的收益。因此，能否正确地确定存货的价值与能否正确地反映企业的经营成果和财务状况有着密切的关系。由于存货计价对企业的收益和应税所得额均有直接影响，企业会计准则规定的存货计价方法又有多种，不同的计价方法对企业利润和纳税额的影响不同，因而企业在选择存货计价方法时，可选择使其税减较轻的方法。

对于企业来说，可选用的存货计价方法主要有先进先出法、个别计价法、月末一次加权平均法、移动加权平均法等。在价格平稳或者价格波动不大时，存货计价方法对成本的影响不显著。当价格水平发生波动，存货计价方法对成本的影响较为显著。

不同的存货计价方法对企业纳税的影响不同，这既是财务管理的重要步骤，也是税收筹划的重要内容。采取何种方法为佳，应根据具体情况进行分析。

（1）当物价呈上涨趋势时，采用月末一次加权平均法计算出的期末存货价值最低，销售成本最高，可将利润递延至次年，以延缓纳税时间；当物价呈下降趋势时，采用先进先出法计算出的存货价值最低，同样可达到延缓纳税的目的。

（2）在物价呈上升趋势的前提下，当企业处于所得税的免税期，企业获得的利润越多，其得到的免税额就越多，企业可以选择先进先出法计算期末存货价值，以减少当期成本、费用的摊入，扩大当期利润；当企业处于征税期或高税负期，企业可以选择月末一次加权平均法，将当期的摊入成本尽量扩大，以减少当期利润，降低应纳所得税额。在物价呈下降趋势时，企业可以选择相反的做法。

（3）存货计价方法作为企业内部核算的具体方法，可以利用市场价格水平变动来达到降低税负的目的。由于商品的市场价格总是处于变动之中，政府对商品市场价格的控制有一定的限制，这为企业利用价格变动获得最大利益创造了条件。

在实行累进税率的条件下，企业可以利用存货计价方法开展税收筹划活动。我国《个人所得税法》规定，个体工商户的生产、经营所得，对企事业单位的承包经营、承租经营所得，适用5%~35%的五级超额累进税率。在实行超额累进税率的条件下，选择月末一次加权平均法或者移动加权平均法对企业存货进行计价核算，可以使企业税收负担较轻。这是因为在加权平均法下，企业各期的利润较平均，不至于因为利润忽高忽低而使利润过高的会计期间套用过高的税率。

【案例 8-1】 某个体工商户在 2018 年购进甲货物两批，数量均为 2000 件。第一批价格为 4 元/件，第二批价格为 6 元/件。2019 年销售 2000 件，2020 年销售 2000 件，销售价格均为 7 元/件。请分别采用月末一次加权平均法、先进先出法的存货计价方法，计算该个体工商户 2019 年度和 2020 年度的应纳所得税。

解析：

（1）采用月末一次加权平均法

购进甲货物的平均价格＝（2000×4+2000×6）/（2000+2000）＝5（元）

2019 年度税前利润＝2000×7−2000×5＝4000（元）

2019 年度应缴所得税＝4000×5%＝200（元）

同样可以计算得到 2020 年度应缴所得税为 200 元，故该个体工商户 2019 年至 2020 年的应纳所得税合计 400 元。

（2）采用先进先出法

2019 年度的税前利润＝2000×7−2000×4＝6000（元）

2019 年度应缴所得税＝6000×10%−250＝350（元）

2020 年度的税前利润＝2000×7−2000×6＝2000（元）

2020 年度应缴所得税＝2000×5%＝100（元）

因此，该个体工商户两年度应纳所得税合计 450 元。

通过以上计算可以看出，在月末一次加权平均法存货计价方法下，该个体工商户 2019 年至 2020 年应纳所得税额比在先进先出法存货计价方法下减少 50 元。也就是说，在实行累进税率条件下，选择月末一次加权平均法或者移动加权平均法对企业的存货进行计价核算，企业的税负较轻。

8.1.2　固定资产折旧的税收筹划

折旧作为成本的重要组成部分，具有“税收挡板”的作用。企业会计准则规定，企业常用的折旧方法有平均年限法、工作量法、年数总和法和双倍余额递减法，运用不同的折旧方法计算出的折旧额不相等，因而分摊到各期生产成本中的固定资产折旧额也不同，进而影响企业的利润和应缴纳的企业所得税。

企业计提固定资产折旧时，一般只能选用平均年限法或工作量法。对于加速折旧法，税法有严格的规定。《企业所得税法实施条例》第九十八条规定：企业可以采取缩短折旧年限或者加速折旧的方法的固定资产包括：①由于技术进步，产品更新换代较快的固定资产；②常年处于强震动、高腐蚀状态的固定资产。

《财政部　国家税务总局关于完善固定资产加速折旧企业所得税政策的通知》（财税〔2014〕75 号）规定：

（1）对生物药品制造业，专用设备制造业，铁路、船舶、航空航天和其他运输设备制造业，计算机、通信和其他电子设备制造业，仪器仪表制造业，信息传输、软件和信息技术服务业等 6 个行业的企业 2014 年 1 月 1 日后新购进的固定资产，可缩短折旧年限或采取加速折旧的方法。

对上述 6 个行业的小型微利企业 2014 年 1 月 1 日后新购进的研发和生产经营共用的仪器、设备，单位价值不超过 100 万元的，允许一次性计入当期成本费用在计算应纳税所得额时扣除，不再分年度计算折旧；单位价值超过 100 万元的，可缩短折旧年限或采取加速折旧的方法。

（2）对所有行业企业 2014 年 1 月 1 日后新购进的专门用于研发的仪器、设备，单位价值不超过 100 万元的，允许一次性计入当期成本费用在计算应纳税所得额时扣除，不再分年度计算折旧；单位价值超过 100 万元的，可缩短折旧年限或采取加速折旧的方法。

（3）对所有行业企业持有的单位价值不超过 5000 元的固定资产，允许一次性计入当期成本费用在计算应纳税所得额时扣除，不再分年度计算折旧。

此外，《财政部 国家税务总局关于进一步完善固定资产加速折旧企业所得税政策的通知》（财税〔2015〕106 号）规定：对轻工、纺织、机械、汽车等四个领域重点行业的企业 2015 年 1 月 1 日后新购进的固定资产，可由企业选择缩短折旧年限或采取加速折旧的方法。对上述行业的小型微利企业 2015 年 1 月 1 日后新购进的研发和生产经营共用的仪器、设备，单位价值不超过 100 万元的，允许一次性计入当期成本费用在计算应纳税所得额时扣除，不再分年度计算折旧；单位价值超过 100 万元的，可由企业选择缩短折旧年限或采取加速折旧的方法。

根据《财政部 税务总局关于设备、器具扣除有关企业所得税政策的通知》（财税〔2018〕54 号）、《国家税务总局关于设备、器具扣除有关企业所得税政策执行问题的公告》（国家税务总局公告 2018 年第 46 号）的规定，企业在 2018 年 1 月 1 日至 2020 年 12 月 31 日期间新购进的设备、器具（除房屋、建筑物以外的固定资产），单位价值不超过 500 万元的，允许一次性计入当期成本费用在计算应纳税所得额时扣除，不再分年度计算折旧。

《财政部 税务总局关于扩大固定资产加速折旧优惠政策适用范围的公告》（财政部 税务总局公告 2019 年第 66 号）将原适用于六大行业和四个领域重点行业企业的固定资产加速折旧的适用范围扩大至全部制造业领域，但具体固定资产加速折旧政策内容没有调整，仍与原有政策保持一致，具体为：一是制造业企业新购进的固定资产，可缩短折旧年限或采取加速折旧的方法。二是制造业小型微利企业新购进的研发和生产经营共用的仪器、设备，单位价值不超过 100 万元的，可一次性税前扣除。

需要强调的是，2018 年 1 月 1 日至 2020 年 12 月 31 日，企业新购进单位价值不超过 500 万元的设备、器具可一次性在税前扣除，该政策适用于所有行业企业，已经涵盖了制造业小型微利企业的一次性税前扣除政策。在此期间，制造业企业可适用设备、器具一次性税前扣除政策，不再局限于小型微利企业新购进的单位价值不超过 100 万元的研发和生产经营共用的仪器、设备。

采取缩短折旧年限方法的，最低折旧年限不得低于税法规定折旧年限的 60%；采取加速折旧方法的，可以采取双倍余额递减法或年数总和法。

一般情况下，在企业创办初期且享有减免税优惠待遇时，企业可以通过延长固定资产折旧年限，将计提的折旧递延到减免税期满后计入成本，从而获得节税的好处。对处于正常生产经营期且未享有税收优惠待遇的企业来说，缩短固定资产折旧年限，往往可以加速固定资产成本的回收，使企业后期成本费用前移，前期利润后移，从而获得延期纳税的好处。

在物价持续上涨时期，企业如果采用加速折旧方法，既可以缩短回收期，又可以加快折旧速度，有利于前期的折旧成本取得更多的抵税额，从而获得延缓纳税的好处。

企业采用加速折旧法计提折旧，只是相对改变了折旧计提的时间。在实施该方法的前几年，企业所得税的数额相对减少，可以达到节税的目的，但后期的企业所得税会逐渐增加。总体而言，总税负不变，但采用加速折旧法，可以使企业加速对设备的更新，促进技术进步，从而增强企业发展后劲。

【案例 8-2】某企业拥有一条生产线，账面价值为 500 万元，残值率为 8%，预计使用年限为 5 年，企业所得税税率为 25%。试分析比较在年限平均法、双倍余额递减法以及年数总和法三种折旧计提方法下，该企业的企业所得税抵免额的不同。

解析：

该企业在不同折旧方法下企业所得税抵免额对比如表 8-1 所示。

表 8-1 不同折旧方法下企业所得税抵免额对比 单位：万元

折旧时间	年限平均法	双倍余额递减法	年数总和法
第一年	23.0	50.0	38.3
第二年	23.0	30.0	30.7
第三年	23.0	18.0	23.0
第四年	23.0	8.5	15.3
第五年	23.0	8.5	7.7
合计	115.0	115.0	115.0

由表 8-1 可知，尽管三种不同折旧方法的企业所得税抵免金额合计数没有差别，均为 115.0 万元，但考虑货币时间价值后，企业在不同年份所缴纳的企

业所得税的现值是不一样的。

假设固定资产没有发生减值，资金成本率为10%，第一年至第五年的复利现值系数分别为0.909、0.826、0.751、0.683、0.621，则在年限平均法、双倍余额递减法以及年数总和法三种折旧计提方法下，该企业的企业所得税抵免额现值如表8-2所示。

表8-2　不同折旧方法下企业所得税抵免额现值对比　　单位：万元

折旧时间	年限平均法	双倍余额递减法	年数总和法
第一年	20.9	45.5	34.8
第二年	29.0	24.8	25.4
第三年	17.3	13.1	17.3
第四年	15.7	5.8	10.4
第五年	14.2	5.3	4.8
合计	97.1	94.5	92.7

由表8-2可知，不同折旧方法下的应纳企业所得税抵税额现值不一样，选择双倍余额递减法更有利于企业。

8.2　生产设备租赁的税收筹划

按税法规定，企业无论从事经营租赁业务还是融资租赁业务，所获取的租赁收入均应缴纳增值税。

【案例8-3】融源股份公司为商品流通企业，兼营融资租赁业务，按黄河公司的要求购入一条生产线，价格为1624万元（含增值税224万元），支付境内运输费和安装调试费40万元、国内借款利息30万元。有两种方案可供选择：

方案一：双方签订融资租赁合同，明确融资租赁价款为2400万元，租赁期为8年，黄河公司每年年初支付租金300万元，合同期满付清租金后，该生产线自动转让给黄河公司，转让价款为20万元（残值）。

方案二：双方签订经营租赁合同，约定租期为8年，租金总额为2040万元，黄河公司每年年初支付租金255万元，租赁期满，融源股份公司收回设备。收回设备的可变现净值为400万元。

解析：

融源股份公司与黄河公司之间的租赁业务，可以选择不同的租赁形式，下面就两种方案的纳税情况进行分析。

方案一：租赁期满后，设备的所有权转让，应缴纳增值税。如果融源股份公司为增值税一般纳税人，该设备的进项税额可以抵扣。

应纳增值税=(2400+20)÷(1+13%)×13%-224=54.41（万元）

应纳城市维护建设税及教育费附加=54.41×(7%+3%)=5.44（万元）

方案二：融源股份公司应纳增值税。

应纳增值税=2040÷(1+13%)×13%-224=10.69（万元）

应纳城市维护建设税及教育费附加=10.69×(7%+3%)=1.07（万元）

8.3　技术改造及设备大修的税收筹划

8.3.1　技术改造与设备大修的税收政策

技术改造是指企业为了提高经济效益和产品质量、增加花色品种、促进产品升级换代、扩大出口、降低成本、节约能耗、加强资源综合利用和“三废”治理、劳保安全等，利用先进的新技术、新工艺、新装备等对生产条件进行改造。

为达到节约税款的目的，存在技术改造时机的选择，而非任意时间段。另外，涉及技术引进的方式以及技术转让购进渠道的选择。修理是指使设备恢复原来的状况和功能，包括更换零部件。大修理在税法上称为固定资产改良支出，是指同时符合下列条件的支出：①修理金额占原固定资产设备价值的50%以上；②修理后固定资产的经济寿命延长两年以上。当企业的固定资产修理费用达到或者超过固定资产原值的50%时，可以考虑采用多次修理的方式来达到税收筹划的目的。

技术改造投资大，时间长，但能极大提高生产效益。大修理相对于技术改造来说简单，只是功能的恢复，可节约资金。因此，对技术改造和大修理不能简单地比较孰优孰劣，企业在选择时需要根据实际情况比较分析，进行税收筹划。

8.3.2　设备大修理的税收筹划

1. 大修理支出的税务处理

税法规定，企业大修理支出根据固定资产已计提折旧的情况归入固定资产或长期待摊费用。

（1）大修理费用计入固定资产原值

当该项固定资产尚有折旧未提完时，大修理费用应计入固定资产原值。假设原固定资产价值为H，大修理费用为K，那么大修理费用K应在50%H以上，大修理增加固定资产原值则为50%H以上。

假设K=50%H，按10年计提折旧，每年折旧额为5%H。修理费越高，其利润越少。大修理只是恢复原有功能，生产效益不能提高；相反，还会增加折旧，减少了利润。设原来的年利润为M，经过大修理后，企业的年利润为M-5%H。

（2）大修理费用计入长期待摊费用

假设大修理费用仍为K，按税收政策规定，固定资产大修理计入长期待摊费用，应在5年时间内摊销，每年摊销额为10%H，此时，年利润为M-10%H。

2. 设备大修与技术改造的结合

企业可以将设备大修和技术改造巧妙结合、统筹安排：①在时间上，可将大修理安排在技术改造前一年，使当年利润减少，第二年年初购入技术改造设备，提取较多的折旧额抵减利润。②对于一些小的设备修理，可以与技术改造相结合，改为设备大修理，提高税前扣除额。

8.4 技术研发的税收筹划

8.4.1 技术开发、技术服务、技术培训与技术转让

1. 技术开发、技术转让与技术咨询

科研单位的技术服务与技术转让业务极易混淆，下面分析比较“技术开发”与“技术转让”的税收政策。

技术开发是指开发者接受他人委托，就新技术、新产品、新工艺或者新材料及其系统进行研究开发的行为。技术转让是指有偿转让专利和非专利技术的所有权或使用权的行为。技术转让既包括转让技术的所有权，也包括转让技术的使用权。

与技术转让、技术开发相关的技术咨询、技术服务，是指转让方（或者受托方）根据技术转让或者开发合同的规定，为帮助受让方（或者委托方）掌握所转让（或者委托开发）的技术，而提供的技术咨询、技术服务业务，且这部分技术咨询、技术服务的价款与技术转让或者技术开发的价款应当在同一张发票上开具。

技术咨询，是指就特定技术项目提供可行性论证、技术预测、专题技术调查、分析评价报告等业务活动。

按照税务机关的权威解读，“技术开发”属于“研发服务”范围，“技术转让服务”属于“销售无形资产”范围，“技术咨询服务”属于“鉴证咨询服务”。总之，“研发和技术服务—技术转让服务”“文化创意服务—商标和著作权转让服务”应纳入“销售无形资产”。

《财政部 国家税务总局关于全面推开营业税改征增值税试点的通知》（财税〔2016〕36号）规定：纳税人提供技术转让、技术开发和与之相关的技术咨询、技术服务免征增值税。纳税人申请免征增值税时，须持技术转让、技术开发的书面合同，到纳税人所在地省级科技主管部门进行认定，并持有关的书面合同和科技主管部门审核意见证明文件报主管税务机关备查。这里所指的技术转让与技术开发是指自然科学领域的技术开发和技术转让业务。显然，所谓的技术不包括社会科学领域技术及其研究成果。《企业所得税法实施条例》第九十条规定：一个纳税年度内，居民企业技术转让所得不超过500万元的部分，免征企业所得税；超过500万元的部分，减半征收企业所得税。需要注意的是，下列情况不得享受技术转让减免税政策：①居民企业从直接或间接持有股权之和达到100%的关联方取得的技术转让所得，不享受技术转让减免企业所得税优惠政策；②居民企业取得禁止出口和限制出口技术转让所得，不享受技术转让减免企业所得税优惠政策。

目前，技术市场常见的合同有两种：一种是技术转让合同，适用于非专利技术转让合同、专利技术转让合同、专利申请权转让合同等文本的签订。另一种是技术服务合同，是针对专项技术的技术咨询、技术培训、技术指导所签订的合同。

境内的技术转让须经省级以上（含省级）科技部门认定登记，跨境的技术转让须经省级以上（含省级）商务部门认定登记，涉及财政经费支持产生技术的转让，需省级以上（含省级）科技部门审批。技术转让的范围，包括专利（含国防专利）[①]、计算机软件著作权、集成电路布图设计专有权、植物新品种权、生物医药新品种，以及财政部和国家税务总局确定的其他技术。同样是技术类合同，一个是技术转让合同，涉及的技术转让收入可享受免征增值税和减免所得税优惠；另一个是技术开发合同，涉及的技术开发研究以及与之相关的技术咨询、技术服务等免征增值税，但不能享受减免所得税优惠政策。因此，企业和科研机构必须严格区分技术转让合同与技术开发合同，并清楚划分技术

---

① 专利是指法律授予独占权的发明、实用新型以及非简单改变产品图案和形状的外观设计。

转让收入与技术咨询收入、技术服务收入与技术培训收入。

在契税方面，专利申请权转让、非专利技术转让所书立的合同，适用“技术合同”税目；专利权转让、专利实施许可所书立的合同、书据，适用“产权转移书据”税目。

【案例 8-4】 甲、乙两公司于 2021 年 11 月签订一项新型生物技术和与之相关的新型制药技术的转让合同，合同规定转让价格为 2000 万元，甲公司此项技术的转让成本和相关税费为 1020 万元。有以下两种方案可供选择。

方案一：在甲公司履行技术转让合同后十日内，乙公司一次性付给甲公司技术转让费 2000 万元。

方案二：甲公司将该新型生物技术和与之相关的新型制药技术的转让合同分为两项合同，分别于 2021 年 11 月和 2022 年 1 月签订，两项合同的转让价格均为 1000 万元，转让成本和相关税费平均分摊。

解析：

方案一：甲公司取得技术转让所得为

$$2000-1020=980\text{（万元）}$$

甲公司应纳企业所得税金额为

$$(980-500)\times25\%\times50\%=60\text{（万元）}$$

方案二：甲公司 2021 年技术转让所得为

$$1000-1020\div2=490\text{（万元）}$$

甲公司 2022 年技术转让所得为

$$1000-1020\div2=490\text{（万元）}$$

由于在一个纳税年度内，居民企业技术转让所得不超过 500 万元的部分免征企业所得税，所以方案二比方案一节约税款 60 万元。

2. 技术服务、技术培训与技术中介服务

技术服务与技术培训是极为类似的两种活动，技术服务属于现代服务业①，增值税税率为 6%；而技术培训是当事人一方委托另一方对指定的专业技术人员进行特定项目的技术指导和专业训练，也属于现代服务业，增值税税率为 6%。技术中介服务是指科技领域的中介服务活动，属于现代服务业，增值税税率为 6%。根据《国家税务总局关于对技术合同征收印花税问题的通知》（国税地字〔1989〕34 号）第三条的规定，技术服务合同的征税范围包括技术服务合同、

① 现代服务业是指围绕制造业、文化产业、现代物流产业等提供技术性、知识性服务的业务活动，包括研发和技术服务、信息技术服务、文化创意服务、物流辅助服务、有形动产租赁服务、鉴证咨询服务、广播影视服务。

技术培训合同和技术中介合同。上述三类合同需要缴纳印花税。

8.4.2　研究开发费用的税收筹划

1. 研究开发费用的税收政策

为了促进企业技术进步，国家出台了一系列税收优惠政策。企业在进行技术开发时，有必要根据企业实际情况事先进行策划，合理地利用税收优惠政策，以节约技术研发费。

《企业所得税法》第三十条规定，企业开发新技术、新产品、新工艺发生的研究开发费用，可以在计算应纳税所得额时加计扣除。《企业所得税法实施条例》第九十五条规定：企业所得税法第三十条第（一）项所称研究开发费用的加计扣除，是指企业为开发新技术、新产品、新工艺发生的研究开发费用，未形成无形资产计入当期损益的，在按照规定据实扣除的基础上，按照研究开发费用的50%加计扣除；形成无形资产的，按照无形资产成本的150%摊销。《财政部　税务总局　科技部关于提高研究开发费用税前加计扣除比例的通知》（财税〔2018〕99号）规定，企业开展研发活动中实际发生的研发费用，未形成无形资产计入当期损益的，在按规定据实扣除的基础上，在2018年1月1日至2020年12月31日期间，再按照实际发生额的75%在税前加计扣除；形成无形资产的，在上述期间按照无形资产成本的175%在税前摊销。

企业在进行技术转让时有意识地改变自身性质，也会对税收产生很大影响。例如，企业若以研究机构的身份或者分立形成高新技术企业抑或软件公司再进行技术转让，可以享受有关税收优惠。当然，企业是否必须成立独立的研发公司，需要综合考量新公司的运营费用、母公司的盈利情况以及转让所得的情况，具体情况具体分析。

根据上述规定，所有财务核算制度健全、实行查账征收企业所得税的各种所有制的工业企业，都可以享受技术开发费加计扣除的优惠政策，即对财务核算制度健全、实行查账征收的内外资企业、科研机构、大专院校等在一个纳税年度实际发生的下列技术开发费项目，包括新产品设计费，工艺规程制定费，设备调整费，原材料和半成品的试制费，技术图书资料费，未纳入国家计划的中间实验费，研究机构人员的工资，用于研究开发的仪器、设备的折旧，委托其他单位和个人进行科研试制的费用，与新产品的试制和技术研究直接相关的其他费用，在按规定实行100%扣除基础上，在2018年1月1日至2020年12月31日期间，允许再按当年实际发生额的75%在企业所得税税前加计扣除。

为了更好地鼓励企业开展研究开发活动和规范企业研究开发费用加计扣除优惠政策执行，财政部、国家税务总局、科技部于2015年11月2日联合发布

《财政部　国家税务总局　科技部关于完善研究开发费用税前加计扣除政策的通知》（财税〔2015〕119号），明确规定：

（1）研发活动，是指企业为获得科学与技术新知识，创造性运用科学技术新知识，或实质性改进技术、产品（服务）、工艺而持续进行的具有明确目标的系统性活动。

（2）特别事项的处理。

①企业委托外部机构或个人进行研发活动所发生的费用，按照费用实际发生额的80%计入委托方研发费用并计算加计扣除，受托方不得再进行加计扣除。委托外部研究开发费用实际发生额应按照独立交易原则确定。

委托方与受托方存在关联关系的，受托方应向委托方提供研发项目费用支出明细情况。

根据《财政部　税务总局　科技部关于企业委托境外研究开发费用税前加计扣除有关政策问题的通知》（财税〔2018〕64号）的规定，自2018年1月1日起，委托境外进行研发活动所发生的费用，按照费用实际发生额的80%计入委托方的委托境外研发费用。委托境外研发费用不超过境内符合条件的研发费用三分之二的部分，可以按规定在企业所得税前加计扣除。

②企业共同合作开发的项目，由合作各方就自身实际承担的研发费用分别计算加计扣除。

③企业集团根据生产经营和科技开发的实际情况，对技术要求高、投资数额大，需要集中研发的项目，其实际发生的研发费用，可以按照权利和义务相一致、费用支出和收益分享相配比的原则，合理确定研发费用的分摊方法，在受益成员企业间进行分摊，由相关成员企业分别计算加计扣除。

④企业为获得创新性、创意性、突破性的产品进行创意设计活动而发生的相关费用，可按照本政策规定进行税前加计扣除。

创意设计活动是指多媒体软件、动漫游戏软件开发，数字动漫、游戏设计制作；房屋建筑工程设计（绿色建筑评价标准为三星）、风景园林工程专项设计；工业设计、多媒体设计、动漫及衍生产品设计、模型设计等。

《财政部　税务总局关于进一步完善研发费用税前加计扣除政策的公告》（财政部　税务总局公告2021年第13号）规定：制造业企业开展研发活动中实际发生的研发费用，未形成无形资产计入当期损益的，在按规定据实扣除的基础上，自2021年1月1日起，再按照实际发生额的100%在税前加计扣除；形成无形资产的，自2021年1月1日起，按照无形资产成本的200%在税前摊销。

本条所称制造业企业，是指以制造业业务为主营业务，享受优惠当年主营业务收入占收入总额的比例达到50%以上的企业。制造业的范围按照《国民经济行业分类》（GB/T 4754—2017）确定，如国家有关部门更新《国民经济行业分类》，从其规定。

（3）管理要求。

①会计核算。研究开发费用税前加计扣除有关政策适用于会计核算健全、实行查账征收并能够准确归集研发费用的居民企业。

企业应按照国家财务会计制度要求，对研发支出进行会计处理；同时，对享受加计扣除的研发费用按研发项目设置辅助账，准确归集核算当年可加计扣除的各项研发费用实际发生额。企业在一个纳税年度内进行多项研发活动的，应按照不同研发项目分别归集可加计扣除的研发费用。

按照企业会计准则的要求，企业可以设置“研发支出”科目核算企业进行研究与开发无形资产过程中发生的各项支出。企业自行开发无形资产发生的研发支出，不满足资本化条件的，记入“研发支出”科目（费用化支出）；满足资本化条件的，记入“研发支出”科目（资本化支出）。研究开发项目达到预定用途形成无形资产的，应按“研发支出”科目（资本化支出）的余额，结转“无形资产”。期（月）末将“研发支出”科目归集的费用化支出金额转入“管理费用”科目；期末借方余额反映企业正在进行无形资产研究开发项目满足资本化条件的支出。

企业应对研发费用和生产经营费用分别核算，准确、合理归集各项费用支出，对划分不清的，不得实行加计扣除。

②税务管理。企业研发费用各项目的实际发生额归集不准确、汇总额计算不准确的，税务机关有权对其税前扣除额或加计扣除额进行合理调整。

税务机关对企业享受加计扣除优惠的研发项目有异议的，可以转请地市级（含）以上科技行政主管部门出具鉴定意见，科技部门应及时回复意见。企业承担省部级（含）以上科研项目的，以及以前年度已鉴定的跨年度研发项目，不再需要鉴定。

税务部门应加强研发费用加计扣除优惠政策的后续管理，定期开展核查，年度核查面不得低于20%。

《国家税务总局关于企业研究开发费用税前加计扣除政策有关问题的公告》（国家税务总局公告2015年第97号）对研发费用相关政策做了以下规定：

①研究开发人员范围。企业直接从事研发活动人员包括研究人员、技术人员、辅助人员。研究人员是指主要从事研究开发项目的专业人员；技术人员是指具有工程技术、自然科学和生命科学中一个或一个以上领域的技术知识和经验，在研究人员指导下参与研发工作的人员；辅助人员是指参与研究开发活动的技工。

企业外聘研发人员是指与本企业签订劳务用工协议（合同）和临时聘用的

研究人员、技术人员、辅助人员。

②研发费用归集。

加速折旧费用的归集。企业用于研发活动的仪器、设备，符合税法规定且选择加速折旧优惠政策的，在享受研发费用税前加计扣除时，就已经进行会计处理计算的折旧、费用的部分加计扣除，但不得超过按税法规定计算的金额。

多用途对象费用的归集。企业从事研发活动的人员和用于研发活动的仪器、设备、无形资产，同时从事或用于非研发活动的，应对其人员活动及仪器设备、无形资产使用情况做必要记录，并将其实际发生的相关费用按实际工时占比等合理方法在研发费用和生产经营费用间分配，未分配的不得加计扣除。

其他相关费用的归集与限额计算。企业在一个纳税年度内进行多项研发活动的，应按照不同研发项目分别归集可加计扣除的研发费用。

特殊收入的扣减。企业在计算加计扣除的研发费用时，应扣减已按《财政部　国家税务总局　科技部关于完善研究开发费用税前加计扣除政策的通知》（财税〔2015〕119 号）规定归集计入研发费用，但在当期取得的研发过程中形成的下脚料、残次品、中间试制品等特殊收入不足扣减的，允许加计扣除的研发费用按零计算。

企业研发活动直接形成产品或作为组成部分形成的产品对外销售的，研发费用中对应的材料费用不得加计扣除。

财政性资金的处理。企业取得作为不征税收入处理的财政性资金用于研发活动所形成的费用或无形资产，不得计算加计扣除或摊销。

不允许加计扣除的费用。法律、行政法规和国务院财税主管部门规定不允许企业所得税前扣除的费用和支出项目不得计算加计扣除。

已计入无形资产但不属于《财政部　国家税务总局　科技部关于完善研究开发费用税前加计扣除政策的通知》（财税〔2015〕119 号）中允许加计扣除研发费用范围的，企业摊销时不得计算加计扣除。

③委托研发。

企业委托外部机构或个人开展研发活动发生的费用，可按规定税前扣除；加计扣除时按照研发活动发生费用的 80% 作为加计扣除基数。委托个人研发的，应凭个人出具的发票等合法有效凭证在税前加计扣除。

企业委托境外研发所发生的费用不得加计扣除，其中受托研发的境外机构是指依照外国和地区（含港澳台）法律成立的企业和其他取得收入的组织。受托研发的境外个人是指外籍（含港澳台）个人。

委托方与受托方存在关联关系的，受托方应向委托方提供研发项目费用支出明细情况。

【案例8-5】 乙公司内部成立技术研发部，2020年该部门全年研究开发费用为1000万元，技术转让收入为2500万元，乙公司当年纳税调整前的会计利润为2500万元，研究开发费用已全部计入当期损益，没有其他纳税调整。2020年乙公司应纳企业所得税为

$$(2500-1000\times75\%^{①})\times25\%=437.5\text{（万元）}$$

如果乙公司将研发部门独立出来成立一家全资的高新技术企业或软件企业B公司，不考虑成立公司新增的管理费用，B公司技术转让收入为2500万元，成本为1000万元，税前利润为1500万元。

（1）若B公司在免税期，无须缴纳企业所得税。将研发部门独立出来后，乙公司的税前利润应先调增研究开发费用1000万元，再调减技术转让收入2500万元，即

$$2500+1000-2500=1000\text{（万元）}$$

乙公司应纳企业所得税为

$$1000\times25\%=250\text{（万元）}$$

则两家公司合计应纳企业所得税为250万元。

因此，乙公司将研发部门独立更节税，少缴纳税额为

$$437.5-250=187.5\text{（万元）}$$

（2）若B公司符合居民企业技术转让所得优惠政策要求：一个纳税年度内，居民企业技术转让所得不超过500万元的部分免征企业所得税，超过500万元的部分减半征收企业所得税。

B公司技术转让所得为

$$2500-1000=1500\text{（万元）}$$

应纳企业所得税为

$$(1500-500)\times12.5\%=125\text{（万元）}$$

同样乙公司应纳企业所得税250万元，两家公司合计应纳企业所得税为

$$125+250=375\text{（万元）}$$

则乙公司将研发部门独立可少缴纳税额为

$$437.5-375=62.5\text{（万元）}$$

（3）若B公司可按优惠所得税税率15%计算，应纳企业所得税为

$$(2500-1000\times75\%)\times15\%=262.5\text{（万元）}$$

---

① 《财政部　税务总局　科技部关于提高研究开发费用税前加计扣除比例的通知》（财税〔2018〕99号）规定：企业开展研发活动中实际发生的研发费用，未形成无形资产计入当期损益的，在按规定据实扣除的基础上，在2018年1月1日至2020年12月31日期间，再按照实际发生额的75%在税前加计扣除；形成无形资产的，在上述期间按照无形资产成本的175%在税前摊销。

同样乙公司应纳企业所得税为 250 万元。

则两家公司合计应纳企业所得税为

$$262.5+250=512.5\text{（万元）}$$

乙公司将研发部门独立多缴纳税额为

$$512.5-437.5=75\text{（万元）}$$

2. 技术研发部独立的税收筹划

承【案例 8-5】，假如乙公司研究开发费用为 A，技术转让收入为 S。乙公司适用《企业所得税法》关于研发费用加计扣除 75%的相关规定。

方案一为企业内部设立研发部门，方案二为将研究开发业务分离成独立的研发公司。

（1）如果一个纳税年度内，估计技术转让所得不超过 500 万元，则方案一应纳税为 $(S-1.75A)\times25\%$，方案二免征企业所得税。两种方案等额纳税时技术开发收入与研究开发费的关系为

$$(S-1.75A)\times25\%=0$$

如果 $S>1.75A$，将研究开发业务独立出来成立研发公司合适；反之，在企业内部设立研发部门合适。

（2）如果一个纳税年度内，估计技术转让所得超过 500 万元。按税法规定，一个纳税年度内，居民企业技术转让所得不超过 500 万元的部分，免征企业所得税；超过 500 万元的部分，减半征收企业所得税。方案一应纳税为 $(S-1.75A)\times25\%$，方案二应纳税为 $(S-1.75A-500)\times25\%\div2$。两种方案等额纳税时技术开发收入与研究开发费的关系为

$$(S-1.75A)\times25\%=(S-1.75A-500)\times25\%\div2$$

即 $S=1.75A-500$。

如果 $S>1.75A-500$，将研究开发业务独立出来成立研发公司合适；反之，在企业内部设立研发部门合适。

（3）若研究开发业务分离后的企业所得税税率为优惠税率 15%，分离前乙公司基本税率为 25%，则方案一应纳税为 $(S-1.75A)\times25\%$，方案二应纳税为 $(S-1.75A)\times15\%$。两种方案等额纳税时技术开发收入与研究开发费的关系为

$$(S-1.75A)\times25\%\geqslant(S-1.75A)\times15\%$$

将研究开发业务独立出来成立独立的公司可以实现节税。

3. 设立软件企业和高新技术企业的税收筹划

（1）将研究开发业务分离，单独成立软件企业

如果企业的研发部门能够分离出来认证为软件企业，则可以享受增值税和

所得税的优惠政策。

根据《财政部 国家税务总局关于软件产品增值税政策的通知》（财税〔2011〕100号）的规定，软件生产企业实行增值税即征即退政策，增值税一般纳税人销售其自行开发生产的软件产品，征收增值税后，对其增值税实际税负超过3%的部分实行即征即退政策。所退还的税款，由企业用于研究开发软件产品和扩大再生产，不作为企业所得税应税收入，不予征收企业所得税；我国境内新办软件生产企业经认定后，自获利年度起，第一年和第二年免征企业所得税，第三年至第五年减半征收企业所得税；国家规划布局内的重点软件生产企业，如当年未享受免税优惠的，减按10%的税率征收企业所得税；软件生产企业的职工培训费用，可按实际发生额在计算应纳税所得额时扣除；企事业单位购进软件，凡符合固定资产或无形资产确认条件的，可以按照固定资产或无形资产进行核算，经主管税务机关核准，其折旧或摊销年限可以适当缩短，最短可为2年。

（2）将研究开发业务分离，单独成立专门从事技术开发服务的高新技术企业

如果企业的研发部门能够分离认定为国家重点扶持的高新技术企业，则可以享受高新技术企业的税收优惠政策，即企业所得税税率减按15%执行。高新技术企业的研发费用依然享受加计扣除税收优惠政策。

《高新技术企业认定管理办法》规定，新设高新技术企业需经营一年以上，新设立有软件类经营项目的企业可以考虑先通过申请认定“双软”企业资格，获取“二免三减半”的税收优惠政策，五年经营期满后，再申请高新技术企业优惠政策，能获取更大的税收利益；无法挂靠“双软”企业获得优惠政策的企业，可以通过收购并变更设立一年以上的公司获取高新技术企业的税收优惠政策。

4. 企业研究开发方式的税收筹划

企业研究开发方式及税前扣除政策如表8-3所示。

表8-3 企业研究开发方式及税前扣除政策

研究开发方式	税前扣除政策
委托开发	委托方按照规定享受加计扣除优惠政策，受托方不得再进行加计扣除，可享受技术转让所得免税或者其他技术类优惠
合作开发	关联企业实施联合研发，共同享受该项技术的预期效益。各方就自身承担的研发费用分别按照规定计算加计扣除
集团研发	集团公司集中开发的研究开发项目，实际研究开发费允许按照合理的分摊方法在受益集团成员公司之间进行分摊
补贴研发	研发补助可划归为财政拨款，作为不征税收入，但形成的相关费用支出不可税前扣除

企业研究开发费用的操作要求如下：

（1）对企业委托给外单位进行开发的研发费用，凡符合税法规定条件的，由委托方按照规定计算加计扣除，但受托方不得再进行加计扣除。需要特别注意的是，对委托开发的项目，受托方应向委托方提供该研发项目的费用支出明细情况，否则，该委托开发项目的费用支出不得实行加计扣除。故企业在签署研究开发合同时必须明确受托方在日常核算中按委托方的要求进行。

（2）合作开发是指企业之间进行某项技术的联合研发，进而共同享受该项技术带来的预期效益。对企业共同合作开发的项目，凡符合税法规定条件的，由合作各方就自身承担的研发费用分别按照规定计算加计扣除；合作各方的会计处理应保持统一和配比。《企业所得税法》第四十一条第二款、《企业所得税法实施条例》第一百一十二条规定，对企业与其关联方共同开发、受让无形资产，或者共同提供、接受劳务发生的成本，在计算应纳税所得额时应当按照独立交易原则（成本与预期收益相配比的原则）进行分摊。

（3）企业集团根据生产经营和科技开发的实际情况，对技术要求高、投资数额大，需要由集团所属多家公司进行集中开发的研究开发项目，其实际发生的研究开发费，可以按照合理的分摊方法在受益集团成员公司间进行分摊。

分摊研究开发费时，企业集团应提供集中研究开发项目的协议或合同，协议或合同应明确规定参与各方在该研究开发项目中的权利和义务、费用分摊方法等内容。如未提供协议或合同，研究开发费不得加计扣除。

企业集团采取合理分摊研究开发费的，集中研究开发项目实际发生的研究开发费，应当按照权利和义务、费用支出和收益分享一致的原则，合理确定研究开发费用的分摊方法。企业集团采取合理分摊研究开发费的，企业集团母公司负责编制集中研究开发项目的立项书、研究开发费用预算表、决算表和决算分摊表。具体操作建议遵照《国家税务总局关于母子公司间提供服务支付费用有关企业所得税处理问题的通知》（国税发〔2008〕86号）的相关规定执行并开具符合规定的发票。

（4）为鼓励企业创新和产业调整，相当一部分企业会获得主管部门或各级政府的研发补助，依据《〈中华人民共和国企业所得税法实施条例〉释义》中对补征税收入的解释：企业实际收到的财政补贴和税收返还等，按照现行会计准则的规定，属于政府补助的范畴，被排除在税法所谓的“财政拨款”之外，会计核算中记入企业的“营业外收入”或“递延收益”科目，除企业取得的出口退税（增值税进项）外，一般作为应税收入征收企业所得税。

《企业所得税法实施条例》第二十六条规定：国务院规定的其他不征税收入，是指企业取得的，由国务院财政、税务主管部门规定专项用途并经国务院批准的财政性资金。财政性资金，是指企业取得的来源于政府及其有关部门的财政补助、补贴、贷款贴息，以及其他各类财政专项资金，包括直接减免的增值税和即征即退、先征后退、先征后返的各种税收，但不包括企业按规定取得的出口退税款。

关于如何将应税收入争取认定为不征税收入，《财政部 国家税务总局关于专项用途财政性资金企业所得税处理问题的通知》（财税〔2011〕70号）明确规定：企业从县级以上各级人民政府财政部门及其他部门取得的应计入收入总额的财政性资金，凡同时符合以下条件的，可以作为不征税收入，在计算应纳税所得额时从收入总额中减除：①企业能够提供规定资金专项用途的资金拨付文件；②财政部门或其他拨付资金的政府部门对该资金有专门的资金管理办法或具体管理要求；③企业对该资金以及以该资金发生的支出单独进行核算。需要说明的是，将企业获得的研发补助作为不征税收入固然可以减少税负，但亦导致相关费用不允许在税前扣除。《财政部 国家税务总局关于专项用途财政性资金企业所得税处理问题的通知》（财税〔2011〕70号）第二条规定，"根据实施条例第二十八条的规定，上述不征税收入用于支出所形成的费用，不得在计算应纳税所得额时扣除；用于支出所形成的资产，其计算的折旧、摊销不得在计算应纳税所得额时扣除"。鉴于此，企业应该衡量补贴收入作为不征税收入和作为征税收入的税负后果。

【案例8-6】 某企业2020年获得100万元符合条件的研究开发补助，假定该企业适用的企业所得税税率为25%。

解析：

方案一：税务机关确认该笔研究开发补助为不征税收入，企业税负减少25万元；但由此导致100万元的研发支出不允许税前扣除，企业税负增加25万元，企业总税负未发生变化。

方案二：企业放弃100万元作为不征税收入，假定100万元均用于不可加计扣除的研发费用，企业税负上升25万元。但同时由于税前扣除项目增加100万元，企业税负下降25万元，企业总税负未发生变化。

方案三：企业放弃100万元作为不征税收入，企业税负上升25万元，假定100万元均用于可加计扣除的研发费用，企业税负降低43.75万元，企业净收益增加18.75万元。

8.4.3 转让商誉的税收筹划

1. 商誉的概念

商誉是企业一项特殊的无形资产，是指企业由于所处的地理位置优越，或由于市场信誉好而获得了客户信任，或由于组织得当、生产经营效益好，或由于技术先进、掌握了生产诀窍等原因而形成的无形价值，这种无形价值具体体现在企业超过一般企业的获利能力。商誉是企业获得超额利润的综合能力，商誉的价值一般只在企业产权转让时才予以确认。

商誉按构成要素及性质可分为广义的商誉和狭义的商誉。广义的商誉包括良好的地理位置、独特的生产技术和专营专卖特权等。狭义的商誉包括杰出的管理人员、科学的管理制度、融洽的公共关系、优秀的资信级别、良好的社会形象等。商誉具有以下特征：

（1）商誉不能离开企业单独存在，不能与企业可辨认的各种资产分开出售。

（2）商誉是多种因素形成的结果，但形成商誉的个别因素，不能以任何方法单独计价。

（3）商誉本身不是一项单独的、能产生收益的无形资产，只是超过企业可确定的各单项资产价值之和的价值。

（4）商誉是企业长期积累起来的一项价值，商誉可以是自创的，也可以是外购的。外购商誉是指在并购过程中，购买成本与被购买企业净资产公允价值的差额若为正，就是通常所说的商誉；若为负，就是负商誉。

2. 商誉的会计处理与税务处理

（1）确认商誉

由于商誉无法辨认，不可确指，不可单独取得、转让和销售，无法准确分配到企业各单项资产，其价值只有在企业整体转让时才能得以体现，会计上将商誉作为独立于无形资产之外的单独一类资产进行确认、计量和报告，而税法则将其作为无形资产加以规定。根据其来源不同，商誉可分为自创商誉和外购商誉。

企业会计准则规定，自创商誉不予确认，原因是自创商誉的代价在发生时已经作为成本、费用或资产在会计核算中反映了。

相对于自创商誉，外购商誉易于确认也应该确认。通常在非同一控制下的企业合并中才确认商誉，即企业合并成本大于合并中取得的被购买方可辨认净资产公允价值份额的差额，应确认为商誉。税法将控股合并视为一项资产收购业务（股权收购），被收购方为被收购企业的股东，虽然被收购企业控制权发生了变化但包括商誉在内的资产并未转移给收购方，只是企业可以根据不同情况，选择适用取得股权（投资资产）计税基础（合并成本）的税务处理方法。因此，在股权收购（控股合并）中，企业取得股权的计税基础（合并成本）大于收购（合并）中取得的被收购企业（被购买方）可辨认净资产公允价值份额的差额应确认为收购企业的商誉。

外购商誉是一种特殊类型的无形资产，同其他无形资产一样准予摊销。但是，根据《企业所得税法》第十二条、《企业所得税法实施条例》第六十七条的规定，企业自创商誉不得摊销，外购商誉在持有期间不得摊销。所以，无论外购商誉还是自创商誉，即使在会计上予以摊销处理，计税时也要进行企业所得税的纳税调整，不得进行价值摊销。

（2）转让商誉

“营改增”后，转让商誉按照“销售无形资产”税目缴纳6%的增值税。但由于商誉一般不能单独销售，现实中商誉转让缴纳增值税的情形不常见。有专家认为，吸收合并购入企业或作为一项业务购入被合并方多项资产，支付对价超过各项资产公允价值之和的部分，在个别报表中确认商誉，作为“无形资产”缴纳增值税的商誉应该特指这一部分。

在所得税处理上，企业外购商誉的支出，在企业整体转让或者清算时，准予扣除。

【案例8-7】中华科技公司有一笔营业外收入，为该公司总部将其全球的彩印机研发部转让给另一家企业所取得的收入。调查发现，中华科技公司总部因转让研发部而取得的总收入为2000万元，总成本仅占总收入的40%。对于这笔转让研发部而取得的收入，中华科技公司需要按照企业所得税政策计算缴纳企业所得税，无可非议，但这笔收入是否应该缴纳增值税，尚有争议。

解析：无形资产是指不具实物形态，但能带来经济利益的资产，包括技术、商标、著作权、商誉、自然资源使用权和其他权益性无形资产。按照税法规定，商誉属于无形资产，销售无形资产需要缴纳增值税。财税〔2016〕36号文明确规定销售无形资产（包括商誉）的单位和个人负有缴纳增值税的义务。

对于企业所得税，下面分两种情况进行讨论：

第一，自创商誉。企业会计准则规定，自创商誉不能确认为无形资产，不入账也不核算。原因是商誉不能单独辨认，且自创商誉的相关代价已经计入企业相关费用，如由于广告投入而形成的自创商誉，广告费已在支付时计入销售费用。当转让自创商誉且获取实际收入时，应按转让所得缴纳企业所得税。

第二，外购商誉。外购商誉一般在整体收购企业或企业整体资产时形成，会计核算通常是以实际支付的价款计入长期股权投资。如果将外购商誉再转让并取得实际收入，应当按转让所得缴纳企业所得税。企业外购商誉的支出，在企业整体转让或者清算时，准予扣除。

本案例中，中华科技公司总部将其全球的彩印机研发部以2000万元转让，有两种税收筹划操作思路：一是把彩印机研发部包装成一个新企业，通过股权转让形式转让新企业的全部股权，可以规避增值税；二是把彩印机研发部的科技人员进行分流（再吸收为另一企业员工），把资产分解为固定资产和技术两部分，分开转让。由于固定资产属于“营改增”之前购入的“已使用过的固定资产”，转让时可以享受低税率优惠（增值税按照3%的税率减按2%征收）；而技术转让免征增值税，且技术转让所得不超过500万元的部分免征企业所得税，超过500万元的部分减半征收企业所得税。

3. 商誉的税收筹划

（1）确认、计量商誉的政策空间

《企业会计准则第20号——企业合并》（财会〔2006〕3号）规定，非同一控制下的企业合并，企业合并成本大于合并中取得的被购买方可辨认净资产公允价值份额的差额，应确认为商誉。这一规定并未涵盖税法规定的情况，与税法规定不一致，只有在合并成本与企业整体价值相当的情况下才具有参考意义。在一般性税务处理中，企业可能通过评估取得商誉的公允价值。在特殊性税务处理中，被合并企业存在外购商誉的，合并企业应当以被合并企业外购商誉原有计税基础为基础确定这部分商誉的价值；同时，可以通过评估取得被合并企业自创商誉价值，作为确定该部分商誉计税基础的依据。

商誉的评估方法包括割差法和超额收益法。割差法是指根据企业整体资产评估价值与可确指的各单项资产评估价值之和进行比较确定商誉评估价值的方法，基本公式：商誉的评估价值=企业整体资产评估值-企业可确指的各单项资产评估值之和。

超额收益法是指把企业超额收益作为商誉评估的方法。商誉评估值指的是企业超额收益的本金化价格。根据被评估企业的不同，超额收益法又可分为超额收益本金化价格法和超额收益折现法两种具体方法。其中，超额收益折现法是把企业可预测的若干年预期超额收益进行折现，把其折现值确定为企业商誉价值的一种方法。

（2）商誉处理的税收筹划方法

从上述商誉确认、计量政策可知，在非同一控制下的企业并购业务中，并购企业的并购出资额超过被并购企业净资产公允价值的差额，可视为并购企业要开办一家与被并购企业同样规模的企业所要支付的开办费。

企业在整体转让或清算时处置商誉，外购商誉支出在处置时准予扣除，并确认转让所得或损失。企业并购中作为开办费处理的商誉，如果被并购企业再次被整体转让或清算，则未摊销完的开办费也应一并转销。

案例分析题

案例1 委托加工与自行加工的方案比较

裕民酒厂8月承接一笔白酒订单，合同约定购销白酒数量100万千克，不含增值税售价为840万元，要求装瓶，每瓶500克装。该厂为生产该批白酒购进粮食等原材料210万元（不含增值税价格）。就如何组织该批白酒的生产，该厂制定了三种加工方案。

方案一：将价值210万元的原料交付乙公司加工成散装白酒100万千克，支付加工费56万元，加工完成后，由本厂装瓶，需支付人工费及其他费用44.8万元。

方案二：将价值210万元的原料交付兴盛酿酒厂，由兴盛酿酒厂直接加工成100万千克的瓶装白酒，收回后直接销售，需支付加工费100.8万元。

方案三：酒厂将210万元的原料交付生产车间自行加工生产，发生的加工费用及辅料成本为100.8万元。

问题：

1. 分析比较三种方案下的消费税、增值税、城市维护建设税、教育费附加及税后利润（城市维护建设税税率为7%，教育费附加为3%，企业所得税税率为25%）。

2. 试为裕民酒厂选择最优方案。

案例2 研发费用加计扣除的税收筹划

甲企业按规定可享受技术开发费加计扣除的优惠政策。2020年，甲企业根据产品的市场需求，拟开发出一系列新产品，技术项目开发计划两年，科研部门提出技术开发费预算需660万元，第一年预算为300万元，第二年预算为360万元。据预测，在不考虑技术开发费用的前提下，企业第一年可实现利润300万元，第二年可实现利润900万元。假定企业所得税税率为25%，且无其他纳税调整事项。

问题：甲企业如何设计税收筹划方案以充分利用研发费用加计扣除政策？

案例3 研发部门独立是否合适？

甲公司内部成立技术研发部，该部门全年研究开发费用为1000万元，技术转让收入为500万元，甲公司当年税前利润为2500万元，研究开发费用已全部计入当期损益，没有其他纳税调整。

按税法规定，技术转让收入免征增值税，除所得税前可扣除实际发生的技术开发费1000万元外，还加计扣除500万元，故2015年甲公司应纳企业所得税为（2500−500）×25%＝500（万元）。

问题：如果甲公司将研发部门独立成立一家高新技术企业或软件企业——A公司，试问企业的税收负担有何变化？

案例4　转让定价的税收筹划

某集团公司由甲、乙两个企业组成，甲企业产品为乙企业的原材料。若甲企业产品适用消费税税率为30%，乙企业产品适用消费税税率为20%。假设甲企业以130万元（不含税）的价格销售一批商品给乙企业，乙企业加工以后以200万元（不含税）的价格对外销售该产品。

问题：试计算该集团公司应当缴纳的消费税额，并提出纳税策划方案。

案例5　选择委托研发单位的税收筹划

若甲公司需要委托外部单位研发无形资产，现有三家公司可以承接并实施研发计划：其中，A公司为境内关联方，费用支出明细为400万元；B公司为境内非关联方；C公司为境外关联方，费用支出明细为400万元。甲公司需支付给三家企业的研发费用均为600万元，B公司年度研发费用为900万元，净利润为800万元。

问题：甲公司应该委托哪家公司开展研发活动？

综合阅读题

上市公司的商誉对策[①]

以下以上市公司中处理商誉问题较有心得的三家公司美的集团、纳思达和华谊兄弟为例，来说明如何应对商誉问题。

一、大手笔跨国并购库卡——美的集团的商誉

美的集团账面大约有285亿元的商誉，金额仅次于中石油，占资产总额的11.54%，其中约有220亿元来自2016年并购的库卡。

美的集团早在2011年就实现了营收破千亿元，在收购库卡之前的2015年，其营收达到了1384亿元。

家电行业的竞争向来惨烈，美的集团采用“群狼战术”占领了空调、冰

① 资料来源：https：//www. zhihu. com/question/310674513/answer/585402195.

箱、小家电细分领域第二、第三的位置。但是企业若没有拳头产品和高端品牌，产品毛利很难上一个台阶。

近年来，美的开始了轰轰烈烈的转型，早些年溢价13.6亿元收购了小天鹅，2016年收购了库卡和东芝白电业务。库卡作为全球机器人领域的顶级企业，美的集团为此付出了巨额溢价，高达290亿元人民币。收购库卡后，美的集团将“成为全球领先的消费电器、暖通空调、机器人及工业自动化科技集团”作为战略愿景。由此可见，生产机器人的库卡对于美的集团的重要性。

整合库卡后，2017年美的集团的机器人业务营收超过270亿元，占其总营收比例超过11%。同时由于机器人生产线的应用，其员工总数从高峰期的19.6万人降至2016年底的10.18万人。

对于美的集团来说，库卡的战略性意义重大。在可以预见的未来，只要美的集团不发生方向性错误，除了汇率的影响，库卡的商誉不会发生较大减值，这笔交易不亏。

由此，我们可以得出一个结论：美的集团拥有巨额商誉，风险极低。

二、商誉减值不减利润——纳思达的商誉

2016年，纳思达收购了美国著名打印机企业利盟公司，代价是超过187.6亿元的商誉。在当年的年报里，其商誉高达188亿元，其中利盟公司的商誉为187.6亿元。但是，到了第二年，纳思达商誉余额少了48亿元，难道是发生减值了？

没错，年报显示，纳思达确实计提了48亿元的商誉减值准备。但在此情况下，纳思达实现150倍的利润增幅，是个奇迹！

但在纳思达的利润表里没有这48亿元的减值准备，怎么回事？原来纳思达在并表前已处理了这48亿元减值准备。为了提前处理48亿元减值准备，纳思达先把利盟公司拆分成两个公司，由利盟公司并表并体现减值准备。

2018年2月23日，纳思达发布了针对深交所询问函的回复，回答了关于递延所得税负债和商誉的调整问题：根据下推会计法，利盟公司在2017年11月对合并购买日的递延所得税负债和商誉进行了调减，两项均减少约2.97亿美元（折合人民币约18亿元），该项调整不影响2017年当期损益。

为什么商誉可以直接调减？企业会计准则2006年就已经禁止，但是有一个特例：下推会计法。

下推会计法是指在企业合并时，一个会计主体在其个别财务报表中，根据购买该主体有投票表决权的股份的交易，重新确立会计和报告基础的行为。也就是将由收购公司在合并时对所获得净资产的公允价值调整下推到被收购子公司的会计报表中。换言之，利盟公司是美国企业，可以采用美国会计准则进行调整，折合人民币 18 亿元的商誉调整，不影响利润。

三、规避巨额个人所得税——华谊兄弟的商誉

华谊兄弟的商誉高达 30.58 亿元，占资产总额的 15%，大多是巨额溢价收购的各种影视工作室，以“东阳拉美工作室”为代表。

这个工作室被收购时账面净值只有 1.36 万元，而收购价高达 10.5 亿元。影视公司热衷收购的原因很大程度上是为了协助演艺人士避税。

我国个人所得税适用累进税率，一般人群的税率大概为 5%、10%、20%，但高收入人群的个人所得税适用税率有可能高达 45%。演艺人员大多收入较高，适用的个人所得税税率也较高，一些人通过影视工作室来实现“合理避税”。

一些城市如新疆霍尔果斯、浙江东阳、海南三亚等地，给予了影视工作室优惠税收政策，只需要缴纳定额税。严格意义上讲，通过税收优惠城市来避税的方式并不是真正的“合理避税”，因为这些工作室并没有在所在地开展经营活动。

演艺人员通过把工作室卖给影视公司的方式，变拍片报酬为出售公司所得，根据税法的规定，出售公司的税率上限为 20%。

影视公司收购影视工作室付出的这部分高额溢价，就构成了影视公司账面的商誉。据 Wind 数据，A 股上市的 31 家影视娱乐公司中，有 23 家有账面商誉，合计高达 357.34 亿元，占资产总额的 23.38%，成为资产的重要组成部分。如万达电影的商誉高达 96 亿元，占其资产总额的 43%；文投控股的商誉高达 37 亿元，占其资产总额的 37%；长城影视的商誉为 13.49 亿元，占其资产总额的 35%。

问题：商誉的本质是什么，为何出现商誉方面的财税危机？试剖析原因。

第9章

市场销售的税收筹划

尽管你费尽心机去征想征的税，但商人们最终还是把他们自己承担的税收转嫁出去。

——英国著名民主宪政哲学家　约翰·洛克

9.1　混合销售与兼营行为的税收筹划

9.1.1　混合销售

一项销售行为如果既涉及服务又涉及货物，为混合销售，即销售货物与提供服务由同一纳税人实现，价款同时由一个交易者收取，服务随销售货物而发生，具有较强的从属关系。

混合销售的税务处理原则是按企业主营项目的性质划分增值税税目，从事货物的生产、批发或零售的单位或个体工商户的混合销售行为，按照销售货物缴纳增值税，其他单位和个体工商户按照销售服务缴纳增值税。

混合销售有两项特别规定：

（1）纳税人销售活动板房、机器设备、钢结构件等自产货物的同时提供建筑安装服务的，不属于混合销售，应分别核算货物和建筑服务的销售额，分别适用不同的税率或征收率。

（2）一般纳税人销售电梯的同时提供安装服务的，其安装服务可以参照甲供工程选择使用简易计税方法计税。纳税人对安装运行后的电梯提供的维护保养服务，按照“其他现代服务”缴纳增值税。

【案例9-1】某商场开展空调促销活动，为客户免费安装空调，该商场应如何进行税收筹划？

解析：若售出一台空调，售价为4520元，商场为消费者开具4520元的发

票，同时聘请专业安装公司为客户安装空调（安装费520元由商场承担），商场应纳增值税销项税额为

$$4520\div(1+13\%)\times13\%=520\ (元)$$

安装公司应纳增值税为：

$$520\div(1+9\%)\times9\%=42.94\ (元)$$

该商场实际上多缴了税，因为空调售价虽然为4520元，但是其支付给安装公司520元，实际所得是4000元，理应按4000元纳税。

如果将以上营销过程改成商场开具4000元的发票、安装公司开具520元的发票给消费者，那么商场应缴纳的增值税销项税额为

$$4000\div(1+13\%)\times13\%=460.18\ (元)$$

安装公司应纳增值税为 $520\div(1+9\%)\times9\%=42.94$（元）

相比原来，商场销售每台空调可节省59.82元（520元-460.18元）增值税。

安装公司所承担的增值税负担不变。

如果不改变营销模式，安装公司给商场开具增值税专用发票，商场作为一般纳税人虽可以抵扣增值税，但商场还是会多负担增值税。原因在于商场适用13%的增值税税率，高于安装公司适用9%的增值税税率。

9.1.2 兼营行为

纳税人的经营范围涉及销售货物、劳务、服务、无形资产或者不动产，适用不同税率或征收率的经营活动，为兼营行为。纳税人从事不同业务取得的收入之间没有从属关系，属于兼营行为。混合销售的本质是一项纳税行为，而兼营行为的本质是多项应税行为。

兼营行为应当分别核算适用不同税率或者征收率的销售额；未分别核算的，从高适用税率。

【案例9-2】顺达公司为增值税一般纳税人，该企业为客户提供货物运输服务和仓储搬运服务。2020年2月，该公司取得货物运输服务收入600万元、仓储搬运服务收入200万元。假设以上收入均为不含税价，城市维护建设税税率7%、教育费附加3%，本月可抵扣的进项税额为30万元，无上期留抵税额。

解析：

方案一：若该公司未分别核算两项业务收入，则应缴纳的增值税额为

$$(600+200)\times9\%-30=42\ (万元)$$

方案二：若该公司分别核算两项业务收入，则应缴纳的增值税额为

$$600\times9\%+200\times6\%-30=36\ (万元)$$

两种方案城市维护建设税和教育费附加相差为

$$(42-36)\times(7\%+3\%)=0.6\text{（万元）}$$

故该公司分别核算两项业务收入后少缴纳增值税及城市维护建设税和教育费附加为

$$42-36+0.6=6.6\text{（万元）}$$

由此可知：纳税人应分别核算不同税率的经济业务，减少核算造成的税收成本；“营改增”后，企业可以选择性地将非主要业务进行外包，一方面增加可抵扣进项税额，减少需缴纳的增值税；另一方面在享受专业服务的同时，因为抵扣链条延长而享受到税收优惠。

【案例9-3】 亚盛公司是一家工业生产企业，拥有运输车队。10月销售给大华公司产品1万件，产品不含税售价为200元/件，产品运费不含税售价为10元/件（承运产品的最终不含税售价为210元/件）。其中，因加工产品购进原材料可抵扣的进项税额为20万元，运输中物料油耗等可抵扣的进项税额为6000元。从纳税策划的角度分析亚盛公司独立成立运输公司的决策是否可行，假设该公司是增值税一般纳税人。

解析：对销售货物并承担运输服务的公司来说，可以分为两种组织形式，即自营运输和成立独立的运输公司。

（1）自营方式下由非独立的车队运输。

$$\text{亚盛公司应缴纳的增值税额}=(200+10)\times1\times13\%-20-0.6=6.7\text{（万元）}$$

（2）成立独立的运输公司并购买该运输公司的运输劳务，为客户提供所售货物的运输服务，将货物运抵客户指定的地点，并向该运输公司支付运费。

①当运输公司为一般纳税人时，运输公司应缴纳的增值税额为

$$1\times10\times9\%-0.6=0.3\text{（万元）}$$

亚盛公司可以抵扣的运费进项税额为

$$1\times10\times9\%=0.9\text{（万元）}$$

则

$$\text{亚盛公司应缴纳的增值税额}=(200+10)\times1\times13\%-20-1\times10\times9\%=6.4\text{（万元）}$$

应缴纳的增值税总额=0.3+6.4=6.7（万元）

②当运输公司为小规模纳税人时，运输公司应缴纳的增值税额为

$$1\times10\times3\%=0.3\text{（万元）}$$

假定亚盛公司无法抵扣运费进项税额，则

亚盛公司应缴纳的增值税额=(200+10)×1×13%-20

=7.3（万元）

应缴纳的增值税总额=7.3+0.3=7.6（万元）

（3）成立独立的运输公司，以客户代理身份采用委托运输的方式，与企业自身委托运输企业完成货物运输相比，二者的主要区别在于：一方面，企业向运输企业支付的运费属于代垫性质，有权向客户索还；另一方面，运输企业开具的发票抬头为客户，且要送达客户手中。根据增值税相关规定，此笔运费不列入销售额，不征收增值税，亚盛公司产品不含税售价为200元/件，运费的不含税售价为10元/件。

①当运输公司为一般纳税人时，运输公司应缴纳的增值税额为

1×10×9%-0.6=0.3（万元）

此发票开给大华公司，亚盛公司不能抵扣运费进项税额，则

亚盛公司应缴纳的增值税额=1×200×13%-20=6（万元）

应缴纳的增值税总额=6+0.3=6.3（万元）

②当运输子公司为小规模纳税人时：

运输公司应缴纳的增值税额=1×10×3%=0.3（万元）

亚盛公司应缴纳的增值税额=1×200×13%-20=6（万元）

应缴纳的增值税总额=6+0.3=6.3（万元）

就此案例而言，在仅考虑增值税的情况下，亚盛公司成立小规模纳税人身份的运输公司，以客户代理身份采用委托运输的方式，应缴纳的增值税额最低。但在实际操作中，究竟采用何种形式运输，不能只考虑增值税的税负问题，还应综合考虑各种因素。如不仅要考虑购进固定资产、燃油、修理费等增值税专用发票取得的可能性，还要考虑企业的分折费用、新增企业经营成本等因素的综合影响。

9.2 促销行为的税收筹划

9.2.1 商业折扣

商业折扣也称为折扣销售，是指企业为促进商品销售而在定价上给予的价格扣除，实质上就是销售行为发生之前，销售方给予的价格优惠。商业折扣一般是在商品交易前即承诺给予价格折扣。对于商业折扣，如果销售额和折扣额在同一张发票上注明，则允许销售方以其销售额扣除折扣额后的余额作为计税额；如果销售额和折扣额不在同一张发票上注明，则不允许将折扣额从销售额

中扣除计算计税额。

现实中商业折扣不仅包括折扣销售这一情形，还有很多其他变化形式，购物返券就是一种典型的商业折扣形式。比如购买 1000 元商品，返还 200 元代金券，可以现送现用，有时是后续才能使用。购物返券的促销行为实质上也是折扣销售，与商品折扣没有本质的区别。国家税务总局没有统一的政策规定，《四川省国家税务局关于买赠行为增值税处理问题补充意见的公告》（四川省国家税务局公告 2011 年第 7 号）对此作出规定：销货方开具发票（含增值税专用发票、增值税普通发票、通用机打普通发票和通用手工版普通发票）时，对在同一张发票上注明“返券购买”的货物金额，应作为折扣额在总销售额中扣减。

实践中，折扣销售可以直接简单地以折扣后的金额来开具发票，最终实现的销售价格就是折扣后的价格。但是如果需要完整地展示购买价格、折扣金额，开票就要符合相关要求了。《国家税务总局关于折扣额抵减增值税应税销售额问题通知》（国税函〔2010〕56 号）规定，纳税人采取折扣方式销售货物，销售额和折扣额在同一张发票上分别注明是指销售额和折扣额在同一张发票上的“金额”栏分别注明的，可按折扣后的销售额征收增值税。未在同一张发票“金额”栏注明折扣额，而仅在发票的“备注”栏注明折扣额的，折扣额不得从销售额中减除。如果价格折让能一一对应到销售商品明细，可以直接以商品名称开具红字；如果是总价折让，无法分摊，则可以直接采取开具总折让金额形式进行，大类编码和销售商品类别保持一致即可。这时价格折让和商品税目确认具有同质性，选用同一个商品编码进行开票即可。

【案例 9-4】 华美盛服装有限公司产生了商业折扣问题，情况如下：该公司是内衣生产企业，产品主要销往日本、韩国以及东南亚国家。考虑到外销产品利润较低，近年来公司大力开拓国内市场，主要利用各地的代理商扩大市场。为了激励代理商，公司根据代理商的销售业绩给予商业折扣，规定：在月度结算的条件下，月销售内衣 10000 件以下的，月度折扣为 2 元/件；月销售内衣 10000~20000 件的，月度折扣为 3 元/件。年销售内衣 150000 件以下的，年终折扣为 2.5 元/件；年销售内衣 150000~250000 件的，年终折扣为 3 元/件。

该方法收到了较好的效果，华美盛服装有限公司很快打开国内市场，当年内销实现销售收入 4 亿元。该公司年底与代理商结算时，支付商业折扣 2000 万元（以产品的形式或货币的形式），因为价款与商业折扣不能在同一张发票上体现，增值税、企业所得税等税收负担大大增加。

为此，华美盛服装有限公司邀请税务顾问为其设计税收筹划方案，税务专家设计了以下三种方案。

方案一：预估折扣率

根据代理商以前月份或者以往年度的销售情况计算确定一个适当的折扣率。当代理商于本期来公司提货时，会计人员在开具发票时可以按平均数10000件的折扣率计算折扣，在一定期间内进行结算。

这种方法的优点是能够反映代理商的折扣情况，及时结算商业折扣；缺点是对业务不稳定、销售波动较大客户的折扣情况难以把握。

方案二：递延处理折扣

将月度折扣推迟至下个月反映，年度折扣推迟到下个年度来兑现。假如某代理商1月销售衣服12000件，享受的折扣额为3元/件，那么该客户1月应享受的月度折扣为36000元，待该客户2月开发票时，将其上月应享受的月度折扣36000元在票面上予以反映，客户按减除折扣后的净额付款。如果客户上月应结折扣大于当月开票金额，则可分几次在票面上予以体现。为加强对市场网络的管理，如无特殊情况，年度折扣一般推迟到次年的3月进行结算，其处理方法与月度折扣相同，在次年3月开票时于票面上反映即可。

这种方法的优点是操作简便。但如果月份间和年度间销量和折扣标准差异较大，则不能真实地反映当月和本年度的实际经营成果，且12月和年终折扣在进行所得税汇算清缴时可能会遇到障碍。这种方法适用于市场成熟、稳定，月份间和年度间销量和折扣标准变化不大的企业。

方案三：当期结算和递延结算相结合

当期结算和递延结算相结合的办法，即在日常开票时企业可设定一个当期结算折扣的最低标准，如2元/件，所有客户都按照这一标准结算，并在发票上予以体现。客户按减除折扣后的净额付款，月末计算当月应结客户的折扣总额，减去票面上已经反映的折扣额即为应结付的折扣额。将该差额在下个月的票面上予以反映，年度折扣仍放到下个年度。

这种方法的优点是缓解了客户的资金压力，操作较为简便。缺点是因部分月度折扣放在下月，年度折扣放在下个年度，如果销量起伏大，便不能真实地反映月度和年度的经营成果。这种方法适用于客户资金有一定压力或有特殊要求的企业。

案例分析题

皇冠地板公司在周边地区建立了经销商销售渠道，皇冠地板公司与经销商平时按协商价格结算货款，并在购销合同中规定，经销商月累计进货量达到50000平方米时，皇冠地板公司给予经销商50000平方米地板累计总进价5%的优惠奖励；经销商年累计进货量达到200000平方米时，皇冠地板公司则给予经销商年累计总进价8%的优惠奖励。在内部核算上，皇冠地板公司在经销商每次进货时分别按售价预提5%或8%的提留，冲减当期的销售收入，以便日后支付经销商该笔优惠奖励。

一年后，税务部门进行税务检查时发现了这一问题，经核查该公司的相关购销合同和商事凭证以及财务核算过程，对照现行税收政策规定，确定这些支付经销商的优惠奖励属于返利性质，不能在税前列支。因此，税务机关作出了对皇冠地板公司追补增值税、企业所得税税款及滞纳金，并加收罚款的税务处罚。

从皇冠地板公司上述促销行为分析，其为了鼓励经销商扩大销售，并以合同的形式规定了价格折扣优惠方式并无不妥，但其没有按照相关的税收政策规定正确处理，以致企业蒙受经济损失，且给企业的声誉造成了一定的负面影响。

按照现行的税收政策，如果购销合同属于销售折扣类型，企业在开具销售发票时，应该同时列明货物销售折扣金额，并在销售收入中进行核算；如果购销合同属于销售费用类型，则应该由受益者开具合法的商事凭证，财务应该通过销售费用进行核算；如果购销合同属于销售奖励类型，则不能在费用中列支或作为销售折扣予以扣除。

如果皇冠地板公司在与经销商签订的销售合同中约定：经销商月累计进货量达到50000平方米标的时，皇冠地板公司给予经销商50000平方米地板累计总进价5%的销售折扣优惠；经销商年累计进货量达到200000平方米时，皇冠地板公司则给予经销商年累计总进价8%的销售折扣优惠。在实际购销过程中，经销商前一个月进货达到50000平方米时，皇冠地板公司在次月供货时按约定给予5%的销售折扣，以此逐期顺延；在第十一个月，确定经销商该年度能够达到年进货量200000平方米时，则按约定需要给予累计进货额8%的销售折扣，在第十二个月时补足销售折扣额。皇冠地板公司在财务处理上，首先要按照税法规定，在发票上同时列明销售额和销售折扣金额，以便可以按照扣除折扣额后的余额计算缴纳增值税。

从表面上看，这样的处理和先期的促销效果并没有本质变化，但结果大相径庭。后者是按照现行税收政策要求进行操作，不仅经销商得到了价格折扣优惠，而且供货商对实际销售收入的核算符合税法的规定要求，合法降低了税收负担。

9.2.2 现金折扣

现金折扣也称为销售折扣，即为鼓励客户早付款而给予的价款结算金额优惠。现金折扣是一种鼓励购买方快速支付账单的价格削减，在净期限内变更。例如，2/10，净30（2/10，net 30），含义是：如果在10天内付款，购买者能够从销售价款（发票面额）中得到2%的折扣，否则在30天内支付销售价款（发票面额）的全部金额，这常常是被注明或让人理解为30天的信用期满后将加收利息费用。

商品售出后，欲让客户早付款，少收款项相当于应收账款贴现的代价，记作财务费用，确认销售收入与开票金额均按折扣前的商品总价格确定。购货方取得的“现金折扣”不属于增值税应税收入，无须开具发票。

企业所得税方面，《国家税务总局关于确认企业所得税收入若干问题的通知》（国税函〔2008〕875号）规定：债权人为鼓励债务人在规定的期限内付款而向债务人提供的债务扣除属于现金折扣，销售商品涉及现金折扣的，应当按扣除现金折扣前的金额确定销售商品收入金额，现金折扣在实际发生时作为财务费用扣除。

关于税前扣除凭证，国家税务总局2018年第28号文规定，企业在境内发生的支出项目不属于应税项目的，对方为单位的，以对方开具的发票以外的其他外部凭证作为税前扣除凭证。所以，在实践中，凭双方盖章确认的有效合同、根据实际情况计算的折扣金额明细、银行付款凭据、收款收据等证明该业务真实发生的合法凭据据实列支。

【案例9-5】甲公司是一家玩具生产企业，系增值税一般纳税人。甲公司销售一批玩具给乙公司，销售价款为113000元（含税价格），由于乙公司提前10天付款，甲公司给予乙公司2%的现金折扣（现金折扣按含税销售价格算）。

解析：

甲公司的会计处理如下。

发货时：

借：应收账款——乙公司　　113000

　贷：主营业务收入　　100000

　　应交税费——应交增值税（销项税额）　　13000

收款时：

借：银行存款　　110740

　财务费用　　2260

　贷：应收账款——乙公司　　113000

如果甲公司给予乙公司2%的商业折扣，并将折扣额开在同一张发票上，这种情形下的折扣已不再是现金折扣了，而转化为了折扣销售，应按照扣除价格折扣额后的余额计算缴纳增值税。

甲公司相对应的会计处理为

借：银行存款　　110740

贷：主营业务收入 98000

应交税费——应交增值税（销项税额） 12740

两种促销方式下甲公司均获得 110740 元现金流入额，但缴纳的增值税额相差 260 元（13000 元-12740 元）。因此，同样是促销手段，商业折扣和现金折扣会产生不同的税收结果。

【案例 9-6】 某南方玩具公司的产品价目表列明：甲产品的销售价格（不含增值税）为每件 200 元，购买 200 件以上，可获得 5%的商业折扣；购买 400 件以上，可获得 10%的商业折扣。该玩具公司对外销售甲产品 350 件，规定对方付款条件为 2/10，1/20，n/30，购货方已于 9 天内付款，适用的增值税税率为 13%。

解析：该玩具公司的会计处理如下（假定计算现金折扣时不考虑增值税）。

销售实现时：

借：应收账款 77805

贷：主营业务收入（200×95%×350） 66500

应交税费——应交增值税（销项税额） 11305

收到货款时（销货后第 9 天）：

借：银行存款 76475

财务费用（66500×2%） 1330

贷：应收账款 77805

9.2.3 销售折让

销售折让是指企业因售出商品质量不符合要求等而在售价上给予的减让。企业将商品销售给买方后，如买方发现商品在质量、规格等方面不符合要求，可能要求卖方在价格上给予一定的减让。比如，销售方售出商品，购买方在使用过程中发现瑕疵，双方约定给予 10%的价格折让，就属于销售折让。此外，还有一种销售返利行为可以看作一种特殊形式的销售折让，但销售返利一般在销售活动结束前，即销售方因购买方采购商品数量比较多而给予的类似价格奖励或吸引购买方未来再交易的一种价格返还。

在增值税处理方面，企业因售出商品的质量不合格等而在售价上给予的减让属于销售折让，企业已经确认销售收入的售出商品发生销售折让，应当在发生当期冲减当期销售商品收入，即销售方可以按照折让后的销售额作为计税依据计算缴纳增值税。《国家税务总局关于纳税人折扣折让行为开具红字增值税专用发票问题的通知》（国税函〔2006〕1279 号）规定：纳税人销售货物并向购买方开具增值税专用发票后，由于购货方在一定时期内累计购买货物达到一定数量，或者由于市场价格下降等原因，销货方给予购货方相应的价格优惠或补偿等折扣、折让行为，销货方可按现行《增值税专用发票使用规定》的有关规定开具红字增值税专用发票。

因此，在其他条件都相同的情况下，销售方选择商业折扣或者销售折让的促销方式，其税负最低，因为商业折扣或销售折让均允许折扣额或折让额作为税基的减除项。

【案例 9-7】 某大型商场是增值税一般纳税人，客户购货均能取得增值税专用发票，商品促销活动拟采用以下三种方案：一是商品 7 折销售；二是购物满 200 元赠送价值 60 元的商品（成本为 36 元，均为含税价），赠送的商品属于“买一赠一”；三是购物满 200 元返还 60 元现金。假定该商场所销售商品的平均毛利率为 40%，销售额为 200 元的商品，其成本为 120 元。

问题：当消费者购买 200 元的商品时，该商场选择哪种促销方式最合适？

解析：

方案一：商品 7 折销售，价值 200 元的商品销售价格为 140 元。

应纳增值税 $=140\div(1+13\%)\times13\%-120\div(1+13\%)\times13\%=2.30$（元）

税后现金净流量 $=140-120-2.30=17.70$（元）

方案二：购物满 200 元赠送价值 60 元的商品，属于促销中的“买一赠一”行为，所赠送商品不视同销售，且可抵扣所赠送商品购进的进项税额。

200 元商品及赠送的商品应纳增值税 $=200\div(1+13\%)\times13\%-120\div(1+13\%)\times13\%-36\div(1+13\%)\times13\%=5.06$（元）

税后现金净流量 $=200-120-36-5.06=38.94$（元）

方案三：购物满 200 元返还 60 元的现金。

应纳增值税 $=200\div(1+13\%)\times13\%-120\div(1+13\%)\times13\%=9.20$（元）

税后现金净流量 $=200-120-60-9.20=10.80$（元）

从税负角度分析，方案一最优，企业缴纳的增值税金额最小。从税后现金净流量来看，方案二最优。

方案二类似于捆绑销售，相对于方案一而言，多销售了商品，同时多获得了现金净流量，因此方案二是最优方案。进一步分析，如果方案二赠送商品的成本很高，则会削减其现金净流量的贡献，方案二就不一定是最优选择，可以进一步求出方案一和方案二的增值税负担的无差别临界点，以及现金净流量的无差别临界点，以得出最终的促销决策结论。

9.2.4　捆绑销售

1.“买一赠一”

“买一赠一”，这种情况现实中很常见，比如买抽油烟机赠送榨汁机，其实质是折扣销售，也可视为“捆绑销售”，但其不属于捐赠行为，更不是无偿赠送，而是建立在购物基础上的市场等价交换活动的一部分。所以，“买一赠一”属于捆绑销售，在销售活动中运用“买一赠一”模式替代商业捐赠行为，能够合理控制税负。

对销售方的“买一赠一”行为，按其实际收到的货款申报缴纳增值税，应按照《国家税务总局关于确认企业所得税收入若干问题的通知》（国税函〔2008〕875号）第三条的规定，在账务上将实际收到的销售金额，按销售货物和随同销售赠送货物的公允价值的比例来分摊确认其销售收入，同时应将销售货物和随同销售赠送的货物品名、数量以及按各项商品公允价值的比例分摊确认的价格和金额在同一张发票上注明。同时，这些赠送的商品允许相应结转其商品成本。

当然，也可以参考《四川省国家税务局关于买赠行为增值税处理问题的公告》（四川省国家税务局公告2011年第6号）的规定：“买物赠物”方式，是指在销售货物的同时赠送同类或其他货物，并且在同一项销售货物行为中完成，赠送货物的价格不高于销售货物收取的金额。

“买一赠一”方式下，因为有实物出库，发票需要显示数量。但是赠品并没有实际销售金额，因为赠品的实质是有偿赠送，不属于销售范畴，无须计算缴纳增值税。其实质是对赠送物品进行100%的折扣，即开票时可将赠送商品先输入原价，再选中进行100%折扣即可。但这样处理可能会给人一种赠品折扣率太高的感觉，且结转赠品成本时会形成赠品亏损的假象，故提倡采用国税函〔2008〕875号文件规定的按各项商品公允价值比例分摊销售收入的做法。

当然，对于随同销售赠送的货物品种较多，不能在同一张发票上列明赠送货物的品名、数量的，也可统一开具“赠品一批”，同时开具《随同销售赠送货物清单》，并作为记账的原始凭证，从而形成一个完整的“买物赠物”交易证据链条，可以据此进行账务处理和完成纳税。

【案例9-8】某房地产公司推出“买一赠一”促销活动，购买一栋300平方米、市场价格为120万元的别墅，赠送一个车库，市场价格为30万元。试问该房地产公司应如何确认主营业务收入？

解析：“买一赠一”活动不属于商业捐赠，应将总的主营业务收入按别墅和车库的公允价值比例来分摊确认各自的销售收入。

别墅的销售收入＝120÷(120+30)×120＝96（万元）

车库的销售收入＝30÷(120+30)×120＝24（万元）

2. 加量不加价

“加量不加价”是一种有效的促销方式，其操作要点是在销售商品时，增加每一包装中的商品数量，而销售总价不变，相当于商品打折销售，但可以起到打折销售不能实现的促销效果。同时，可以加快存货周转速度，增加税前扣除项目金额，从而降低企业所得税负担。“加量不加价”的促销模式，实际上是一种特殊形式的捆绑销售。

【案例 9-9】某洗衣粉厂商在进行洗衣粉促销时，推出“加量不加价”促销活动。试问该洗衣粉厂商应如何进行税收筹划？

解析：该洗衣粉厂商如果采取“买 5000 克洗衣粉免费赠送 1000 克”的促销政策，可能要为免费赠送的 1000 克洗衣粉缴纳增值税并代扣代缴个人所得税；而采取“加量不加价”的促销模式，6000 克洗衣粉卖 5000 克的价钱，虽然销售数量增加了，但价格不变，相当于洗衣粉打折销售，该洗衣粉厂商只需按照销售价格计算缴纳增值税，允许税前扣除 6000 克洗衣粉的成本，从而降低了企业所得税负担。从税收筹划角度分析，“加量不加价”是一种较好的促销方式，不仅可以提高存货周转率，还可以降低销售环节的税负，提高产品的市场占有率，总体提升产品的市场竞争力。

9.2.5 商业捐赠

税法规定，企业商业性质的捐赠视同销售，一并计算缴纳增值税，且企业不得在税前扣除捐赠支出。

对于企业的公益性捐赠，在不超过企业当年会计利润 12% 以内的部分准予税前扣除，超过部分允许其结转以后 3 年内税前扣除，即允许往后递延 3 年。

商业捐赠的税收筹划思路，一般是将商业捐赠转化为其他形式的促销手段，合法规避视同销售和不能税前扣除的税收约束。还有一种思路是避免商业捐赠行为，而转为公益性捐赠，后者是受到税法鼓励的行为，可以提升企业社会形象，已为很多企业所采纳和重视，成为税收筹划的重要手段。

【案例 9-10】汇丰商场以销售国内外名牌服装为主，“五一”期间进行促销活动，推出了优惠的销售政策：购买一套西服赠送一条领带。西服和领带的市场销售价分别为 1130 元（含税价）和 226 元（含税价）。

汇丰商场的具体操作如下：对客户出具的发票填写西服一套，价格为 1130 元，同时赠送领带一条，在账务处理上“主营业务收入”为 1000 元［1130÷(1

+13%）]，销项税额为 130 元。对于赠送的领带按实际进货成本予以结转，记入当期“销售费用”科目。按照《中华人民共和国增值税暂行条例实施细则》的规定，将自产、委托加工或购买的货物无偿赠送他人，应视同销售计算缴纳增值税。因此，汇丰商场销售西服赠送的领带价值 226 元视同销售计算增值税销项税额 26 元。此次销售活动每人次最终涉及增值税销项税额 156 元，同时补缴相应的企业所得税和个人所得税。

解析：对于商场而言，举办赠送活动旨在吸引顾客，促进销售，提高市场占有率，结果却加重了企业的税收负担，增加了企业的现金流出。为此，汇丰商场邀请税务专家策划设计了以下两种方案。

方案一：实行捆绑销售，即将西服和领带价格分别下调，使两种商品的销售价格总额等于 1130 元，将西服和领带捆绑销售，从而达到促销和节税的双重目的。

捆绑销售模式下，商场的增值税销项税额为

$$1130 \div (1+13\%) \times 13\% = 130\text{（元）}$$

方案二：将赠送的领带作为销售折让。西服以正常价销售，同时将赠送的领带按销售价格以销售折让的形式返还客户。在发票上西服单价按 1130 元（含税价）填写，领带单价为 226 元（含税价），同时以销售折让的形式按 226 元开具红字专用发票，直接返还客户，发票销售净额为 1130 元，客户实际付款 1130 元。此项活动不含税销售收入为 1000 元，增值税销项税额为 130 元，减少了增值税销项税额 26 元，同时规避了企业所得税和个人所得税。

【案例 9-11】 北京某企业通过民政部门向灾区学校捐赠资金 150 万元，企业当年利润总额为 1000 万元，该笔捐赠能否全部税前扣除？

解析：捐赠扣除限额 = 1000×12% = 120（万元）

因此，该笔捐赠只能扣除 120 万元，超出 30 万元部分准予结转，3 年内在计算应纳税所得额时扣除。

9.3　销售模式及结算方式的税收筹划

9.3.1　产品成套销售

当产品成套销售时，要特别注意套装产品各组成部分所适用的税率是否一致。如果套装产品中既有应税产品，也有免税产品；既有税率高的产品，也有税率低的产品，最好的方式是把产品分开销售，独立核算分别计税，否则税务机关征税时会从高适用税率。

【案例 9-12】某酒厂生产白酒与药酒组成的套装礼品酒进行销售。该酒厂对外销售的套装礼品酒单价为 600 元/套，其中白酒、药酒各 1 瓶，均为 500 克装（假设该酒厂单独销售白酒 400 元/瓶、药酒 200 元/瓶，礼品套装酒的包装费忽略不计）。该酒厂销售礼品套装酒应如何进行税收筹划？根据现行的税法规定，白酒的比例税率为 20%，定额税率为 0.5 元/500 克；药酒的比例税率为 10%。

解析：该酒厂可以采取以下两种税收筹划方案。

方案一：先包装后销售。税法规定，将不同税率的应税消费品组成套装消费品销售应按最高税率征税。因此，销售套装礼品酒，药酒不仅要按 20%的高税率从价计税，而且要按 0.5 元/500 克的定额税率从量计税。故该酒厂应纳消费税为

$$600\times20\%+2\times0.5=121\ (元)$$

方案二：先销售后包装，即先将白酒和药酒分品种销售，分别开具发票并核算收入，再由零售商包装成套装礼品酒对外销售。在这种情况下，药酒按 10%的比例税率从价计税，且不必按 0.5 元/500 克的定额税率从量计税，故该酒厂的应纳消费税为

$$400\times20\%+200\times10\%+1\times0.5=100.5\ (元)$$

通过比较可知，每销售套装礼品酒一份，方案二就比方案一节省消费税 20.5 元（121 元-100.5 元）。

9.3.2 代理销售

代理销售有两种方式：一是收取手续费的方式，即受托方根据代销的商品数量向委托方收取手续费，对受托方来说是一种劳务收入，需要缴纳增值税。二是视同买断，即委托方不采用支付手续费的方式委托代销商品，而是以较低的协议价格鼓励受托方买断商品，受托方再以较高的市场价格对外销售。若委托方为了统一市场价格，执意要受托方按市场价格销售，双方可以调整协议价格。在这种情况下，受托方无须缴纳增值税，但委托方、受托方之间的流通环节应视为正常销售行为，需要缴纳增值税。两种代销方式对委托双方的税务处理及总体税负水平产生不同的影响，合理选择代销方式可以达到合法节税的目的。

【案例 9-13】利群商贸公司以收取手续费的方式为中华制衣公司代销品牌服装，销售单价为 1000 元/件，每销售 1 件收取手续费 200 元。利群商贸公司在第一季度共销售服装 100 件，收取手续费 20000 元，不考虑城市维护建设税和教育费附加。

解析：双方的纳税额如下：

假设利群商贸公司无进项税额，则

利群商贸公司应缴纳增值税 $=20000\div(1+6\%)\times6\%=1132.08$（元）

假定中华制衣公司的进项税额为7000元，则

$$中华制衣公司承担的增值税=1000\times100\div(1+13\%)\times13\%-7000=4504.42（元）$$

两个公司承担的增值税合计 $=1132.08+4504.42=5636.50$（元）

如果利群商贸公司按视同买断方式为中华制衣公司代销品牌服装，中华制衣公司按800元/件售给利群商贸公司，利群商贸公司再按1000元/件对外销售。第一季度利群商贸公司共销售服装100件，则双方的纳税额如下：

假设利群商贸公司无其他进项税额，则

$$利群商贸公司应缴纳增值税=100\times1000\div(1+13\%)\times13\%-100\times800\div(1+13\%)\times13\%=2300.88（元）$$

假定中华制衣公司的进项税额仍为7000元，则

$$中华制衣公司承担的增值税=100\times800\div(1+13\%)\times13\%-7000=2203.54（元）$$

两个公司承担的增值税合计 $=2300.88+2203.54=4504.42$（元）

比较上述两种方式，视同买断方式下，利群商贸公司多缴纳增值税1168.80元（2300.88元−1132.08元）；中华制衣公司少缴纳增值税2300.88元（4504.42元−2203.54元）。就委托双方增值税的总体税负水平而言，视同买断方式比收取手续费方式少纳1132.08元。

因此，在代理销售业务中，委托双方应采取视同买断方式。采用视同买断方式代销时，受托方需多缴纳一部分增值税，委托方可少缴纳等额的增值税。因此，受托方可以要求委托方在协议价格上做出一定的让步，以使受托方多缴纳的增值税额通过降低协议价格得到补偿，使委托双方的总体税负水平趋于合理。

知识链接

进场费、广告促销费、上架费、管理费或展销费如何纳税?

有些地区允许将进场费、上架费视为场地租赁，对应税率为9%；而广告促销费、展销费按照广告业税目征收，对应税率为6%。

这些费用应当统一按照6%的税率征收增值税，理由如下：这些费用虽名称各异，但实质相同，不因其外在表现形式不同而在税率上区别，否则违反公平

原则；进场费、上架费不能视为“租赁”，虽然厂家占用代理商的场地或柜台，但实际运营管理的权利和义务仍归代理商，因此并不构成“租赁”，只是接受代理商提供的服务。

在实务中，如果企业选择以进场费、广告促销费、上架费、管理费或展销费等方式进行返利，建议与当地主管税务机关做好沟通，了解当地税收征管政策，合理设计合同条款，以避免税收风险。

9.3.3 销售结算方式

与采购时的付款方式相对应，销售时企业也可通过收款方式的选择进行税收筹划。从本质上看，委托代销、分期收款销售与直接收款销售结算方式并无太大区别，最终都表现为货物所有权的转移和货款的收取，只是结算的方式不同而已。但从税收角度来看，不同的结算方式导致应税收入的确认时间不同，纳税人缴纳税款的时间也不同。由于税金缴纳均为现金形式，企业如果能够在取得现金后进行税金支出是最好的选择，可以降低财务风险。

【案例9-14】某外贸公司与当地交通部门签订了一份合同，由该外贸公司为交通部门从国外进口一批通信设备，销售额达3亿元。由于市场竞争激烈，该外贸公司怕失去交通部门这一重要客户，急于成交，合同签订草率。合同规定交通部门货到验收后付款，交通部门出于财务预决算的考虑，请求外贸公司在12月底前开具正式销售发票。该外贸公司认为进口商品会很快运抵，同意了交通部门的请求，并开具了销售额为3亿元的增值税专用发票。由于进口谈判和季节周期等原因，该批通信设备截至次年2月还未运抵，该外贸公司为确认销售收入的实现，先行垫付了3900万元的增值税，并提前确认销售收入，缴纳了企业所得税。

对于外贸公司，在交易没有完成之前，轻率地开出销售发票，很容易出现垫付增值税的问题，这是由交易的不确定性决定的。防止垫税的最佳方法是利用合同转嫁税负，在充分考虑结算方式和销售方式的前提下，通过合同条款将交易控制在自己手中。实际上，该外贸公司可以通过分期销售方式来规避垫税风险。

每种销售结算方式都有其收入确认的条件，企业通过控制收入确认条件，可以控制收入确认的时间。因此，在进行税收筹划时，企业可以采用合法的方式推迟销售收入的确认时间，以推迟纳税。

如对发货后难以回笼的货款，可以作为委托代销商品处理，待收到货款时再出具发票纳税；尽量避免采用托收承付和委托收款结算方式销售货物以防止垫付税款；在不能及时收到货款的情况下，采用赊销或分期收款结算方式可避免预付税款。

【案例 9-15】 美华公司以生产化妆品为主，一个月为一个纳税期限。预计5月28日销售化妆品10000盒给永安商场，不含税单价为每盒100元，单位销售成本为40元，预计销售费用为50000元，增值税税率为13%、消费税税率为15%、企业所得税税率为25%、城市维护建设税税率为7%、教育费附加征收率为3%。假设美华公司与永安商场均为增值税一般纳税人，所有购销业务均开具增值税专用发票。试比较美华公司在不同销售结算方式下税务策划的差异。

解析：在选择销售结算方式时，美华公司有以下几种方案。

方案一：直接收款销售结算。

《中华人民共和国增值税暂行条例实施细则》规定：采取直接收款方式销售货物，无论货物是否发出，其纳税义务发生时间均为收到销售款或者取得索取销售款凭据的当天。

5月28日，无论是否收到货款，美华公司都应该确认收入，计算缴纳增值税、消费税和企业所得税。此方案的优点是可以在销售货物的同时及时收到货款，能够保证企业取得现金后再支出税金。

方案二：分期收款销售结算。

若预计5月28日无法及时取得货款，可以采取分期收款销售结算方式。假设将上述货款平均分4个月收取，每个月收取250000元，合同约定分别在6月、7月、8月、9月的10日收取货款。在6月发生销售费用50000元。

《中华人民共和国增值税暂行条例实施细则》规定：采取赊销和分期收款方式销售货物，确认收入的时间为书面合同约定的收款日期的当天，无书面合同的或者书面合同没有约定收款日期的，为货物发出的当天。

如购销双方签订书面合同约定收款日期为6月20日，则5月28日发出货物时无须确认收入，到6月20日再确认收入，缴纳税款。

此方案虽然不能减少纳税总额，增加税后净收益总额，但可以延迟纳税义务发生时间，减轻企业资金支付压力。

方案三：委托代销结算。

若美华公司于5月28日将化妆品委托给永安商场代销，合同约定永安商场以单价100元销售，每销售一盒化妆品可提取4元作为手续费（商场在交付销售清单时开具普通发票给美华公司）。美华公司5月的销售费用减少为10000元。美华公司于7月20日收到永安商场的代销清单，上列已销售数量为8000盒，不含税价款为800000元。永安商场扣除手续费后，将余款通过银行支付给美华公司。

《中华人民共和国增值税暂行条例实施细则》规定：委托其他纳税人代销

货物，为收到代销单位的代销清单或者收到全部或者部分货款的当天确认收入。未收到代销清单及货款的，为发出代销货物满180天的当天确认收入。

5月28日，由于尚未收到销售清单，故无须确认该笔业务收入，也不需要计算缴纳相关税金。但5月发生的销售费用10000元，可以在计算5月应纳税所得额时扣除。

7月20日，美华公司收到永安商场的代销清单时，确认收入计算缴纳税金。

根据【案例9-15】，可以得出以下结论。

（1）若预期商品发出时可以直接收到货款，则选择直接收款方式较好；若商品紧俏，则选择预收货款销售方式更好，可以提前获得流动资金且无须提前纳税。

（2）若预期发出商品时无法及时收到货款，采取直接收款方式则会出现现金净流出，企业账面利润不断增加，流动资金却严重不足。为了维持生产企业可以向银行贷款解决资金问题，但需要承担银行利息，加上尚未收到的货款存在坏账风险，财务风险大大增加。此时企业宜选择分期收款或赊销结算方式，既可以降低销售方的财务风险，也可以减轻购买方的付款压力。

（3）比较自营销售与委托代销，委托代销不仅可以减少销售费用，还可以推迟收入实现时间。但同时使纳税人对受托方产生依赖性，一旦受托方出现问题，会给纳税人的生产经营活动带来很大危害。

9.4 销售返利及佣金的税收筹划

9.4.1 销售返利的税收筹划

企业为了促销，对销售其产品的代理商给予货币或实物形式的销售返利，已经成为一种日趋成熟的商业模式。

1. 平销返利及其税收政策

（1）平销返利的概念

平销返利是指生产企业以商业企业经销价或高于商业企业经销价将货物销售给商业企业，商业企业再以进货成本或低于进货成本的价格进行销售的业务，生产企业则以返还利润等方式弥补商业企业的进销差价损失。

生产企业弥补商业企业进销差价损失的返利方式主要有以下两种：①生产企业通过返还资金方式弥补商业企业的损失，如有的对商业企业返还利润、有的向商业企业投资等；②生产企业通过赠送实物或以实物投资方式弥补商业企业的损失。

（2）平销返利业务的税收政策

自 1997 年 1 月 1 日起，凡增值税一般纳税人，无论是否有平销行为，因购买货物而从销售方取得的各种形式的返还资金，均应依所购货物的增值税税率计算应冲减的进项税金，并从其取得返还资金当期的进项税金中予以冲减。应冲减的进项税金计算公式如下：

当期应冲减进项税金 = 当期取得的返还资金×所购货物适用增值税税率

对于采取赠送实物或以实物投资方式进行平销经营活动的，需要通过两个步骤来处理，即实物的视同销售以及完成利润返还的处理。

（3）平销返利业务的发票开具

商业企业向供货方收取的各种收入，一律不得开具增值税专用发票。

供货方向商业企业进行利润返还，可以开具红字增值税专用发票；实物返利的情况下，利润返还部分的核算可以开具红字增值税专用发票，视同销售部分的核算可以向商业企业开具蓝字增值税专用发票。

（4）平销返利中的特殊政策规定

平销返利主要涉及《国家税务总局关于平销行为征收增值税问题的通知》（国税发〔1997〕167 号）、《国家税务总局关于增值税一般纳税人平销行为征收增值税问题的批复》（国税函〔2001〕247 号）、《国家税务总局关于商业企业向货物供应方收取的部分费用征收流转税问题的通知》（国税发〔2004〕136 号）等文件，相关政策规定如下：

与总机构实行统一核算的分支机构，从总机构取得的日常工资、电话费、租金等资金不应视为因购买货物而取得的返利收入，不应做冲减进项税额处理。

对商业企业向供货方收取的与商品销售量、销售额无必然联系，且商业企业向供货方提供一定劳务的收入，例如进场费、广告促销费、上架费、展示费、管理费等，不属于平销返利，不冲减当期增值税进项税金，应按现代服务业——商务辅助服务——企业管理服务（增值税税率为 6%）计算销项税额。

【案例 9-16】 A 公司为某商场的商品供应商，每期期末，按商场销售本公司商品金额的 5% 进行平销返利。2020 年 6 月，商场共销售 A 公司商品金额 1130000 元，按约定收到返利 56500 元。

解析：商场收取的返还收入，应按规定冲减当期增值税进项税金；商业企业向供货方收取的各种收入，一律不得开具增值税专用发票；同时，对于商场向供应商收取的返还资金，应当由供应商出具红字专用发票。

不得开具增值税专用发票的原因在于，在平销返利活动中，商场从供应商处获得的返还资金并不属于销售收入，而是对进销差价损失的补偿，也可以理解为对购进成本价的让步，故不允许开具增值税专用发票。

情形一：商场直接收到现金返利

（1）商场的会计处理

借：银行存款　　56500

　贷：主营业务成本　　500000

　　　应交税费——应交增值税（进项税额转出）　　6500

（2）供应商的会计处理

借：主营业务收入　　50000

　　应交税费——应交增值税（销项税额）　　6500

　贷：银行存款　　56500

情形二：收到供应商的实物返利

供应商进行实物返利需要通过两个步骤来完成：一是实物的视同销售；二是完成利润返还。利润返还部分与现金返还的处理一致，但是返利实物的视同销售要计征增值税销项税额，即供应商在实物返利时，要同时确认价格折让引起的前期已确认收入、销项税额的减少，以及赠送实物视同销售引起本期收入、销项税额的增加。在发票的开具方面，会涉及两份发票，一是折让的红字发票，二是视同销售的蓝字发票。

（1）商场的会计处理

借：库存商品——平销返利　　50000

　　应交税费——应交增值税（进项税额）

　　　　6500（增值税蓝字发票）

　贷：主营业务成本　　50000

　　　应交税费——应交增值税（进项税额转出）

　　　　6500（红字专用发票）

（2）供应商的会计处理

借：主营业务收入　　50000

　　应交税费——应交增值税（销项税额）

　　　　6500（红字专用发票）

　贷：库存商品　　50000

　　　应交税费——应交增值税（销项税额）

　　　　6500（增值税蓝字发票）

2. 销售返利的税收筹划

对于销售返利的税收筹划思路，主要有两种。

思路一：销售返利递延滚动到下一期间。把本期该返利的部分递延到下一期间，以销售折扣或销售折让的形式体现，可以合理抵减主营业务收入。这一方法适用于业务量大且交易稳定的代理商。

思路二：销售返利以“加量不加价”的方式体现在产品包装中。销售返利无法返还或无法直接返还时，可采用不同的产品包装，以加量不加价的方法解决。这一方法适用于交易稳定的代理商。

一些企业通过固定资产、存货、福利品等实物形式实现销售返利，还有一些企业通过代为支付费用等形式返利，这些做法可能存在不合规问题，应引起注意。

【案例 9-17】 某摩托车厂家拥有多家代理商，其销售返利政策如下：代理商每次购买 1000 辆摩托车，累计达到 3000 辆时，该摩托车厂家给予代理商 3%的销售返利，当期支付给代理商。税务机关对此销售返利的看法是：由于是在代理商达到 3000 辆时才给予销售返利，与税法规定不符，且不能在发票上体现折扣额，即不属于折扣销售。因此，必须按照销售收入全额确认收入纳税。对此情况，该摩托车厂家应该如何策划销售返利呢?

解析：该摩托车厂家邀请税务顾问为其进行税收筹划，税务顾问设计了以下三种策划方案。

方案一：当代理商的销售量达到 3000 辆时，对最后的 1000 辆给予 9%的折扣，且在发票上注明折扣额。

方案二：当代理商的销售量达到 3000 辆时，需要给予的销售返利不在当期返还，而是作为下一期间的折扣额，在下一期间的销售发票上体现，即采取销售返利递延的方法处理。

方案三：当代理商为大型商场或超市时，给予代理商的销售返利一般转化为进场费、管理费或展销费，即大型商场或超市以收费形式替代销售返利，并为摩托车厂家开具增值税发票。

9.4.2　佣金及手续费的税收政策与税收筹划

1. 佣金及手续费的税收政策分析

佣金是指代理人或经纪人为委托人介绍生意或代买代卖而收取的报酬。

手续费是指企业或个人作为代理者为委托人或客户办理各种事务或专门业务而收取的酬劳或报酬费，如办理结算业务、委托贷款、代理类债券、股票、保险、中间业务等获得的手续费收入。

（1）增值税

根据《营业税改征增值税试点实施办法》（财税〔2016〕36 号附件 1）、

《销售服务、无形资产、不动产注释》的规定，经纪代理服务是指各类经纪、中介、代理服务，包括金融代理、知识产权代理、货物运输代理、代理报关、法律代理、房地产中介、职业中介、婚姻中介、代理记账、拍卖等，佣金的增值税税目是经纪代理服务。

如果是保险行业，根据《国家税务总局关于个人保险代理人税收征管有关问题的公告》（国家税务总局公告2016年第45号）第三条的规定，接受税务机关委托代征税款的保险企业，向个人保险代理人支付佣金费用后，可代个人保险代理人统一向主管国税机关申请汇总代开增值税普通发票或增值税专用发票。

个人保险代理人代开发票时应注意以下几点：①保险企业代个人保险代理人申请汇总代开增值税发票时，应向主管税务机关出具个人保险代理人的姓名、身份证号码、联系方式、付款时间、付款金额、代征税款的详细清单。②保险企业应将个人保险代理人的详细信息，作为代开增值税发票的清单，随发票入账。③主管税务机关为个人保险代理人汇总代开增值税发票时，应在备注栏内注明“个人保险代理人汇总代开”字样。④这里所称个人保险代理人，是指根据保险企业的委托，在保险企业授权范围内代为办理保险业务的自然人，不包括个体工商户。小规模纳税人增值税月销售额免税标准提高到15万元这项政策，同样适用于个人保险代理人为保险企业提供保险代理服务。同时，保险企业仍可按照相关规定，向主管税务机关申请汇总代开增值税发票，并可按规定适用免税政策。

以上证券经纪人、信用卡和旅游等行业的个人代理人比照办理。

（2）企业所得税

第一，保险企业。《财政部　税务总局关于保险企业手续费及佣金支出税前扣除政策的公告》（财政部　税务总局公告2019年第72号）规定，保险企业发生与其经营活动有关的手续费及佣金支出，不超过当年全部保费收入扣除退保金等后余额的18%（含本数）的部分，在计算应纳税所得额时准予扣除；超过部分，允许结转以后年度扣除。

第二，电信企业。《国家税务总局关于企业所得税应纳税所得额若干税务处理问题的公告》（国家税务总局公告2012年第15号）第四条规定，电信企业在发展客户、拓展业务等过程中（如委托销售电话入网卡、电话充值卡等），需向经纪人、代办商支付手续费及佣金的，其实际发生的相关手续费及佣金支出，不超过企业当年收入总额5%的部分，准予在企业所得税前据实扣除。

第三，房地产企业。《国家税务总局关于印发〈房地产开发经营业务企业所得税处理办法〉的通知》（国税发〔2009〕31号）第二十条规定，企业委托境外机构销售开发产品的，其支付境外机构的销售费用（含佣金或手续费）不超过委托销售收入 10%的部分，准予据实扣除。

第四，其他企业。《财政部　国家税务总局关于企业手续费及佣金支出税前扣除政策的通知》（财税〔2009〕29 号）规定，其他企业发生与其经营活动有关的手续费及佣金支出按与具有合法经营资格中介服务机构或个人（不含交易双方及其雇员、代理人和代表人等）所签订服务协议或合同确认的收入金额的 5%计算限额。

国家税务总局公告 2012 年第 15 号公告第三条规定，从事代理服务、主营业务收入为手续费、佣金的企业（如证券、期货、保险代理等企业），其为取得该类收入而实际发生的营业成本（包括手续费及佣金支出），准予在企业所得税前据实扣除。

（3）个人所得税

扣缴义务人向居民个人支付佣金等劳务报酬所得，按以下方法按次或者按月预扣预缴个人所得税：劳务报酬所得以每次收入减除费用后的余额为收入额，预扣预缴税款时，劳务报酬所得每次收入不超过 4000 元的，减除费用按 800 元计算；每次收入 4000 元以上的，减除费用按收入的 20%计算。

居民个人办理年度综合所得汇算清缴时（取得所得的次年 3 月 1 日至 6 月 30 日内），应当依法计算劳务报酬所得的收入额，并入年度综合所得计算应纳税款，税款多退少补。劳务报酬所得以收入减除 20%的费用后的余额为收入额。

【案例 9-18】 李先生介绍客户购房，2024 年 3 月取得佣金收入 3000 元；2024 年 6 月，取得劳务报酬 30000 元。

解析：

3 月佣金收入所得预扣预缴应纳税所得额 = 每次收入 − 800 = 3000 − 800 = 2200（元）

佣金收入所得预扣预缴税额 = 预扣预缴应纳税所得额 × 预扣率 − 速算扣除数 = 2200 × 20% − 0 = 440（元）

6 月劳务报酬所得预扣预缴应纳税所得额 = 每次收入 ×（1 − 20%）= 30000 ×（1 − 20%）= 24000（元）

劳务报酬所得预扣预缴税额 = 预扣预缴应纳税所得额 × 预扣率 − 速算扣除数 = 24000 × 30% − 2000 = 5200（元）

2. 佣金及手续费的税收筹划

佣金、手续费业务简单，内容单一，可以根据企业经营现实情况和税收政策，一般在两个方面可考虑：一是尽量延后支付佣金及手续费，因为一旦支付，则构成应税收入，但代理事项及商务活动能否达到预定目的，还不能确定，存在佣金及手续费提前确认收入纳税问题；二是收取佣金及手续费的主体需要策划，如个人取得佣金收入需要缴纳个人所得税，按照劳务报酬所得计税。在现行税制下，不仅取得时需要预扣预缴个人所得税，年终还需要汇算清缴，而汇算清缴极易面对较高的边际税率。因此，通过个人设立个人独资企业，把个人的佣金收入转化为个人独资企业的经营收入，适用5%~35%的五级超额累进税率，会降低相关税负。

【案例 9-19】 王先生帮助某企业开展产品销售推广，成功联络跨国贸易集团而获得佣金收入 9 万元，预计王先生当年度还能获得佣金收入 20 万元。试为王先生设计税收筹划方案。

解析：王先生获得佣金收入 9 万元，属于个人的劳务报酬所得，获得佣金时需要预缴个人所得税为

$$90000\times(1-20\%)\times40\%-7000=21800\ (元)$$

如果王先生设立一家个人独资企业，则其的佣金收入转变为个人独资企业的经营所得。假定个人独资的扣除额为 6 万元，则其应纳个人所得税为

$$(90000-60000)\times5\%=1500\ (元)$$

一些地区允许对个人独资企业核定应税所得率，现代服务业核定的应税所得率范围为 10%~30%。按照这一政策，个人独资企业应缴纳的个人所得税为

$$90000\times10\%\times5\%=450\ (元)$$

通过上述分析可知，通过设立个人独资企业，佣金收入的个人所得税负担大大降低。

9.4.3 礼品、宣传品赠送的税收筹划

在开展客户营销、业务推广及交易应酬活动中，企业难免涉及对外赠送礼品、宣传品。由于赠送背景、环节和方式不同，税收情况也不相同，税收负担及涉税风险差异较大。企业需要结合实际情况，合理选择赠送方式，有效提高捐赠行为的投入产出及控制税务风险。

1. 礼品、宣传品赠送的税收政策

（1）增值税

企业发生的馈赠礼品事项，按照税法规定应缴纳税款，履行纳税义务。《中华人民共和国增值税暂行条例实施细则》第四条规定，将自产、委托加工或者购进的货物无偿赠送其他单位或者个人，需在税收上视为销售货物，确认应税收入并缴纳增值税。企业在宣传或业务招待活动中，附赠的礼品通常被视为无偿赠送，需要缴纳增值税，一般纳税人适用税率为 13%。

按照《财政部　国家税务总局关于全面推开营业税改征增值税试点的通知》（财税〔2016〕36 号）附件 1 第二十七条："下列项目的进项税额不得从销项税额中抵扣：（一）用于……集体福利或者个人消费的购进货物。……纳税人的交易应酬消费属于个人消费。"即无论是否取得增值税专用发票，企业列

支于业务招待费的进项税额均不可抵扣。但是，企业赠送的礼品不属于个人消费，而属于企业的商业捐赠行为，因此企业赠送的礼品的进项税额允许抵扣。推而广之，可以得出以下结论：对于改变用途的自产或委托加工的货物，无论是用于内部还是外部，都应视同销售处理；而对于改变用途的外购货物或应税劳务，若用于外部，即用于投资、分配或无偿赠送，应视同销售处理，其进项税允许抵扣；若用于内部，即用于免税项目、非应税项目、集体福利或个人消费，不应视同销售处理，其进项税额不得从销项税额中抵扣，对已经抵扣的进项税应作进项税额转出。

企业在提供服务（如电信公司售卡、保险公司销售保单、服务公司推广服务）的同时发生赠送行为，各地税收政策存在差异。如《河北省国家税务局关于全面推开营改增有关政策问题的解答（之五）》规定，保险公司销售保险时，附带赠送客户的促销品，如刀具、加油卡等货物，不按视同销售处理。该解释认为企业在提供服务的同时赠送商品，实质上是一种利益让渡，并非无偿赠送，其对价已包含在服务对价中。

但《重庆市国家税务局营改增政策指引（一）》规定，公司在开展业务时，赠送客户的礼品如果单独作价核算，则按销售处理，不属于视同销售。如果纳税人无偿赠送，属于视同销售。纳税人购进礼品取得的进项税额符合政策规定可抵扣的，允许从应纳税额中抵扣。

（2）个人所得税

《财政部　国家税务总局关于企业促销展业赠送礼品有关个人所得税问题的通知》（财税〔2011〕50号）规定：企业和单位在营销活动中以折扣折让、赠品、抽奖等方式，向个人赠送现金、消费券、物品、服务等（以下简称礼品）有关个人所得税问题按照以下方式处理。

企业向个人赠送礼品，属于下列情形之一的，取得该项所得的个人应依法缴纳个人所得税，税款由赠送礼品的企业代扣代缴。

企业在业务宣传、广告等活动中，随机向本单位以外的个人赠送礼品，对个人取得的礼品所得，按照“其他所得”项目，全额适用20%的税率缴纳个人所得税。

企业在年会、座谈会、庆典以及其他活动中向本单位以外的个人赠送礼品，对个人取得的礼品所得，按照“其他所得”项目，全额适用20%的税率缴纳个人所得税。

企业对累积消费达到一定额度的顾客，给予额外抽奖机会，个人的获奖所得，按照“偶然所得”项目，全额适用20%的税率缴纳个人所得税。

企业赠送的礼品是自产产品（服务）的，按该产品（服务）的市场销售价格确定个人的应税所得；是外购商品（服务）的，按该商品（服务）的实际购置价格确定个人的应税所得。

《财政部　税务总局关于个人取得有关收入适用个人所得税应税所得项目的公告》（财政部　税务总局公告2019年第74号）规定：企业在业务宣传、广告等活动中，随机向本单位以外的个人赠送礼品（包括网络红包），以及企业在年会、座谈会、庆典以及其他活动中向本单位以外的个人赠送礼品，个人取得的礼品收入，按照“偶然所得”项目计算缴纳个人所得税，但企业赠送的具有价格折扣或折让性质的消费券、代金券、抵用券、优惠券等礼品除外。

这里所称的礼品收入，其应纳税所得额按照《财政部　国家税务总局关于企业促销展业赠送礼品有关个人所得税问题的通知》（财税〔2011〕50号）第三条规定计算。

（3）企业所得税

对企业将货物、财产、无形资产、服务用于捐赠、偿债、赞助、集资、广告、样品、职工福利或者利润分配等用途的，应当视同销售。根据《国家税务总局关于企业处置资产所得税处理问题的通知》（国税函〔2008〕828号）的规定，资产移送他人按视同销售确认收入，主要包括用于市场推广或销售、用于交易应酬、用于职工奖励或福利、用于股息分配、用于对外捐赠、其他改变资产所有权属的用途。企业赠送礼品时，如果不属于公益性捐赠（可能免税），则要视同销售，按照公允价值计算销售收入，计入应纳税所得额计算缴纳企业所得税。如果企业在业务宣传、广告等活动中向客户赠送礼品，则按照广告费、业务宣传费的规定扣除；如果企业在年会、座谈会、庆典以及其他活动中向客户赠送礼品，则按照交际应酬费规定扣除；如果赠送礼品与本企业业务无关的，则按照非广告性赞助支出处理，不得税前扣除。

【案例9-20】盛华公司在新品发布会上，向参加活动的经销商A公司、B公司赠送宣传品价值113000元，为宣传活动附赠，需要缴纳增值税。同时向参加新品发布会的个人嘉宾赠送纪念品22600元。

解析：盛华公司把宣传品赠送给经销商，应作为业务宣传费处理，同时视同销售缴纳增值税，涉及的应纳增值税额为

$$113000 \div (1+13\%) \times 13\% = 13000\ （元）$$

盛华公司计入业务宣传费的金额为113000÷(1+13%)＝100000（元），允许在业务宣传费限额内税前列支。

盛华公司赠送给个人嘉宾的纪念品属于业务招待费性质，不能抵扣进项税额，应纳增值税为

$$22600 \div (1+13\%) \times 13\% = 2600\ （元）$$

盛华公司计入业务招待费的金额为 $22600\div(1+13\%)=20000$（元），允许在业务招待费限额内税前列支。

个人嘉宾获得纪念品，需要扣缴个人所得税为

$$22600\times20\%=4520\text{（元）}$$

但是，因个人嘉宾多，企业扣缴个人所得税的操作难度较大（一般需要嘉宾个人提供身份证信息，嘉宾可能不便于提供或不愿提供），为发挥礼品馈赠的营销推广作用，通常税负由企业负担，则嘉宾所得转化为税后所得。此种情况下，盛华公司负担的税款为

$$22600\div(1-20\%)\times20\%=5650\text{（元）}$$

需要注意的是，如果是后一种情况，盛华公司代个人承担的个人所得税款不属于企业正常经营活动的合理开支，不允许税前扣除，必须作为永久性差异进项纳税调整，按照税率25%补缴企业所得税，补缴企业所得税金额为

$$5650\times25\%=1412.5\text{（元）}$$

2. 礼品、宣传品赠送的税收筹划

（1）增值税筹划

企业应尽量减少或不采用“无偿赠送”的方式，执行“在向个人销售商品（产品）和提供服务的同时提供物品”，需准备具有说服力的证据和材料，阐释与赠送物品对价的服务过程，有效地减轻企业税负并严格执行税收政策。

赠送物品时，尽量引入中介机构，避免物品赠送行为的直接发生。比如，可以在庆典活动中引入会议公司，委托其主导和操控相关的庆典议程，支付会议公司活动经费，并由会议公司开具合规的增值税专用发票，作为会议费列支。

（2）个人所得税筹划

涉及礼品、纪念品赠送个人的，尽量由个人承担个人所得税。

企业随机赠送印有企业标识的小金额物品，如玻璃杯、雨伞等，单位价值较低，且在购入时直接计入管理费用或营销费用，赠送时不需要扣缴个人所得税。

3. 不属于征税范围的礼品赠送行为

对于企业发生的礼品赠送行为，下列情况下可以不缴纳增值税或个人所得税。

（1）实行折扣销售

企业在销售商品（产品）和提供服务过程中，通过价格折扣、折让方式向个人销售商品（产品）和提供服务，不征收个人所得税。把赠品或对外捐赠之物作为价格折扣或折让向购买方提供，这种情况属于促销活动中的商业折扣范畴，不构成商业捐赠，无须缴纳增值税。

（2）交易活动中给予物品

企业在向个人销售商品（产品）和提供服务的同时给予赠品，如通信企业对个人购买手机赠话费、入网费，或者购话费赠手机等。

（3）交易活动中赠送服务项目

企业在向个人销售商品（产品）的同时赠送服务项目，属于捆绑销售，一般不缴纳个人所得税。譬如，房地产公司在销售房产时向客户赠送物业服务（免收房屋业主若干年物业费），就属于这种情况。

（4）累计消费送礼品

企业对累计消费达到一定额度的个人按消费积分反馈礼品。譬如，超市连锁企业对外销售办理消费积分卡，按照消费金额累计积分，并按积分赠送礼品，这种情况无须缴纳个人所得税。

（5）作为宣传费用的礼品赠送

企业所赠送的礼品在采购时作为宣传费用处理，此种情形不需要缴纳个人所得税。但所购礼品必须符合宣传费的标准，且金额不宜过大，即开支属于宣传费的正常范围。

9.5 销售活动的其他税收筹划方法

9.5.1 设立销售公司筹划

对于生产企业，设立销售公司不仅可以通过关联定价规避税收，而且可以实现销售费用、管理费用、财务费用等的转移支付，加大税前费用扣除力度。

【案例 9-21】黄河酒厂主要生产白酒，是一家大型骨干企业。随着市场的日益活跃，商品销售呈现多元化。按照以往的经验，本市零售商店、酒店、消费者每年到工厂直接购买白酒大约 5000 箱（每箱 10 千克）。

为了提高企业的盈利水平，企业在本市设立了一家独立核算的白酒销售公司。该酒厂按照给予其他批发商的价格与销售公司核算，每箱 400 元，销售公司以每箱 480 元的价格对外销售。白酒适用消费税税率 20%，黄河酒厂每年的业务招待费超支 20000 元。

解释：黄河酒厂应纳消费税额分析如下。

设立销售公司前应纳消费税=5000×480×20%+20×5000×0.5=530000（元）

设立销售公司后应纳消费税=5000×400×20%+20×5000×0.5=450000（元）

消费税节税额=530000−450000=80000（元）

销售公司业务招待费可以列支金额=5000×480×5‰=12000（元）

由于销售公司的设立，分流了一部分业务，故黄河酒厂可以将业务招待费转移到销售公司，税前多扣除业务招待费为12000元，抵减所得税3000元。

通过设立销售公司，黄河酒厂可实现节税额

$$80000+3000=83000\text{（元）}$$

9.5.2　价格拆分

企业销售货物、不动产、无形资产以及提供服务可以考虑进行价格拆分，以降低销售交易中的税收负担。

【案例9-22】 以销售一套150平方米、单价为40000元的房屋为例，若契税税率为3%，则销售房屋应缴纳的契税为18万元。如果将房屋价格拆分为35000元/平方米单价和5000元/平方米的装修费，则销售房屋应缴纳的契税为15.75万元，节省契税2.25万元。需要注意的是，如果分拆房屋的价格，需要避免装修价格虚高、房屋价格偏低的问题。

分拆房屋的价格不仅可节省契税，而且可以节省增值税、土地增值税。

案例分析题

案例1　分开核算策划方案

杜美思（深圳）装饰材料有限公司是增值税一般纳税人，主要从事装饰装修材料的销售业务，同时承揽装饰装修业务。杜美思（深圳）装饰材料有限公司对外销售装饰装修材料获得含税销售收入339万元。另外，承接装饰装修业务获得装饰装修服务收入234万元。

问题：杜美思（深圳）装饰材料有限公司应如何进行税收筹划？

案例2　促销模式的税收筹划

华润商业（集团）公司以零售世界名牌服装为主，商品销售的平均利润率为30%。华润商业（集团）公司准备于春节期间在北京开展一次促销活动，以扩大该企业在当地的影响力。经测算，如果商品以八折让利销售，企业可以维持计划的利润水平。在促销活动的酝酿阶段，企业的决策层就销售活动的涉税问题向普利税务师事务所的注册税务师咨询。

为了帮助企业做好销售环节的税收筹划，普利税务师事务所的专家提出了三种方案。

方案一：让利（折扣）20%销售，即企业将10000元的货物以8000元的价格销售；

方案二：赠送20%的购物券，即企业在销售10000元货物的同时，赠送2000元的购物券，持券人可以凭购物券购买商品；

方案三：返还20%的现金，即企业销售10000元货物的同时，向购货人赠送2000元现金。

问题：请从税收筹划角度分析比较以上三种促销方案。

案例3　利用临界点进行策划

某啤酒厂生产销售某知名品牌啤酒，每升出厂价格为2990元（不含增值税）。该厂对该品牌啤酒的生产工艺进行了改进，使该啤酒的质量得到了较大提高。该厂准备将价格提高到每升3010元（不含增值税）。

提示：出厂价不低于3000元/升的啤酒为甲类啤酒，每吨征收250元的消费税；出厂价格低于3000元/升的啤酒为乙类啤酒，每吨征收220元的消费税。

问题：根据上述信息，该啤酒厂是否应该提高价格？

案例4　复杂促销方式的税收筹划

甲企业是增值税一般纳税人，2018年1月为促销拟采用以下5种方式：①商品八折销售；②按原价销售，但购物满800元，当天赠送价值200元的商品（购进价格为140元，均为含税价，下同）；③采取捆绑销售，即“加量不加价”方式，将200元商品与800元商品实行捆绑销售；④购物满800元，赠送价值200元的购物券，且购物后一个月内有效，估计有效期内有90%购物券被使用，10%购物券作废；⑤按原价销售，但购物满1000元，返还200元现金。另外，每销售原价1000元商品，甲企业便发生可以在企业所得税前扣除的工资和其他费用60元。

问题：800元现金与原价1000元的商品之间，对甲企业来说，选择哪种方式最有利呢？（计算时暂不考虑城市维护建设税和教育费附加）

综合阅读题

“两票制”下的医药企业税收筹划

1. 案例背景

医药行业是国民经济的重要组成部分，对于增进民生福祉、提升居民生活质量具有重大意义。随着人口老龄化趋势的加快，医药市场的未来需求将不断增加。对于老百姓而言，就医的最大难题是药价高、看病贵。这一方面是因为制药原材料成本上升，研发投入资金增加；另一方面是因为药品销售环节的高回扣、潜规则抬高了药价。

为严厉打击药品销售的高回扣行为，解决药价虚高问题，国家卫计委于2017年年初出台了在公立医疗领域内实行“两票制”管理办法，并规定了相关实施细节。简言之，除特殊原因外，药品从药厂到医院，最多只能合法地开具两次发票。改革前后的资金流、货物流和发票流如图9-1、图9-2所示。

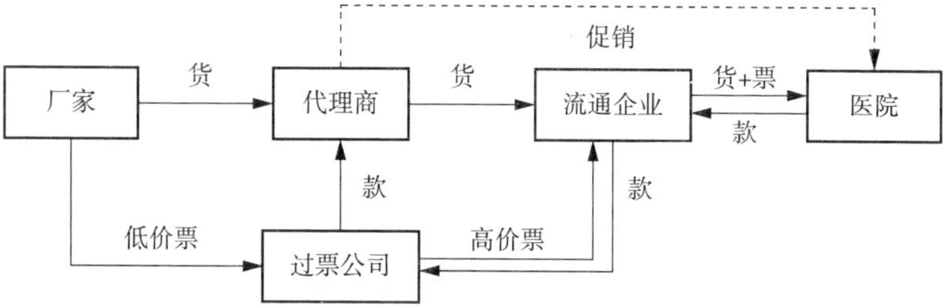

图9-1 实施“两票制”之前的流程

图9-2 实施“两票制”之后的流程

2. **医药企业的税收筹划**

(1) 采购环节的税收筹划

实施“两票制”之后，药品在流通环节所开具的增值税专用发票被严格监控，而医院固有的招标模式和议价过程使药品的终端销售价格无法改变。为了消化流通环节的费用或折扣，只能倒逼制药企业提高出厂价，具体分析如图9-3所示。于是，制药企业税收筹划的压力就落在了药品出厂前的采购环节。

制药企业在进行税收筹划时面临的首要问题是选择供应商。供应商分为一般纳税人和小规模纳税人两种，前者适用标准税率，而后者只能申请开具3%征收率的增值税发票。小规模性质的供货商为了弥补购货方进项税额不能充足抵扣的损失，通常会通过压低产品价格来留住客户。因此，制药企业要么从一般纳税人处进货，要么压低小规模纳税人的销售价格。

税法规定，生产销售免税药品而购进的原材料的进项税额不能抵扣，但是原材料采购与实际领用再转出存在一定的时间差。制药企业应该在统一购进材料时不区分用途，先行抵扣进项税额，实际领用时转出进项税额，以起到递延纳税的作用。

制药企业在结算货款时应尽量推迟付款时间，采用赊销和分期付款的方式，

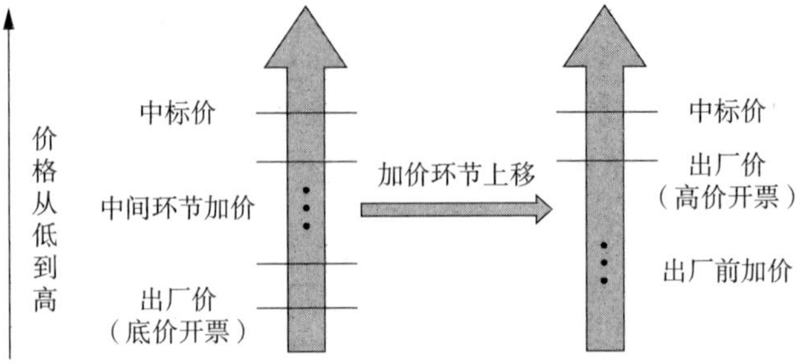

图 9-3 药品加价环节上移至出厂价示意

让供货商先垫付一段时间税款。同时，药品生产企业在不影响正常生产经营的前提下，应尽可能地把原材料采购集中在供给大于需求的时间段，以提升议价能力。

(2) 广告费用的税收筹划

广告宣传对于制药企业提高其在市场上的竞争力十分重要。税法规定，制药企业关于广告费用和业务宣传费支出的税前扣除限额是销售收入的30%，远高于其他行业。因此，经正规广告商制作的广告在各类媒体上传播并取得合规的发票，制药企业可合法地列支成本费用。

从思维拓展角度看，制药企业可以选择成立一家独立核算的药材种植、生产加工企业，将其业务向前拓展至药材种植、加工和销售环节，通过上下游企业之间的交易往来分担广告费和业务招待费的扣除压力。如果能将药材种植、生产加工企业设立在“税收洼地”，还能通过关联定价合法降低税收负担。

(3) 研发费用的加计扣除

制药企业应加大对研究开发的投入以求在竞争中胜出。国家为鼓励企业的创新和研发投入执行研究开发费用的加计扣除税收优惠政策，加计扣除比例为75%。当然，制药企业不能盲目追加研发投入，要合理安排研发费用发生的时间，避免其发生在免税期或者亏损年度。

问题：

(1) “两票制”为何能够解决药品销售环节的高回扣问题？

(2) “两票制”下，制药企业还有哪些税收筹划策略可应对税收环境的变化？

第10章

利润分配的税收筹划

未来的资本利得像树上的鸟一样不一定能抓到，而眼前的股利则犹如手中的鸟一样飞不掉，即“一鸟在手胜过二鸟在林”。

——著名财务金融专家　戈登·林特纳

10.1　企业利润形成的税收筹划

从经济学角度观察，企业是一个以营利为目的的经济组织。企业组织采购、研发、生产、销售等经营流程，最终目的是获得利润。按照现行税法规定，企业获得利润后，要像之前的经营流程那样缴纳相应的税收——企业所得税。

《企业所得税法》规定企业应当就其来源于中国境内外的所得缴纳企业所得税。这里的所得就是我们通常所说的企业利润（税务利润），在税务上一般称为应纳税所得额，其计算公式如下：

应纳税所得额=收入总额-不征税收入-免税收入-各项运行扣除项目-允许弥补的以前年度亏损

上述公式由三个要素构成：收入、各项运行扣除项目和允许弥补的以前年度亏损。显然，企业利润形成过程的税收筹划应围绕这三个要素展开。在税率既定的条件下，策划思路是尽量缩小企业所得税的税基，从而达到减少企业所得税或递延所得税的目的。缩小企业所得税的税基，就是减少企业当期的应纳税所得额，可从两个方面进行：一是减少当期的收入金额；二是增大当期的扣除项目金额。

10.1.1　收入总额的税收筹划

《企业所得税法》第六条规定，企业的收入总额包括以货币形式和非货币形式从各种来源取得的收入，具体包括销售货物收入，提供劳务收入，转让财产收入，股息、红利等权益性投资收益，利息收入，租金收入，特许权使用费收入，接受捐赠收入和其他收入。

由于《企业所得税法》对收入构成、收入确认条件、收入计量等内容规定得十分明确和具体，特别是《国家税收总局关于确认企业所得税收入若干问题的通知》（国税函〔2008〕875号）对商品销售收入、提供劳务收入等的确认条件和时间都进行了具体规范，因而在收入总额策划方面，现行税收法律政策提供给纳税人的策划空间相对较小，纳税人应主要考虑通过适当的策划，使收入合法地实现递延，从而获得货币的时间价值。因此，企业可根据实际情况，选用不同的销售方式和确认时点进行推迟收入确认时间的税收筹划。

【案例10-1】 东方经贸公司将其闲置的房产出租，在与承租方签订的房屋出租合同中约定：租赁期为2019年9月至2020年9月；租金为200万元，承租方应于2019年12月20日和2020年6月20日各支付租金100万元。

解析：按照合同，东方经贸公司应于2019年12月20日将100万元的租金确认为收入，并计入2019年度的应纳税所得额；同样，2020年6月20日应将100万元的租金确认为收入，并于2020年7月15日前计算预缴企业所得税。对此，东方经贸公司可在订立合同时做如下更改：第一，将支付时间分别改为2020年1月和7月，则可以轻松地将与租金相关的两笔所得税纳税义务延迟至下一年和下一个季度；第二，不修改房租的支付时间，但将"支付"房租改为"预付"，同时约定承租期末进行结算，相关的收入确认时间则可以得到延长。

10.1.2 不征税收入的税收筹划

不征税收入，是指能够流入企业，但按照《企业所得税法》的规定企业不需要承担企业所得税纳税义务、不纳入企业所得税课税范围的经济利益，具体有：①财政拨款；②依法收取并纳入财政管理的行政事业性收费、政府性基金；③国务院规定的其他不征税收入。按照《企业所得税法实施条例》第二十六条的解释，属于不征税收入范围的财政拨款是指各级人民政府对纳入预算管理的事业单位、社会团体等组织拨付的财政资金；纳入不征税范围的行政事业性收费，是指依照法律法规等有关规定，按照国务院规定程序批准，在实施社会公共管理，以及在向公民、法人或者其他组织提供特定公共服务过程中，向特定对象收取并纳入财政管理的费用；属于不征税收入范围的政府性基金，是指企业依照法律、行政法规等有关规定，代政府收取的具有专项用途的财政资金；国务院规定的其他不征税收入，是指企业取得的，由国务院财政、税务主管部门规定专项用途并经国务院批准的财政性资金。

符合条件的软件企业按照《财政部　国家税务总局关于软件产品增值税政

策的通知》（财税〔2011〕100 号）规定取得的即征即退增值税款，由企业专项用于软件产品研发和扩大再生产并单独进行核算，可以作为不征税收入，在计算应纳税所得额时从收入总额中减除。

税法对上述的不征税收入都有明确的界定，纳税人必须按照税法的规定，对相关收入是否属于不征税收入作出明确的定性，既不能将应税收入误作为不征税收入而发生不缴税与少缴税问题，也不能将不征税收入误作为应税收入多缴所得税。对不征税收入的策划，纳税人主要须做两件事：一是企业应当尽量取得并保存好相关的政府文件资料；二是对相关收入单独核算，若未按《财政部　国家税务总局关于专项用途财政性资金企业所得税处理问题的通知》（财税〔2011〕70 号）规定单独核算，则应作为应税收入计入应纳税所得额计算缴纳企业所得税。

10.1.3　免税收入的税收筹划

《企业所得税法》第二十六条规定：国债利息收入，符合条件的居民企业之间的股息、红利等权益性投资收益，在中国境内设立机构、场所的非居民企业从居民企业取得与该机构、场所有实际联系的股息、红利等权益性投资收益，符合条件的非营利组织的收入为免税收入。其中，国债利息收入，是指企业持有国务院财政部门发行的国债取得的利息收入；符合条件的居民企业之间的股息、红利等权益性投资收益，是指居民企业直接投资于其他居民企业取得的投资收益，但不包括连续持有居民企业公开发行并上市流通的股票不足 12 个月取得的投资收益。

免税收入的税收筹划，就是充分利用税法对这些免税收入的规定，在经营活动的一开始就进行相应的策划。当企业有暂时闲置资产而进行对外投资时，可考虑选择国债或居民企业的股票、股权进行直接投资——尤其是投资于享受优惠税率的企业，节税效果更佳。

【案例 10-2】甲、乙两公司同为某集团公司的子公司，甲公司按 25%的税率缴纳企业所得税，而乙公司被认定为高新技术企业，享受 15%的优惠企业所得税税率。经母公司的安排，甲公司将部分产能以股权投资的形式投资于乙公司，假设该部分产能可形成 100 万元的净利润，则该部分产能在甲公司时应缴纳企业所得税为 100×25% = 25（万元），在乙公司时应缴纳企业所得税为 100×15% = 15（万元）。按现行企业所得税法规定，甲公司从乙公司获得的分红为免税收入，可实际节税 25-15 = 10（万元）。

提示：上述策划不能改变乙公司符合高新技术企业的认定条件，如高薪收入占比、技术人员占比、研发费用占比等。

10.1.4 扣除项目的税收筹划

各项扣除项目，是指税法规定的实际发生的与取得收入有关的、合理的支出，包括成本、费用、税金、损失和其他支出。成本，是指企业在生产经营活动中发生的销售成本、业务支出及其他耗费；费用，是指企业发生的，除已计入成本的有关费用之外的管理费用、销售费用和财务费用；税金，是指纳税人按规定缴纳的、除企业所得税之外的各项税金；损失，是指企业经营活动中实际发生的各项财产的损失；其他支出，是指除成本、费用、税金、损失外，企业经营活动中发生的有关的、合理的支出，以及符合财政部、国家税务总局规定的其他支出。

税法规定了不得税前扣除的项目：资本性支出，无形资产受让、开发支出，违法经营的罚款和被没收财物的损失，因违反法律、行政法规而缴付的罚款、罚金、滞纳金，自然灾害或者意外事故损失有赔偿的部分，超过国家规定允许扣除标准的捐赠，各种赞助支出，与取得收入无关的其他各项支出，为其他企业提供与本身应税收入无关的担保而承担的本息支出，职工宿舍修理费，当年应计未计扣除项目，国家税收法规规定可提取的准备金之外的任何形式的准备金，期货交易所和期货经纪机构提取的准备金，粮食类白酒广告宣传费，未经批准的价内外基金及收费，建立住房基金和住房周转金制度的企业出售给职工住房的损失，已出售或出租住房的折旧费用和维修费，住房公积金超过规定标准的部分，给购货方的回扣、贿赂等非法支出，超过或高于法定范围和标准部分的费用，金融企业返还的手续费，企业承租者上交的租赁费，劳务服务企业缴纳的就业保障金及滞纳金等。

在企业业务状况既定也就是收入和开支项目既定的情况下，增加准予税前扣除的项目必然会减少当期的应纳税所得额，进而减少当期的应纳所得税额。所以，各项扣除项目策划的基本思路是：尽量增加当期允许扣除的各项支出；对于不允许扣除或限制扣除的项目，则尽量避免发生支出，或在一定条件下将其转换为可扣除的项目。

1. 费用、损失确认与分摊的筹划

权责发生制下，费用的确认一般有三种方法：一是直接作为当期费用确认；二是按其与营业收入的关系加以确认，凡是与本期收入有直接联系的耗费，就是该期的费用；三是按一定的方法计算摊销额予以确认。

费用确认的策划首先要对已经发生的费用、损失及时入账；已发生的各项费用及时核销入账；已发生的坏账、存货和其他资产的盘亏与毁损及时查明原因，并及时向主管税务机关报备相关手续，并作出相应的账务处理。当然，企

业的成本要及时归纳、结转，税金要及时计算、缴纳和抵扣。

《企业所得税法》确认了收入和费用的权责发生制原则，为一些费用的计提与摊销提供了税收筹划的空间，如固定资产的折旧费、大修理费，无形资产的摊销，低值易耗品、包装物的摊销等。这类费用摊销的税收筹划，通常是遵循当期分摊最大化的原则，以争取获得递延纳税的税收利益。当企业在享受所得税减免期间，费用分摊的原则通常应该为当期最小化，以争取将费用扣减时间递延到不能享受税收优惠的纳税期间。

【案例 10-3】 夏季台风给福建中部沿海地区带来强风和暴雨，导致泉州某瓷砖生产厂家一仓库坍塌，造成仓库中大部分瓷砖及包装纸箱损毁，企业清点总损失为 160 万元，并报保险公司。事后，保险公司赔偿 30 万元，企业财务将净损失 130 万元计入营业外支出。年度企业所得税汇算清缴时，依据《国家税务总局关于发布〈企业资产损失所得税税前扣除管理办法〉的公告》（国家税务总局公告 2011 年第 25 号）和《国家税务总局关于企业所得税资产损失资料留存备查有关事项的公告》（国家税务总局公告 2018 年第 15 号）的规定，该企业向税务机关申报资产损失扣除，仅需填报企业所得税年度纳税申报表，不再报送资产损失相关资料，相关资料由企业留存备查。

2. 工资性支出项目的筹划

工资性支出项目包括工资薪金支出和根据工资总额一定比例计提的职工福利费、职工教育经费和工会经费等工资性费用。现行税法规定：企业发生的合理的工资薪金支出，准予据实扣除；企业发生的职工福利费、职工教育经费、拨缴的工会经费，分别在不超过工资薪金总额 14%、8%、2%的部分准予在计算企业所得税应纳税额时扣除，超过部分，职工教育经费准予在以后纳税年度结转扣除，但职工福利费和工会经费不得结转。

（1）一般性工资支出项目

针对一般性工资性支出的策划，可采取以下措施：一是福利较多的企业，超支福利以工资形式发放；二是加大教育投入，增加职工教育、培训的机会，努力提高职工素质；三是费用或支出转化为工资形式发放，如兼任企业董事或监事职务的内部职工，可将其报酬计入工资薪金，或持有本企业股票的内部职工，可将其应获股利改为以绩效工资或年终奖金形式予以发放。

【案例 10-4】 某民营企业由 7 位亲朋好友共同出资注册成立，公司扩大生产经营后，为鼓励和留住优秀员工，管理层开始实行“全员持股计划”。该计划实施后，公司的主要管理人员、技术人员和部分生产一线骨干均有条件地获得了数量不等的公司股份，享受公司的年终分红。事后财务经理提出，经过测算，除持股比例较大的股东外，其余员工的年终分红大部分可改为增加每月的绩效工资发放，在员工个人所得税税负总体未提高的情况下，企业每年可增加工资性支出扣除300万元。经过公司股东会讨论，公司采纳了财务经理的建议。为此，企业每年可少缴纳300×25%=75（万元）的企业所得税。

（2）国家鼓励安置的就业人员工资支出项目

现行税法对企业支付给残疾人工资作了加计100%扣除的规定。但《残疾人就业条例》规定：用人单位应当按照一定比例安排残疾人就业，就业的比例不得低于本单位在职职工总数的1.5%，用人单位安排残疾人就业达不到其所在地省、自治区、直辖市人民政府规定比例的，应当缴纳残疾人就业保障金。

【案例10-5】福建泉州某企业2019年利润总额为500万元，职工总数为100人，月平均安置残疾人25人，残疾人平均月工资为2500元。

解析：加计扣除额=2500×12×25=750000（元）

加计扣除而节省的企业所得税=750000×25%=187500（元）

提示：企业要享受残疾人工资加计扣除和减免残疾人保障金的政策优惠，并不是聘用残疾人员工就可以，还要满足相关法律、政府文件规定的条件并完成相关程序。

3. 业务招待费的筹划

在税务执法实践中，税务机关通常将业务招待费的支付范围规定如下：

第一，因企业生产经营需要而宴请或工作餐的开支；

第二，因企业生产经营需要而赠送纪念品的开支；

第三，因企业生产经营需要而发生的旅游景点参观费和交通费及其他费用的开支；

第四，因企业生产经营需要而发生的业务关系人员的差旅费开支。

按现行税法规定，企业发生的与取得收入有关的、合理的直接费用，通常可在计算企业所得税时据实全额扣除。但对业务招待费则规定了扣除的双重标准，即实际发生额的60%，同时不得超过当年销售（营业）收入的5‰，这意味着企业实际发生的业务招待费至少有40%得不到扣除。因此，企业除了应按规定的营业收入比例严格控制业务招待费开支外，还可在以下方面作出筹划。

（1）区分业务性质，避免费用业务招待费化

餐费和交通住宿等差旅费是业务招待费中最常见的项目，但在实际工作中，企业非招待性的业务也常常发生这两项费用。因此，企业的财务部门需要认真区分这些费用的性质，将业务招待费与差旅费、会议费和职工福利费严格区分，不得将业务招待费挤入这些费用。同时，把不属于业务招待费的餐费、差旅费、会议费等区分出来，分别核算，避免将这些费用列入业务招待费。最好不要单独开具餐费、礼品发票，应根据实际用途按大类开具发票。

【案例 10-6】 长江公司年度发生会务费、差旅费共计 18 万元，业务招待费 6 万元，其中，部分会务费的会议邀请函以及相关凭证等保存不全，导致 5 万元的会务费无法扣除。该企业年度的销售收入为 400 万元。

解析：根据税法规定，如凭证票据齐全则 18 万元的会务费、差旅费可以全部扣除，但其中凭证不全的 5 万元会务费和会议费只能算作业务招待费，而该企业年度可扣除的业务招待费限额为 2 万元（400×5‰）。超过的 9 万元（6+5-2）不得扣除，且不能转到以后年度扣除。仅此项超支费用企业需缴纳企业所得税 2.25 万元（9×25%）。

为此，企业应加强财务管理，确保各种会务费、差旅费的凭证完整合法；同时，可进行事先策划，将业务招待费尽量控制在 2 万元以内。

（2）相近业务费用的适当转换

在实际工作中，企业的业务招待费经常与业务宣传费、会议费等相互交叉、可以相互替代，如企业参加产品交易会、展览会等发生的餐饮、住宿等费用，如果参会凭证齐全则可以作为会议经费列支，若参会凭证不齐全则列为业务招待费支出；外购礼品用于赠送的，应作为业务招待费，但如果礼品是纳税人自行生产或经过委托加工，对企业的形象、产品有标记及宣传作用的，也可作为业务宣传费。这为业务招待费的转化提供了策划空间。虽然业务宣传费和广告费有不超过营业收入 15%的限额限制，但其开支范围远大于业务招待费，且超限额部分可无限期向以后年度结转，而会议费则完全没有金额限制。

【案例 10-7】 安徽某企业每年举行一次产品宣传会。往年的产品宣传会，企业都外购 10 万元左右的“文房四宝”作为礼物赠送给重要客户，该笔支出按规定计入业务招待费。由于公司业务招待费超过税法规定的限额，为控制业务招待费的支出，财务经理建议将当年外购的“文房四宝”改为委托外单位加工，且外包装印上本企业的标识。经此操作，可将该项支出列入业务宣传费，从而使业务招待费控制在税法规定的限额之内，可节税 2.5（10×25%）万元。

提示：税法规定，纳税人申报扣除的业务招待费，主管税务机关要求提供证明材料的，应提供能证明其真实性、足够的有效凭证或材料。会议费证明材料包括会议时间、地点、出席人员、内容、目的、费用标准、支付凭证等。

4. 广告费和业务宣传费的筹划

《企业所得税法实施条例》第四十四条规定：企业发生的符合条件的广告费和业务宣传费支出，除国务院财政、税务主管部门另有规定外，不超过当年销售（营业）收入 15%的部分，准予扣除；超过部分，准予在以后纳税年度结转扣除。

《财政部　税务总局关于广告费和业务宣传费支出税前扣除政策的通知》

（财税〔2017〕41号）规定：

（1）对化妆品制造或销售、医药制造和饮料制造（不含酒类制造）企业发生的广告费和业务宣传费支出，不超过当年销售（营业）收入30%的部分，准予扣除；超过部分，准予在以后纳税年度结转扣除。

（2）对签订广告费和业务宣传费分摊协议（以下简称分摊协议）的关联企业，其中一方发生的不超过当年销售（营业）收入税前扣除限额比例内的广告费和业务宣传费支出可以在本企业扣除，也可以将其中的部分或全部按照分摊协议归集至另一方扣除。另一方在计算本企业广告费和业务宣传费支出企业所得税税前扣除限额时，可将按照上述办法归集至本企业的广告费和业务宣传费不计算在内。

尽管广告宣传费超出比例部分可无限期向以后纳税年度结转，但是过度的广告费支出，不仅会抵减年度利润，而且会因超出比例而进行纳税调整，从而加重当期税收负担。因此，企业除应选择正确的广告形式，优化广告费、业务宣传费支出外，税收筹划的重点是扩大广告费的扣除限额，通常的做法是成立单独核算的销售子公司，从中增加了一项营业收入，在整个集团利润总额未改变的情况下，费用限额扣除的标准可获得提高。

【案例10-8】甲企业为新建企业，生产儿童食品，适用广告费扣除率15%，企业所得税税率25%。企业年初推出一种新产品，预计年销售收入为8000万元（假若本地销售1000万元，南方地区销售7000万元），需要广告费支出1500万元。

方案一：产品销售统一在本公司核算，需要在当地电视台、南方地区电视台分别投入广告费500万元、1000万元。

方案二：鉴于产品主要市场在南方，可在南方设立独立核算的销售公司，与甲企业联合进行广告宣传。成立销售公司预计需要支付场地、人员工资等相关费用30万元，向当地电视台、南方地区电视台分别支付广告费500万元、1000万元。南方销售公司销售额仍然为7000万元，甲企业向南方销售公司移送的产品按照出厂价6000万元确认销售收入，甲企业当地销售额为1000万元。

解析：方案一由于广告费超出扣除限额300万元（1500-8000×15%），尽管300万元广告费可以无限期得到扣除，但提前缴纳所得税75万元（300×25%）。

在方案二中，若南方销售公司销售收入仍为7000万元，甲企业向南方销售公司移送产品可按照出厂价确认销售收入，产品的出厂价为6000万元，故甲企业准予扣除的广告费限额为（1000+6000）×15%=1050（万元），南方销售公司准予扣除的广告费限额为7000×15%=1050（万元），因此准予税前扣除的广告费限额为2100万元。实际支出1500万元的广告费可由两公司分担，分别在甲企业和销售公司的销售限额内列支，且均不作纳税调整。同时，由于销售公司对外销售的价格不变，整体增值额不变，不会加重增值税的总体负担。对两公司来说，方案二比方案一当年净利增加45万元（75万元-30万元）。

提示：独立销售公司的设立，不仅使整个集团的广告费和业务宣传费扣除限额得到提高，而且业务招待费的扣除限额也得以提高。

5. “五险一金”及其他社会保险费的筹划

（1）“五险一金”

企业依据国务院有关主管部门或者省级人民政府规定的范围和标准为职工缴纳的“五险一金”，即基本养老保险费、基本医疗保险费、失业保险费、工伤保险费、生育保险费等基本社会保险费和住房公积金，准予税前扣除。

企业参加财产保险，按照规定缴纳的保险费，准予税前扣除。

（2）企业责任保险

根据《国家税务总局关于责任保险费企业所得税税前扣除有关问题的公告》（国家税务总局公告2018年第52号）的规定，自2018年度及以后年度企业所得税汇算清缴，企业参加雇主责任险、公众责任险等责任保险，按照规定缴纳的保险费，准予在企业所得税税前扣除。

6. 公益性捐赠支出的筹划

（1）税收政策

《企业所得税法》第九条规定：“企业发生的公益性捐赠支出，在年度利润总额12%以内的部分，准予在计算应纳税所得额时扣除。”

《财政部　税务总局关于公益性捐赠支出企业所得税税前结转扣除有关政策的通知》（财税〔2018〕15号）明确企业通过公益性社会组织或者县级（含县级）以上人民政府及其组成部门和直属机构，用于慈善活动、公益事业的捐赠支出，在年度利润总额12%以内的部分，准予在计算应纳税所得额时扣除；超过年度利润总额12%的部分准予结转，三年内在计算应纳税所得额时扣除。

《关于扶贫货物捐赠免征增值税政策的公告》（财政部　税务总局　国务院扶贫办公告2019年第55号）规定：自2019年1月1日至2022年12月31日，对单位或者个体工商户将自产、委托加工或购买的货物通过公益性社会组织、县级及以上人民政府及其组成部门和直属机构，或直接无偿捐赠给目标脱贫地区的单位和个人，免征增值税。在政策执行期限内，目标脱贫地区实现脱贫的，可继续适用上述政策。《关于企业扶贫捐赠所得税税前扣除政策的公告》（财政部　税务总局　国务院扶贫办公告2019年第49号）规定：自2019年1月1日至2022年12月31日，企业通过公益性社会组织或者县级（含县级）以上人民政府及其组成部门和直属机构，用于目标脱贫地区的扶贫捐赠支出，准予在计算企业所得税应纳税所得额时据实扣除。在政策执行期限内，目标脱贫地区实现脱贫的，可继续适用上述政策。企业同时发生扶贫捐赠支出和其他公益性捐赠支出，在计算公益性捐赠支出年度扣除限额时，符合上述条件的扶贫捐赠支出不计算在内。

（2）公益性捐赠的六大模式

目前，国内企业公益性捐赠模式可以分为六类：一是企业纯现金捐赠模式；二是企业现金捐赠+个人捐赠模式；三是企业现金捐赠+实物捐赠模式；四是纯实物捐赠模式；五是企业实物捐赠+个人捐赠模式；六是公益基金捐赠模式。

从税收角度来看，企业现金捐赠模式没有额外成本，但有12%的扣除比例上限；个人捐赠模式不增加企业纳税负担，但对本人有个人所得税应纳税额30%的扣除比例上限；实物捐赠模式因视同销售或转让财产，需缴纳增值税等流转税及企业所得税；公益基金捐赠没有限额，完全免税，但企业要自己设立并运作公益性基金会，相关要求高，运作成本不低。

（3）企业公益性捐赠税收筹划的操作点

一是分清捐赠对象与捐赠中介。企业的捐赠应通过税法规定的公益性社会团体和政府机关，而不是直接向受赠人捐赠。

二是把握捐赠的时机。企业捐赠应兼顾企业的盈利情况，盈利多的年度多捐赠，盈利少的年度少捐赠，不盈利的年度则考虑暂停捐赠。

三是捐赠手续与程序的完备。企业进行捐赠税前扣除申报，不仅应附送由具有捐赠税前扣除资格的非营利的公益性社会团体、基金会和县及县以上人民政府及其组成部门出具的公益救济性捐赠票据，还应当附送接受捐赠或办理转赠的公益性社会团体、基金会的捐赠税前扣除资格证明材料等。

（4）企业公益性捐赠的税收筹划操作

小型微利企业的年应纳税所得额或资产总额在临界点附近时，可通过适当的捐赠降低利润总额或资产总额，以达到税法规定的小型微利企业要求。

【案例10-9】某企业资产总额在3000万元以下，在职员工60人，预计当年会计利润为308万元，且没有纳税调整项目。按《企业所得税法》规定，该企业当年应按25%的税率缴纳企业所得税，但企业若增加一笔10万元的公益性捐赠支出，则可认定为小型微利企业，所得税税率降为20%。

解析：企业捐赠前后的相关数据如下。

捐赠前：

应纳所得税额=308×25%=77（万元）

企业净利润=308-77=231（万元）

捐赠后：

应纳所得税额=（308-10）×20%=59.6（万元）

企业净利润=308-10-59.6=238.4（万元）

由此可见，捐赠10万元后，企业的净利润反而比不捐赠增加了3.8万元。

①企业的捐赠超过当年扣除上限时，可由企业的大股东或高管个人捐赠一部分，捐赠的效果没本质区别。

②集团企业捐赠，可在母子公司之间、子公司之间分配捐赠额，以控制捐赠额不突破12%的扣除上限。

③具备条件的大企业，可设立并通过公益性基金会进行捐赠。

【案例10-10】某大型集团公司自行设立了一家公益性基金会，计划通过该公益性基金会捐赠1000万元，1000万元可先由母公司借给基金会，年底会计利润核算完成后再灵活处理。

解析：若当年的会计利润为1亿元，捐赠额在扣除上限以内，捐赠的1000万元可在税前扣除，可将借款全部转为捐赠；若该年度的会计利润为7000万元,税前扣除上限为840万元，则可将借款中的840万元转为捐赠，剩余的160万元留待下一年度处理。

7. 个人捐赠的税收政策分析

《个人所得税法》第六条规定：个人将其所得对教育、扶贫、济困等公益慈善事业进行捐赠，捐赠额未超过纳税人申报的应纳税所得额百分之三十的部分，可以从其应纳税所得额中扣除；国务院规定对公益慈善事业捐赠实行全额税前扣除的，从其规定。

《个人所得税法实施条例》第十九条进一步明确，个人所得税法第六条第三款所称个人将其所得对教育、扶贫、济困等公益慈善事业进行捐赠，是指个人将其所得通过中国境内的公益性社会组织、国家机关向教育、扶贫、济困等公益慈善事业的捐赠；所称应纳税所得额，是指计算扣除捐赠额之前的应纳税所得额。

10.1.5 以前年度亏损弥补的税收筹划

《企业所得税法》第十八条规定：企业纳税年度发生的亏损，准予向以后年度结转，用以后年度的所得弥补，但结转年限最长不得超过5年。这就将用以后年度利润弥补亏损分成了两种情况：5年内可在所得税前弥补，超过5年的亏损则只能用税后利润或其他途径弥补。显然，后一种情况使企业损失一定的税收利益。因此，企业发生亏损，尽量争取在其后的5年内用税前利润弥补完，越早弥补对企业越有利。

若情况允许，企业在5年的亏损弥补期内尽量提前确认收入或延后列支费用，如将可列为当期费用的项目予以资本化，或将某些可控的费用延后支付等。

【案例 10-11】 某公司财务部门测算本年度的利润总额为60万元，尚有税法允许税前利润弥补的亏损余额80万元，而本年度是可税前利润弥补的最后一年。为争取亏损能在税前弥补完，财务部门梳理了本年度的业务，发现本年度尚有一笔50万元的广告费需在月内支付。经与对方协商，本月先支付30万元，下月初再支付剩余的20万元。如此，本年度的费用减少20万元，利润总额增加了20万元，可使80万元的以前年度亏损余额在本年度全部弥补，节税5万元（20×25%）。

当然，企业也可沿用上述思路，在税前利润弥补亏损的5年期限到期前，继续亏损，从而延长税前利润补亏这一优惠政策的期限。

提示：税法中的"年度亏损"，不是企业会计报表中反映的亏损额，而是主管税务机关按税法规定核实调整后的金额。

10.1.6 减计收入的税收筹划

这类项目主要有两项：一是资源综合利用项目；二是技术转让项目。

1. 资源综合利用减计收入

企业以《资源综合利用企业所得税优惠目录》（以下简称《目录》）规定的资源作为主要原材料，生产国家非限制和禁止并符合国家和行业相关标准的产品取得的收入，减按90%计入收入总额。按《目录》的规定，共生伴生矿产资源，废水（液）、废气、废渣和再生资源共三大类别、16项资源被列为综合利用的资源，企业利用《目录》规定的产品，并符合《目录》规定的技术标准，可享受企业所得税优惠政策。

若企业生产过程中伴生《目录》中资源，或是周边有大量廉价该类资源，可酌情调整该类资源作为原材料的使用比例，以符合税法规定。企业不仅可以享受所得税的优惠，通常也可享受增值税的退税优惠。比如国内的上市公司宝新能源（000690）、恒源煤电（600971）利用煤矸石发电，企业变废为宝不仅获得廉价原材料，还享受增值税、所得税的税收优惠，取得了较好的经济效益。

2. 技术转让收入减免所得税

居民企业技术转让所得不超过500万元的部分，免征企业所得税；超过500万元的部分，减半征收企业所得税。非居民企业取得技术转让所得，减按10%的税率征收企业所得税。

技术转让的税收筹划，应特别注意遵守规定的程序，如应签订技术转让合同，须在政府相关部门登记、审批。同时，应单独计算技术转让所得，并合理分摊企业的期间费用。在策划方法上，可参照前面的收入、费用策划思路，合理地确认技术转让的收入和费用，使企业的技术转让所得尽可能在税法规定的减免税金额的范围内，还可结合关联交易进行策划，但应避免100%的关联方交易。

提示：技术转让税收筹划的法律依据，除了《企业所得税法》，还有《国家税务总局关于技术转让所得减免企业所得税有关问题的通知》（国税函〔2009〕212号）和《财政部 税务总局关于居民企业技术转让有关企业所得税政策问题的通知》（财税〔2010〕111号）。

10.2 企业利润分配的税收筹划

10.2.1 法人股东利润分配的税收筹划

《企业所得税法》规定：居民企业直接投资于其他居民企业取得的股息、红利等权益性投资收益为免税收入。所以，在一般情况下，企业利润分配对企业投资者没有所得税的影响，但在特殊情况下，针对企业股东的利润分配可进行相关税收筹划。

1. 利润分配的一般策划方法

（1）经营所得尽可能向资本利得转化

企业保留税后利润不分配，相当于对其经营主体追加投资，从而提高企业的股票（股价）市值，为投资者带来更多收益。

（2）合理推迟获利年度

在同样的会计年度之内，如果企业前亏后盈，可以利用以后年度的盈利弥补亏损；如果企业前盈后亏，则不能用以前年度的盈利弥补以后年度的亏损。因此，企业成立以后，尽量推迟获利年度，以充分利用亏损弥补政策。

（3）充分利用以前年度亏损弥补政策

企业发生纳税年度亏损的，可以用下一纳税年度的所得弥补；下一纳税年度的所得不足以弥补的，可以逐年延续弥补，但是延续弥补期限最长不得超过5年。

纳税人前5年内发生的亏损，可用本年度的所得弥补。但注意，不要超过5年的弥补期限。具体策划方法有：①利用税法允许的资产计价和摊销方法的选择权，以及费用列支与摊销政策，多列税前允许扣除的项目金额，形成或适度扩大企业前期亏损，充分运用税前利润弥补5年内的亏损政策。②兼并账面上有亏损的企业，将盈补亏，以实现降低企业所得税负担的目的。

2. 利润分配的策划案例分析

（1）投资企业亏损时，被投资企业利润分配的策划

【案例10-12】A公司于2021年成立并开始生产经营，同时投资B公司取得60%的控股权。A公司当年经济效益一般，盈亏基本持平。假如由于市场原因，2022年A公司效益进一步下滑，预计亏损100万元。但B公司效益很好，2022年可以分配A公司税后利润50万元。A、B两家公司企业所得税税率均为25%。按照税法规定，A公司从B公司分回的50万元税后利润属于免税项目，不用缴纳企业所得税。由于A公司取得B公司控股权，可以决定什么时间分配税后利润，因此就企业所得税的弥补亏损问题可以进行税收筹划（不考虑应纳税所得额税务调整因素）。

解析：如果2022年B公司按时分配50万元税后利润给A公司，则可以结转以后年度弥补的亏损，应该是冲抵免税项目所得后的余额。A公司2022年度可以结转弥补的亏损是50万元。如果2022年B公司保留税后利润暂不分配，那么A公司2022年度可以结转弥补的亏损是100万元，不分配税后利润比分配税后利润可以多弥补50万元。假如A公司以后年度有生产经营利润弥补亏损，相对而言，可以节约税收12.5万元（50×25%）。

要注意，B公司的税后利润应该在A公司用其生产经营应税所得弥补完亏损或弥补期过后才能分回；否则，按照税法规定，应税项目有所得但不足以弥补以前年度亏损的，免税项目的所得应用于弥补以前年度亏损。也就是说，虽然以前年度可以弥补的亏损额没有减少，但是用以后年度分回的投资收益免税所得弥补，实际上纳税人没有获得实际利益。

进一步分析，如果2022年A公司不分回50万元投资收益，可以税前弥补的亏损额为100万元。如果2022年A公司实现盈利30万元，同时分回50万元投资收益，则2022年应该弥补以前年度亏损80万元，A公司用免税投资收益弥补了亏损。但如果2022年A公司盈利在100万元以上时，又分回50万元投资收益，此时A公司可以用本年度自身实现的应税所得100万元弥补全部亏损，50万元投资收益没有用于弥补亏损，A公司这才真正获得了实际利益。

（2）投资企业股权转让时，被投资企业利润分配的策划

在直接投资中，投资者可以直接以实物进行投资，也能以货币进行投资。假设某投资者以其购买的其他企业（准备上市、未上市公司）的股票或以货币资金、无形资产和其他实物资产直接投资于其他单位，并取得股权的，称作股

权投资。股权投资的最终目的是获得较大的经济利益（未来分得利润或股利）。投资者从被投资企业获得的收益主要有股利（包括股息性所得）和股权转让所得。根据我国《企业所得税法》相关规定，企业股权投资取得的股利与股权转让所得的税收待遇不同。

股利属于股息性所得，是投资方从被投资单位获得的税后利润，属于已征过税的税后利润，原则上不再重复征收企业所得税。

股权转让所得是投资企业处置股权的净收益，即企业收回、转让或清算处置股权投资所获得的收入减去股权投资成本后的余额。这种净收益应全额并入企业的应纳税所得额缴纳企业所得税。

投资方可以充分利用上述政策差异进行税收筹划。如果被投资企业是母公司下属的全资子公司，则没有进行利润分配的必要。但是，如果投资方打算将拥有的被投资企业的全部或部分股权对外转让，则会造成股息性所得转化为股权转让所得，使得本应享受免税的股息性所得转化为应全额缴税的股权转让所得。因此，投资方应该要求先将被投资企业的税后利润分配完毕之后再进行股权转让，这样就能获得税收筹划的好处。

因此，一般情况下被投资企业保留税后利润不分配。但企业欲转让股权时，在转让之前必须将未分配利润进行分配。对投资方来说，这样可以达到不缴税的目的，有效避免股息性所得转化为资本利得，从而消除重复纳税；对于被投资企业来说，不分配税后利润可以减少现金流出。

【案例 10-13】 A 公司于 2020 年 2 月 20 日以银行存款 900 万元投资于 B 公司，占 B 公司股本总额的 70%，B 公司当年获得税后利润 500 万元。A 公司 2021 年度内部生产、经营所得为 100 万元。A 公司所得税税率为 25%，B 公司所得税税率为 15%。

方案一：2022 年 3 月，B 公司董事会决定将税后利润的 30%用于分配，A 公司分得利润 105 万元。2022 年 9 月，A 公司将其拥有的 B 公司 70%的股权全部转让给 C 公司，转让价为 1000 万元，转让过程中发生税费 0.5 万元。

方案二：B 公司保留盈余不分配。2022 年 9 月，A 公司将其拥有的 B 公司 70%的股权全部转让给 C 公司，转让价为 1105 万元，转让过程中发生税费 0.5 万元。

解析：

A 公司应纳企业所得税额计算如下。

方案一：A 公司生产、经营所得为 100 万元，企业所得税税率为 25%，应纳企业所得税为 100×25% = 25（万元）。

A 公司分得股息收益 105 万元，无须缴纳企业所得税，则

股权转让所得=1000-900-0.5=99.5（万元）

应纳所得税额=99.5×25%=24.88（万元）

因此，2022年A公司应纳企业所得税额为49.88万元（25万元+24.88万元）。

方案二：同方案一，A公司生产、经营所得应纳税额为25万元。

由于B公司保留盈余不分配，从而导致股息所得和资本利得发生转化，即当被投资企业有税后盈余而发生股权转让时，被投资企业的股价就会发生增值；如果此时发生股权转让，这个增值实质上是投资者在被投资企业的股息所得转化为资本利得。因为企业保留利润不分配，会导致股权转让价格升高。这种因股权转让而获得的收益应全额并入企业的应纳税所得额，依法缴纳企业所得税。

A公司资本转让所得为204.5万元（1105万元-900万元-0.5万元），应纳所得税额为51.13万元（204.5×25%），则A公司2022年合计应纳企业所得税为76.13万元（25万元+51.13万元）。

方案一比方案二减轻税负76.13-49.88=26.25（万元），前者优于后者。原因在于，A公司在股权转让之前获取了股息所得，有效防止了股息所得转变为股权转让所得，避免了这部分股息所得重复征税。

值得一提的是，被投资企业对投资方的分配支付额，如果超过被投资企业的累计未分配利润和累计盈余公积金而低于投资方的投资成本的，视为投资回收，应冲减投资成本；超过投资成本的部分，视为投资方的股权转让所得，应并入企业的应纳税所得，依法缴纳企业所得税。因此，在A公司进行转让之前B公司分配股息时，其分配额应以不超过“可供分配的被投资单位累计未分配利润和盈余公积金的部分”为限。

上述策划方案适用于类似情形，比如外商投资企业的外籍个人股东转让其股权，就应当采取“先分配后转让”的策略。因为外国投资者从外商投资企业取得的利润（股息）和外籍个人从中外合资经营企业分得的股息、红利免征个人所得税，而外国企业和外籍个人转让其在中国境内外商投资企业的股权取得的超出其出资额部分的转让收益，应按20%的税率缴纳预提所得税或个人所得税。因此，采取“先分配后转让”可以有效避免重复征税，通过利润分配减少了投资方的股权转让所得，降低了投资方的税收负担。

（3）直接投资时，投资企业与被投资企业存在税率差的策划

根据《企业所得税法实施条例》第八十三条的规定，居民企业之间的股息、红利等权益性投资收益免税有两大条件：一是直接投资；二是不包括连续持有居民企业公开发行并上市流通的股票不足12个月的情形。符合这两个条件的，不仅可以享受免税待遇，而且作为投资方的企业适用的企业所得税税率无论高于、等于还是低于被投资企业，都不需要考虑税率差因素，都不涉及投资

利润分配的补税问题。因此，利用这一税收政策，合理控制投资条件，满足权益性投资收益免税的相关条件，投资企业对投资分配中产生的股息、红利回流不会产生额外税负。

进一步分析，若被投资企业的税率低，投资企业的税率高，可以进行有效的投资收益税收筹划。企业对外直接投资时，设立或组建适用企业所得税税率较低的被投资企业，如高新技术企业、小微企业等，或者将被投资企业直接设立在存在税收减免的“税收洼地”。由于被投资企业适用较低的企业所得税税率，可以把大量产业利润或收益转移至被投资企业实现，再通过对投资企业的股息、红利分配，享受投资收益免税待遇，从而有效降低投资方的企业所得税税负。

10.2.2　个人股东利润分配的税收筹划

1. 股息、红利所得转化为资本利得的税收筹划

对于个人股东而言，一般情况下，资本利得免征个人所得税，如买卖股票所得等；一般非上市股份公司分配税后利润，个人股东需要被扣缴个人所得税，税率为 20%；上市公司分派股息、红利，个人股东的纳税视不同情况而定。根据《财政部　国家税务总局　证监会关于上市公司股息红利差别化个人所得税政策有关问题的通知》（财税〔2015〕101 号）的规定，个人从公开发行和转让市场取得的上市公司股票，持股期限超过 1 年的，股息红利所得暂免征收个人所得税。个人从公开发行和转让市场取得的上市公司股票，持股期限在 1 个月以内（含 1 个月）的，其股息红利所得全额计入应纳税所得额；持股期限在 1 个月以上至 1 年（含 1 年）的，暂减按 50%计入应纳税所得额；上述所得统一适用 20%的税率计征个人所得税。另外，外国人取得的股息、红利，无论被投资企业是否为上市公司，都不需要缴税。境外非居民企业股东从中国居民企业取得 2008 年及以后的股息，按 10%的税率缴纳企业所得税。

一般情况下，个人投资者获得的资本利得免征个人所得税，如买卖股票所得、股东因资本公积金转增资本所得等。个人投资者获取的利润分配（股息、红利）应按规定代扣代缴 20%的个人所得税。因此，股份公司获取税后利润后，可以采取不分配利润（股息、红利）而使股票增值，投资者（股东）不仅可以避免因利润分配（股息、红利）而产生的个人所得税负担，而且投资者（股东）的收益可以由股票价格的上涨得到补偿，投资者（股东）可间接获得较多的净收益。

【案例 10-14】A 公司某年税后净利润为 1500 万元，下一年计划追加投资额 2000 万元，该公司的目标资本结构为权益资本占 60%，负债资本占 40%。按

照目标资本结构计算出投资方案需追加的权益资本数额为2000×60%＝1200（万元）。此数额比当年实现的净利润1500万元小，因此该公司应确定留存收益1200万元，满足投资所需追加的权益资本，剩余部分300万元可用于发放现金股利给股东。如果投资所需追加的权益资本大于该公司当年实现的净利润1500万元，该公司应将当年实现的净利润1500万元全部留存，不发放现金股利。

对于个人股东来说，上市公司获取的税后利润不能转增资本，因为转增资本会涉及个人股东缴纳个人所得税问题。相较而言，更为便利的是上市公司的法人股东，上市公司把税后利润转增资本，法人股东不需要缴纳企业所得税。

总之，上市公司不同的利润分配方式对个人股东税负的影响是不同的：股息、红利需要缴纳个人所得税，股票转让则不需要缴纳个人所得税。所以，上市公司在分配股息、红利时，应注重税收对个人股东的影响，合理选择利润分配方式。

2. 现金股利、股票股利与剩余股利政策的税收筹划

个人股东获取的现金股利（股息）和股票股利（包括净利润转送红股和盈余公积转增股本）都需要缴纳个人所得税。但相比较，现金股利形式优于股票股利形式（不考虑股价变化），因为两者的税负虽然相同，但税后的现金股利归投资者，而股票股利对投资者来说仅仅是增加了股票数量，却因此丧失了资金的使用收益权。若能将股利转化为资本利得，对于个人股东而言，税收筹划利益更大。通常的做法是利用剩余股利政策，即在公司有良好的投资机会或公司正处于成长阶段时，根据一定的目标资本结构（最佳资本结构）测算出投资所需追加的权益资本，先从当年的净利润中提取一定比例的留成，以满足投资所需追加的权益资本，然后将剩余的利润作为股利分配。对于个人股东来说，剩余股利政策的好处是少分配现金股利或不分配现金股利可以避免缴纳较高的股利所得税，或可推迟缴纳所得税（以后多发放现金股利），且股东对公司未来获利能力有较好的预期，股票价格可能会上涨。

【案例10-15】某科技股份有限公司由谢某、刘某、杨某三人共同出资成立，2021年该股份公司实现利润总额240万元（企业所得税税前利润）。经该股份公司的股东大会决定，税后利润全部进行分配。为此，财务部设计了以下三种分配方案。

方案一：该股份公司采用净利润分红的形式，240万元利润总额缴纳60万元企业所得税后，180万元净利润以股息、红利的形式分配给个人股东。

方案二：该股份公司每月为三位股东发放工资20万元（三位股东从事企业管理活动，每年人均80万元工资，基本减除费用、三险一金、专项附加扣除及法定其他扣除额合计为14万元），12个月共发放240万元，以实现“利润分

配”的目的。

方案三：投资者将企业注册到有税收优惠的地区，享受区域性税收优惠政策。税负率最低的是成立个人独资企业，具体税负率如下：增值税税率3%、附加税税率12%（城市维护建设税税率7%、教育费附加征收率3%、地方教育费附加征收率2%），个人所得税核定征收率为3.5%。

对于个人股东而言，应该如何选择以上利润分配方案？

解析：

方案一：

企业应纳企业所得税=240×25%=60（万元）

股东应纳个人所得税=（240−60）×20%=36（万元）

股东税后收益=240−60−36=144（万元）

方案二：

全年共增加工资支出=20×12=240（万元）

发放工资后企业利润总额=240−240=0

股东每年人均80万元工资薪金所得，则

年应纳税所得额=80−14=66（万元）

按照个人所得税综合所得税率表可知，适用30%的个人所得税税率，速算扣除数为52920元。

个人股东应缴纳个人所得税=（66×30%−5.292）×3=43.524（万元）

股东税后收益=240−43.524=196.476（万元）

需要注意的是，要确保以上策划方案有效实施，企业一定要构建一套完整的薪酬体系制度作为支撑。根据《企业所得税法实施条例》第三十四条的规定，企业发生的合理的工资薪金支出，准予扣除。

合理的工资薪金需要符合哪些标准呢？根据《国家税务总局关于企业工资薪金及职工福利费扣除问题的通知》（国税函〔2009〕3号）第一条的规定，税务机关在对工资薪金进行合理性确认时，可按以下原则掌握：

（1）企业制定了较为规范的员工工资薪金制度；

（2）企业所制定的工资薪金制度符合行业及地区水平；

（3）企业在一定时期所发放的工资薪金是相对固定的，工资薪金的调整是有序进行的；

（4）企业对实际发放的工资薪金，已依法履行了代扣代缴个人所得税义务；

（5）有关工资薪金的安排，不以减少或逃避税款为目的。

方案三：成立个人独资企业，与该股份公司发生业务关系。

应纳增值税=240÷(1+3%)×3%=6.99（万元）

应纳城市维护建设税及教育费附加=6.99×12%=0.84（万元）

个人独资企业无须缴纳企业所得税。

应纳个人所得税=240÷(1+3%)×3.5%=8.16（万元）

应纳税额合计=6.99+0.84+8.16=15.99（万元）

股东税后收益=240-15.99=224.01（万元）

通过对以上三种利润分配方案纳税情况的分析可知，方案二比方案一多实现收益52.476万元。由于方案二每月给三位股东发放20万元工资，导致企业最终利润为零，无须缴纳企业所得税，但需要缴纳43.524万元的个人所得税。方案三通过设立个人独资企业，个人所得税采用核定征收方式，共需缴纳税款15.99万元，最终收益额为224.01万元，是最佳方案。

案例分析题

案例1　自然人股权转让与红利分配的税收筹划

自然人甲投资A企业100万元，取得A公司100%的股权。两年后，甲将持有的A公司股份转让给自然人乙，转让价格仍为100万元。转让之时，A公司的净资产为150万元。股份转让给乙后，A公司分配股利50万元给乙。试问甲在股权转让中应如何进行税收筹划?

案例2　利用利润转移进行纳税策划

某企业集团下属甲、乙两家企业。其中，甲企业适用25%的企业所得税税率，乙企业属于需要国家扶持的高新技术企业，适用15%的企业所得税税率。2021年，甲企业的应纳税所得额为8000万元，乙企业的应纳税所得额为9000万元。

请计算甲、乙两家企业及该企业集团在2021年度分别应当缴纳的企业所得税税款，并提出有效的税收筹划方案。

综合阅读题

中国平安员工限售股减持的税收筹划

中国平安发布公告，称于当年3月1日开始，在未来5年内减持近8.6亿股限售股。据悉，中国平安集团下属的新豪时、景傲实业、江南实业三家公司分别持有8.6亿股中的3.9亿股、3.31亿股和1.39亿股，分别占公司总股本的5.3%、4.51%和1.89%。其中，新豪时和景傲实业为中国平安员工持股平台，江南实业主要为中国平安高管持股平台。

由于本次限售股是上述三家公司代1.9万名平安员工持有的，减持将面临双重征收企业所得税和个人所得税，税负高达40%左右，因而公司的减持方案引起了持股员工的强烈不满和全社会的关注。3月15日，部分员工代表来到位于深圳的中国平安总部，挂出“我的股票我做主”等横幅，要求解除公司的托管，将其所持有的平安上市股票和其他相关权益一次性过户，由员工持股人自己持有。

9月，新豪时公司的名称由“深圳市新豪时投资发展有限公司”变更为“林芝新豪时投资发展有限公司”，注册地由深圳变为西藏林芝市，景傲实业亦同时迁址西藏。

10月25日，中国平安员工股托管方之一的林芝新豪时投资发展有限公司首次披露减持公告，该公司在10月以58.19~65.81元减持中国平安1284.49万股，占中国平安总股本的0.17%。

被业内称为平安模式的员工限售股减持序幕正式拉开……

问题：

(1) 若将新豪时和景傲实业两家公司远迁西藏林芝看作一种税收筹划行为，该行为能获得哪些好处？

(2) 员工限售股减持的平安模式有无可借鉴性？现行税收政策对此有无特别性约束？

第11章

薪酬激励的税收筹划

在组织契约问题上，外部观察者往往难以确定与利润挂钩的契约究竟是出于税收考虑，还是出于激励考虑，或两者兼而有之。这种识别问题使人们难以了解究竟是什么经济问题形成了契约的微观结构。

——诺贝尔经济学奖得主　迈伦·斯科尔斯

11.1　综合所得的计税政策与税收筹划

11.1.1　综合所得的计税政策

1. 综合所得适用税率

综合所得包括工资薪金所得、劳务报酬所得、稿酬所得、特许权使用费所得。《个人所得税法》分别为不同个人所得项目，规定了超额累进税率和比例税率两种不同形式的税率。居民个人取得的综合所得，按纳税年度合并计算个人所得税；非居民个人取得工资薪金、劳务报酬、稿酬、特许权使用费所得，按月或者按次分项计算个人所得税。

综合所得适用3%~45%的七级超额累进税率。

2. 综合所得计税方法

应纳税额=(每年收入-60000-专项扣除-专项附加扣除-其他扣除)×适用税率

综合所得费用扣除标准如下：

1）生计费用：个人所得税费用扣除标准为每年60000元（每月5000元）。

2）专项扣除：包括居民个人按照国家规定的范围和标准缴纳的基本养老保险、基本医疗保险、失业保险等社会保险费和住房公积金等。

3）专项附加扣除：包括子女教育支出、继续教育支出、大病医疗、住房贷款利息支出或者住房租金支出、赡养老人支出等各项开支。

个人所得税专项附加扣除在纳税人本年度综合所得应纳税所得额中扣除，本年度扣除不完的，不得结转以后年度扣除。

个人所得税专项附加扣除遵循公平合理、简便易行、切实减负、改善民生的原则，根据教育、住房、医疗等民生支出变化情况，适时调整专项附加扣除范围和标准。

（1）婴幼儿照护支出。纳税人照护3岁以下婴幼儿的相关支出，从婴幼儿出生的当月至年满3周岁的前一个月，每个孩子每月按照1000元的标准定额扣除。

（2）子女教育支出。纳税人的子女接受全日制学历教育的相关支出，按照每个子女每月1000元的标准定额扣除。

学历教育包括义务教育（小学、初中教育）、高中阶段教育（普通高中、中等职业、技工教育）、高等教育（大学专科、大学本科、硕士研究生、博士研究生教育）。

年满3岁至小学入学前处于学前教育阶段的子女，也按每个子女每月1000元扣除，与子女学历教育的扣除标准一致。

父母可以选择由其中一方按扣除标准的100%扣除，也可以选择由双方分别按扣除标准的50%扣除，具体扣除方式在一个纳税年度内不能变更。

（3）继续教育支出。纳税人在中国境内接受学历（学位）继续教育的支出，在学历（学位）教育期间按照每月400元定额扣除。同一学历（学位）继续教育的扣除期限不能超过48个月。纳税人接受技能人员职业资格继续教育、专业技术人员职业资格继续教育的支出，在取得相关证书的当年，按照3600元定额扣除。

个人接受本科及以下学历（学位）继续教育，符合本办法规定扣除条件的，可以选择由其父母扣除，也可以选择由本人扣除。

（4）大病医疗支出。在一个纳税年度内，纳税人发生的与基本医保相关的医药费用支出，扣除医保报销后个人负担（指医保目录范围内的自付部分）累计超过15000元的部分，由纳税人在办理年度汇算清缴时，在80000元限额内据实扣除。

纳税人发生的医药费用支出可以选择由本人或者其配偶扣除；未成年子女发生的医药费用支出可以选择由其父母一方扣除。

（5）住房贷款利息支出。纳税人本人或者配偶单独或者共同使用商业银行或者住房公积金个人住房贷款为本人或者其配偶购买中国境内住房，发生的首套住房贷款利息支出，在实际发生贷款利息的年度，按照每月1000元的标准定额扣除，扣除期限最长不超过240个月。纳税人只能享受一次首套住房贷款的利息扣除。所称首套住房贷款，是指购买住房享受首套住房贷款利率的住房贷款。

经夫妻双方约定，可以选择由其中一方扣除，具体扣除方式在一个纳税年度内不能变更。

夫妻双方婚前分别购买住房发生的首套住房贷款，其贷款利息支出，婚后可以选择其中一套购买的住房，由购买方按扣除标准的100%扣除，也可以由夫妻双方对各自购买的住房分别按扣除标准的50%扣除，具体扣除方式在一个纳税年度内不能变更。

（6）住房租金支出。纳税人在主要工作城市没有自有住房而发生的住房租金支出，可以按照以下标准定额扣除：

①直辖市、省会（首府）城市、计划单列市以及国务院确定的其他城市，扣除标准为每月1500元。

②除第一项所列城市以外，市辖区户籍人口超过100万的城市，扣除标准为每月1100元；市辖区户籍人口不超过100万的城市，扣除标准为每月800元。

夫妻双方主要工作城市相同的，只能由一方扣除住房租金支出。

纳税人的配偶在纳税人的主要工作城市有自有住房的，视同纳税人在主要工作城市有自有住房。

（7）赡养老人支出。

①纳税人为独生子女的，按照每月2000元的标准定额扣除。

②纳税人为非独生子女的，由其与兄弟姐妹分摊每月2000元的扣除额度，每人分摊的额度不能超过每月1000元。可以由赡养人均摊或者约定分摊，也可以由被赡养人指定分摊。约定或者指定分摊的须签订书面分摊协议，指定分摊优先于约定分摊。具体分摊方式和额度在一个纳税年度内不能变更。

被赡养人是指年满60岁的父母，以及子女均已去世的年满60岁的祖父母、外祖父母。

专项附加扣除汇总见表11-1。

表11-1 专项附加扣除汇总

扣除类目	每年	每月限额（元）	备注
3岁以下婴幼儿照护支出	12000元定额扣除	1000	父母分别扣除50%，或者约定其中一方扣除100%
婴幼儿照护支出子女教育支出	12000元定额扣除	1000	父母分别扣除50%，或者约定其中一方扣除100%

续表

扣除类目	每年	每月限额（元）	备注
继续教育支出	4800 元定额扣除	400	技能人员职业资格、专业技术人员资格继续教育，每年 3600 元定额扣除
大病医疗支出	80000 元限额扣除		个人负担超过 15000 的医疗费用支出部分
住房贷款利息	12000 元定额扣除	1000	必须首套住房贷款
住房租金支出（1）	18000 元定额扣除	1500	承租房位于直辖市、省会城市、计划单列市以及国务院确定的其他城市
住房租金支出（2）	13200 元定额扣除	1100	承租房位于其他城市，市辖区户籍人口超过 100 万
住房租金支出（3）	9600 元定额扣除	800	承租房位于其他城市，市辖区户籍人口不超过 100 万（含）
赡养老人支出	24000 元定额扣除	2000	非独生子女分摊扣除额度，每一纳税人分摊额度不超过总体的 50%

《关于开展个人税收递延型商业养老保险试点的通知》（财税〔2018〕22 号）规定：自 2018 年 5 月 1 日起，在上海市、福建省（含厦门市）和苏州工业园区实施个人税收递延型商业养老保险试点。试点期限暂定一年。

对试点地区个人通过个人商业养老资金账户购买符合规定的商业养老保险产品的支出，允许在一定标准内税前扣除；计入个人商业养老资金账户的投资收益，暂不征收个人所得税；个人领取商业养老金时再征收个人所得税。

国务院规定的其他扣除项目包括下列内容：个人将其所得对教育、扶贫、济困等公益慈善事业进行捐赠，捐赠额未超过纳税人申报的应纳税所得额 30% 的部分，可以从其应纳税所得额中扣除；国务院规定对公益慈善事业捐赠实行全额税前扣除的，从其规定。

11.1.2　综合所得的税收筹划

1. 工资薪金的税收筹划方法

综合所得采取取得时先预扣预缴，年终再汇总工资薪金所得、劳务报酬所得、稿酬所得、特许权使用费所得四项综合所得项目进行汇算清缴。工资薪金所得税涉及面广、占个人税收收入比例大，如何根据税法的要求，选择最佳的节税方案，特别是在减税降费的大环境下，已成为广大企业和职工尤其是工薪阶层最关心的事情。

（1）收入福利化

企业一味地增加员工的现金收入，从税收的角度来看并不可取。企业可以通过提高员工的福利水平，降低其名义工资金额，减少员工的税金支出，达到增加其实际收入的目的。常用的方法有以下几种：

一是为职工提供交通设施。职工上下班一般要花费一定的交通费，企业可以通过提供免费的接送服务，或者将单位的车租给职工使用，再相应地从员工的工资薪金中扣除部分予以调整。对企业来讲，加薪必然会引起税收变化，导致企业支付金额的增加。因此，由企业为员工承担部分费用的做法，往往会使职工、企业双方受益。

二是为职工提供免费工作餐。企业为职工提供免费的工作餐，必须具有不可变现性，即不可转让，不能兑换现金。

三是为职工提供培训机会。随着知识更新速度的加快，参加各种培训已经成为个人获取知识的重要途径。如果企业每年给予职工一定费用额度的培训机会，也可以在一定程度上减少税收负担。

四是为职工提供考察学习机会。随着人民生活水平的提高，考察学习开支已经成为许多家庭必不可少的支出项目。个人支付的考察学习支出不能抵减个人所得税，但是企业在制订年度职工福利计划时，可以为部分职工及其家属提供一次考察学习机会，而把相应的费用从原打算支付给职工的货币工资及奖励中扣除。如此可使职工维持同等消费水平的同时，减少了个人所得税负担。

（2）变换应税项目

一是住房公积金的税收筹划。根据《关于基本养老保险费基本医疗保险费失业保险费住房公积金有关个人所得税政策的通知》（财税〔2006〕10号）的规定，单位和个人分别在不超过职工本人上一年度月平均工资12%的幅度内，其实际缴存的住房公积金，允许在个人应纳税所得额中扣除。单位和职工个人缴存住房公积金的月平均工资不得超过职工工作地所在设区城市上一年度职工月平均工资的3倍。单位和个人超过上述规定比例和标准缴付的住房公积金，应将超过部分并入个人当期的工资薪金收入，计征个人所得税。

【案例11-1】A公司所在城市2020年度在岗职工年平均工资为81034元，折算为在岗职工月平均工资为6753元，即A公司提高张某住房公积金缴费基数至20259元，则全年可以税前扣除金额为29173元（20259×12%×12）。

解析：若A公司每月为张某缴纳的住房公积金为2000元，而住房公积金的免税限额标准为29173÷12＝2431（元），则张某可以追加补交431元住房公积金。此431元不需要缴纳个人所得税，并且很有可能会降低张某原先薪资所适用的个人所得税税率，从而达到良好的节税效果。

二是工资转化为租车收入的筹划。随着生活水平的提高，汽车基本成为每个家庭的标配，养车的费用必不可少。对于高收入阶层而言，将汽车租给企业使用，可以将工资收入转化为租金收入，达到降低个人所得税负担的效果。

具体操作如下：职工与企业签订租车协议，将自家汽车租给企业，企业按月向职工支付租金。同时可以在协议中约定因公务发生的相关车辆非固定费用（如汽油费、过桥费、停车费等）由企业承担。

需要注意的是：

①租金必须按照市场价格设定；

②职工需要携带租车协议和身份证到税务局代开租车发票，企业才能在税前列支该项费用；

③汽车的固定费用（如保险费、车船税、折旧费等）不能由企业承担；

④在企业报销的车辆费用必须取得发票。

三是工资收入转化为房屋租金收入的筹划。住房是职工生存的必要场所，为住房而支付的费用是必需开支，利用税前的收入支付这部分必要开支能够达到很好的节税效果。

具体操作如下：若职工拥有自有房产，可以与企业签订房屋租赁协议，将房屋租给企业，企业按月向职工支付租赁费，同时约定每月的水电费、物业管理费等固定费用由企业承担；若职工现居住的房屋为租赁房屋，可以与企业签订转租协议，由企业承担房屋的租金和水电费、物业管理费等固定费用。

个人出租住宅、转租住宅只需要按照出租财产项目征收个人所得税，若为居民唯一自用住房，税率更低，且采用的为比例税率而非综合所得的累进税率。但值得注意的是，若自身没有房产，通过与企业签订合同说明企业福利包括提供职工住房，用以支付员工较少的工资薪金以适用较低税率，会存在纳税人失去个人所得税法中的住房租金的专项附加扣除的情况，因此实际操作中需要衡量两者之间的关系。

个人出租住宅的个人所得税税率远低于高净值人群综合所得的累进税率，以租金收入代替工资收入节税效果明显。同时由企业承担房屋的水电费、物业管理费等固定费用，相当于利用员工的税前收入支付这部分必要费用。

（3）公益性捐赠的税收筹划

个人通过公益性捐赠，可以合法降低其应纳税所得额，降低个人税负。

税法规定，个人将其所得对教育、扶贫、济困等公益慈善事业进行捐赠，捐赠额未超过纳税人申报的应纳税所得额30%的部分，可以从其应纳税所得额中扣除；国务院规定对公益慈善事业捐赠实行全额税前扣除的，从其规定。

（4）专项附加扣除的税收筹划

【案例 11-2】赵先生夫妻两人育有两个孩子，均为大学在读。赵先生的妻子每月工资为 5000 元，赵先生每月工资为 7000 元，赵先生在个人所得税申报中选择夫妻二人平均分摊两个子女教育支出的专项附加扣除。

赵先生的妻子因收入未超过 5000 元，无须缴纳个人所得税，但扣除基本减除费用 5000 元和专项附加扣除 1000 元后，赵先生仍要对剩余部分1000 元缴纳个人所得税。赵先生应该如何进行税收筹划？

解析：两个子女的教育支出全部由赵先生进行申报扣除。赵先生的妻子工资薪金不超过 5000 元，不扣除子女教育支出，无须缴纳个人所得税；赵先生扣除子女教育支出 2000 元，再扣除基本减除费用后赵先生的个人所得税应纳税所得额为 0，也无须缴纳个人所得税。

【案例 11-3】张先生居住在某市，已结婚生子，育有两个孩子，就读于两所全日制本科大学。张先生有一位姐姐，张先生父母均已年满 70 周岁。2019 年，《个人所得税法》修订实施后，张先生通过学习相关税法的内容进行税收筹划以降低家庭负担。张先生现为一家公司的财务经理，年薪 25 万元，有一辆代步车。因业余时间爱好山水画，张先生常出售一些定制精品画作赚取劳务报酬。张先生的妻子目前月薪为 4000 元。

2019 年，张先生因为工作表现突出，公司给予其年终奖 4 万元，当年定做精品山水画取得劳务报酬金额总计 4.2 万元，出租车辆取得租金 5 万元。请问张先生应该如何进行个人所得税策划？

解析：通常情况下，张先生进行年终汇算清缴，其劳务报酬所得应与工资薪金所得汇总后按综合所得进行申报纳税；其年终奖可单独计税，也可与综合所得合并计税；子女教育专项附加扣除与其妻子平均分摊扣除，赡养老人的专项附加扣除与其姐姐平摊扣除。

张先生年薪 25 万元，根据《个人所得税法》的规定，扣除每年基本减除费用 6 万元、赡养老人专项附加扣除 1.2 万元和子女教育支出 1.2 万元后，加上其当年的劳务报酬所得，张先生所适用的个人所得税综合税率为 20%。

基于此，张先生可进行如下税收筹划。

首先，对工资薪金进行筹划。张先生年薪 25 万元，扣除基本费用和专项附加后依旧适用 20%的税率，税负相对较高。因此，张先生可以将代步车转租给公司，由公司分配给张先生使用，使得张先生的 5 万元工资薪金转化为租车收入，适用比例税率。由此，张先生的工资薪金所得降低，但不足以降低适用税率。

其次，对年终奖进行筹划。年终奖超过 3.6 万元时税率从 3%提升到了 10%，会大幅增加张先生的税负。因此，张先生可以与公司协商，将剩下的

4000 元延迟到下一年再发放。这样，张先生的年终奖只需按照 3%的税率缴纳个人所得税。

再次，对专项附加扣除进行筹划。在子女教育支出的扣除上，因张先生妻子的工资薪金并未达到 5000 元，不需要缴纳个人所得税。因此，两个孩子的子女教育专项附加扣除全部由张先生进行申报，以此来降低张先生的应纳税所得额。

最后，对劳务报酬进行筹划。如果将张先生的劳务报酬与工资薪金所得合并计税，无论张先生如何筹划，都无法将张先生适用的税率由 20%降低到 10%，因此对于劳务报酬的筹划至关重要。

有两种筹划思路：一是张先生妻子的月薪为 4000 元，并未达到基本扣除费用的上限，即全年张先生的妻子还有高达 1.2 万元的免税额度。因此，张先生可以在签订劳务合同时，由夫妻两人提供服务并共同领取此项劳务报酬收入，其中其妻子领取 1.2 万元。在年终汇算清缴时，张先生的妻子依旧不用缴税，并且会退还个人所得税预缴税额。扣除 1.2 万元劳务报酬后，加上之前的工资薪金筹划和专项附加扣除筹划，张先生可以将综合所得适用的税率由 20%降低为 10%，从而达到降低税收负担的目的。

二是张先生可以变换收入形式，将劳务报酬所得变成经营所得，避免其纳入综合所得计税。为此，可以成立一家山水画工作室，将劳务报酬所得转化为经营所得，经营所得适用 10%的税率。在此基础上，张先生还可以将劳务报酬合同变成由张先生的工作室及其妻共同签订，其中其妻的劳务报酬所得为 1.2 万元，2.8 万元为张先生工作室收入，适用 3%的税率。

2. 全年一次性奖金的税收筹划方法

（1）年终一次性奖金的税收政策

关于全年一次性奖金的征税问题，《国家税务总局关于调整个人取得全年一次性奖金等计算征收个人所得税方法问题的通知》（国税发〔2005〕9 号）规定：

全年一次性奖金是指行政机关、企事业单位等扣缴义务人根据其全年经济效益和对雇员全年工作业绩的综合考核情况，向雇员发放的一次性奖金，也包括年终加薪、实行年薪制和绩效工资办法的单位根据考核情况兑现的年薪和绩效工资。

纳税人取得全年一次性奖金，单独作为一个月工资、薪金所得计算纳税，并按以下计税办法，由扣缴义务人发放时代扣代缴，其计算步骤如下：

步骤一：先将雇员当月内取得的全年一次性奖金除以 12 个月，按其商数确定适用税率和速算扣除数。

步骤二：如果在发放年终一次性奖金的当月，雇员当月工资薪金所得低于税法规定的费用扣除额，应将全年一次性奖金减去“雇员当月工资薪金所得与费用扣除额的差额”后的余额，按步骤一确定全年一次性奖金的适用税率和速算扣除数。

步骤三：将雇员个人当月内取得的全年一次性奖金，按步骤一和步骤二确定的适用税率和速算扣除数计算征税。

如果雇员当月工资薪金所得高于（或等于）税法规定的费用扣除额的，适用公式为

应纳税额=雇员当月取得全年一次性奖金×适用税率-速算扣除数

《国家税务总局关于雇主为雇员承担全年一次性奖金部分税款有关个人所得税计算方法问题的公告》（国家税务总局公告2011年第28号）规定：

雇主为雇员负担全年一次性奖金部分个人所得税款，属于雇员又额外增加了收入，应将雇主负担的这部分税款并入雇员的全年一次性奖金，换算为应纳税所得额后，按照规定方法计征个人所得税。

将不含税全年一次性奖金换算为应纳税所得额的计算方法：

雇主为雇员定额负担税款的计算公式为

应纳税所得额=雇员取得的全年一次性奖金+雇主替雇员定额负担的税款-当月工资薪金低于费用扣除标准的差额

雇主为雇员按一定比例负担税款的计算公式：

①查找不含税全年一次性奖金的适用税率和速算扣除数

未含雇主负担税款的全年一次性奖金收入÷12，根据其商数找出不含税级距对应的适用税率A和速算扣除数A

②计算含税全年一次性奖金

应纳税所得额=（未含雇主负担税款的全年一次性奖金收入-当月工资薪金低于费用扣除标准的差额-不含税级距的速算扣除数A×雇主负担比例）÷（1-不含税级距的适用税率A×雇主负担比例）

《财政部　国家税务总局关于个人所得税法修改后有关优惠政策衔接问题的通知》（财税〔2018〕164号）规定：居民个人取得全年一次性奖金，符合《国家税务总局关于调整个人取得全年一次性奖金等计算征收个人所得税方法问题的通知》（国税发〔2005〕9号）规定的，在2021年12月31日前，不并入当年综合所得，以全年一次性奖金收入除以12个月得到的数额，按照月度税率表（按月换算后的综合所得税率表），确定适用税率和速算扣除数，单独计算纳税，计算公式为

应纳税额=全年一次性奖金收入×适用税率-速算扣除数

全年一次性奖金适用的月度税率如表11-2所示。

表11-2 综合所得适用税率（按月）

级数	全月应纳税所得额	税率（%）	速算扣除数
1	不超过3000元	3	0
2	超过3000元至12000元的部分	10	210
3	超过12000元至25000元的部分	20	1410
4	超过25000元至35000元的部分	25	2660
5	超过35000元至55000元的部分	30	4410
6	超过55000元至80000元的部分	35	7160
7	超过80000元的部分	45	15160

居民个人取得全年一次性奖金，既可以选择并入当年综合所得计算纳税，也可以单独计税。全年一次性奖金单独计税的政策执行到2021年12月31日。

【案例11-4】张华在振邦公司取得全年一次性奖金24000元，请计算张华应缴纳的个人所得税。

解析：全年一次性奖金24000元除以12商数为2000元（24000÷12），适用税率为3%，速算扣除数为0，则

$$应纳税额=24000\times3\%=720（元）$$

【案例11-5】张华在振邦公司取得全年一次性奖金24000元，当月工资薪金收入为4600元，费用扣除额为5000元，请计算张华应缴纳的个人所得税。

解析：第一步，确定全年一次性奖金的适用税率和速算扣除数。将全年一次性奖金减去个人当月工资薪金所得与费用扣除额的差额除以12，即

$$[24000-(5000-4600)]\div12=1967（元）$$

由此确定适用税率为3%，速算扣除数为0。

第二步，计算应纳税额

$$[24000-(5000-4600)]\times3\%=708（元）$$

需要注意的是，在一个纳税年度内，对每一个纳税人该计税办法只允许采用一次。雇员取得除全年一次性奖金以外的其他各种名目奖金，如半年奖、季度奖、加班奖、先进奖、考勤奖等，一律与当月工资薪金收入合并，按税法规定缴纳个人所得税，即维持现有的征税办法。

【案例11-6】小刘在振华公司取得不含税全年一次性奖金36000元。请计算小刘应缴纳的个人所得税额。

解析：第一步，将不含税全年一次性奖金换算成含税奖金。根据36000元除

以12的商数3000元确定不含税所得的税率为10%、速算扣除数为210，则

换算成含税的全年一次性奖金=(36000−210)÷(1−10%)=39766.67（元）

第二步，确定含税全年一次性奖金的适用税率和速算扣除数。根据含税的全年一次性奖金除以12的商数3313.89元（39766.67÷12），确定适用税率为10%、速算扣除数为210。

第三步，计算应纳税额为

39766.67×10%−210=3766.67（元）

【案例11-7】 李某2020年工资薪金所得为80000元，专项附加扣除合计63000元。若年终奖为40000元，他有两种选择：一是年终奖单独纳税：

应纳个人所得税=40000×10%−210=3790（元）

二是年终奖并入综合所得纳税：

应纳税所得额=40000+80000−(60000+63000)=−3000（元）

由于应纳税所得额为负数，因此李某不需要缴纳个人所得税。

假设李某的年终奖金为100000元，同样有两种选择：一是年终奖单独纳税：

应纳个人所得税=100000×10%−210=9790（元）

二是年终奖并入综合所得纳税：

应纳税所得额=100000+80000−123000=57000（元）

应纳个人所得税=57000×10%−2520=3180（元）

请问李某在年终奖为100000元时，应如何进行税收筹划？

解析：李某可以将100000元年终奖进行分拆，其中21000元作为年终奖单独核算：

应纳个人所得税=21000×3%=630（元）

79000元并入综合所得计税：

应纳税所得额=80000+79000−123000=36000（元）

应纳个人所得税=36000×3%=1080（元）

应纳个人所得税合计=1080+630=1710（元）

与策划前相比，比年终奖单独纳税节税8080元（9790元−1710元），比年终奖并入综合所得纳税节税1470元（3180元−1710元）。但需要注意的是，该策划涉及的全年一次性奖金政策只适用于2021年12月31日之前。

（2）全年一次性奖金的“税收陷阱”

全年一次性奖金计税政策采用简易计税办法，与工资薪金所得的七级超额累进税率计税办法有很大差异。在某些奖金区间内，会出现税前奖金多，而纳税人实际获得的税后奖金反而少的情况。

【案例 11-8】中华房地产公司副总经理获得的全年一次性奖金为 36000 元，而总经理获得的全年一次性奖金为 36600 元。请分别计算副总经理和总经理全年一次性奖金应缴纳的个人所得税。

解析：副总经理的个人所得税：

副总经理平均月收入额 = 36000÷12 = 3000（元）

其适用的税率为 3%、速算扣除数为 0，则

副总经理应缴纳个人所得税 = 36000×3% = 1080（元）

税后奖金 = 36000−1080 = 34920（元）

总经理的个人所得税：

总经理平均月收入额 = 36600÷12 = 3050（元）

其适用的税率为 10%、速算扣除数为 120，则

总经理应纳个人所得税 = 36600×10%−210 = 3450（元）

税后奖金 = 36600−3450 = 33150（元）

对比总经理与副总经理的全年一次性奖金，总经理比副总经理多 600 元（36600 元−36000 元），而税后奖金总经理反而比副总经理少了 1770 元（34920 元−33150 元）。这种情况属于年终奖金政策的“无效区间”，或称“不合理区间”。企业及相关单位在发放年终奖金时，应尽量避免将税前年终奖金的金额定在所谓的“无效区间”内。

一般情况下，随着发放金额的提高，全年一次性奖金纳税额也会提高。但是，由于全年一次性奖金的适用税率和速算扣除数是通过全年一次性奖金除以 12 的商数来确定的，且计算应纳税额时速算扣除数仅允许扣除一次，所以会出现当全年一次性奖金超过某个临界点之后，适用的税率会提高一个档次，导致奖金额增加税后所得反而减少，即全年一次性奖金的“无效区间”或“税收盲区”。通过测算可知，全年一次性奖金的“无效区间”共有六段，分别对应于 3%~40%的税率（见表 11-3）。

表 11-3 全年一次性奖金的“无效区间”（2019 年 1 月 1 日至 2021 年 12 月 31 日）

年终奖（元）	税率（%）	速算扣除数	应纳税额（元）	多发奖金数（元）	增加税额（元）	税后数额（元）
36000	3	0	1080			34920
36001	10	210	3390. 10	1	2310. 10	32610. 90
38566. 67	10	210	3646. 67	2566. 67	2566. 67	34920
144000	10	210	14190. 00			129810. 00
144001	20	1410	27390. 20	1	13200. 20	116610. 80
160500	20	1410	30690	16500	16500	129810. 00

续表

年终奖（元）	税率（%）	速算扣除数	应纳税额（元）	多发奖金数（元）	增加税额（元）	税后数额（元）
300000	20	1410	58590			241410
300001	25	2660	72340.25	1	13750.25	227660.75
318333.3	25	2660	76923.33	18333.33	18333.33	241410
420000	25	2660	102340			317660
420001	30	4410	121590.30	1	19250.30	298410.70

3. 工资薪金与全年一次性奖金的权衡与合理分摊

对全年一次性奖金进行筹划，除了避免全年一次性奖金进入“无效区间”，还要注重工资薪金和全年一次性奖金的权衡与合理分摊。

【案例11-9】某股份公司总经理每年的年薪总额为税前收入24万元（不含三险一金），如何将该收入在工资薪金和年终奖之间合理分配，使得个人所得税支出最小化？

解析：设月工资薪金为X，月应纳税所得额为X-5000，确定年终奖税率参考值为（240000-12X）/12=20000-X，年终奖应纳税所得额为240000-12X。

情形一：X-5000≤3000，则20000-X≥12000，工资薪金适用税率为3%，年终奖适用税率为20%（20000-X=12000时，税率为10%），则

应纳税额=(X-5000)×3%×12+(240000-12X)×20%-1410=44790-2.04X

最低税额点：当X=8000时，即20000-X=12000，年终奖适用税率为10%。

最低税额=(8000-5000)×3%×12+(240000-12×8000)×10%-210=15270（元）

情形二：3000<X-5000≤12000，则5000≤20000-X<12000，工资薪金适用税率为10%，年终奖适用税率为10%，则

应纳税额=[(X-5000)×10%-210]×12+(240000-12X)×10%-210=15270（元）

与月工资薪金X无关。

情形三：12000<X-5000≤25000（17000<X≤30000），则0≤20000-X<3000，工资薪金适用税率为20%，年终奖适用税率为3%，则

应纳税额=[(X-5000)×20%-1410]×12+(240000-12X)×3%=2.04X-21720

月工资薪金X取该区间最小值17000，应纳税额最低额=2.04×17000-21720=12960（元）。

结论：月工资薪金为17000元，年终奖为36000元，最小纳税额为12960元。

工资薪金和全年一次性奖金的合理分配结论如表11-4所示，即在不同的全年一次性奖金和工资薪金之间有一个相对均衡的状态，从而达到综合税负最小化。

表11-4 工资薪金和全年一次性奖金的合理分配

全年一次性奖金（元）	税率（%）	月工资薪金（元）	税率（%）	预计年度收入总额（元）
0	0	(0，5000]	0	(0，60000]
(0，36000]	不纳税或3	(5000，9000]	3	(60000，132000]
36000	3	(9000，18000]	10	(132000，240000]
36000	3	(18000，19935]	20	(240000，263100]
(36000，144000]	10	(9000，18000]	10	(263100，348000]
144000	10	(18000，31000]	20	(348000，504000]
144000	10	(31000，41000]	25	(504000，624000]
300000	20	(31000，41000]	25	(624000，780000]
300000	20	(41000，610000]	30	(780000，1020000]

11.2 企业年金的税收筹划

11.2.1 年金的税收政策

2013年12月6日，财政部、人力资源社会保障部、国家税务总局联合发布《关于企业年金职业年金个人所得税有关问题的通知》（财税〔2013〕103号），该政策自2014年1月1日起执行。目前，允许企业年金涉及的个人所得税递延纳税，不仅让参保者延迟纳税，还促进了更多的单位实行企业年金制。

1. 企业年金的概念

企业年金，是指根据《企业年金试行办法》（劳动和社会保障部令第20号）的规定，企业及其职工在依法参加基本养老保险的基础上，自愿建立的补充养老保险制度，主要由个人缴费、企业缴费和年金投资收益三部分组成。职业年金是指根据《事业单位职业年金试行办法》的规定，事业单位及其工作人员在依法参加基本养老保险的基础上建立的补充养老保险制度。

企业年金与法定保险的区别如下：法定保险（基本养老、基本医疗、失业等）个人缴纳部分按规定比例缴付的允许在应纳税所得额中扣除；企业为个人缴纳部分不超过规定比例部分可以免征个人所得税，超过规定比例部分并入个人工资、薪金收入，计征个人所得税。企业年金不能税前扣除，企业年金中企业缴费计入个人账户部分需计征个人所得税，且视为一个月的工资、薪金（不与正常工资、薪金合并），不扣除任何费用，按“工资、薪金所得”项目计算税款，由企业缴费时代扣代缴。

企业年金与商业保险的区别如下：企业为个人建立商业性补充保险或年金时都应缴纳个人所得税，但计算方法明显不同。商业保险与个人当月工资、薪金所得合并适用税率，企业年金单独适用税率，视为一个月的工资、薪金（不与正常工资、薪金合并）。

2. 企业年金的计税方法

（1）缴付企业年金时的税务处理

企业和事业单位（以下统称单位）根据国家有关政策规定的办法和标准，为在本单位任职或者受雇的全体职工缴付的企业年金或职业年金（以下统称年金）单位缴费部分，在计入个人账户时，个人暂不缴纳个人所得税。

企业年金中个人缴费工资计税基数是本人上一年度月平均工资。月平均工资超过职工工作地所在设区城市上一年度职工月平均工资300%以上的部分，不计入个人缴费工资计税基数；职业年金是职工岗位工资和薪级工资之和。职工岗位工资和薪级工资之和超过职工工作地所在设区城市上一年度职工月平均工资300%以上的部分，不计入个人缴费工资计税基数。

超过《关于企业年金职业年金个人所得税有关问题的通知》（财税〔2013〕103号）规定的缴付年金标准的单位缴费和个人缴费部分，应并入个人当期的工资薪金所得，依法计征个人所得税。税款由建立年金的单位代扣代缴，并向主管税务机关申报解缴。

年金征税模式（EET）如表11-5所示。

表11-5 年金征税模式

征税模式（EET）	情形	税务处理
缴费环节	单位按有关规定缴费部分	免个人所得税
	个人缴费不超过本人缴费工资计税基数的4%标准内部分	暂从应纳税所得额中扣除
	超标年金单位缴费和个人缴费部分	征收个人所得税
投资环节	年金基金投资运营收益分配计入个人账户时	个人暂不缴纳个人所得税
领取环节	领取年金时	按照“工资、薪金所得”项目缴纳个人所得税

【案例 11-10】小张在一家国有企业工作，2020 年 4 月工资总额为 6500 元，含个人缴付的企业年金 500 元和按照规定缴付的“五险一金”800 元。已知小张所在国有企业从 2015 年开始实行企业年金补充养老制度，小张所在城市上一年度职工月平均工资为 3500 元，同时小张上一年度取得月工资与本年度月工资相同。试计算小张 4 月工资收入应缴纳的个人所得税额。

解析：企业年金个人缴费工资计税基础为 5300 元。

个人缴付年金应计入应纳税所得额的金额为

$$500-6500\times4\%=240\text{（元）}$$

4 月工资应纳税所得额为

$$6500-500+240-800-5000=440\text{（元）}$$

因此，小张 4 月工资应纳个人所得税为

$$440\times3\%=13.2\text{（元）}$$

（2）企业年金基金投资运营收益的税务处理

企业年金基金投资运营收益分配计入个人账户时，个人暂不缴纳个人所得税。

（3）领取年金时的税务处理

个人达到国家规定的退休年龄，领取的企业年金、职业年金不并入综合所得，全额单独计算应纳税款。其中按月领取的，适用月度税率表计算纳税；按季领取的，平均分摊计入各月，按每月领取额适用月度税率表计算纳税；按年领取的，适用综合所得税率表计算纳税。

个人因出境定居而一次性领取的年金个人账户资金，或个人死亡后，其指定的受益人或法定继承人一次性领取的年金个人账户余额，适用综合所得税率表计算纳税。对个人除上述特殊原因外一次性领取年金个人账户资金或余额的，适用月度税率表计算纳税。

【案例 11-11】某市 2020 年度在岗职工年平均工资为 60000 元，年金个人缴费的税前扣除限额为 600 元（60000÷12×3×4%），市税务局根据市统计公报数据每年调整扣除限额标准。

解析：（1）假设 A 先生 2020 年 7 月工资为 10000 元，企业年金缴费工资计税基数为 10000 元。其按 4%缴付年金 400 元，均可税前扣除；按 3%缴付年金 300 元，则只能税前扣除 300 元；按 5%缴付年金 500 元，可以税前扣除 500 元。

（2）假设 B 先生 2020 年 9 月工资为 20000 元，按 4%缴付年金 800 元。由于该市允许税前扣除金额最高为 600 元，超出的 200 元须并入综合所得缴纳个人所得税。

11.2.2 企业年金的税收筹划

1. 年金缴纳与否的税收筹划

根据企业年金的税收政策，企业参加年金不仅可以使企业缴纳部分暂免企业所得税，而且能使个人缴纳部分在缴费工资计税基数的4%内暂免个人所得税。

【案例11-12】某企业全年工资预算增长9%，某职工月均工资为10000元。如果该企业把工资增长部分全部发放给职工，则职工要全额缴税；如果实行企业年金制度，企业按5%缴纳，个人按4%缴纳，则个人账户的年金不缴纳个人所得税，企业缴纳的企业所得税也会减少。设个人基本养老保险（8%）、医疗保险（2%）、失业保险（0.5%）、住房公积金（12%）缴费比例为22.5%；企业缴纳的年金50%计入职工企业年金个人账户，另外50%划入本人企业年金个人账户；个人缴纳的年金全部计入本人企业年金个人账户。企业实行与不实行年金制度对个人所得税和年金本人账户的影响如表11-6所示。

如表11-6所示，企业实行年金制度的直接节税效应是该职工每月节约个人所得税55.43元（134.75元-79.32元）。除了直接节税效应，实行年金制度还能产生间接节税效应，即年金制度可提高职工退休待遇，且本人企业年金个人账户储存额可继承，可减少职工后顾之忧，调动其工作积极性。

表11-6 实行年金制度与否对个人所得税及年金本人账户的影响 单位：元

年金缴纳与否	工资总额(1)	三险一金(2)=(1)×22.5%	年金(3)	应纳税所得额=(1)-(2)-(3)-5000	应纳个人所得税	年金账户
不缴纳	10900	2452.5	0	3447.54	134.75	0
缴纳	10400	2340	416	2644	79.32	416+10400×5%×50%=676

2. 年金缴纳年限的税收筹划

考虑到货币时间价值，个人应尽量选择实行年金制度的单位。因为年金缴纳年限越长，个人所得税节税额越多，退休时领取的年金就越多。

3. 领取年金年限的税收筹划

个人领取年金环节要按工资、薪金所得全额缴纳个人所得税，年金个人所得税优惠只是延缓纳税而非免税。自2018年2月1日起施行的《企业年金办法》明确规定：职工在符合相关条件时，可以从本人企业年金个人账户中一次性、分月或分次领取企业年金。计划领取年金年限越长，适用税率越低，纳税额越少。因此，缴纳年金的职工在身体条件允许的情况下应尽量延长年金领取时间。

11.3　股权激励的税收筹划

11.3.1　股权激励的税收政策

1. 股权激励的概念

股权激励是企业激励人才的常用手段之一。股权激励最早起源于美国，美国迪士尼公司和华纳传媒公司是世界上最早实施股票期权计划的两家企业。

股权激励是指包括经营管理者在内的员工可以取得本公司一定量的股票，享受股东的权益，但受到一定的限制。股权激励把企业绩效同管理者等的利益联系在一起，共担风险，共享收益，从而长期激励员工尽职尽责为企业服务。

2. 股权激励的主要模式

股权激励最常见的四种模式如下。

（1）股票期权模式

股票期权是企业授予高级管理人员的一种权利，具体是指管理人员有权在未来规定的一段时间内，按照先前和企业约定好的价格购买一定数量的公司股票，从而获得收益的一种股票期权安排。股票期权持有人（高级管理人员）在规定的时间内以股票期权的“施权价”购买本公司股票，这个过程称为“行权”。在行权之前，股票期权持有人（高级管理人员）没有任何现金收益；行权之后，个人收益为“施权价”与行权日股票市价之间的差额。

股票期权主要适用于市场有效性较好的上市公司以及人力资本依附性较强、处于创业期、快速成长期的非上市公司。

（2）限制性股票模式

管理者事先按照股权激励计划约定的价格从企业购买一定数量的股票，等到企业业绩达到股权激励计划约定的要求时，管理者（持股者）才可以将其所持股票卖出，进而赚取差价，获得收益。其适用上市和非上市公司，尤其适用于留住关键人才情形和黄金降落伞计划。

（3）股票增值权模式

股票增值权并不涉及股票所有权的转让，企业与管理者约定，管理者可以从股票价格上涨中获得收益。该模式对企业现金流提出较高要求，因此适用于现金流较为充裕的上市和非上市公司。

（4）员工持股模式

员工持股计划是一种新型的股权激励模式，其允许员工使用自有资金或其他法律上合法的收入购入企业的股票，并将这些股票委托第三方集中管理，员工获得股票的同时享有部分或全部的公司管理权。持股模式的实现有三种方式：员工个人持有、通过有限责任公司持有以及通过有限合伙企业平台持有。

3. 适用的税收政策

（1）股票期权

股票期权是上市公司按照规定的程序授予本公司及其控股企业员工的一项权利，该权利允许被授权员工在未来一段时间内以某一特定价格购买本公司一定数量的股票。股票期权一般允许被授权员工在未来才可以行使股票交易权，这体现了激励与约束的相互渗透。

授予价（施权价）是指根据股票期权计划可以购买股票的价格，一般为股票期权授予日的市场价格或该价格的折扣价格，也可以是按照事先设定的计算方法约定的价格。授予日（授权日）是指公司授予员工股票期权的日期。

行权（执行）是指员工根据股票期权计划选择购买股票的过程。员工行使上述权利的当日为“行权日”，也称“购买日”。

依据财税〔2005〕35号文的规定，股票期权的纳税义务发生时间为行权日，授予日并不产生纳税义务。行权日的股票价格如果高于授予日股票价格，则这部分差额与行权股票份数的乘积应该作为应纳税所得额，按照“工资、薪金所得”计算缴纳个人所得税。

财税〔2018〕164号文件规定，2019年1月1日至2021年12月31日以前，该项所得可以不合并于综合所得中，单独计算，应纳税额的计算公式为

应纳税额=股权激励收入×适用税率-速算扣除数

在股票持有阶段，取得来自被投资企业分配的股息红利所得，按照“股息红利所得”项目适用的20%的税率计算个人所得税。如果被投资企业是上市公司，则计算个人所得税时可以实行差别税率：持股期限在1个月以内（包括1个月）的，应纳税所得额按照20%的税率计算；持股期限在1个月以上，1年（含1年）以内的，应纳税所得额可以减按50%计算；如果持股期限在1年以上的，可以享受免税。如果被投资企业为非上市公司，则不存在上述差额征税的规则，统一按照20%的税率计算。

在股票转让环节，获得的转让收入和行权日股票公允价值之间的差额部分按照“财产转让所得”所适用的20%的税率计算个人所得税。按照税法规定，

个人转让上市公司在公开市场发行的有价证券获得的所得可以免税。但是转让非上市公司的股票所得仍需要纳税。

值得注意的是，财税〔2005〕35 号文规定的股票期权所授予的主体包括上市公司和非上市公司，但股票期权所指向的标的股票必须是上市公司发行的股票，对于员工取得的拟上市企业的股票以及非上市公司的股票并不在规定以内。

（2）限制性股票

限制性股票缴纳个人所得税的情况如图 11-1 所示。

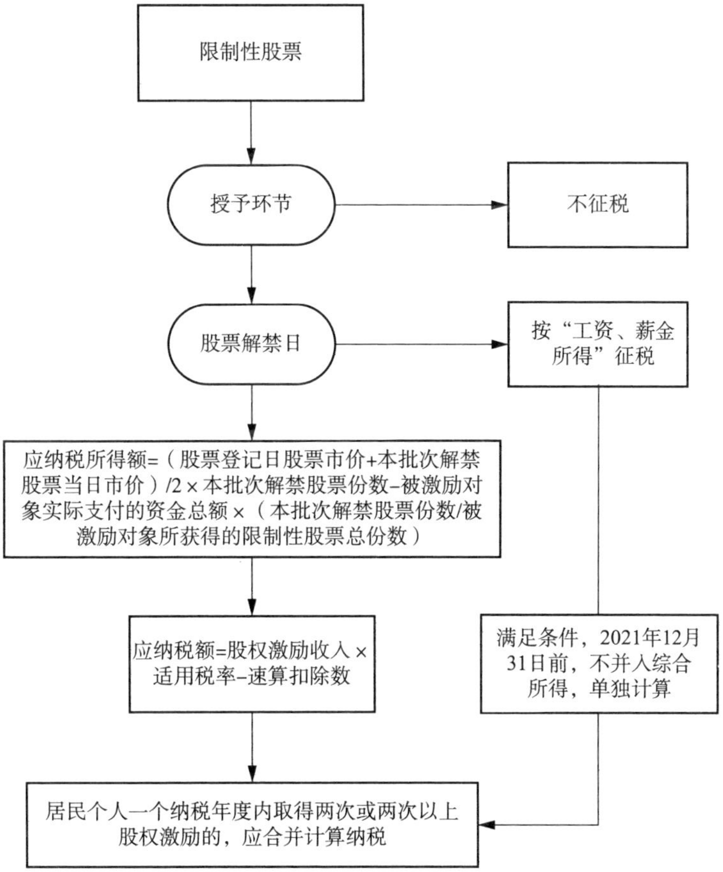

图 11-1 限制性股票个人所得税政策

（3）股票增值权

股票增值权所有者所取得的收益等于行权日股票价格减去授予日股票价格后乘以被授予的股票股数。应缴纳的个人所得税等于该笔收益按“工资、薪金”项目计算的税额，总结如图 11-2 所示。

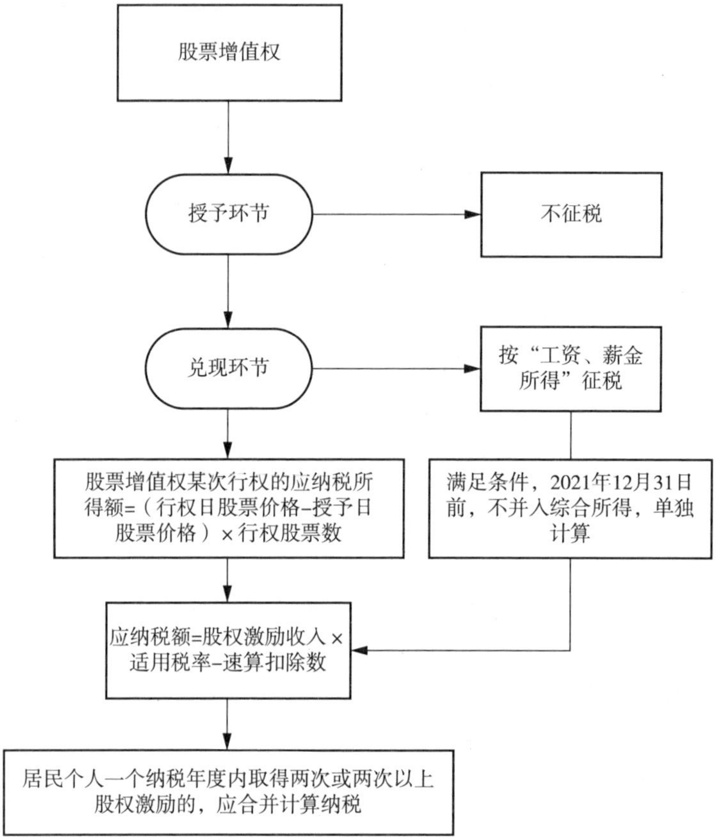

图 11-2　股票增值权个人所得税政策

（4）员工持股激励

员工持股计划涉及持股平台的选择，持股平台有员工个人直接持有、通过有限责任公司持有以及通过合伙企业持有三种形式。因此，在行权阶段、持有阶段、转让阶段所需缴纳的企业所得税和个人所得税就存在差异。

①员工个人直接持有。员工直接获得公司股票，在持有期间，如果获得了股息红利，则按20%缴纳个人所得税。当其退出投资时，转让股票所获得的转让收入需要按照“财产转让所得”缴纳20%的个人所得税。是否可以适用税收优惠政策还要具体看被投资企业的性质及持股期限。

②通过有限责任公司持有。该模式下，员工为股票的间接持有者，如果持股平台公司从被投资企业取得了分配的股息红利所得，则应该按税法规定缴纳企业所得税，但如果是境内居民公司投资于境内居民公司，该股息红利所得可以免税。在向员工进行定向分配时（采用股息分配的方式），员工需要按照20%的税率计算缴纳个人所得税。

③通过合伙企业持有。我国合伙企业实行“先分后税”，员工直接转让持股平台股票时，仅需在个人层面按照“财产转让所得”缴纳20%的个人所得税。如果是持股平台转让股票后再以股息红利的方式向员工派发所得，相较于前一种情况则按25%的税率缴纳一次企业所得税。

【案例 11-13】 兴华公司于2018年1月1日授予某经理人1万股股票期权，行使期限为3年，施权价为6元/股。2021年1月1日，如果公司上市股票价格上涨到28元/股，该经理人可以按6元/股购进，再按28元/股卖出，从而可获利22万元。当然，如果该经理人预计企业经营状况良好，股票可进一步升值，也可以等到股票升值后再行转让获利。

4. 股权激励的计税方法

（1）股票期权的性质及计税方法

员工接受实施股票期权计划企业授予的股票期权时，除另有规定外，一般不为应税所得纳税。

员工行权时，其从企业取得股票的实际购买价（施权价）低于购买日公平市场价（指该股票当日的收盘价，下同）的差额，是因员工在企业的表现和业绩情况而取得的与任职、受雇有关的所得，应按“工资、薪金所得”适用的规定计算缴纳个人所得税。

居民个人取得股票期权、股票增值权、限制性股票、股权奖励等股权激励（以下简称股权激励），在2021年12月31日前，不并入当年综合所得，全额单独适用综合所得税率表计算纳税。其计算公式为

$$\text{应纳税额}=\text{股权激励收入}\times\text{适用税率}-\text{速算扣除数}$$

居民个人一个纳税年度内取得两次以上（含两次）股权激励的，应合并按规定计算纳税。2022年1月1日之后的股权激励政策另行明确。

对因特殊情况，员工在行权日之前将股票期权转让的，以股票期权的转让净收入，作为工资薪金所得征收个人所得税。

员工行权日所在期间的工资薪金所得，应按下列公式计算工资薪金应纳税所得额：

$$\text{股票期权形式的工资薪金应纳税所得额}=\left(\begin{matrix}\text{行权股票的}\\\text{每股市场价}\end{matrix}-\begin{matrix}\text{员工取得该股票期权}\\\text{支付的每股施权价}\end{matrix}\right)\times\text{股票数量}$$

对该股票期权形式的工资薪金所得可区别于所在月份的其他工资薪金所得，单独按下列公式计算当月应纳税额：

$$\text{应纳税额}=\left(\begin{matrix}\text{股票期权形式的工资}\\\text{薪金应纳税所得额}\end{matrix}\div\text{规定月份数}\times\text{适用税率}-\text{速算扣除数}\right)\times$$

规定月份数

式中，规定月份数是指员工取得来源于中国境内的股票期权形式工资薪金所得的境内工作期间月份数，长于12个月的，按12个月计算；适用税率和速算扣除数，以股票期权形式的工资薪金应纳税所得额除以规定月份数后的商数，对照工资薪金个人所得税税率表（七级超额累进税率）。确定员工将行权后的股票再转让时获得的高于购买日公平市场价的差额，是因个人在证券二级市场上转让股票等有价证券而获得的所得，应按照“财产转让所得”适用的征免规定计算缴纳个人所得税，即

财产转让所得=(每股转让价格-行权股票的每股市场价)×股票数量

这部分所得理应作为财产转让所得征税，但是鉴于目前对个人投资者在二级市场上买卖境内上市公司流通股的所得暂不征收个人所得税，因此如果行权所获得的股权是流通股，则其通过二级市场的转让所得暂免征收个人所得税；但如果是场外交易或者非流通股、境外上市公司股票的交易，则应当作为财产转让所得征收个人所得税。

员工因拥有股权而参与企业税后利润分配取得的所得，应按照“利息、股息、红利所得”适用的规定计算缴纳个人所得税。除依照有关规定可以免税或减税外，应全额按规定税率计算纳税。

综上所述，股票期权的税收政策可归纳为：股票期权在计提期间（等待期间），不得在企业所得税前扣除相关成本费用，但实际发放时（行权时）可以扣除。当个人行权时，股票期权的收益应按“工资、薪金所得”计算缴纳个人所得税。

【案例11-14】 某境内上市公司规定，公司员工只要工作满20个月，可享受股票期权奖励。小王于2018年12月21日进入该公司，2020年8月21日满20个月。8月底，公司同意他以每股8元的施权价购买公司股票1万股，当日该股票市场价是每股14元。

如果小王当天就把该股票转让，可获得6万元；由于公司发展前景好，小王想持有该股票。2020年10月18日，他将其中的一半股票以每股16元的市价卖出。小王每月的工资为6500元。请问小王应如何纳税？

解析：小王8月工资应纳税额=(6500-5000)×3%=45（元）

8月行权时应纳税额=[(14-8)×10000÷12×10%-210]×12=3480（元）

8月申报缴纳个人所得税=45+3480=3525（元）

10月出售一半股票，则

应纳税所得额=（16-14)×5000=10000（元）

此种情况下，按税法规定免征个人所得税。

（2）流通股和限售股行权后再转让的税收政策

①流通股和限售股行权后再转让的税收政策比较。

流通股行权后再转让环节个人所得税的计税规定。个人将行权后的境内上市公司股票再转让所得，暂免征收个人所得税；个人转让境外上市公司股票所得，按照“财产转让所得”适用20%的税率依法缴纳个人所得税。

限售股行权后再转让环节个人所得税的计税规定。《财政部 国家税务总局 证监会关于个人转让上市公司限售股所得征收个人所得税有关问题的通知》（财税〔2009〕167号）规定：自2010年1月1日起，对个人转让限售股取得的所得，按照“财产转让所得”，适用20%的比例税率征收个人所得税。

②限售股行权后再转让环节存在个人所得税重复征税问题。

应先明确行权所得纳税义务发生时间。在行权日，获得的股票距离解禁期尚有一段时间，则行权所得纳税义务时间为每一批次限售股解禁日期。

【案例11-15】 假设某公司员工2016年9月1日获得2000股2元/股的限售股作为股权激励，行权日为2018年8月30日，当日股票市价为6元/股。2016年12月20日，本批次解禁股数为200股；2020年1月6日，将此200股转让（暂不考虑其他相关税费），相关时点的股价如表11-7所示。试计算在解禁日和再转让环节应纳税所得额。

表11-7 不同时点的股价

	授权日	行权日	解禁日	再转让日
股票市价（元/股）	2	6	8	9

解析：

（1）解禁日的税务处理：

$$应纳税所得额=\left(\frac{行权日}{股票市价}+\frac{本批次解禁}{股票当日市价}\right)\div 2\times 本批次解禁股票份数-被激励对象实际支付的资金总额\times\left(\frac{本批次解禁}{股票份数}\div\frac{被激励对象获取}{的限售股总份数}\right)$$

解禁日应纳税所得额＝（6+8）÷2×200−2×200＝1000（元）

此时，按照“工资、薪金所得”纳税。

（2）再转让环节的税务处理：

应纳税所得额＝（9−2）×200＝1400（元）

此时，按“财产转让所得”，适用20%的税率缴纳个人所得税。

在限售股解禁日，已经就股票增值部分5元/股（7−2）按照“工资、薪金所得”缴纳过个人所得税；再转让环节这部分增值额又按照“财产转让所得”

征税，造成对同一增值额两次征税，存在重复征税问题。

11.3.2 股权激励的税收筹划

1. 寻找股权激励递延纳税优惠的临界点

财税〔2016〕101号文规定，对于上市公司的股票期权、限制性股票以及股权奖励可以适当性地延长纳税期限。也就是说，如果个人向主管税务机关备案，可以从其取得股票之日起或是股票解禁之日起，在不超过1年的期限内缴纳个人所得税。① 因此，高管人员在现金流不充裕的情况下可申请推迟纳税。

根据财税〔2016〕101号文规定，非上市公司授予员工的股票期权、限制性股票以及股权激励可以在向税务机关备案后，在取得股票时不用纳税，直到员工转让该股权时才纳税，并且按照“财产转让所得”征收。这样一来，原先适用3%~45%的七级超额累进税率就转化为20%的比例税率。如果股权激励的股票是来源于上市公司，还可以享受暂免缴纳个人所得税的优惠政策。持有环节的纳税情况同没有享受递延优惠的情况一样。

因为不享受递延优惠前为累进税率，享受递延优惠后只有比例税率，那么两项政策之间就可能存在一个临界点。以非上市公司股票期权为例，考虑取得环节、转让环节（因为持有环节需要缴纳的个人所得税情况相同，因此这里没有加入公式计算），计算是否享受递延纳税政策的临界点，其他情况类推即可。

假设该股票期权的授予日股票价格为P_0，行权日股票的市场公允价值为P_1，取得股票后再转让的价格为P_2，个人所得税综合税率表税率为t，速算扣除数为a。不享受递延纳税情况下应纳税额的计算公式为

$$T_1=[(P_1-P_0)\times t-a]+(P_2-P_1)\times 20\%$$

享受递延纳税情况下应纳税额的计算公式为

$$T_2=(P_2-P_0)\times 20\%$$

T_2可变为

$$T_2=(P_2-P_1)\times 20\%+(P_1-P_0)\times 20\%$$

因此，仅需要比较$[(P_1-P_0)\times t-a]$（以下简称1式）和$(P_1-P_0)\times 20\%$（以下简称2式）的大小即可。显然，当t分别为3%、10%、20%时，1式恒小于2式，此时$(P_1-P_0)\leqslant 300000$。当$t>20\%$时，1式等于2式，$(P_1-P_0)=529200$。因此，可以得到临界点为529200元。当$(P_1-P_0)<529200$时，选择不享受递延纳税政策更优；当$(P_1-P_0)>529200$时，选择享受递延纳税政策更

① 《财政部　国家税务总局关于完善股权激励和技术入股有关所得税政策的通知》（财税〔2016〕101号）。

优。企业在充分考虑各种税收优惠政策差异的基础上，可以把握好临界值进行税收筹划。

2. 利用股票期权推迟纳税

《企业会计准则第 11 号——股份支付》规定：股份支付分为以权益结算的股份支付和以现金结算的股份支付。在等待期间，对于以权益结算的股份支付，在计提费用时计入资本公积，即

借：管理费用等

　贷：资本公积——其他资本公积（权益结算）

对于以现金结算的股份支付，在计提费用时计入应付职工薪酬，即

借：管理费用等

　贷：应付职工薪酬——股份支付（现金结算）

税法规定，企业对其职工以现金结算的股份支付，应在实际行权时确认费用，并准予在计算应纳税所得额时扣除；而企业对其职工以权益结算的股份支付，不得在计算应纳税所得额时确认费用扣除。

3. 控制股权激励的方式与操作时点

股票期权模式和限制性股票模式是公司实施激励计划的主要模式，不仅可以单独使用，也可以联合使用。股权激励的应纳税所得额与股票的行权价和授予价有关，因此，在行权日尽量控制股价以降低税收负担。股票价格随着证券市场行情而波动，因此恰当选择行权日期，尽可能缩小行权价与行权日该种股票市价之间的差距，就可以降低税收负担。

高层管理人员可以选择或决定行权日的股票价格，因为高管人员是企业内部股票期权政策的制定者和执行者，掌握大量的信息，对上市公司的股票价格走势较为了解，在一定程度上影响着股票价格的走势。

企业可重点关注行权日的选择问题，比如企业经过多轮融资后股价有上涨的可能，之后实施的股权激励所承担的税收负担可能会高于多轮融资以前的税收负担，因此企业可以在融资前实施股权激励，进而降低应纳税额。

4. 控制工资薪金，财产转让所得和股息、红利所得的整体税负

由于股票期权涉及工资薪金，财产转让和股息、红利这三种不同类型的所得，因此如何使三项应纳个人所得税额的总和最小化是税收筹划应关注的关键问题。通常可以不考虑期权行使后的股息、红利所得，因为对于持股比例不高的一般股东而言，很难对企业的利润分配政策和实务施加足够大的影响，因而这方面的策划空间很小，主要要关注行权时的工资薪金的应纳所得税款和再转让时的财产转让所得的应纳所得税款的合计数最小化。

5. 选择“税收洼地”设立持股平台

相对其他地区而言，“税收洼地”享有更为优惠的税收政策。同时，这些地区有更为宽松的金融约束。诸如新疆、深圳经济特区等，企业可以享受所得税的免税、减税等政策。因此，企业可以考虑在这些地区设立持股平台，降低企业层面缴纳的企业所得税负担。

6. 股权激励需要考虑非税因素

税收筹划的目的并非只是简单地降低纳税人的税收负担，还应该结合非税因素进行考虑，进而实现纳税人的企业价值最大化。股票期权模式、限制性股票模式涉及股票所有权的转让，而股票增值权不涉及股权的转让，相对而言，员工对股票的占有感较低，激励效果较差。股票期权、限制性股票以及股票增值权的激励对象仅限于公司董事、监事和高级管理人员；持股计划的适用范围相对较广，只要是关键岗位的员工就可以获得。员工持股计划相对其他股权激励模式而言，是基于员工对企业未来业绩的信心自愿选择的结果，在实施上更为灵活，激励效应更强。这些非税因素都是企业进行股权激励税收筹划时需要考虑的。

【案例 11-16】 王先生为某上市公司的高级职员，公司于2018年9月30日授予王先生18000股的股票期权，授予价为每股6元。股票期权协议书约定，王先生工作满2年后可以购买该公司的股票。假设王先生行权日为2020年10月31日，行权日该公司的股票市价为每股20元，试计算王先生应纳个人所得税，并进行税收筹划。

解析：根据《财政部　国家税务总局关于个人股票期权所得征收个人所得税问题的通知》（财税〔2005〕35号）的规定，王先生应纳个人所得税计算如下：

应纳税所得额＝（20−6）×18000＝252000（元）

应纳税额＝（252000÷12×20%−1410）×12＝33480（元）

根据《国家税务总局关于个人股票期权所得缴纳个人所得税有关问题的补充通知》（国税函〔2006〕902号）第七条，员工以在一个公历月份中取得的股票期权形式工资薪金所得为一次。员工在一个纳税年度中多次取得股票期权形式工资薪金所得的，其在该纳税年度内首次取得股票期权形式的工资薪金所得应按财税〔2005〕35号文件第四条第（一）项规定的公式计算应纳税款；本年度内以后每次取得股票期权形式的工资薪金所得，应按以下公式计算应纳税款：

应纳税款＝（本纳税年度内取得的股票期权形式工资薪金所得累计应纳税

所得额÷规定月份数×适用税率-速算扣除数)×规定月份数-本纳税年度内股票期权形式的工资薪金所得累计已纳税款

如果考虑行权时间的调整，王先生在2020年10月31日和2020年11月30日两次行权，两次行权的股数均为9000股，且两次行权的股票市价不变。

(1) 第一次行权时

应纳税所得额=(20-6)×9000=126000（元）

应纳税额=(126000÷12×10%-210)×12=10080（元）

(2) 第二次行权时

应纳税额=[(126000+126000)÷12×20%-1410]×12-10080=23400（元）

两次行权共纳税33480元（10080+23400）。

(3) 策划方案

假设2021年1月23日行权时的股票市价仍是20元，王先生将行权日策划为跨年度的两次，即第一次是2020年10月31日，第二次是2021年1月23日。

①第一次行权时：

应纳税所得额=(20-6)×9000=126000（元）

应纳税额=(126000÷12×10%-210)×12=10080（元）

②第二次行权时，应纳税额与第一次相同。

两次行权共纳税20160元，节约税额为13320元（33480-20160）。

由此可见，安排跨年度的行权日可以节约税款。同时，在安排跨年度行权日时，分解两次行权的股票数量，使每次行权金额控制在低税率的临界点处，以降低适用税率。

11.4 个人所得税的其他策划方法

11.4.1 劳务报酬的税收筹划方法

随着中国经济的快速发展，个人收入的来源和形式日趋多样化。一些个人在取得固定工资薪金所得的同时，还能取得合法的劳务报酬所得。对个人所获取的劳务报酬所得，采用分次领取可以合法节税。

【案例11-17】 王先生7—9月取得同一项目劳务收入60000元，试比较不同的纳税方案。

解析：

(1) 一次性申报纳税

王先生9月底一次领取60000元收入。税法规定，劳务报酬所得按收入减除20%的费用后的余额为应纳税所得额，适用20%的比例税率。如果一次收入超过20000元，20000~50000元的部分加征50%的应纳税额。

应纳税所得额=60000×(1-20%)=48000（元）

未加成应纳税额=48000×20%=9600（元）

加成部分应纳税额=(48000-20000)×20%×50%=2800（元）

应纳税额合计=9600+2800=12400（元）

净收益=60000-12400=47600（元）

若采用速算扣除法，则

应纳个人所得税额=48000×30%-2000=12400（元）

（2）分次申报纳税

税法规定，属于一次收入的，以取得该项收入为一次，属于同一项目连续性收入的，以1个月内取得的收入为一次。如果支付间隔超过1个月，按每次收入额扣除法定费用后计算应纳税所得额，而间隔期不超过1个月，则合并为一次扣除法定费用后计算应纳税所得额。因此，纳税人在提供劳务时，合理安排纳税时间内每月收取劳务报酬的数量，可以多次抵扣法定的定额（定率）费用，减少每月的应纳税所得额，避免适用较高的税率，使净收益增加。

王先生可以同支付报酬方约定，60000元收入分三次领取，每月领取一次，每次20000元，则

应纳个人所得税=20000×(1-20%)×20%×3=9600（元）

净收益=60000-9600=50400（元）

11.4.2 销售激励的税收筹划方法

企业对销售人员进行奖励，主要方法是将销售人员的销售业务量与报酬相结合，即以销售量乘以一个百分比作为销售人员的提成奖金。从企业管理的角度这种做法是适用的有效方法，但从税收的角度来看，可能导致个人所得税负担偏高。

如果将销售人员在实际销售过程中发生的费用作适当分解，或者权衡企业享受低税率与个人所得税实际税率，选择较低的税率来纳税，只要计算准确，操作得当，对企业和个人都有利。

【案例11-18】 销售员小王平时每月从企业领取3500元，年终按销售业绩提取奖金12万元。试计算小王应缴纳的个人所得税，并对其进行税收筹划。

解析：企业按规定代扣代缴小王的个人所得税为

(3500+120000-5000)×45%-15160=38165（元）

实际上，销售员小王得到的奖金并没有这么多，企业发放的奖金总额中有

相当一部分是差旅费和业务招待费，按奖金总额缴纳个人所得税不合适。为此，企业可进行税收筹划，只需改变一下会计核算方法，销售提成政策保持不变，但在具体处理差旅费和业务招待费时作适当变通，即将差旅费和业务招待费分离出来实报实销。如此，年底这些费用就可以在所得税前列支，既降低了企业所得税，也适当降低了个人所得税。

若上述“提成奖”中差旅费以及通信费等占比30%，业务招待费占比10%，皆取得合法的凭证，那么在确认销售员的差旅费36000元、业务招待费12000元时，账务处理如下：

借：销售费用——差旅费　　36000

　　管理费用——业务招待费　　12000

　贷：库存现金　　48000

企业所适用的企业所得税税率为25%，则

全年差旅费和业务招待费减少应纳税所得额＝36000+12000＝48000（元）

减少企业所得税＝48000×25%＝12000（元）

如果年终奖金一次性发放，则

企业代扣代缴的个人所得税应纳税所得额＝(120000－48000)÷12＝6000（元）

此时，适用10%的个人所得税税率，则

应交个人所得税＝72000×10%－210＝6990（元）

节税额＝38165－6990＝31175（元）

案例分析题

案例1　限售股转让的税收筹划

王明是吉祥股份公司的股东，在吉祥股份公司2018年3月1日上市之前持有该公司的股权，上市之后持有吉祥股份公司的限售股股票100万股，初始购入价为1.00元/股，限售期为3年，2021年3月1日解禁。2021年9月转让60万股，转让价为16.00元/股，请问王明转让限售股如何缴纳个人所得税?

案例2　劳务报酬的税收筹划

某设计院工程师王某，利用业余时间为其他工程研究院设计一套节水设备，花费了将近1年时间，获得报酬200万元。

问题：对于这笔收入，该工程师如何使其税后收入最大化?

案例3 境内、境外收入的税收筹划

北京大学的张教授是中国的居民纳税人，同时他在英国一所大学任客座教授。6月，张教授从国内大学取得工资性收入20000元，从英国大学获得10000美元收入，汇率为6.5，折合人民币65000元。假设仅考虑每个月法定扣除额5000元，无其他扣除项目。

问题：

（1）试比较说明张教授能否提供英国大学工资证明文件，对其应缴纳的个人所得税金额有何影响。

（2）为减轻个人税负，张教授应如何进行税收筹划？

案例4 工资薪金的个人所得税预缴

2021年1月8日，北京华民生物科技有限公司应向杨女士支付工资13500元，杨女士在该月除由任职单位扣缴“三险一金”2560元外，还通过单位缴付企业年金540元，自行支付“岁优商业健康”保险费200元（“三险一金”各地缴纳比例不同）。

杨女士于2020年9月支付了女儿学前教育2020年下学期（2020年9月至2021年1月）学费7000元，已与杨女士丈夫约定由其按子女教育专项附加扣除标准的100%扣除；杨女士本人在职博士研究生在读。

杨女士2020年使用商业银行个人住房贷款（或住房公积金贷款）购买了首套住房，现处于偿还贷款期间，每月需支付贷款利息1300元，杨女士已与丈夫约定由其进行住房贷款利息专项附加扣除。

因杨女士所购住房距离子女入学学校较远，以每月租金1200元在（本市）子女入学学校附近租住了一套房屋。

杨女士的父母均已满60岁（每月均领取养老保险金），杨女士与其姐姐、弟弟签订书面分摊协议，约定由杨女士分摊赡养老人专项附加扣除800元。

问题：2021年1月，预扣预缴杨女士的个人所得税金额是多少？

案例5 工资薪金与年终奖策划

张华2021年度取得工资薪金综合所得12万元，其中个人负担的社保每月500元，专项附加扣除每月3000元（子女教育每月1000元，房贷利息每月1000元，赡养老人每月1000元），年末其所在的公司发放年终奖5万元。

问题：2021年，张华年终奖如何缴纳能够降低税收负担？

（提示：年终奖是否并入工资薪金总额合并计税。）

案例6　销售提成的税收筹划

聚成公司是一家智能玩具生产制造企业，2021年年初，该公司对销售人员实行报酬与销售额挂钩的财务激励办法。该公司规定，销售人员每月从公司领取5000元的工资，年终按销售额领取一定比例（10%）的销售奖。销售人员张明2020年实现销售额360万元，按规定张明应该得到36万元的销售奖金。

问题：张明应如何进行税收筹划？

第12章
资本交易的税收筹划

各特殊利益集团和政治家认为，利息支付所带来的税收扣除鼓励人们采取举债收购方式……为什么目标公司非要求助举债收购，而不能依靠自己或调整自身资本结构呢？原因在于，税收成本之外的非税成本使资本重组相较于其他税收替代手段更有效。

——诺贝尔经济学奖得主　迈伦·斯科尔斯

12.1　企业并购的税收筹划

12.1.1　企业并购的税收政策适用及税收筹划规律

企业并购（mergers and acquisitions，M&A）包括兼并和收购两层含义、两种方式，即企业之间的兼并与收购行为，是企业进行资本运作和经营的一种主要形式。从行业角度划分，可将其分为以下三类：横向并购、纵向并购和混合并购。横向并购是指同属于一个产业或行业，或产品处于同一市场的企业之间发生的并购行为，其可以扩大同类产品的生产规模，降低生产成本，消除竞争，提高市场占有率；纵向并购是指生产过程或经营环节紧密相关的企业之间的并购行为，其可以加速生产流程，节约运输、仓储等费用；混合并购是指生产和经营没有关联的产品或服务的企业之间的并购行为，其主要目的是分散经营风险，提高企业的市场适应能力。从企业并购的付款方式来看，企业并购主要包括企业合并、资产收购、股权收购三种形式。企业并购作为实现资源流动和有效配置的重要方式，过程中不可避免地会涉及企业的税收负担及节税问题。

企业并购的税收筹划是指在税法规定的范围内，并购双方从税收角度对并购方案进行科学、合理的事先策划和安排，尽可能减轻企业税负，从而降低合并成本，实现企业整体价值最大化。

【案例 12-1】 乙公司因经营不善，连年亏损。2021 年 12 月 31 日，资产总额为 1200 万元（其中，房屋、建筑物 1000 万元，存货 200 万元），负债为 1205 万元，净资产为-5 万元，公司股东决定清算并终止经营。甲公司与乙公司经营范围相同，为了扩大公司规模，决定出资 1200 万元购买乙公司的全部资产。乙公司将资产出售收入全部用于偿还债务和缴纳欠税，并解散。试计算乙公司应纳税额，并对其进行税收筹划。

解析：乙公司在该交易中涉及不动产转让，需缴纳增值税及相关附加。

应纳增值税 = 1000÷(1+9%)×9%+200÷(1+13%)×13% = 105.58（万元）

应纳城市维护建设税及教育费附加 = 105.58×(7%+3%) = 10.56（万元）

转让企业产权是整体转让企业资产、债权、债务的行为，其转让价格不只由资产价值决定。所以，转让企业产权不缴纳增值税，也不对股权转让征收增值税。

对于上述交易，如果甲公司将乙公司吸收合并，乙公司的资产和负债全部转移至甲公司账下，则甲公司无须立即支付资金即可获得乙公司的经营性资产，且乙公司无须缴纳增值税，可实现节税。

1. 企业所得税

根据《财政部　国家税务总局关于企业重组业务企业所得税处理若干问题的通知》（财税〔2009〕59 号）和《财政部　国家税务总局关于促进企业重组有关企业所得税处理问题的通知》（财税〔2014〕109 号）之规定，“特殊性税务处理”主要有两个应用场景：一是企业并购时，收购方可以结转并弥补被收购方的亏损；二是并购双方可以递延企业所得税。故“特殊性税务处理”虽有“免税处理”之名，但实质是递延纳税，即并购当时暂不纳税，待日后股权再次转让时交税。

根据上述规定，企业并购适用“特殊性税务处理”的，须同时符合下列条件（“一个目的+两个比例+两个连续”），见表 12-1。

表 12-1　企业并购适用“特殊性税务处理”的条件

<table>
<tr><th>并购形式</th><th>适用条件</th><th>比例要求</th></tr>
<tr><td>股权收购</td><td rowspan="3">（1）具有合理的商业目的，且不以减少、免除或者推迟缴纳税款为主要目的；
（2）被收购、合并部分的资产或股权比例符合规定比例；
（3）企业重组后连续 12 个月内不改变重组资产原来的实质性经营活动；
（4）重组交易对价中涉及股权支付金额符合规定比例；
（5）取得股权支付的原主要股东，在重组后连续 12 个月内，不得转让所取得的股权</td><td>收购股权≥被收购企业全部股权的 50%；
股权支付金额≥交易支付总额的 85%</td></tr>
<tr><td>资产收购</td><td>受让资产≥转让企业全部资产的 50%；
股权支付金额≥交易支付总额的 85%</td></tr>
<tr><td>企业合并</td><td>股权支付金额≥交易支付总额的 85%，以及同一控制下且不需要支付对价的企业合并</td></tr>
</table>

基于上述政策，以适用“特殊性税务处理”为前提，下面针对企业并购过程中企业并购前目标公司的选择、并购方式、支付方式以及并购后企业组织形式的选择操作性较强的四个环节，对企业并购中的税收筹划进行具体分析。

（1）并购前目标公司的选择

并购前目标公司的选择是并购决策的首要问题。若选择同行业同类企业作为目标公司，则属于横向并购，可以消除竞争、扩大市场份额、形成规模效应。从税收角度看，由于横向并购不改变经营主业和所处的行业，一般不会对纳税环节和税种有过多影响。从纳税主体属性看，增值税小规模纳税人可能会因规模的扩大而转变为一般纳税人，中小企业可能会扩张为大企业。

若选择与供应商或客户的并购，则属于纵向并购，可以实现上下游一体化、协作化生产，甚至实现范围经济。对于并购企业来说，与供应商及客户的交易变成了企业内部调拨行为，流转环节减少，相应的流转税负也会降低甚至消失。由于纵向并购拓宽了生产经营范围，所以很可能会增加纳税环节及税种。例如，钢铁企业并购汽车企业，将增加消费税税种。由于税种增加，相应的纳税主体属性发生了变化，企业生产经营过程中也相应增加了消费税的纳税环节。

之一：经营亏损的企业

A. 选择并购对象时，考虑收购亏损企业。

税务处理：被合并企业的亏损可在一定限额内由合并企业的盈利弥补。

一定限额=被合并企业净资产公允价值×截至合并业务发生当年年末国家发行的最长期限的国债利率。

B. 选择被亏损企业收购，获得被亏损企业所有的净经营亏损。

税务处理：合并企业的亏损由被合并企业的盈利弥补。

例证：A企业持续亏损之时，为了转型，选择吸收合并一家盈利前景可观的B企业，合并完成后B企业注销。此时，基于A企业的存续状态，A企业原先产生亏损并不会因主体资格的吸收合并而消失，所以该方式下没有弥补限额最高值的限制。

财税〔2009〕59号文第六条规定：企业股东在该企业合并发生时取得的股权支付金额不低于其交易支付总额的85%，以及同一控制下且不需要支付对价的企业合并，可由合并企业弥补的被合并企业亏损的限额=被合并企业净资产公允价值×截至合并业务发生当年年末国家发行的最长期限的国债利率。

【案例12-2】某地区有两家大型酒厂A和B，它们都是独立核算的法人企业。A酒厂主要经营粮食类白酒，以当地生产的大米和玉米为原料，按照消费税法规定，适用20%的税率。B酒厂以A酒厂生产的粮食酒为原料，生产系列药酒，按照消费税法规定，适用10%的税率。A每年要向B提供价值2亿元、共5000万千克的粮食酒。经营过程中，B酒厂由于缺乏资金和人才，无法继续经营准备破产。此时B酒厂欠A酒厂共计5000万元货款。经评估，B酒厂的资产恰好为5000万元。试分析A酒厂收购B酒厂的决策依据。

解析：A酒厂经过研究，决定对B酒厂进行收购，其决策的主要依据如下。

第一，收购支出费用较小。合并前B酒厂的资产和负债均为5000万元，净资产为零。因此，按照税法规定，该并购行为属于以承担被兼并企业全部债务方式实现的吸收合并，不视为被兼并企业按公允价值转让、处置全部资产，不计算资产转让所得，不缴纳企业所得税。此外，两家企业之间的行为属于产权交易行为，按税法规定，不缴纳增值税。

第二，合并可以递延部分税款。合并前，A酒厂向B酒厂提供的粮食酒，每年应该缴纳的消费税额为

应纳消费税额＝20000×20%+5000×2×0.5＝9000（万元）

这笔税款合并后一部分可以递延到药酒销售环节缴纳（消费税从价计征部分），从而获得递延纳税的好处；另一部分税款（从量计征的消费税）则免予缴纳。

第三，B酒厂生产的药酒市场前景好，企业合并后A可以将经营转向药酒生产，转向后企业应缴纳的消费税款将减少。由于粮食酒的消费税税率为20%，而药酒的消费税税率为10%，如果企业转产为药酒生产企业，相关消费税负担大大减轻。

假定药酒的销售额为2.5亿元，销售数量为5000万千克。

合并前后应纳消费税款为

A酒厂应纳消费税＝20000×20%+5000×2×0.5＝9000（万元）

B酒厂应纳消费税＝25000×10%＝2500（万元）

合计应纳消费税税款＝9000+2500＝11500（万元）

合并后应纳消费税＝25000×10%＝2500（万元）

合并后节约消费税＝11500−2500＝9000（万元）

之二：享有税收优惠的企业

即选择能够享受税收优惠的企业（如高新技术企业、小型微利企业、从事农林牧渔业务的企业以及从事公共服务的企业等）作为目标。

税务处理：合并后的存续企业性质及适用税收优惠的条件未发生改变的，则存续企业可以继续适用合并前可享受的税收优惠。

例证：从事国家重点扶持的公共基础设施项目的企业，自企业投资于基础设施建设项目后，取得第一笔生产经营收入起，对其实行“三免三减半”的政策，即第一年至第三年对项目所得免征企业所得税，第四年至第六年对项目所

得减半征收企业所得税。

高新技术企业：企业所得税法给予高新技术企业15%的税率优惠，同时企业的研发费用实行150%加计扣除政策等。

财税〔2009〕59号文第九条规定：在企业吸收合并中，合并后的存续企业性质及适用税收优惠的条件未发生改变的，可以继续享受合并前该企业剩余期限的税收优惠，其优惠金额按存续企业合并前一年的应纳税所得额（亏损计为零）计算。

在企业存续分立中，分立后的存续企业性质及适用税收优惠的条件未发生改变的，可以继续享受分立前该企业剩余期限的税收优惠，其优惠金额按该企业分立前一年的应纳税所得额（亏损计为零）乘以分立后存续企业资产占分立前该企业全部资产的比例计算。

（2）并购方式

之一：股权收购

交易主体：收购方、被收购方

交易客体：被收购企业股权

税务处理：一般性税务处理或特殊性税务处理

一般性税务处理与特殊性税务处理的比较见表12-2。

表12-2 一般性税务处理与特殊性税务处理比较

	一般性税务处理	特殊性税务处理
适用条件	无	（1）收购股权≥被收购企业全部股权的50%； （2）股权支付金额≥交易支付总额的85%
处理方式	（1）被收购方应确认股权转让所得或损失； （2）收购方取得股权的计税基础应以公允价值为基础确定； （3）被收购企业的相关所得税事项原则上保持不变	（1）被收购企业的股东取得收购企业股权的计税基础，以被收购股权的原有计税基础确定； （2）收购企业取得被收购企业股权的计税基础，以被收购股权的原有计税基础确定； （3）收购企业、被收购企业的原有各项资产和负债的计税基础和其他所得税事项保持不变

二者的差异主要在于被收购企业股权的增值是否在当期纳税：一般性税务处理下，股权的增值应即时缴纳税款；特殊性税务处理时，股权的增值可延期纳税，在该股权再次被转让时缴纳税款。

之二：资产收购

交易主体：受让方、转让方

交易客体：转让企业的实质经营性资产

税务处理：一般性税务处理或特殊性税务处理

资产收购的所得税处理见表 12-3。

表 12-3 资产收购的所得税处理

	一般性税务处理	特殊性税务处理
适用条件	无	（1）受让资产≥转让企业全部资产的 50%； （2）股权支付金额≥交易支付总额的 85%
处理方式	（1）转让企业应确认资产转让所得或损失； （2）受让企业取得资产的计税基础应以公允价值为基础确定； （3）转让企业的相关所得税事项原则上保持不变	（1）转让企业取得受让企业股权的计税基础，以被转让资产的原有计税基础确定； （2）受让企业取得转让企业资产的计税基础，以被转让资产的原有计税基础确定

二者的差异主要在于被转让资产的增值部分是否在收购当期缴纳税款，以及受让企业对受让资产入账价值的确认影响以后年度的折旧、摊销税前扣除。

在一般性税务处理下，资产的增值部分需要即时缴纳税款，但可在以后年度通过折旧和摊销进行税前扣除。

适用特殊性税务处理时，资产的增值部分可延期纳税。

之三：企业合并

企业重组采用企业合并的方式，不仅可以享受被合并企业的优惠政策，还可以在特殊性税务处理的情况下，使用合并企业税后利润来填补被合并企业的亏损，但有一定的金额限制。企业合并的所得税处理如表 12-4 所示。

表 12-4 企业合并的所得税处理

	一般性税务处理	特殊性税务处理
适用条件	无	股权支付金额≥交易支付总额的 85%，以及同一控制下且不需要支付对价的企业合并
处理方式	合并企业：应按公允价值确定接受被合并企业各项资产和负债的计税基础	合并企业：接受被合并企业资产和负债的计税基础应以被合并企业原有的计税基础确定
清算所得之差异	被合并企业及其股东：均按清算进行所得税处理	被合并企业股东：取得合并企业股权的计税基础以其原持有的被合并企业股权的计税基础确定
亏损弥补之差异	被合并企业的亏损不得结转到合并企业	（1）被合并企业合并前的相关所得税事项由合并企业继承； （2）可由合并企业在一定限额内弥补被合并企业的亏损

（3）支付方式

企业并购的支付方式包括股权支付、非股权支付和混合支付（股权支付+非股权支付）。但无论选择何种支付方式，适用“特殊性税务处理”时，股权支付金额的比例须达到85%；且股权支付比例越大，转让方当期应确认的股权/资产转让所得越小，因转让方股权/资产转让取得收购方股权支付部分可暂不确认所得。

财税〔2009〕59号文第二条规定：股权支付，是指企业重组中购买、换取资产的一方支付的对价中，以本企业或其控股企业的股权、股份作为支付的形式；非股权支付，是指以本企业的现金、银行存款、应收款项、本企业或其控股企业股权和股份以外的有价证券、存货、固定资产、其他资产以及承担债务等作为支付的形式。

（4）并购后企业组织形式的选择

并购双方的整合主要有两种形式：一是作为母子公司存在，即保留被并购方的独立法人资格；二是作为总分公司存在，即将被并购企业作为一个整体来进行经营管理，将被并购方作为分公司。

二者的税务处理差异主要在于亏损弥补与税收优惠政策享受两个方面，具体如表12-5所示。

表12-5 子公司与分公司的税务处理差异

	子公司	分公司
法律地位	具有法人资格	不具有法人资格
纳税核算要求	单独核算	与总公司合并纳税
亏损弥补	不能冲减母公司的应纳所得税额	可以冲减母公司的应纳所得税额
税收优惠	单独享受	不能单独享受
优势	（1）子公司自主经营、自负盈亏； （2）如子公司享受税收优惠政策，可减少集团公司整体所得税负担	总公司可用其盈利弥补分公司前年度亏损
劣势	子公司的经营亏损不能转移到母公司，也不能减少母公司的企业所得税	总、分公司同时符合税收优惠政策才可享受税收优惠

2. 增值税

根据《国家税务总局关于纳税人资产重组有关增值税问题的公告》（国家税务总局公告2011年第13号，以下简称“13号公告”）、《财政部 国家税务总局关于全面推开营业税改征增值税试点的通知》（财税〔2016〕36号）附件

2《营业税改征增值税试点有关事项的规定》第一条第（二）项之规定：

（1）纳税人在资产重组过程中，通过合并、分立、出售、置换等方式，将全部或者部分实物资产以及与其相关联的债权、负债和劳动力一并转让给其他单位和个人，不属于增值税的征税范围。

（2）实物资产及其相应的债权、负债和劳动力等必须一并转让，否则不符合免征增值税的规定，仍应依法计算缴纳增值税。

（3）纳税人在资产重组过程中，通过合并、分立、出售、置换等方式，将全部或者部分实物资产以及与其相关联的债权、负债经多次转让后，最终的受让方与劳动力接收方为同一单位和个人的，仍适用“13 号公告”，其中货物的多次转让行为均不征收增值税。

（4）“营改增”试点纳税人在资产重组过程中，通过合并、分立、出售、置换等方式，将全部或者部分实物资产以及与其相关联的债权、负债和劳动力一并转让给其他单位和个人，其中涉及的不动产、土地使用权转让行为不征收增值税。

3. 土地增值税

根据《财政部　税务总局关于继续实施企业改制重组有关土地增值税政策的公告》（财政部　税务总局公告 2023 年第 51 号）的规定，企业并购时免征土地增值税情形可归纳为：

（1）企业合并。按照法律规定或者合同约定，两个或两个以上企业合并为一个企业，且原企业投资主体存续的，对原企业将房地产转移、变更到合并后的企业，暂不征土地增值税。

（2）单位、个人在改制重组时以房地产作价入股进行投资，对其将房地产转移、变更到被投资的企业，暂不征土地增值税。

注：该土地增值税政策不适用于房地产转移任意一方为房地产开发企业的情形。

4. 契税

根据《财政部　税务总局关于继续实施企业、事业单位改制重组有关契税政策的公告》（财政部　税务总局公告 2023 年第 49 号）的规定，企业合并、公司股权（股份）转让符合特定条件时，可以免征契税。具体如下：

（1）企业合并。两个或两个以上的公司，依照法律规定、合同约定，合并为一个公司，且原投资主体存续的，对合并后公司承受原合并各方土地、房屋权属，免征契税。

（2）在股权（股份）转让中，单位、个人承受公司股权（股份），公司土地、房屋权属不发生转移，不征收契税。

5. 印花税

根据《财政部　国家税务总局关于企业改制过程中有关印花税政策的通知》（财税〔2003〕183号）之规定：企业因改制签订的产权转移书据免予贴花。

12.1.2　股权收购

1. 股权收购的概念与特征

（1）股权收购的概念

股权收购是指一个企业（收购企业）购买另一个企业（被收购企业）的股权，以实现对被收购企业控制的交易。《中华人民共和国公司法》规定，有限责任公司的股东之间可以相互转让其全部或者部分股权。股东向股东以外的人转让股权，应当经其他股东半数同意。

（2）股权收购的特征

股权收购的主体和客体分别是收购企业和被收购企业的股东，收购对象是被收购企业的股权，股权收购的目的是获得被收购企业的控制权。

股权收购后，收购企业仅在出资范围内承担责任，被收购企业的原有债务仍然由被收购企业承担。

2. 股权收购的税务处理

企业发生股权转让时，企业作为独立核算的经济实体仍然存在（即使企业的股东已全部更换，或企业名称已改变），其股权转让不会导致企业的具体不动产、无形资产等资产的所有权发生转移，也就没有发生销售不动产和转让无形资产的行为，因此这种股权转让行为不征收增值税，即对单项资产产权转移征收增值税，对作为集合资产的企业的产权转移不征收增值税。

（1）股权收购的流转税处理

《国家税务总局关于纳税人资产重组有关增值税问题的公告》（国家税务总局公告2011年第13号）规定：纳税人在资产重组过程中，通过合并、分立、出售、置换等方式，将全部或者部分实物资产以及与其相关联的债权、负债和劳动力一并转让给其他单位和个人，不属于增值税的征税范围，其中涉及的货物转让，不征收增值税。

《国家税务总局关于纳税人资产重组有关增值税问题的公告》（国家税务总局公告2013年第66号）规定，纳税人在资产重组过程中，通过合并、分立、出售、置换等方式，将全部或者部分实物资产以及与其相关联的债权、负债经多次转让后，最终的受让方与劳动力接收方为同一单位和个人的，仍适用《国家税务总局关于纳税人资产重组有关增值税问题的公告》（国家税务总局公告2011年第13号）的相关规定，其中货物的多次转让行为均不征收增值税。资产的出让方需将资产重组方案等文件资料报其主管税务机关。

《财政部　国家税务总局关于全面推开营业税改征增值税试点的通知》（财税〔2016〕36号）规定，在资产重组过程中，通过合并、分立、出售、置换等方式，将全部或者部分实物资产以及与其相关联的债权、负债和劳动力一并转让给其他单位和个人，其中涉及的不动产、土地使用权转让行为，不征收增值税。

在股权收购中，涉及的非股权支付额相当于收购企业先向被收购企业转让非货币性资产，再用转让取得的经济利益购买被收购企业的股权。因此，股权收购中如果收购企业的非股权支付涉及存货和固定资产等内容，收购企业应依法计算缴纳增值税。

（2）股权收购的个人所得税处理

股权收购交易中，当被收购的股权所有者为自然人、个人独资企业或合伙企业时，被收购股权所对应的股东应确认股权转让收益（或损失）。

《个人所得税法》及其实施条例规定，个人股东转让股份有限公司、有限责任公司及其他企业的股权所得，按“财产转让所得”项目以差额征收的方式缴纳20%的个人所得税。

《财政部　国家税务总局关于个人转让股票所得继续暂免征收个人所得税的通知》（财税字〔1998〕61号）规定，自1997年1月1日起，对个人转让上市公司股票取得的所得继续暂免征收个人所得税。自2010年1月1日起，对个人转让限售股取得的所得，按照“财产转让所得”项目适用20%的税率征收个人所得税。

非货币性资产投资个人所得税以发生非货币性资产投资行为并取得被投资企业股权的个人为纳税人。个人以非货币性资产投资，属于个人转让非货币性资产和投资同时发生。对个人转让非货币性资产的所得，应按照“财产转让所得”项目依法计算缴纳个人所得税。个人以非货币性资产投资，应按评估后的公允价值确认非货币性资产的转让收入。非货币性资产的转让收入减除该资产原值及合理税费后的余额为应纳税所得额。

（3）股权收购的企业所得税处理

《财政部　国家税务总局关于企业重组业务企业所得税处理若干问题的通知》（财税〔2009〕59号）规定，企业股权收购、资产收购重组交易，相关交易应按以下规定处理：被收购方应确认股权、资产转让所得或损失。收购方取得股权或资产的计税基础应以公允价值为基础确定。被收购企业的相关所得税事项原则上保持不变。

《国家税务总局关于企业股权投资损失所得税处理问题的公告》（国家税务总局公告 2010 年第 6 号）规定，企业对外进行权益性投资所发生的损失，在经确认的损失发生年度，作为企业损失在计算企业应纳税所得额时一次性扣除。

当收购企业购买的股权不低于被收购企业全部股权的 50%，且收购企业在该股权收购发生时的股权支付金额不低于其交易支付总额的 85%时，可以选择按以下规定处理：

第一，被收购企业的股东取得收购企业股权的计税基础，以被收购企业股权的原有计税基础确定；收购企业取得被收购企业股权的计税基础，以被收购企业股权的原有计税基础确定；收购企业、被收购企业的原有各项资产和负债的计税基础与其他相关所得税事项保持不变。

第二，如果收购企业支付的对价中有非股权支付额，按以下规定处理：

非股权支付对应的资产转让所得或损失=（被转让资产的公允价值-被转让资产的计税基础）×非股权支付额/被转让资产的公允价值

第三，被收购企业的股东取得收购企业股权的计税基础，按照下列公式确认：

取得股权的计税基础=所转让资产的原有计税基础-收到的非股权支付额+收到的非股权支付额对应的资产转让所得或损失

第四，收购企业取得被收购企业股权的计税基础，按照下列公式确认：

取得股权的计税基础=所付出资产的原有计税基础+支付的非股权支付额

（4）股权收购的土地增值税处理

按照土地增值税征收范围，股权转让交易并不属于土地增值税的征税范围，不应对被收购企业征收土地增值税。

《国家税务总局关于以转让股权名义转让房地产行为征收土地增值税问题的批复》（国税函〔2000〕687 号）对股权转让是否缴纳土地增值税问题给出以下答复：鉴于深圳市能源集团有限公司和深圳能源投资股份有限公司一次性共同转让深圳能源（钦州）实业有限公司 100%的股权，且这些以股权形式表现的资产主要是土地使用权、地上建筑物及附着物，经研究，对此应按土地增值税的规定征税。

国家为了防止采用股权转让的形式规避土地增值税，对于土地增值税征收对象的判别采用实质重于形式的原则，完全股权收购中如果企业净资产主要是土地使用权和不动产，被收购企业可能会被按照实质重于形式的原则征收土地增值税。

（5）股权收购的契税处理

《财政部　税务总局关于继续支持企业事业单位改制重组有关契税政策的通知》（财政部　税务总局2023年47号公告）规定，在股权（股份）转让中，单位、个人承受公司股权（股份），公司土地、房屋权属不发生转移，不征收契税。

（6）股权收购的印花税处理

根据《财政部　国家税务总局关于企业改制过程中有关印花税政策的通知》（财税〔2003〕183号），被收购企业需要按照股权转让合同金额的0.5‰税率贴花，缴纳印花税。

对于以增资扩股方式进行股权收购的收购企业，实收资本和资本公积新增的部分按照0.5‰税率贴花。

3. 股权收购的税收筹划方法

（1）股权收购支付的对价

收购企业以股权形式支付，符合特殊性税务处理条件的，股权转让方（被收购企业）的资产转让所得暂不征收企业所得税，可获得递延纳税的好处。

（2）先分配利润再收购股权的税收筹划

对于收购股权的行为适用一般性税务处理的，被收购企业要先确认股权转让所得缴纳企业所得税。为避免重复征税，被收购企业应先向股东（法人股东）分配股利，再进行股权转让。

（3）股权收购中存在自然人交易主体

在股权收购（企业合并、分立交易）中，尽管其他交易主体符合特殊性税务处理的条件，但由于存在自然人一方交易主体，其他法人主体是否可以申请享受特殊性税务处理的税收优惠，政策不明确。建议企业在实施重组交易时，妥善进行税收筹划，适当拆分交易，争取适用税收优惠政策。

【案例12-3】深圳华新股份有限公司（以下简称华新公司）2021年6月以12500万元收购广东冠华饲料事业公司（以下简称冠华公司）的全部股权。

冠华公司是广东省佛山市顺德区容奇镇经济开发总公司投资4600万元创办的全资子公司，该公司2020年12月31日的账面资产净值为6670万元，经评估确认后的价值为9789万元。华新公司股权支付额为12000万元（子公司A股权，计税基础为9000万元），非股权现金支付为500万元。

试分析华新公司的股权收购行为应如何纳税，是否适用特殊性税务处理？

解析：华新公司收购冠华公司100%股权，并获得其实质控制权，此项交易符合股权收购条件，构成股权收购行为。

华新公司收购冠华公司的股权份额超过50%，且股权支付额占全部对价总额的96%（12000/12500），大于85%的比例，符合特殊重组条件，适用特殊性税务处理。

广东省佛山市顺德区容奇镇经济开发总公司（母公司）从华新公司处取得的12000万元的股权支付额不缴纳企业所得税，500万元的非股权支付需确认股权转让收益（损失）。

非股权支付额对应的股权转让所得为

(12500−6670)×500/12500=233.2（万元）

广东省佛山市顺德区容奇镇经济开发总公司应确认股权转让应纳税所得额233.2万元。其取得的华新公司股权的计税基础应按照下列公式确认：

取得股权的计税基础=所转让资产的原有计税基础−收到的非股权支付额+收到的非股权支付额对应的资产转让所得或损失，即应确认“长期股权投资——华新公司”的计税基础为

4600−500+233.2=4333.2（万元）

华新公司收到的冠华公司股权的计税基础为所付出资产原有的计税基础加上支付的非股权支付额（补价），即

9000+500=9500（万元）

知识链接

资产收购与股权收购的转化

股权收购是一种股权交易行为，能够改变企业的组织形式及股权关系，与资产收购完全不同；资产收购一般只涉及单项资产或一组资产的转让行为，而股权收购涉及企业部分或全部股权。股权收购是收购企业资产、债权、债务及劳动力的综合性交易行为，其收购价格不仅由被收购企业账面资产价值决定，还与被收购企业的商誉等账面没有记录的无形资产等有关。

资产收购与股权收购所适用的税收政策存在较大差异。一般资产收购需要缴纳流转税和所得税，如存货等流动资产出让应作为货物交易行为缴纳增值税，货物性质的固定资产转让也应缴纳增值税。如果需要在企业之间转移资产，那么以股权转让形式规避税收不失为一种好的税收筹划方案。企业股权转让与企业销售不动产、销售货物及转让无形资产的行为完全不同，它不属于增值税征

收范围，因此转让企业股权不缴纳增值税。① 通过把资产收购转变为产权收购，可以实现资产、负债的打包出售，而规避资产转让环节的流转税，达到利用并购重组策划节税的目的。

12.2　资产收购

12.2.1　资产收购的概念

按照财税〔2009〕59号文的解释，资产收购是指一家企业购买另一家企业实质经营性资产的交易。其中企业实质经营资产是指企业用于从事生产经营活动、与产生企业经营收入直接相关的资产，包括经营所用的各类资产、企业拥有的商业信息技术、经营活动产生的应收账款、投资资产等。

资产收购的本质应当属于正常的商品交易模式，比如对于房地产企业来说，收购的客体即是房地产项目。与其他企业并购重组交易模式相比，资产收购逻辑最为简单，风险相对较小。资产收购因只收购有用资产，且采取直接收购资产而不承担其他潜在债务义务或股权责任，不仅能最大限度切割原有企业的财税风险，而且因其直接快捷、简便易行而备受青睐。尤其是目标公司的债权债务关系复杂时，或有债务和隐性负债等会无形中增大股权并购的风险。因此，在实务中，资产收购往往成为备选的、较好的交易模式。

资产收购在房地产项目收并购中的运用具有一定的特殊性，以土地使用权或在建工程转让为例，一般要求出让金已支付完毕且已取得土地使用权证，开发投资总额已经完成总投资额的25%以上；否则，开放投资总额不足25%，则项目转让时视为土地使用权转让。资产收购涉及国有资产处置的，均须在公共资源交易中心或产权交易所走挂牌流程。

---

① 《国家税务总局关于纳税人资产重组有关增值税问题的公告》（国家税务总局公告2011年第13号）规定：纳税人在资产重组过程中，通过合并、分立、出售、置换等方式，将全部或者部分实物资产以及与其相关联的债权、负债和劳动力一并转让给其他单位和个人，不属于增值税的征税范围，其中涉及的货物转让，不征收增值税。《财政部　国家税务总局关于全面推开营业税改征增值税试点的通知》（财税〔2016〕36号）规定“不征收增值税项目”：①根据国家指令无偿提供的铁路运输服务、航空运输服务，属于《营业税改征增值税试点实施办法》第十四条规定的用于公益事业的服务。②存款利息。③被保险人获得的保险赔付。④房地产主管部门或者其指定机构、公积金管理中心、开发企业以及物业管理单位代收的住宅专项维修资金。⑤在资产重组过程中，通过合并、分立、出售、置换等方式，将全部或者部分实物资产以及与其相关联的债权、负债和劳动力一并转让给其他单位和个人，其中涉及的不动产、土地使用权转让行为。

12.2.2 资产收购的特点

1. 适用范围广

资产收购适用于所有类型的资产，而且比较容易实现风险切割。

2. 灵活性强

资产收购一般不需要对目标企业进行全盘调查，而进行股权收购则需要对目标企业进行全面调查，尤其是债务情况。另外，资产收购不受目标企业股东的影响，不需要目标企业的所有股东同意。

3. 风险易于控制

资产收购交易模式下无须承担被收购企业的债权债务，资产收购只针对特定的资产，与被收购企业本身经营状况无关（当然转让方债务缠身导致资产存在被抵押、被查封等情况除外），这是资产收购的最大优势。

12.2.3 资产收购的所得税处理

资产收购时受让企业支付交易对价的形式分为股权支付和非股权支付或两者的组合。股权支付是指企业重组中购买、换取资产的一方支付的对价中，以本企业或其控股企业的股权、股份作为支付的形式。实操中采用股权支付交易对价的情况较少，一般采用非股权支付，即以企业的现金、银行存款、应收款项、本企业或其控股企业股权和股份以外的有价证券、存货、固定资产、其他资产以及承担债务等作为支付的形式。因可能涉及股权支付，所以资产收购的所得税处理可以区分为特殊性税务处理和一般性税务处理。

1. 特殊性税务处理

依据财税〔2009〕59号文规定，企业资产收购需同时满足以下条件方可适用特殊性税务处理：①具有合理的商业目的，且不以减少、免除或者推迟缴纳税款为主要目的。②被收购、合并或分立部分的资产或股权比例符合本通知规定的比例。③企业重组后连续12个月内不改变重组资产原来的实质性经营活动。④重组交易对价中涉及股权支付金额符合本通知规定比例。⑤企业重组中取得股权支付的原主要股东，在重组后连续12个月内，不得转让所取得的股权。需注意第五点规定，取得股权支付的原主要股东（持有20%以上股权）在12个月内不得转让所取得的股权，若出现不满12个月转让股权的，税务机关可能会追缴税款。在实务中，为享受上述特殊性税务处理的优惠政策，且规避原股东未经同意私自转让、质押股权等风险，受让方企业可与原股东签订股权代持协议来约束原股东。同时需注意，如满足上述条件可适用特殊性税务处理，当事双方都应在交易完成当年企业所得税申报时及时向主管税务机关提交备案资料，证明交易符合以上条件，否则容易产生被税务机关追缴税款的风险。

（1）股权支付部分

在资产收购过程中，如企业符合特殊性重组条件的，交易各方对其交易中的股权支付部分，依据财税〔2014〕109 号文，受让企业收购的资产应不低于转让企业全部资产的 50%且受让企业在该资产收购发生时的股权支付金额不低于其交易支付总额的 85%，可以选择按以下规定处理：①转让企业取得受让企业股权的计税基础，以被转让资产的原有计税基础确定。②受让企业取得转让企业资产的计税基础，以被转让资产的原有计税基础确定。

（2）非股权支付部分

应暂不确认有关资产的转让所得或损失的，其非股权支付仍应在交易当期确认相应的资产转让所得或损失，并调整相应资产的计税基础。

2. 一般性税务处理

如企业不能适用特殊性税务处理，则应由被收购方确认股权、资产转让所得或损失，被收购企业的相关所得税事项原则上应保持不变。适用一般性税务处理的仅需按正常流程和手续纳税，其筹划空间较小，计税基础确认应以公允价值为基础。

12.2.4 资产收购的增值税处理

如企业能在资产收购前进行合理安排，使其能够满足国家税务总局公告 2011 年 13 号文相关规定所述条件，即将全部或部分实物资产以及其相关联的债权、负债和劳动力一并转让给受让方的，则可不征收增值税；否则，转让方应按规定缴纳增值税。

对于房地产企业来说，转让项目还应区分新项目和老项目，转让新项目按 9%缴纳增值税，转让老项目按 5%缴纳增值税。新、老项目的判定以《建筑工程施工许可证》上记载的开工日期或总包合同签订的日期划定，2016 年 5 月 1 日之前的是老项目，2016 年 5 月 1 日之后的是新项目；如果《建筑工程施工许可证》上没有记载，或者未取得施工许可证，以建筑工程承包合同为准；如果两者都未记载说明，需同税务局沟通判定。

12.2.5 资产收购的土地增值税处理

无论受让方采用何种方式支付对价，转让方所涉资产主体发生变更的，均视为取得收入，需缴纳土地增值税，具体按照土地增值税的四级超率累进税率计缴土地增值税：增值额与扣除项目金额的比率不超过 50%的部分按 30%的税率计缴；增值额与扣除项目金额的比率超过50%、小于或等于100%的部分按40%的税率计缴（速算扣除5%）；增值额与扣除项目金额的比率超过100%、小于或等于200%的部分按50%的税率计缴（速算扣除15%）；增值额与扣除项目金额的比率超过200%的部分按60%的税率计缴（速算扣除35%）。扣除项目包括取得土地使用权所支付的金额，开发土地的成本、费用及与转让房地产有关的税金等；对从事房地产开发的纳税人可按取得土地使用权所支付的金额及开发建造成本之和，加计20%扣除。

【案例12-4】甲企业拟收购乙企业某资产，甲企业以旗下全资子公司丙企业全部股权作为交易对价。已知目标资产账面价值100万元，丙企业全部股权账面价值50万元，公允价值均为1000万元，如图12-1所示。

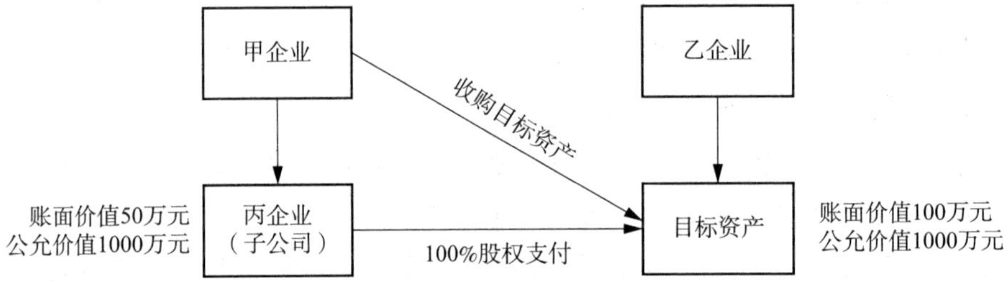

图12-1 资产收购交易结构

本案例中，甲、乙之间的交易符合资产收购的定义。甲企业为收购企业，其支付对价为其子公司丙企业的100%股权。乙公司为目标资产的转让企业。

1. 会计处理

本案例所涉交易只涉及极少量的货币性资产（占总资产交换金额的比例低于25%），依据《企业会计准则第7号——非货币性资产交换》规定，符合交易双方主要以存货、固定资产、无形资产和长期股权投资等非货币性资产进行的交换，故本案例交易适用非货币性资产交换准则。在非货币性资产交换中具有商业实质且公允价值能够可靠计量的，应当以换出资产的公允价值和应支付的相关税费作为换入资产的成本，除非有确凿证据表明换入资产的公允价值比换出资产公允价值更加可靠。公允价值与换出资产账面价值的差额计入当期损益。

对于被收购方乙企业来说，换入资产为丙企业100%的股权等于换出资产的公允价值1000万元，公允价值1000万元与换出资产账面价值100万元的差额900万元计入当期损益；对于收购方甲公司来说，换入资产乙企业资产的成本等于换出资产丙企业100%股权的公允价值1000万元，公允价值1000万元与换出资产账面价值50万元的差额950万元计入当期损益。对于被收购方乙公司来说，获得900万元的营业外收入，需按900万元的损益缴纳企业所得税，所得税=(1000-100)×25%=225万元；对于收购方甲企业来说，获得950万元的投资收益，需要按950万元的损益缴纳企业所得税，所得税=(1000-50)×25%=237.5万元。

2. 税务处理

在满足特殊性税务处理条件时，会计处理和特殊性税务处理会产生差异，转让企业取得受让企业股权的计税基础，以被转让资产的原有计税基础确定；受让企业取得转让企业资产的计税基础，以被转让资产的原有计税基础确定。

对于转让企业乙企业来说，其取得受让企业丙股权的计税基础为被转让资产的原有计税基础100万元；对于收购方甲企业来说，其取得转让企业资产的计税基础为被转让资产的原有计税基础100万元。对于转让方乙企业来说，未产生损益，无须缴纳企业所得税；对于收购方甲企业来说，获得50万元的投资收益，需按50万元的损益缴纳企业所得税，所得税=(100-50)×25%=12.5万元。

【案例12-5】甲公司是一家大型纺织品生产企业，为扩大生产经营规模，决定收购同城的纺织企业乙公司。为避免整体合并后承担过高的债务，甲公司决定仅收购乙公司与纺织品生产直接相关的所有资产。2021年5月1日，双方达成收购协议。2021年4月30日，乙公司的所有资产情况如表12-6所示。

表12-6　乙公司的所有资产情况　　单位：万元

类别	账面价值	计税基础	公允价值	备注
设备	4000	4500	5500	收购
厂房	3000	3400	9000	收购
库存商品	1000	1100	500	收购
货币资金	150	150	150	不收购
合计	8150	9150	15150	

2021年4月15日，乙公司所有资产经评估资产总额为15150万元，甲公司以乙公司经评估后的资产总价值15000万元为准，向乙公司支付的对价包括股权支付、债券和现金（见表12-7）。

表 12-7 甲公司支付对价明细 单位：万元

类别	账面价值	计税基础	公允价值
股权支付	6250	6250	14000
债券	400	450	800
现金	200	200	200
合计	6850	6900	15000

解析：甲公司收购乙公司部分资产是为了扩大经营规模，须遵守以下承诺：收购相关资产后，除进行必要的设备更新外，连续12个月内仍用该套设备从事纺织品生产。因此，该项交易具有商业实质。

甲公司收购的乙公司资产占乙公司全部资产的99%（15000/15150），股权支付额占总支付对价的93%（14000/15000），符合资产收购的特殊性税务处理的条件。

转让企业——乙公司：

取得非股权支付额对应的资产转让所得＝1000/15000×（15000－9000）＝400（万元）

乙公司应缴纳企业所得税＝400×25%＝100（万元）

转让企业取得受让企业支付对价的计税基础＝9000（被转让资产计税基础）＋400（转让产生的应纳税所得额）－200＝9200（万元）

以公允价值为标准，股票的计税基础＝9200×1400/（1400＋800）＝5854.5（万元）

债券的计税基础＝9200×800/（1400＋800）＝3345.5（万元）

收购方——甲公司：

取得的经营资产的计税基础＝6250（股权原有的计税基础）＋800（非现金资产的公允价值）＋200（现金）＝7250（万元）

【案例12-6】 B公司拥有一块120亩的土地，购入单价为10万元/亩，土地账面价值为1200万元。B公司负债为700万元，注册资金为1000万元，账面累计亏损额为500万元且在税法规定的弥补期限内，该土地现行市场价值为2000万元。A公司欲取得该土地扩大生产经营，经与B公司协商，有三种备选方案，假定契税税率为3%。

方案一：A公司直接用2000万元购入B公司的土地。

方案二：A公司用1300万元现金对B公司进行整体并购（存续合并），合并后B公司为A公司的子公司，A公司取得B公司的所有资产和负债。

方案三：A公司发行股票220万股，每股发行价格为5元，面值为1元，加上200万元现金对B公司进行吸收合并。

解析：

方案一：

（1）B公司纳税情况

①应纳增值税=(2000−1200)×9%/(1+9%)=66.06（万元）。

②应纳城市维护建设税及教育费附加=66.06×(7%+3%)=6.61（万元）。

③土地增值税：

增值额与扣除项目金额的比率=800/1200=67%

因此，适用40%的税率，则

应缴纳土地增值税=(2000−1200)×40%−1200×5%=260（万元）

④应纳企业所得税=(2000−1200−6.61−260)×25%=133.35（万元）。

⑤应纳税费总额=66.06+6.61+260+133.35=466.02（万元）。

（2）A公司纳税情况

①应纳契税=2000×3%=60（万元）。

②A公司购买土地的实际支出为2060万元。

综上所述，A、B公司的实际税负总额=466.02+60=526.02（万元）。

B公司转让土地后股东权益价值=1000−500+2000−1200−466.02=833.98（万元）。

方案二：

（1）B公司纳税情况

①增值税：不需要缴纳。根据财税〔2016〕36号文的规定，纳税人在资产重组过程中，通过合并、分立、出售、置换等方式，将全部或者部分实物资产以及与其相关联的债权、债务和劳动力一并转让给其他单位和个人的行为，不属于增值税征收范围。

②土地增值税：不需要缴纳。

③B公司的净资产=1200−700+1000−500=1000（万元）。

应缴纳企业所得税=(1300−1000)×25%=75（万元）。

A公司以现金支付全部对价，不满足特殊性税务处理条件。《财政部　国家税务总局关于企业重组业务企业所得税处理若干问题的通知》（财税〔2009〕59号）的第四部分第三条规定，被收购方应确认股权、资产转让所得或损失；收购方取得股权或资产的计税基础应以公允价值为基础确定；被收购企业的相关所得税事项原则上保持不变。

④B公司土地转让后股东权益价值=1300−75=1225（万元）。

⑤B公司所需缴纳的税负总额为75万元。

（2）A公司纳税情况

①契税：不需要缴纳。两个或两个以上的企业，依据法律规定、合同约定，

合并改建为一个企业，且原投资主体存续的，对其合并后的企业承受原合并各方的土地、房屋权属，免征契税。

②A 公司实际支出为 2000 万元（1300 万元现金和承担 700 万元负债）。

由此可知，A、B 公司的税负总额为 75 万元。

方案三：

（1）B 公司纳税情况

①增值税：不需要缴纳。

②土地增值税：不需要缴纳。

③企业所得税：

$$A\text{公司的股权支付比例}=1100/1300=85\%$$

符合特殊性税务处理的条件，则

应纳企业所得税=(1300−1000)×25%×200/1300=11.54（万元）

财税〔2009〕59 号文规定，资产收购，受让企业收购的资产不低于转让企业全部资产的 75%（根据财税〔2014〕109 号调整为 50%），且受让企业在该资产收购发生时的股权支付金额不低于其交易支付总额的 85%，可以选择按以下规定处理：转让企业取得受让企业股权的计税基础，以被转让资产的原有计税基础确定；受让企业取得转让企业资产的计税基础，以被转让资产的原有计税基础确定。

转让方取得的非股权支付资产所对应的转让所得或损失 =

$$\left(\begin{matrix}\text{被转让资产的}\\\text{公允价值}\end{matrix}-\begin{matrix}\text{被转让资产的}\\\text{计税基础}\end{matrix}\right)\times\left(\begin{matrix}\text{非股权}\\\text{支付金额}\end{matrix}\div\begin{matrix}\text{被转让资产的}\\\text{公允价值}\end{matrix}\right)$$

转让方取得股权的计税基础=所转让资产原有计税基础+支付的补价(减去收到的非股权支付额)+收到非股权支付额所对应的资产转让所得或损失

④B 公司土地转让后股东权益价值=220×5+200−11.54=1288.46（万元）

⑤B 企业的税负总额为 11.54 万元。

（2）A 公司纳税情况

①应纳契税=2000×3%=60（万元）。

②A 公司可以利用 B 公司未弥补亏损抵减以后年度应纳税额，则

$$\text{抵减金额}=500\times25\%=125\text{（万元）}$$

③A 公司的税负总额=60−125=−65（万元）。

④A 公司实际支出 1935 万元（1100 万元股票+200 万元现金−65 万元所得税抵减+700 万元负债）。

⑤A、B 公司的税负总额为−53.46 万元。

上述分析结果整理为表 12-8。

表 12-8 三种方案的对比 单位：万元

项目	B 公司税负总额	A 公司税负总额	A 与 B 公司税负额合计	并购后 B 公司股东的所有者权益	A 公司的实际支出
方案一	466.02	60	526.02	833.98	2060
方案二	75	0	75	1225	2000
方案三	11.54	-65	-53.46	1288.46	1935

通过比较合并后 A、B 公司的税收负担，B 公司股东的所有者权益及 A 公司的实际支付额可知，方案三优于方案二，方案二优于方案一。

案例分析题

A 汽配公司收购重组税收筹划

A 汽配公司是一家主营业务为汽车车身冲压的企业，成立于 2009 年，注册资本 5000 万元，总资产 2 亿元。A 汽配公司为中部地区相关业务企业规模较大、专业化程度较高的企业，目前 A 汽配公司已成为东风乘用车公司、东风控股集团的战略合作伙伴，有较强的扩张意愿。

B 汽配公司与 A 汽配公司经营范围有交叉，是一家主营业务为汽车零部件生产销售的企业，注册于 2014 年，注册资本 100 万元。B 汽配公司在业界广受好评，获得了合作伙伴的高度认可。

为了进一步发展，缓解同业竞争，获得更大的市场，A 汽配公司在 2017 年决定收购 B 汽配公司 100%股权，以实现公司的战略发展目标。

1. 资产收购

如果 A 汽配公司以非股权支付的方式收购 B 汽配公司，则 B 汽配公司将所有资产卖出后注销清算。如果 A 汽配公司以股权支付的方式收购 B 汽配公司，则 B 汽配公司不需注销，但需变更经营范围。B 汽配公司的资产信息如表 12-9 所示。

表 12-9 B 汽配公司资产信息 单位：万元

资产	原价值	账面价值	评估价值	增值额
房产	225	203	451	248
生产专利	280	217	217	0
生产设备	347	232	232	0
土地使用权	148	119	268	149

B汽配公司的房产主要为自建房产，一般纳税人将其于2016年4月30日之前取得的房产转让时，可以适用5%的简易征收率，故当B汽配公司将房产转让时，需要缴纳的增值税为451/(1+5%)×5%=21.48（万元）；生产设备适用的税率为17%，需要缴纳的增值税为232×17%=39.44（万元）；生产专利的转让适用6%的税率，转让生产专利需要缴纳的增值税为217×6%=13.02（万元）；转让土地使用权以评估价值减去取得的全部价款和价外费用，需要缴纳的增值税为（268−148)/(1+5%)×5%=5.71（万元）。B汽配公司需要负担的增值税税额为13.02+39.44+21.48+5.71=79.65（万元）。

为了降低企业重组的税收负担，A汽配公司可以选择将B汽配公司的资产、债务和相关劳动力全部收购，不仅不必缴纳增值税，还可以获得B汽配公司向A汽配公司开具的增值税专用发票，抵扣进项税额。股权收购示意如图12-2所示。

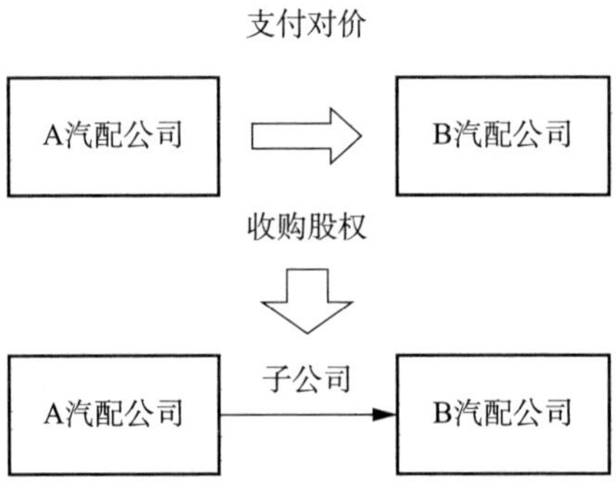

图12-2　股权收购示意

2. 股权收购

（1）流转税

我国税法规定，采用股权收购的方式进行企业重组，被重组企业无须缴纳增值税、土地增值税，重组企业也无须缴纳契税。

（2）所得税

B汽配公司的计税基础为850万元，如果A汽配公司选择一般性税务处理的方式，以920万元的公允价值收购B汽配公司，则B汽配公司需要缴纳的所得税税额为（920−850)×25%=17.5（万元）。如果A汽配公司采取股权置换的方式，使重组符合特殊性税务处理的条件，企业可以暂时免于缴纳企业所得税。在股权支付比例符合特殊性税务处理最低比例的情况下，即股权支付金额为920×0.85=782（万元）时，假设企业以782万元的股权、138万元的现金收购B汽配公司，则B汽配公司当年仅需要就70万现金部分缴纳企业所得税（920−

850)×(138/920)×25%=2.63（万元）。

综上所述，采用股权收购的方式，企业双方无须考虑流转税的问题，B汽配公司需要考虑所得税问题。

3. 吸收合并

吸收合并是企业进行并购重组所经常采用的一种方式，如果A汽配公司采用此种方式并购B汽配公司，则B汽配公司要在重组并购之后进行注销清算，B汽配公司的部分财务信息如表12-10所示。

表12-10 B汽配公司部分财务信息

单位：万元

财务指标	账面价值	评估价值	增值额
资产	800	1120	320
企业存货	75	47	-28
负债	100	100	0
所有者权益	700	1020	320

（1）流转税

根据《中华人民共和国增值税暂行条例》，企业采用吸收合并的方式进行企业重组，涉及的财产转让无须缴纳增值税，而且可以继续抵扣原来企业未抵扣的进项税额。税法规定，在企业合并中发生的土地和不动产的权属转移，免征土地增值税和契税。

（2）所得税

与资产出售相同，A汽配公司可以获得74.28万元的税盾收益效应。B汽配公司的资产公允价值为1020万元，但实际上A汽配公司以920万收购其资产，可以获得100万元的收益，A汽配公司需要就这部分收益缴纳企业所得税100×25%=25（万元）。B汽配公司需要注销清算，在注销时，需要先将存货减值损失进行报备，并将前三个年度亏损的200万元进行亏损弥补，应纳税所得额为320-200=120（万元），应纳税额为120×25%=30（万元）。如果企业采取符合特殊性税务处理的方式，则B汽配公司就可以直接注销企业，仅需备案即可，不需要清算注销企业。

综上所述，采用吸收合并的方式进行企业重组，重组双方均无须考虑流转税的问题，且收购方可以抵扣被收购方未抵扣的进项税额。在适用特殊性税务处理的情况下，在收购当年甚至无须考虑所得税问题。

经比较，在A汽配公司的企业重组中，资产收购是税负最重的重组方式，而吸收合并不光可以使企业免交流转税，而且收购方可继续抵扣被收购方未抵扣完的进项税额。从税收筹划的角度来看，吸收合并是较优的企业重组形式，但在实际中也要考虑具体情况。股权收购可以作为选择，相对而言资产收购税负较高。因此，A汽配公司的重组应该选用吸收合并的方式，同时选择股权支付方式，以符合特殊性税务处理，获得递延收益。

12.3 企业分立的税收筹划

12.3.1 企业分立的筹划规律

企业分立与企业并购一样，是企业产权调整、资产重组的重要方式。企业分立可以实现财产和所得在两个或多个纳税主体之间进行分割。

1. 企业分立的类型及企业分立筹划规律

（1）企业分立的类型

公司分立以原有公司法人资格是否消灭为标准，可分为新设分立和派生分立两种。

新设分立，又称解散分立，是指一个公司将其全部财产分割，解散原公司，并分别归入两个或两个以上新公司的行为。在新设分立中，原公司的财产按照各个新成立的公司性质、宗旨、业务范围进行重新分配组合。同时，原公司解散，债权、债务由新设立的公司分别承担。新设分立，是以原有公司的法人资格消灭为前提，成立新公司。

派生分立，又称存续分立，是指一个公司将一部分财产或营业依法分出，成立两个或两个以上公司的行为。在存续分立中，原公司继续存在，原公司的债权、债务可由原公司与新公司分别承担，也可按协议由原公司独自承担。新公司取得法人资格，原公司也继续保留法人资格。企业分立有利于企业更好地适应环境和利用税收政策获得税收方面的利益。

（2）企业分立筹划规律

企业分立可以有效地改变企业组织形式，降低企业整体税负。分立策划一般应用于以下方面：一是利用企业分立可以将一个企业分拆形成有关联关系的多个纳税主体；二是企业分立可以将兼营或混合销售中的低税率业务或零税率业务独立出来，单独计税降低税负；三是企业分立使适用累进税率的纳税主体分化成两个或多个适用低税率的纳税主体，降低税负；四是企业分立可以增加一道流通环节，有利于增值税抵扣及转让定价策略的运用。

2. 利用企业分立的税收筹划

企业分立是一种产权关系的调整，这种调整不可避免地会影响到税收。在实务中，税法规定了免税分立与应税分立两种模式。对于纳税人来说，在实施企业分立时，应尽量利用免税分立。

《国家税务总局关于纳税人资产重组有关增值税问题的公告》（国家税务总局公告2011年第13号）规定："纳税人在资产重组过程中，通过合并、分立、出售、置换等方式，将全部或者部分实物资产以及与其相关联的债权、负债和劳动力一并转让给其他单位和个人，不属于增值税的征税范围，其中涉及的货物转让，不征收增值税。"

《中华人民共和国土地增值税暂行条例》规定：土地增值税的征收范围为转让国有土地使用权、地上的建筑物及其附着物并取得收入。企业分立涉及的土地所有权转移不属于土地增值税征税范围，并非被分立企业将土地转让给新成立企业，而是被分立企业的股东将该资产换股。因此，企业分立涉及的土地转移不征收土地增值税。

企业分立中，对于企业所得税，通常情况下当事各方应按下列规定处理：

（1）被分立企业对分立出去资产应按公允价值确认资产转让所得或损失。

（2）分立企业应按公允价值确认接受资产的计税基础。

（3）被分立企业继续存在时，其股东取得的对价应视同被分立企业分配进行处理。

（4）被分立企业不再继续存在时，被分立企业及其股东都应按清算进行所得税处理。

（5）企业分立相关企业的亏损不得相互结转弥补。

如在企业分立时被分立企业所有股东按原持股比例取得分立企业的股权，分立企业和被分立企业均不改变原来的实质经营活动，且被分立企业股东在该企业分立发生时取得的股权支付金额不低于其交易支付总额的85%，可以选择按以下规定处理（特殊性税务处理）：

（1）分立企业接受被分立企业资产和负债的计税基础，以被分立企业的原有计税基础确定。

（2）被分立企业已分立出去的资产相应的所得税事项由分立企业承继。

（3）被分立企业未超过法定弥补期限的亏损额可按分立资产占全部资产的比例进行分配，由分立企业继续弥补。

（4）被分立企业的股东取得分立企业的股权（以下简称"新股"），如需部分或全部放弃原持有的被分立企业的股权（以下简称"旧股"），"新股"的计税基础应以放弃"旧股"的计税基础确定。如无须放弃"旧股"，则其取得"新股"的计税基础可从以下两种方法中选择确定：直接将"新股"的计税基础确定为零；或者以被分立企业分立出去的净资产占被分立企业全部净资产的比例先调减原持有的“旧股”的计税基础，再将调减的计税基础平均分配到“新股”上。①

【案例12-7】奥维公司拟将一个非货币性资产价值945万元的分公司分离出去，分离方式可以是整体资产转让，也可以是整体资产置换，还可以是分立。无论采取哪种分离方式，都涉及确认财产转让所得、计算缴纳所得税的问题。

解析：若采取整体资产转让方式，将分公司全部资产转让给永信公司（系公开上市公司）。根据税法规定，只要永信公司所支付的交换额中非股权支付额（如现金、有价证券等）不高于奥维公司所取得的永信公司股票面值的15%，就可以不确认财产转让所得。

假设永信公司股票的市场交易价为1∶3，支付给奥维公司股权的股票面值设为X，现金设为Y，则

$$\begin{cases}3X+Y=945\\Y\leqslant 15\%X\end{cases}$$

求解得$X\geqslant 300$，$Y\leqslant 45$。这表明奥维公司取得永信公司300万元以上股票、45万元以下的现金，就可避免缴纳企业所得税。

分立策划通过分拆手段，可以有效改变企业组织形式，降低企业整体税负。通过企业分立，可以将兼营或混合销售中的低税率业务或免税业务独立出来，合理节税；或者利用分立使适用累进税率的纳税主体分化成两个或多个适用低税率的纳税主体。

【案例12-8】某食品厂为增值税一般纳税人，适用13%的增值税税率。根据市场需求，该食品厂开发种植猕猴桃，并将猕猴桃加工成果脯、饮料等（以下简称加工品）对外销售。2020年猕猴桃开始产生经济效益，2021年5月该食品厂共销售猕猴桃加工品100万元（不含增值税价），产生13万元的销项税额。经核算，发现与该项业务有关的进项税额很少，只有化肥等项目产生了1万元的进项税额。该食品厂需要就该项业务缴纳12万元的增值税，为了降低增值税负担，该企业在购进可抵扣项目时，十分注重取得规范的增值税专用发票，但收效不大。请对以上业务进行税收筹划。

解析：针对这种情况，食品厂将猕猴桃的种植业务分立为一个独立的企业，使其具有独立的法人资格，实行独立核算。税法规定：一般纳税人向农业生产者购买的免税农业产品，或者向小规模纳税人购买的农业产品，准予按照购买价格和9%的扣除率计算进项税额，从当期销项税额中扣除。直接从事植物的种

---

① 依据《财政部　国家税务总局关于企业重组业务企业所得税处理若干问题的通知》（财税〔2009〕59号）的相关规定。

植、收割和动物的饲养、捕捞的单位和个人销售自产的农业产品，免征增值税。当然，相应的进项税额也不能抵扣。种植企业没有因为分立而过多承担任何税收，食品厂却在原有进项税额、销项税额不变的前提下，因为有了“向农业生产者购买的免税农业产品”而增加了大量的进项税额。

在上述方案中，食品厂分立后的税收负担及有关变化体现在以下几个方面：

(1) 分立后的食品厂销项税额不变，仍为13万元。

(2) 分立后的食品厂增加了进项税额。假设按照市场正常的交易价格，该食品厂2021年5月用于生产猕猴桃加工品的原料价值60万元，则分立后的食品厂就可以按照60万元的买价和9%的扣除率计算进项税额，即5.4万元。

(3) 种植企业享受增值税免税优惠，但同时有关的进项增值税1万元不能再抵扣。

综上所述，分立后食品厂的这项业务需要缴纳的增值税为

$$13-5.4=7.6\ (\text{万元})$$

与分立策划前相比，增值税负担降低了4.4万元(12-7.6)。

12.3.2 分支机构设立的税收筹划

一些集团性企业发展到一定规模后，基于稳定供货渠道、开辟新的市场或方便客户的考虑，需要在异地设立分支机构。新设立的分支机构的性质不同，其企业所得税的缴纳方式也不尽相同。

企业分支机构所得税的缴纳有两种方式：一种是分支机构独立申报纳税；另一种是分支机构集中到总公司汇总纳税。采用何种方式纳税取决于分支机构的性质——是否为独立纳税人。同时，受分支机构的盈亏状况、所处地区的税率高低及资金控制等因素影响，不同纳税方式会使企业当期及未来各期的整体税负水平产生显著差异。因此，分支机构是否为独立法人是能否实现税收筹划目的的关键。

【案例12-9】奥立电梯公司主要生产销售电梯并负责安装已售电梯，2021年取得含税收入3390万元，其中安装费约占总收入的40%。假设本年度进项税额为200万元，按照税法规定，奥立电梯公司既生产销售电梯又负责安装及保养电梯是典型的混合销售行为，试分析奥立电梯公司如何通过企业分立实现节税。

解析：

2021年，奥立电梯公司应纳税额计算如下：

$$\text{应纳增值税}=\text{销项税额}-\text{进项税额}=$$
$$3390\div(1+13\%)\times13\%-200=190\ (\text{万元})$$

如果奥立电梯公司分立出一个独立核算的安装公司，奥立电梯公司只负责生产销售电梯，安装公司专门负责电梯的安装，奥立电梯公司和安装公司分别就销售电梯收入、安装收入开具发票。奥立电梯公司分立安装公司后，涉税处理发生变化。按照财税〔2016〕36号文件规定，电梯安装适用“建筑服务——安装服务”税目，税率为9%，则

奥立电梯公司应纳增值税=销项税额-进项税额=

3390×(1-40%)÷(1+13%)×13%-200=34（万元）

安装公司应纳税额=3390×40%÷(1+9%)×9%=111.96（万元）

分立出安装公司后可以节省税收=190-34-111.96=44.04（万元）

在通过企业分立进行税收筹划时要注意以下问题：

（1）要进行成本收益衡量。设立安装公司所增加的分立成本或纳税策划代理费用应小于节税收益。

（2）注意定价的合理性。由于涉及货物销售价格与劳务价格的剥离，不要只是出于税收目的而故意抬高劳务价格，因为生产销售企业与提供劳务企业存在关联关系，如果定价不合理，税务机关有权调整货物及劳务定价。

案例分析

鼎盛房地产开发公司资产重组案例

一、鼎盛房地产开发公司及项目概况

鼎盛房地产开发有限公司（以下简称鼎盛）在东部沿海开发建设商品房项目，其中“鼎盛·光大花园”项目有底商，住宅部分位于底商之上，属于花园式建筑，在主体建筑的第四层建有绿化景观平台。“鼎盛·光大花园”项目包括写字楼和酒店，出于融资抵押要求和变现考虑，拟对酒店资产进行剥离，拟将酒店和售楼处一并销售给政府，酒店资产的市场公允价值为1.8亿元，预期会给政府5%的价格折扣，估计总销售价格在1.71亿元左右。

二、鼎盛开展资产重组的目标取向

基于鼎盛进行资产重组的目标取向在于对酒店和售楼处进行剥离，实现与房地产公司资产的清晰分割。企业实施资产分割的目的在于控制风险和增加经营收益，即一方面降低房地产公司可能给存量资产带来不可控的经营风险；另一方面有效运营该资产，以实现存量资产运营的合理收益。

企业拟成立资产管理公司，对剥离资产进行管理。根据目前的情况，初步判断鼎盛可以采取以下三种重组方式：①酒店资产投资，即鼎盛设立全资子公司，以酒店资产和售楼部对新设立的全资子公司进行增资，即以非货币性资产

对外投资方式实现对子公司的增资；②企业分立，采取存续分立方式分离出一家新公司，单独进行酒店资产和售楼部的管理；③资产划转，设立鼎盛的全资子公司或鼎盛股东设立全资子公司，再实施酒店资产和售楼部的资产划转。但是，拟剥离的酒店资产已经作为抵押担保资产用于融资，采取企业分立方式剥离酒店资产难以操作。因此，依据鼎盛面临的现实情况，建议采取酒店资产增资或资产划转方式实施资产重组。

三、鼎盛酒店的资产重组方案比较

（一）酒店资产投资方式

根据税法规定，非货币性资产投资视为“转让”和“投资”两项业务，对于“转让”环节，主要涉及企业所得税、增值税、土地增值税（涉及不动产）、契税（涉及不动产）、印花税等税种。酒店资产投资的税负测算与政策依据如表12-11所示。

表12-11 酒店资产投资的税负测算与政策依据

税种	税负测算	政策依据
企业所得税	(非货币性资产评估价值-原计税基础)×25%=(17100-酒店分摊的成本)×25%	应于投资协议生效并办理股权登记手续时，确认非货币性资产转让收入的实现。可在不超过5年期限内，分期均匀计入相应年度的应纳税所得额，按规定计算缴纳企业所得税
增值税	(1) 免征增值税。 (2) 已经转为固定资产的旧房，再次销售时： ①2016年4月30日前自建的不动产，适用简易计税方法： 增值税=销售额×5%/(1+5%)=17100×5%/(1+5%)=814.2857(万元)； ②2016年4月30日前自建的不动产，适用一般计税方法： 增值税=销售额×10%/(1+10%)=17100×10%/(1+10%)=1554.5455(万元)； (3)2016年5月1日后自建的不动产，适用一般计税方法： 增值税=销售额×10%/(1+10%)=17100×10%/(1+10%)=1554.5455(万元)	(1) 如符合“打包转让（资产与其相关的债权、负债和劳动力一并转让）”要求，可以免征增值税。 (2) 旧房的政策：①一般纳税人转让其2016年4月30日前自建的不动产，可以选择适用简易计税方法计税，以取得的全部价款和价外费用为销售额，按照5%的征收率计算应纳税额。纳税人应按照上述计税方法向不动产所在地主管地税机关预缴税款，向机构所在地主管国税机关申报纳税。 ②一般纳税人转让其2016年4月30日前自建的不动产，选择适用一般计税方法计税的，以取得的全部价款和价外费用为销售额计算应纳税额。纳税人应以取得的全部价款和价外费用，按照5%的预征率向不动产所在地主管地税机关预缴税款，向机构所在地主管国税机关申报纳税。 ③一般纳税人转让其2016年5月1日后自建的不动产，适用一般计税方法，以取得的全部价款和价外费用为销售额计算应纳税额。纳税人应以取得的全部价款和价外费用，按照5%的预征率向不动产所在地主管地税机关预缴税款，向机构所在地主管国税机关申报纳税

续表

税种	税负测算	政策依据
土地增值税	土地增值税按照正常情况计算，或者采用核定征收方法（核定征收率不低于5%）。 核定征收率为5%，则需要缴纳土地增值税＝17100×5%＝855（万元）	(1)《财政部　国家税务总局关于土地增值税一些具体问题规定的通知》（财税字〔1995〕48号）第七条规定，关于新建房与旧房的界定问题：新建房是指建成后未使用的房产。凡是已使用一定时间或达到一定磨损程度的房产均属旧房。 (2) 单位销售旧房或旧建筑物，以销售收入减去扣除项目金额，按增值额计算缴纳土地增值税，其中扣除项目金额包括取得土地使用权所支付的金额、房屋及建筑物的评估价格以及与转让房地产有关的税金。纳税人提供扣除项目金额不实的，应由评估机构按照房屋重置成本价乘以成新度折扣率计算的房屋成本价和取得土地使用权时的基准地价进行评估，税务机关根据评估价格按规定确定扣除项目金额。对不能取得评估价格，但能提供购房发票的，经当地税务部门确认，对取得土地使用权所支付的金额以及房屋及建筑物的评估价格可按发票所载金额并从购买年度起至转让年度止每年加计5%计算；对纳税人购房时缴纳的契税，凡能提供契税完税凭证的，准予作为“与转让房地产有关的税金”予以扣除，但不作为加计5%的基数。对于转让房屋，既没有评估价格，又不能提供购房发票的，可以实行核定征收。 (3) 参照依据《中华人民共和国土地增值税暂行条例》： ①增值额未超过扣除项目金额50%的部分，税率为30%（速算扣除率为0）； ②增值额超过扣除项目金额50%、未超过扣除项目金额100%的部分，税率为40%（速算扣除率为5%）； ③增值额超过扣除项目金额100%、未超过扣除项目金额200%的部分，税率为50%（速算扣除率为15%）； ④增值额超过扣除项目金额200%的部分，税率为60%（速算扣除率为35%）
契税	不动产转让价值×3% ＝17100×3%＝513（万元）	《中华人民共和国契税法》
印花税	不动产转让价值×0.5‰ ＝17100×0.5‰＝8.55（万元）	《中华人民共和国印花税法》规定，按照“产权转移书据”所载金额的0.5‰贴花

（二）资产划转方式

资产划转是指100%直接控制的居民企业之间，以及受同一或相同多家居民企业100%直接控制的居民企业之间按账面净值划转股权或资产。资产划转涉及资产在不同法律主体之间的权属改变，就业务实质而言，需通过相关法律主体之间资产转让、增资、减资等步骤才能实现。虽然财税〔2009〕59号文未将资产划转列入企业重组的范围，但就其业务实质而言仍属于企业重组的一种特殊形式。

资产划转的税收政策最初主要针对国有企业设定，2014年财政部、国家税务总局发布《财政部 国家税务总局关于促进企业重组有关企业所得税处理问题的通知》（财税〔2014〕109号），将资产划转业务拓展至包括国企、民营、混合所有制在内的所有企业，为集团公司内部资产重组与资源整合提供了新的路径。2015年，国家税务总局发布的《关于资产（股权）划转企业所得税征管问题的公告》（国家税务总局公告2015年第40号）明确规定，包括母公司向子公司、子公司向母公司以及子公司之间等四种情形的股权或资产划转，可以享受递延纳税待遇。

（1）100%直接控制的母子公司之间，母公司向子公司按账面净值划转其持有的股权或资产，母公司获得子公司100%的股权支付。母公司按增加长期股权投资处理，子公司按接受投资（包括资本公积）处理。

（2）100%直接控制的母子公司之间，母公司向子公司按账面净值划转其持有的股权或资产，母公司没有获得任何股权或非股权支付。母公司按冲减实收资本（包括资本公积）处理，子公司按接受投资处理。

（3）100%直接控制的母子公司之间，子公司向母公司按账面净值划转其持有的股权或资产，子公司没有获得任何股权或非股权支付。母公司按收回投资处理，或按接受投资处理，子公司按冲减实收资本处理。

1. 企业所得税

依据财税〔2014〕109号文及国家税务总局公告2015年第40号的规定，对100%直接控制的居民企业之间，以及受同一或相同多家居民企业100%直接控制的居民企业之间按账面净值划转股权或资产，凡具有合理商业目的，不以减少、免除或者推迟缴纳税款为主要目的，股权或资产划转完成日起连续12个月内不改变被划转股权或资产原来实质性经营活动（生产经营业务、公司性质、资产或股权结构等），且划出方企业和划入方企业均未在会计上确认损益的，可以选择按以下规定进行特殊性税务处理：

（1）划出方企业和划入方企业均不确认所得。

（2）划入方企业取得被划转股权或资产的计税基础，以被划转股权或资产的原计税基础确定。

（3）划入方企业取得的被划转资产，应按其原计税基础计算折旧扣除。

股权或资产划转完成日，是指股权或资产划转合同（协议）或批复生效，且交易双方已进行会计处理的日期。

进行特殊性税务处理的股权或资产划转，交易双方应在协商一致的基础上，采取一致处理原则统一进行特殊性税务处理。

资产划转的交易双方需在企业所得税年度汇算清缴时，分别向各自主管税务机关报送《居民企业资产（股权）划转特殊性税务处理申报表》和相关资料。

2. 增值税

《中华人民共和国增值税暂行条例实施细则》规定，将自产、委托加工或者购进的货物作为投资，提供给其他单位或者个体工商户；将自产、委托加工或者购进的货物分配给股东或者投资者；将自产、委托加工或者购进的货物无偿赠送其他单位或者个人，均视同销售货物，征收增值税。

《财政部 国家税务总局关于全面推开营业税改征增值税试点的通知》（财税〔2016〕36号）附件2《营业税改征增值税试点有关事项的规定》规定，在资产重组过程中，通过合并、分立、出售、置换等方式，将全部或者部分实物资产以及与其相关联的债权、负债和劳动力一并转让给其他单位和个人，其中涉及的不动产、土地使用权转让行为，不征收增值税。

《国家税务总局关于纳税人资产重组有关增值税问题的公告》（国家税务总局公告2011年第13号）规定，纳税人在资产重组过程中，通过合并、分立、出售、置换等方式，将全部或者部分实物资产以及与其相关联的债权、负债和劳动力一并转让给其他单位和个人，不属于增值税的征税范围，其中涉及的货物转让，不征收增值税。

通常情况下，居民企业间资产划转涉及不动产、土地使用权、存货、设备的，原则上征收增值税。因此，无论是母子公司之间划转资产，还是子公司之间划转资产，划出方需视同按公允价值销售货物、不动产、无形资产缴纳增值税；但是满足税收政策规定的特殊条件的，不征收增值税。

3. 土地增值税

《财政部 税务总局关于继续实施企业改制重组有关土地增值税政策的通知》（财政部 税务总局公告2023年第51号）规定，除以土地使用权投资于房地产开发企业用于开发产品或房地产企业以开发产品对外投资需视同按公允价值转让房地产计算缴纳土地增值税外，其他情形不征土地增值税。因此，居民企业间资产划转如涉及不动产、土地使用权，划入方按接受投资处理的，属于投资入股方式之一，应当免征土地增值税。

需要注意的是，鼎盛作为房地产企业，其不动产类的资产划转需要缴纳土地增值税。

4. 契税

《财政部、国家税务总局关于进一步支持企业事业单位改制重组有关契税政策的通知》（财税〔2015〕37号）规定：同一投资主体内部所属企业之间土地、房屋权属的划转，包括母公司与其全资子公司之间，同一公司所属全资子公司之间，同一自然人与其设立的个人独资企业、一人有限公司之间土地、房屋权属的划转，免征契税。实践中，对于母公司将土地、房屋投资给全资子公司是否免征契税条款争议较大。

酒店资产划转的税负测算情况如表12-12所示。

表12-12　酒店资产划转的税负测算

税种	税负测算	政策依据
企业所得税	符合特殊性税务处理，暂不纳税	财税〔2014〕109号、《关于资产（股权）划转企业所得税征管问题的公告》（国家税务总局公告2015年第40号）明确规定，包括母公司向子公司、子公司向母公司以及子公司之间等四种情形的股权或资产划转，可以享受递延纳税待遇
增值税	（1）免征增值税。 （2）已经转为固定资产的旧房，再次销售时： ①2016年4月30日前自建的不动产，适用简易计税方法： 增值税=销售额×5%/（1+5%）=17100×5%/（1+5%）=814.2857（万元）； ②2016年4月30日前自建的不动产，适用一般计税方法： 增值税=销售额×10%/（1+10%）=17100×10%/（1+10%）=1554.5455（万元）； ③2016年5月1日后自建的不动产，适用一般计税方法： 增值税=销售额×10%/（1+10%）=17100×10%/（1+10%）=1554.5455（万元）	（1）如符合"打包转让（资产与其相关的债权、负债和劳动力一并转让）"要求，可以免征增值税。 （2）税法上按照"视同销售"处理： ①一般纳税人转让其2016年4月30日前自建的不动产，可以选择适用简易计税方法计税，以取得的全部价款和价外费用为销售额，按照5%的征收率计算应纳税额。纳税人应按照上述计税方法向不动产所在地主管地税机关预缴税款，向机构所在地主管国税机关申报纳税。 ②一般纳税人转让其2016年4月30日前自建的不动产，选择适用一般计税方法计税的，以取得的全部价款和价外费用为销售额计算应纳税额。纳税人应以取得的全部价款和价外费用，按照5%的预征率向不动产所在地主管地税机关预缴税款，向机构所在地主管国税机关申报纳税。 ③一般纳税人转让其2016年5月1日后自建的不动产，适用一般计税方法，以取得的全部价款和价外费用为销售额计算应纳税额。纳税人应以取得的全部价款和价外费用，按照5%的预征率向不动产所在地主管地税机关预缴税款，向机构所在地主管国税机关申报纳税
土地增值税	土地增值税按照正常情况计算，或者采用核定征收方法（核定征收率不低于5%）	（1）单位销售旧房或旧建筑物，以销售收入减去扣除项目金额，按增值额计算缴纳土地增值税，其中扣除项目金额包括取得土地使用权所支付的金额、房屋及建筑物的评估价格以及与转让房地产有关的税金。纳税人提供扣除项目金额不实的，应由评估机构按照房屋重置成本价乘以成新度折扣率计算的房屋成本价和取得土地使用权时的基准地价进行评估，税务机关根据评估价格按规定确定扣除项目金额。对不能取得评估价格，但能提供购房发票的，经当地税务部门确认，对取得土地使用权所支付的金额以及房屋及建筑物的评估价格可按发票所载金额并从购买年度起至转让年度止每年加计5%计算；对纳税人购房时缴纳的契税，

续表

税种	税负测算	政策依据
土地增值税	核定征收率为5%，则需要缴纳土地增值税＝17100×5%＝855（万元）	凡能提供契税完税凭证的，准予作为“与转让房地产有关的税金”予以扣除，但不作为加计5%的基数。对于转让房屋，既没有评估价格，又不能提供购房发票的，可以实行核定征收（核定时，税务部门根据同地段的房产，综合房屋的建筑材料、使用年限等因素核定征收率5%计算。国税发〔2010〕53号文件规定，核定征收的征收率不低于5%）。 （2）参照依据《中华人民共和国土地增值税暂行条例》： ①增值额未超过扣除项目金额50%的部分，税率为30%（速算扣除率为0）； ②增值额超过扣除项目金额50%、未超过扣除项目金额100%的部分，税率为40%（速算扣除率为5%）； ③增值额超过扣除项目金额100%、未超过扣除项目金额200%的部分，税率为50%（速算扣除率为15%）； ④增值额超过扣除项目金额200%的部分，税率为60%（速算扣除率为35%）
契税	免征契税	财政部　税务总局2023年第49号公告：母公司与其全资子公司之间土地、房屋权属的划转，免征契税
印花税	不动产转让价值×0.5‰＝17100×0.5‰＝8.55（万元）	《中华人民共和国印花税法》规定，按照“产权转移书据”所载金额的0.5‰贴花

（三）企业分立方式

财税〔2009〕59号文规定，分立，是指一家企业（被分立企业）将部分或全部资产分离转让给现存或新设的企业（分立企业），被分立企业股东换取分立企业的股权或非股权支付，实现企业的依法分立。

尽管企业分立不适用于目前的鼎盛，但我们也作出相应的税负测算以利于方案比较。企业分立方式的税负测算情况如表12-13所示。

表12-13　企业分立的税负测算

税种	税负测算	政策依据
企业所得税	符合特殊性税务处理，暂不纳税	财税〔2009〕59号：①企业重组后的连续12个月内不改变重组资产原来的实质性经营活动。②企业重组中取得股权支付的原主要股东，在重组后连续12个月内，不得转让所取得的股权
增值税	（1）免征增值税。 （2）已经转为固定资产的旧房，再次销售时： ①2016年4月30日前自建	（1）如符合“打包转让（资产与其相关的债权、负债和劳动力一并转让）”要求，可以免征增值税。 （2）税法上按照“视同销售”处理： ①一般纳税人转让其2016年4月30日前自建的不

续表

税种	税负测算	政策依据
增值税	的不动产，适用简易计税方法： 增值税=销售额×5%/(1+5%) = 17100 × 5%/(1 + 5%) = 814. 2857（万元）； ②2016 年 4 月 30 日前自建的不动产，适用一般计税方法： 增值税=销售额×10%/(1+10%)= 17100 × 10%/(1 + 10%) = 1554. 5455（万元）； ③2016 年 5 月 1 日后自建的不动产，适用一般计税方法： 增值税=销售额×10%/(1+10%)= 17100 × 10%/(1 + 10%) = 1554. 5455（万元）	动产，可以选择适用简易计税方法计税，以取得的全部价款和价外费用为销售额，按照 5%的征收率计算应纳税额。纳税人应按照上述计税方法向不动产所在地主管地税机关预缴税款，向机构所在地主管国税机关申报纳税。 ②一般纳税人转让其 2016 年 4 月 30 日前自建的不动产，选择适用一般计税方法计税的，以取得的全部价款和价外费用为销售额计算应纳税额。纳税人应以取得的全部价款和价外费用，按照 5%的预征率向不动产所在地主管地税机关预缴税款，向机构所在地主管国税机关申报纳税。 ③一般纳税人转让其 2016 年 5 月 1 日后自建的不动产，适用一般计税方法，以取得的全部价款和价外费用为销售额计算应纳税额。纳税人应以取得的全部价款和价外费用，按照 5%的预征率向不动产所在地主管地税机关预缴税款，向机构所在地主管国税机关申报纳税
土地增值税	土地增值税按照正常情况计算，或者采用核定征收方法（核定征收率不低于 5%）	（1）财政部 税务总局 2023 年第 51 号公告规定：企业分设为两个或两个以上与原企业投资主体相同的企业，对原企业将国有土地、房屋权属转移、变更到分立后的企业，暂不征土地增值税。但鼎盛属于房地产企业，不适用免税政策。 （2）单位销售旧房或旧建筑物，以销售收入减去扣除项目金额，按增值额计算缴纳土地增值税，其中扣除项目金额包括取得土地使用权所支付的金额、房屋及建筑物的评估价格以及与转让房地产有关的税金。纳税人提供扣除项目金额不实的，应由评估机构按照房屋重置成本价乘以成新度折扣率计算的房屋成本价和取得土地使用权时的基准地价进行评估，税务机关根据评估价格按规定确定扣除项目金额。对不能取得评估价格，但能提供购房发票的，经当地税务部门确认，对取得土地使用权所支付的金额以及房屋及建筑物的评估价格可按发票所载金额并从购买年度起至转让年度止每年加计 5%计算；对纳税人购房时缴纳的契税，凡能提供契税完税凭证的，准予作为“与转让房地产有关的税金”予以扣除，但不作为加计 5%的基数。对于转让房屋，既没有评估价格，又不能提供购房发票的，可以实行核定征收。 （3）参照依据《中华人民共和国土地增值税暂行条例》： ①增值额未超过扣除项目金额 50%的部分，税率为 30%（速算扣除率为 0）； ②增值额超过扣除项目金额 50%、未超过扣除项目金额 100%的部分，税率为 40%（速算扣除率为 5%）；

续表

税种	税负测算	政策依据
土地增值税	核定征收率为5%，则需要缴纳土地增值税＝17100×5%＝855（万元）	③增值额超过扣除项目金额100%、未超过扣除项目金额200%的部分，税率为50%（速算扣除率为15%）； ④增值额超过扣除项目金额200%的部分，税率为60%（速算扣除率为35%）
契税	免征契税	财政部　税务总局2023年第49号公告：母公司与其全资子公司之间土地、房屋权属的划转，免征契税
印花税	不动产转让价值×0.5‰＝17100×0.5‰＝8.55（万元）	《中华人民共和国印花税法》规定，按照“产权转移书据”所载金额的0.5‰贴花

案例分析题

案例1　企业并购出资方式的选择

A公司欲对B公司实施并购，A公司共有发行在外的股票3000万股，股票面值为1.5元/股，市场价值为4元/股。A公司近年来的应纳税所得额较稳定，估计合并后每年的应纳税所得额为2000万元。A公司合并前账面净资产为500万元，上年亏损50万元，以前年度无亏损，经评估确认A公司净资产公允价值为800万元。合并后A公司的股票面值基本不会发生变化，合并后资产的平均折旧年限为10年。

问题：

（1）如果A公司用100万股股票和400万元资金购买B公司，应该如何进行税务处理？

（2）如果A公司用175万股股票和100万元资金购买B公司，应该如何进行税务处理？

案例2　资产重组的税收筹划

A公司由潘湖公司与蜀渝公司两家公司共同投资设立，双方各占50%的股权。A公司的资产构成：货币资金2000万元；厂房一栋，原价为3000万元，已折旧1000万元，净值2000万元，评估价格为2500万元（土地增值税扣除项目），公允价值为3000万元；存货一批，原价为1000万元，公允价值为3000万元。净资产5000万元的构成：股本3000万元，未分配利润2000万元。契税税率3%，A公司、潘湖公司与蜀渝公司的企业所得税税率均为25%。为讨论方便，忽略城市维护建设税与教育费附加等因素。

A 公司拟进行改制，有以下两种方案可供选择：

一是 A 公司进行整体资产转让（转让所有的资产、负债和劳动力）给 B 公司。经两家协商，B 公司支付其股票 6000 万股（面值 6000 万元），公允价值 7000 万元，同时付现金 1000 万元，合计 8000 万元。A 公司转让后成为一家投资公司。

二是 A 公司先分配未分配利润 1000 万元，后由潘湖公司与蜀渝公司转让各自的股份给 B 公司，B 公司支付其股票 6000 万股（面值 6000 万元），公允价值 7000 万元。

问题：试比较不同方案的税收负担，并作分析。

综合阅读题

一、资产收购与股权收购的权衡

（一）案例背景

江西国泰民爆集团股份有限公司（以下简称国泰集团）成立于 2006 年，坐落于资源大省江西，主要从事民爆器材的生产销售和提供爆破服务，是我国民爆行业的龙头企业。2016 年，在上交所挂牌上市。该企业实际控制人是江西国资委，控股股东是江西省军工控股集团有限公司。江西铜业民爆矿服有限公司（以下简称江铜民爆）成立于 2015 年，注册资本 4100 万元，位于江西省德兴市，主营业务是民爆器材的生产销售。

国家鼓励深化产业结构，促进企业并购重组，民爆行业受政策和市场环境影响，积极兼并重组，整合资源优势。2018 年 10 月，国泰集团通过股权收购方式，收购了江铜民爆 100%的股权，完成了对江铜民爆的并购重组，如图 12-3 所示。重组后公司的资产总额、净资产、营业收入、净利润大幅增长，成为国内民爆行业产品种类齐全的公司之一。

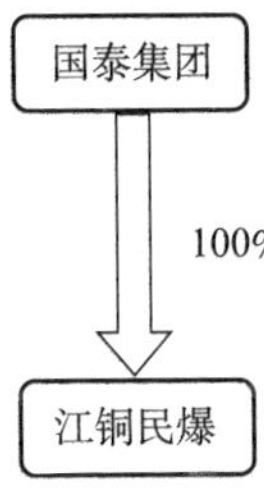

图 12-3　重组后的股权关系

（二）并购的动因

1. 扩大生产规模，提高综合竞争力

国泰集团与江铜民爆的主营业务都是生产销售民用爆破器，国泰集团并购江铜民爆属于横向并购。横向并购是以同行业的企业为合并目标，通过横向并购，可以消除同行业的竞争，扩大企业的生产经营规模，实现企业间优势互补，从而提高企业的综合竞争力。合并后，国泰集团的总资产、净资产以及净利润都有提高，丰富的产品种类在民爆行业中极具竞争力，企业跻身行业前列。

2. 实现协同效应，提高风险防范能力

根据效同效应理论，并购后企业的业绩大于并购前两个企业的业绩之和。国泰集团并购江铜民爆的协同效应体现在以下三个方面：一是战略的一致性，国泰集团与江铜民爆合二为一，意味着两个企业有着共同的战略目标，在经营策略、人员安排、财务安排上相互协作，形成了协同优势，进而提高了竞争力。二是降低成本，合并后企业利用数量优势降低买入价格，降低采购成本；合并后企业的生产规模扩大，产品生产成本降低；合并后员工之间的竞争压力加大，在一定程度上提高了生产效率，降低了人工成本。三是提高风险防范能力，国泰集团并购江铜民爆，竞争对手减少，规模增大、资产增加，应对风险的能力增强。

3. 迎合政策导向，提升产品质量

国泰集团兼并江铜民爆，不仅迎合了产业重组的政策导向，而且可受益于江铜民爆的税收优惠政策。江铜民爆2017年取得高新技术企业证书，有效期3年，意味着企业适用于15%的税率；江铜民爆有研发活动和专利申请，适用于研发费用加计扣除，可以提高企业的产品质量。此外，江铜民爆使用的环保专用设备可以按专用设备投资额的10%抵免当年税款，这些税收优惠政策可以降低税收负担，增加税后利润和质量。

（三）资产收购

在实际收购中，国泰集团是通过股权收购的方式收购了江铜民爆。现假设国泰集团通过资产收购的方式收购江铜民爆，讨论另一种资产重组方式的税收结果。

根据资产评估报告，江铜民爆净资产的公允价值为48573.32万元、账面价值为8685.58万元、总资产的账面价值为19477.46万元，国泰集团收购江铜民爆的资产小于50%，无论是现金支付还是股权支付都不符合特殊性税务处理方法。因此，国泰集团若采用资产收购，适用于一般性税务处理，国泰集团与江铜民爆以被收购股权的原有计税基础确定计税基础。

1. 现金支付

在现金收购方式下（见图 12-4），国泰集团按公允价值 48573. 32 万元确定江铜民爆的计税基础。江铜民爆的资产项目中含有固定资产和无形资产，每年折旧或摊销的金额为 240. 53 万元，可以抵减应纳税所得额，形成税收挡板。江铜民爆应按公允价值 48573. 32 万元与账面价值 8685. 58 万元之差确认资产转让所得 39887. 74 万元，由于江铜民爆是高新技术企业，适用 15%的税率，最终江铜民爆缴纳企业所得税 5983. 16 万元。

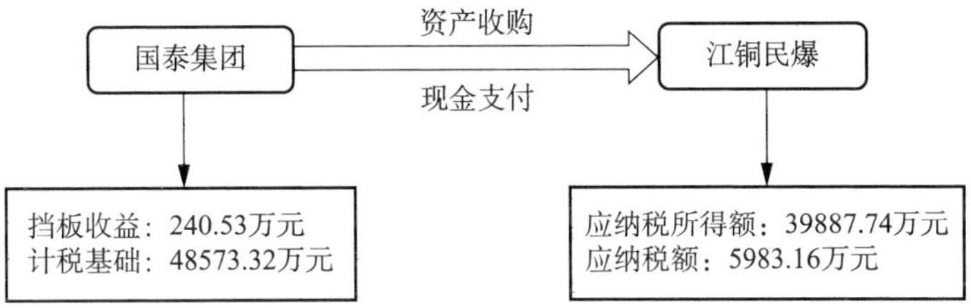

图 12-4　现金支付模式下的资产收购

2. 股权支付

在股权支付方式下（见图 12-5），国泰集团以股权支付对价，应确认股权转账所得 43925. 15 万元，适用 15% 的税率后计算的企业所得税应纳税额为 6588. 77 万元；固定资产与无形资产当年折旧或摊销的金额同样是 240. 53 万元。江铜民爆应确认资产转让所得 39887. 74 万元，适用 15%的税率应缴纳企业所得税 5983. 16 万元。

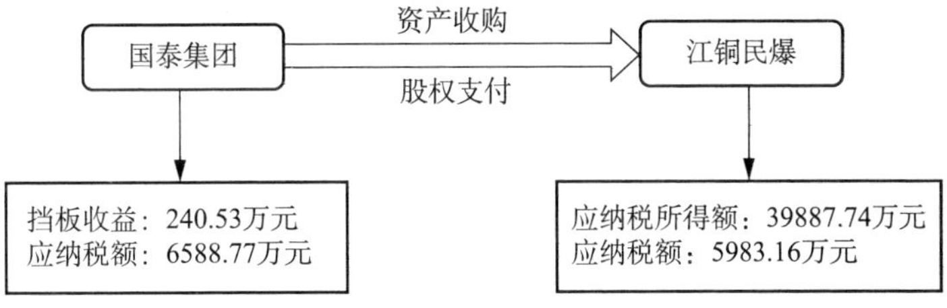

图 12-5　股权支付下的资产收购

（四）股权收购

在实际操作中，国泰集团收购江铜民爆 100%的股权，支付方式分为股权支付和现金支付两种。本案例既分析股权支付的实际情况，也假设现金支付的情况，以讨论最优的税收筹划方案。

1. 现金支付

国泰集团按公允价值 48573. 32 万元确定收购江铜民爆股权的计税基础，取得股权时不作税务处理，当国泰集团转让该股权时确认资产转让所得。

在并购前，江铜民爆由江西省民爆投资有限公司（以下简称民爆投资）独家控股，民爆投资转让江铜民爆的股权并接受现金支付，应确认股权转让所得39887.74万元，适用15%的税率应纳企业所得税5983.16万元。江铜民爆在该股权转让交易中无须纳税，仅作为并购的标的公司。现金支付模式下的股权收购税收分析如图12-6所示。

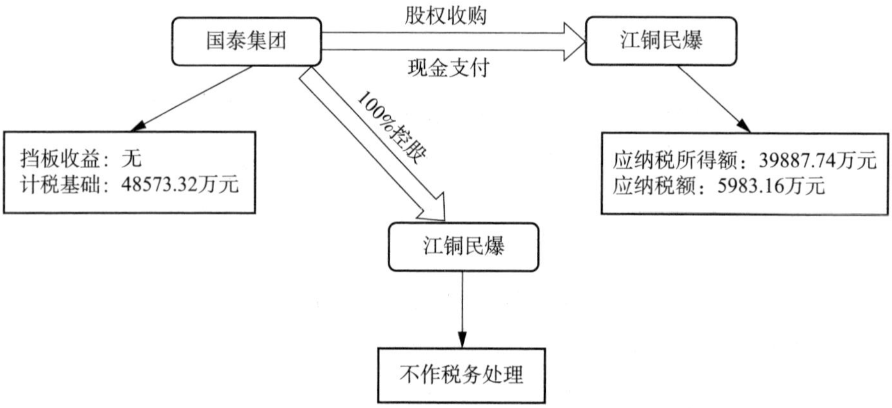

图12-6 现金支付模式下的股权收购

2. 股权支付

国泰集团以100%股权支付对价收购江铜民爆100%的股权，该收购行为具有合理的商业目的，重组后12个月内既不改变江铜民爆资产的实质性经营活动，也不转让国泰集团取得的股权，同时符合一般性税务处理和特殊性税务处理的条件。如果选择一般性税务处理，现金支付与股权支付类似，都是国泰集团后期确认股权转让所得，民爆投资也需要缴纳企业所得税。在这里，我们选择特殊性税务处理方式进行策划，国泰集团和民爆投资均以对方股权原有计税基础确定计税基础。

国泰集团以8685.58万元确认收购江铜民爆的计税基础，该交换100%通过股权支付且符合特殊性税务处理条件，因此国泰集团暂时不确认转让所得。

民爆投资以8685.58万元确认取得国泰集团股权的计税基础，同样暂时不确认转让所得。

江铜民爆在该股权转让交易中仅作为并购的标的公司，无须纳税。股权支付模式下的股权收购税收分析如图12-7所示。

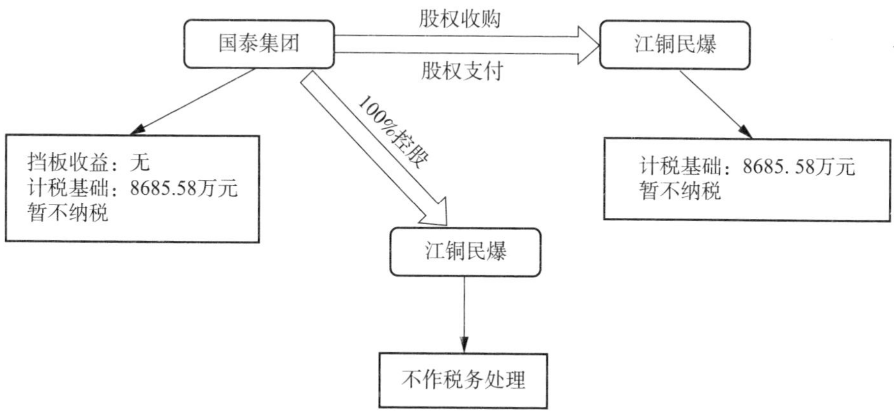

图 12-7　股权支付模式下的股权收购

（五）税收筹划结论

通过对比四种税收筹划方案（见表 12-14）可知，如果选择资产收购的方式，只能适用于一般性税务处理，在此情况下现金支付要比股权支付所得税税收负担低；如果选择股权收购，股权支付要比现金支付实际税负低，因为特殊性税务处理方式可以实现递延纳税，获得资金的时间价值。综上所述，国泰集团选择股权支付对价收购江铜民爆 100%的股权是最佳的税收筹划方案，在实际操作中国泰集团也是这样选择的。

表 12-14　税收筹划方案对比

		现金支付	股权支付
资产收购	国泰集团	挡板收益 240. 53 万元	纳税 6588. 77 万元
	江铜民爆	纳税 5983. 16 万元	纳税 5983. 16 万元
股权收购	国泰集团	不纳税	不纳税
	江铜民爆	不纳税	不纳税
	民爆投资	应纳税额 5983. 16 万元	不纳税

当然，企业所得税只是重组中需要负担的税种之一，国泰集团还需缴纳增值税、城市维护建设税、房产税等，其中增值税负担对企业税收成本有着重要影响。在资产收购方式下，江铜民爆需要缴纳增值税；股权支付无须缴纳增值税，因此国泰集团通过股权支付的方式收购江铜民爆股权是税负最低的税收筹划方法。

股权收购的方式虽然税负最低，但是国泰集团要承受相应的风险。因此，国泰集团在并购前要对江铜民爆的债务偿还、法律纠纷等情况进行调查，最大可能降低财务风险。

问题：

（1）股权收购和资产收购各自优缺点是什么？如何权衡税收利益与财务风险、税务风险的关系？

（2）本案例还涉及其他类型的资产重组方式吗？若有，请给出重组的操作模式及税务处理。

二、资产收购与增资扩股的权衡

（一）案例背景

2024年，甲企业为了扩大生产经营，提升品牌竞争力，计划收购不存在关联关系的Y企业的实质经营性资产。2024年6月，Y公司全部实质性经营资产的计税基础为1.8亿元，经评估后的总价值为2.1亿元。

方案一：甲企业通过增资扩股的方式收购Y企业；

方案二：甲企业以持有的乙公司股权作为对价对Y企业进行收购。

假设：甲企业与Y企业一致同意，且不管是方案一还是方案二均符合特殊性税务处理的各项条件，不考虑其他税费。

（二）方案分析

资产收购如适用特殊性税务处理，须同时符合财税〔2009〕59号文件第五条规定的5个条件（前文已经分析，在此不再赘述）。在此基础上，资产收购中，如果转让企业被收购的资产不低于转让企业全部资产的50%，且受让企业在该资产收购发生时的股权支付金额不低于其交易支付总额的85%，转让企业取得受让企业股权的计税基础，以被转让资产的原有计税基础确定；受让企业取得转让企业资产的计税基础，以被转让资产的原有计税基础确定。

方案一：甲企业通过增发2.1亿元收购Y企业资产后，Y企业持有甲企业38%股权。

Y企业：

由于甲企业支付的对价全部为甲企业本身的股权，其比例占全部支付金额比例为100%，假设其他条件也满足，这个时候，Y企业转让资产计税基础1.8亿元与公允价值之间的差额3000万元，可暂不确认资产转让所得。也就是说，Y企业取得的甲企业的38%的股权的计税基础以被转让资产即Y企业实质性经营资产的原有计税基础1.8亿元确定。

甲企业：

甲企业实际支付股权的公允价值为2.1亿元，如果适用一般性税务处理，其取得资产的计税基础是2.1亿元；如果适用特殊性税务处理，Y企业取得资产的计税基础为1.8亿元。即便Y企业今后转让股权，实现增值并纳税后，甲企业取得资产的计税基础也不能随之调整，仍要按1.8亿元计提相关资产的折旧或者摊销，这在一定程度上增加了收购方甲企业的税收成本。

方案二：甲企业以其持有的公允价值为2.1亿元（计税基础为1200万元）的乙企业100%股权作为支付对价，从Y企业处购入其全部实质性经营资产。重组交易完成后，甲企业持有Y企业全部实质性经营资产，Y企业持有乙企业100%股权。

Y企业：

在转让实质性经营资产时，不确认转让所得或损失；取得乙企业的100%股权的计税基础，以被转让资产的原有计税基础，即其全部实质性经营资产的计税基础1.8亿元确定。

甲企业：

以子公司乙企业100%股权为对价，取得转让方Y企业全部实质性经营资产，暂不确认股权转让所得或损失。至于取得Y企业的全部实质性经营资产的计税基础的确认，是以被转让资产的原有计税基础确定，即1.8亿元，还是以乙企业股权的原计税基础即1200万元确定，一般在设计重组方案时要先与企业所属主管税务机关沟通确认，避免计税基础的确认错误而产生税务风险。通过分析可知，资产收购双方计税基础的确定不仅影响本次交易的税务成本，还对未来资产的交易或处置的税务成本产生重大影响。

第13章 跨国经营的税收筹划

“以数治税”的时代已经来临，对于合法节税，纳税人一定要早重视、早规划、早执行。税收筹划不是打“擦边球”，更不是做法律禁止的事，而是基于国家财税法规、政策，合法节税避税、减轻企业税负，是要掌握不要把鸡蛋放在一个篮子里的艺术。

——中央财经大学教授、博士生导师　蔡　昌

2008年，世界范围内的金融危机爆发以来，跨国公司的极端税收筹划行为呈愈演愈烈之势。包括苹果、Goolge、亚马逊、Facebook等在内的多家巨型跨国公司利用复杂架构的国际筹划原理和方法将利润隐藏，导致税收主权国家的税款流失。

跨国公司肆无忌惮的行为引起了全球政治领袖、媒体和社会公众的高度关注。2012年6月，G20财长和央行行长会议同意通过国际合作应对税基侵蚀和利润转移（Base Erosion and Profit Shifting，BEPS）问题，并委托OECD开展研究。2013年2月，OECD发布《BEPS行动计划》，并于当年9月在G20圣彼得堡峰会上得到各国领导人背书。OECD发布报告明确指出，跨国公司的税收筹划行为已经造成全球商业竞争环境的严重不公平，给世界经济发展带来长期和致命的危害。

欧洲经济研究中心（ZEW）在其2004年发布的一份《信息时代下的国际税收筹划》讨论文件中指出：信息技术对企业经营和组织结构存在数种效应：第一，无形资产交易和服务贸易的地位日趋重要；第二，公司的经营活动与机构所在地日趋独立；第三，企业与客户的关系发生了变化；第四，企业的组织形式发生了重大的变化。①

---

① Discussion Paper No. 04-27：International Tax Planning in the Age of ICT.

国际税收领域的避税与反避税活动，引起了税务界的深入思考。下面剖析国际税收筹划原理，揭秘国际税收筹划的操作方式。

13.1　导管公司与国际税收协定

13.1.1　引入导管公司

在OECD和联合国的两个国际税收协定范本产生以后，世界各国之间签订的税收协定越来越多。迄今为止，世界各国已签署的税收协定已经超过4000个；中国对外正式签署的税收协定也多达100个，这些税收协定形成了巨大的税收协定网络。由于税收协定的双边特性，签署不同税收协定的缔约国之间，以及缔约国与非缔约国之间存在明显的税制差异。

在税制差异的前提下，跨国投资者预先设计投资的税务安排，通常并不直接从其居住国向所得来源国进行投资，而是通过在一个与所得来源国签订有税收协定，或者与居住国和所得来源国都签订有税收协定的第三方国家或地区设立分支机构，即所谓的导管公司，并利用导管公司进行实际利益归属于其的经济活动，从而享受税收协定优惠。

13.1.2　导管公司的类型

导管公司有两种类型：一是直接导管公司；二是“垫脚石”导管公司。

1. 直接导管公司模式

假设A国与B国没有签订税收协定，A国居民对B国的投资所得会被征收较高的预提所得税，这里假定税率为30%。A国居民发现第三方——C国与B国签订有税收协定，按照税收协定，B国仅对C国征收较低的预提所得税，假定税率为10%。在此背景下，A公司不直接投资B国，而是在C国设立一个子公司，即设立一个导管公司来对B国进行投资。这样一来，跨国投资者便可享受10%的预提所得税税率，从而使其负担的所得税大大降低。从另一角度分析，即使A国与B国签订有税收协定，但是只要其协定的预提所得税率高于10%，就存在利用导管公司筹划节税的空间。图13-1展示了直接导管公司的操作原理。

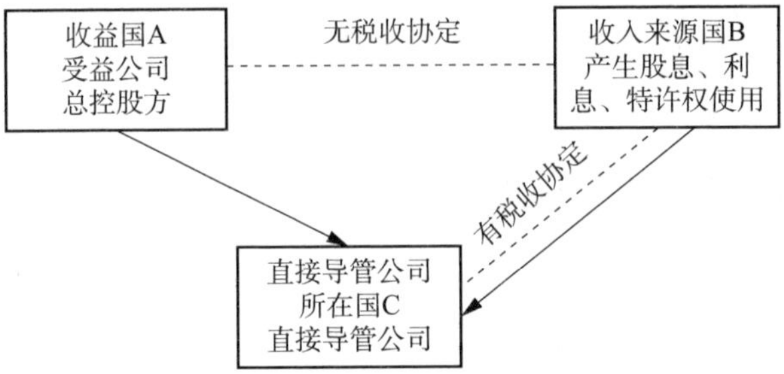

图 13-1 直接导管公司的操作原理

2. "垫脚石"导管公司

在上面的例子中，如果C国对在其国内的导管公司来源于B国的所得实行免税政策，那么C国的导管公司就称为直接导管公司，它的作用是利用税收协定控制投资环节的税负；如果C国仍然对导管公司来源于B国的所得全额征税，则跨国投资者就需要考虑将B国的利润（通过支付利息、管理费用等方式）转移到另一个对来源于C国的所得不征税的国家D，母公司需要在D国设立一个辅助性导管公司。这样，C国的公司一方面把利润转移到D国公司；另一方面又获得C国成本费用的税前扣除，D国导管公司的作用则是保留所得，这种模式被称为"垫脚石"导管公司。图13-2展示了"垫脚石"导管公司的操作原理。

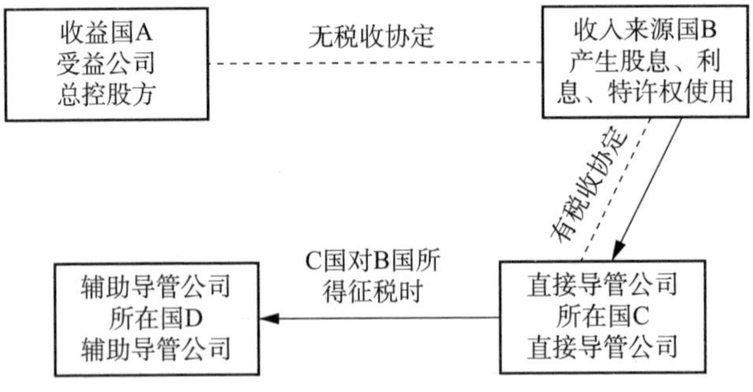

图 13-2 "垫脚石"导管公司的操作原理

13.1.3 导管公司与滥用税收协定

在国际税收领域，导管公司这种筹划方法因其游走于合法性的边缘，受到国际税收界的广泛关注。一些使用导管公司的税收实践，由于过度偏离税收协定的意图，被视为滥用税收协定。许多国家根据实质课税原则，对滥用税收协定的行为采取了必要的防范措施。例如，在德国与瑞士的税收协定中，规定了瑞士的公司如果大部分股权归属于第三国，则不应享有相应的低预提所得税优惠。

美国与加拿大1994年签订的税收协定书中也引入了反滥用协定的相关措施。关于税收协定的未来发展，有专家提出建立一次性多边的税收协定以替代现有的双边税收协定网络的前沿观念（Elsayyad and Konrad，2011）。OECD在2014年的BEPS行动计划中重点针对滥用税收协定，提出了更新常设机构定义的行动计划。

根据实质课税原则，判断税收协定是否被滥用的标准有两个：一是受益所有人；二是合理商业目的。受益所有人是指对所得或所得据以产生的权利或财产具有所有权和支配权的人，该标准意即不从事实质经营活动的导管公司不是真正的受益所有人，因此不应该适用税收协定的优惠税率。合理的商业目的则是指企业适用税收政策的商业行为主要或唯一目的不是获取税收利益。

国际上采用的应对滥用税收协定的方法主要有透视法、渠道法、善意法等。透视法是指最终取得股息的受益人应当是缔约国居民的公司，这种方法对享受税收协定优惠的公司股东也作出了规定；渠道法则是对享受税收协定优惠的公司支付给第三方居民的股息、利息、特许权使用费的比例作出规定，常常与透视法结合使用；善意法则是指税收协定的优惠只允许从事实质交易的公司享受。

为了避免与这些应对滥用税收协定的条款相抵触，跨国投资者在进行税收筹划时，首先，必须考虑税务当局的税收监管能力与反滥用税收协定的政策规定，选择适当的地点设立导管公司；其次，在导管公司设立国应开展实质性的经营生产活动，避免单纯建立用来避税的空壳公司，以免引起税务当局的注意。

13.2 转让定价与正常价格标准

13.2.1 转让定价原理

转让定价是跨国企业进行利润转移的重要工具。转让定价是指跨国关联企业间内部转让交易所确定的价格，这一价格通常与市场价格存在差距。

跨国企业通过转让定价，可以控制收入和成本的流向，最终达成所得税税基的流动和利润转移。跨国企业使用转让定价的目的，就是使可扣除项目向高税率国流动，使收入向低税率国流动，最终获得税收利益。

转让定价不仅是国际税收筹划的重要方法，也是提高利润率、改变企业资信形象、垄断外国市场、转移利润和逃避外汇管制的重要途径。利用转让定价将利润转移到一国，可以提高该国子公司的资信形象；利用转让定价可以压缩一国子公司的生产成本，进而达到垄断的目的；利用转让定价还可以创造一个成本费用渠道，将利润从外汇管制的国家向外转移。

13.2.2 国际应对转让定价的措施

鉴于转让定价是国际贸易中常见的现象，各国为了控制转移定价所进行的不合理分配，维护其税收主权，都在努力探索或制定转让定价税制。BEPS 行动计划中特别提到无形资产的转让定价问题。

国际上应对转让定价有两个重要措施：一是关联企业的确认。对于税收协定国之间，在 OECD 税收协定范本中规定，存在直接控制关系的，或者同时受控于同一企业的两家企业即构成关联关系；而对于非缔约国之间，主要通过控股比例、控制实质等标准判断关联关系，同时有针对避税地的特殊规定。二是制定针对转让定价应税所得的调整方法。将应税所得按照独立企业之间的正常价格标准，即按照独立交易原则调整转让定价为符合实际的应税所得。

国际上应对转让定价的常见方法包括正常价格标准和预约定价协议（ATA）。正常价格标准是一种依照公平交易原则确定的转让定价方法，税务当局针对跨国关联企业的转让定价应用正常价格标准，并判断是否进行制裁；预约定价协议是纳税人事先向税务机关报备其在未来年度的定价，经税务机关审核同意之后，双方可以按照既定的原则进行交易。预约定价协议虽然一劳永逸，但是由于其成本对于纳税人仍然过高，可行性有限。

在当前国际形势下，如何才能使关联企业之间的转让定价既符合独立交易原则，又能减轻税收负担，已经成为转让定价研究的重点。

税务机关以关联企业之间的交易为对象，以公平交易为原则确定的转让定价称为正常价格标准，而关联企业之间进行转让定价时采取不同的标准，决定转让价格的方法就是转让定价方法。如何采用转让定价方法，既能够符合正常交易的标准，又能够降低税负，是转让定价税收筹划的根本目的。

国际上常见的转让定价方法包括可比非受控价格法、再销售价格法、成本加利法、可比利润法等。

1. 可比非受控价格法（CUP）

可比非受控价格法要求纳税人按照非受控的、公平交易的价格来衡量自己在受控交易中对商品的定价，这种方法的重点在于受控交易与可比非受控交易之间的比较。企业在转让定价过程中，要关注二者的差异。

在可比非受控价格法中有两个需要重点考虑的因素：一是转让定价与可比非受控价格之间的可比性；二是比较数据的准确性和可靠性。在此基础上，通过比较转让定价和正常价格标准之间的差异，寻找合理的理由来解释差异的来源，使转让定价接近可比非受控价格。

在适用可比非受控价格的条件下，转让定价与可比非受控价格存在的差异被区分为次要差异、实质性差异等；如果差异微小或者差异可以被合理解释（例如品牌差异、地理差异等），转让定价就可以被确定为符合正常价格标准。

【案例 13-1】甲国 A 公司向乙国市场销售一种产品，价格为每件 70 元，向乙国子公司 B 销售该产品的价格为每件 60 元，由于乙国所得税率比甲国低，甲国税务当局怀疑 A 公司通过转让定价进行利润转移。转让定价与可比非受控价格如图 13-3 所示。经过对 A 公司提供的详细资料进行研判，甲国税务当局发现，销售到 B 公司的该产品的价格差异主要在于保险费与国际运输费。因此，这种价格差异可以被合理解释，其转让定价仍适用可比非受控价格标准，不需要调整。

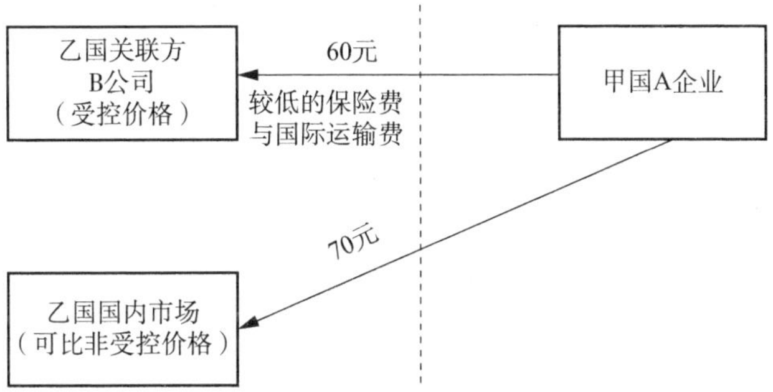

图 13-3 转让定价与可比非受控价格

2. 再销售价格法（RPM）与成本加利法（CPM）

再销售价格法，是指通过销售价格乘以合理的销售成本率，推定出关联企业间的正常价格标准。

成本加利法，则是通过商品提供方的成本除以合理的销售成本率，推定出关联企业间的正常价格标准。

再销售价格标准=转入市场销售价格×(1-交易的合理毛利率)

成本加利法标准=转出企业成本/(1-交易的合理毛利率)

这两种方法都是通过对价格构成的分析进行定价，在商品销售价格可以准确获得的情况下，适合使用再销售价格法；在商品原始成本可以确定的条件下则适合使用成本加利法。

【案例 13-2】甲国 A 公司将自产的成本为 100 元的货物以 120 元销售给乙国子公司 B，B 公司在乙国出售该货物的价格是 200 元。甲国税务当局怀疑 A 公司利用转让定价进行利润转移。由于在乙国无法获得可比非受控价格，因此采用再销售价格法或成本加利法对转让定价进行比对。

税务当局认定的商品提供企业的合理毛利率为20%，再销售的合理毛利率为25%，则有

再销售价格标准=200×(1-25%)= 150（元）

成本加利法标准=100/(1-20%)= 125（元）

无论是按照再销售价格标准，还是成本加成法标准，计算结果都与B公司在乙国出售货物的价格存在很大差异。因此，A企业的转让定价不合理，被甲国税务当局要求进行税务调整。

13.3 外国基地公司与受控外国公司制度

13.3.1 外国基地公司原理

外国基地公司，具体是指利用不同国家的税率差异，在相对低税甚至无税的避税地国家建立的从事收入费用转移或资产积累的公司，是一种在各国税率存在差异的背景下，利用组织结构和延期纳税来进行税收筹划的方法。

外国基地公司一般建立在避税地国家，这是由避税地国家的独特特征所决定的，包括相对较低甚至为零的税率、现代化便利的商业环境、稳定的政治环境、优越的地理位置等。这种得天独厚的条件引起税基向“低洼”流动。

在很多情况下，设立在避税地的一些外国基地公司被称为信箱公司，这是由于这些公司在注册国只有基本的组织架构和登记手续，成立的目的仅仅是安排税收。信箱公司通常是跨国集团在避税地设立的财务子公司，通过名义营业、保留利润、投资、中介、担保等方式，进行利润与资本的转移与积累。

在现实条件下，外国基地公司在避税地的避税模式主要分为两种：第一种是收入与成本转移，通过其他公司与避税地基地公司之间的关联交易，将收入来源地尽量确定在避税地公司，而把成本费用通过特许权使用费或管理费用等方式转移到高税地。第二种是保留利润并再投资，在利润转移到避税地之后或者是通过保留利润来递延纳税；或者是在此基础之上进行利润的再投资，进而享受避税地国家的所得税优惠。无论采用哪一种模式，其原理都是通过成本和利润的流量控制，而其组织基础则是通过避税地基地公司来运行。

1. 收入与成本转移类基地公司

这一类一般通过纳税主体的转移来实现收入，进而达到避税的目的。

2. 收入实现主体的转移——贸易公司

跨国集团常常将发生的国际商品、劳务交易活动的收入实现主体，在名义

上变更为设立在避税港的贸易公司，使其成为收入实现的主体，享受避税地的低税收政策。这种特定的公司只能在跨国联属公司发生贸易时，开具发票和处理现金结算。

【案例 13-3】 跨国集团在高税国甲拥有生产机构子公司 A，如果直接与客户——乙国消费者交易，将会在甲国被征以高税。因此，该跨国集团可以在避税地丙国设立名义的贸易公司 B，使 B 公司成为跨国集团的销售业务主体，使 A 公司生产的货物名义上经由 B 公司中转销售到乙国，从而使收入转移到 B 公司，享受低所得税率。货物与利润实际流向如图 13-4 所示。

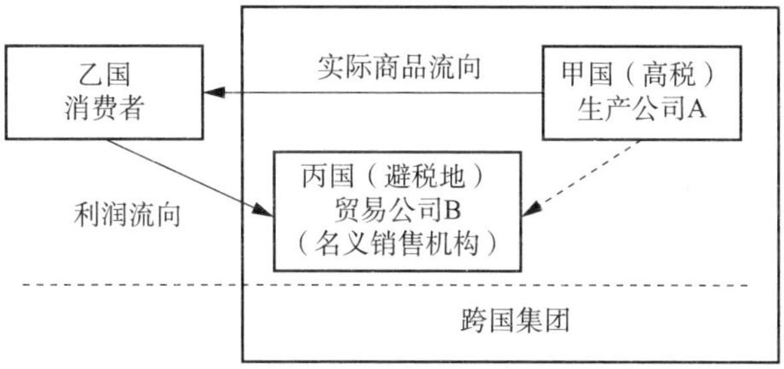

图 13-4　货物与利润实际流向

13.3.2　总机构的转移——控股公司和服务公司

控股公司是指在避税地设立控制集团内子公司大量具有表决权股份的外国基地公司，设立在避税地之后控股公司的股权——所有权转移到了避税地，从而可以名正言顺地享受股息收入和资本利得的低税收；而服务公司则是指能够对集团收入、费用、投资、筹资进行分配的总管理机构，可以控制集团内部业务的发生，调节整个集团的税负。在多数情况下，服务公司也是控股公司。相较于贸易公司，这两种方式可以在一定程度上减少税务当局的怀疑。

1. 保留所得与再投资类基地公司

通过收入和成本转移的税收筹划，企业已经将所得保留在了避税地。在此基础之上，如果跨国集团不将这些跨国所得转移到高税国，就可以获得长时间的延期纳税。同时，跨国集团可以进一步将累积所得再投资，使免税所得能够产生更多的利润。

2. 投资公司、离岸基金与离岸信托

投资公司是指设立在避税地，利用跨国集团在其中积累的资金从事证券交易的外国基地公司，以实现投资收益。其投资方式多样，包括股权投资、债权投资、短期证券投资等。图 13-5 显示了在避税地设立投资公司的操作原理。

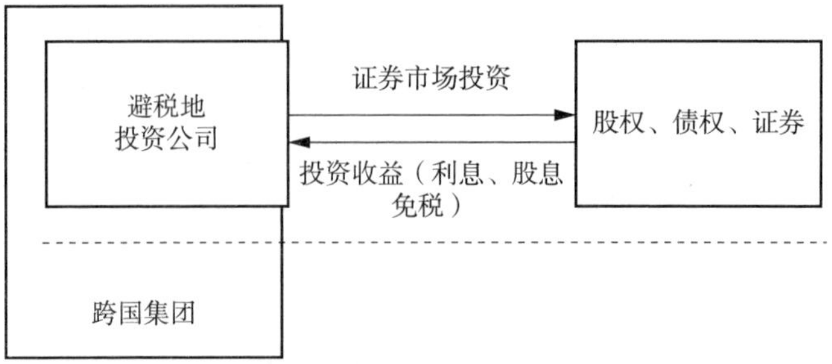

图 13-5 在避税地设立投资公司的操作原理

投资公司与控股公司的区别主要有两点：首先，投资公司并非跨国集团的总机构，即使是通过股权投资将资本投向集团内部，也不会拥有任何重要的表决权；其次，相比于控股公司，投资公司不仅是一个免税所得累积的分支机构，而且是一个主动投资，获得更多收益的分支机构。

投资公司直接利用避税地保留的利润进行再投资，在避税地的低税率，或者税收协定存在少征或免征预提所得税规定的条件下，实现再投资的股息、利息的再次免税。

投资公司的常见形式是受控离岸基金和受控信托公司，以基金或信托的形式托管跨国企业的所得，实现投资收益。与受控离岸基金相比，受控信托公司更有利于企业投资动向的保密，可以被用来与其他外国基地公司共同设计税收筹划架构。很多国家有信托财产继承免税的规定，更有利于继承和遗产税规划。

值得一提的是，由于各国对金融衍生品的认定差异，在避税地国家被认定为股权工具的金融工具，在发行国可能会被认定为债权工具，有些跨国企业的投资公司会利用发行国与避税地的税制差异（避税地对股权工具的股息免征所得税，而发行国对债权工具的利息免征预提所得税），实现在发行国与所在国（避税地）的双重不征税。这种情况属于国际反避税的热点——混合错配。

3. 金融公司与保险公司

与投资公司不同，金融公司和保险公司并不直接利用保留的利润再投资，而是以借贷人或保险人的身份，在资金保留在避税地的前提下，实现资金为跨国集团所用。

金融公司是指在跨国集团中以避税地保留的利润作为借贷资本向跨国集团进行债权投资的外国基地公司。跨国集团在有资本需要的时候，暂时需要的大量资金往往可以通过向其设在避税港的金融公司进行贷款来解决。所发生的利息，对于使用贷款的子公司可以在税前扣除，而在避税地子公司可以免征所得税。图 13-6 显示了在避税地设立金融公司的操作原理。

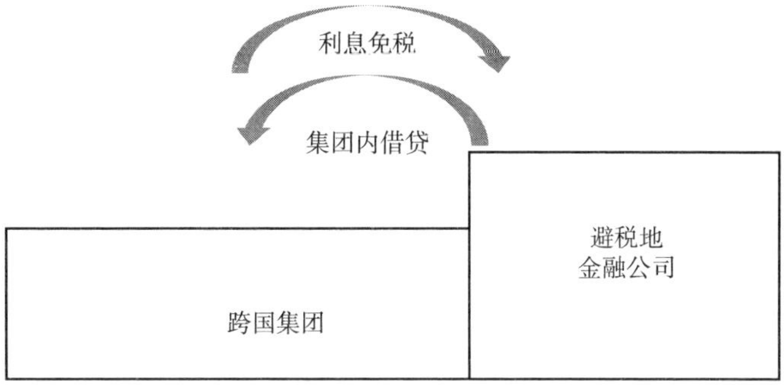

图 13-6　在避税地设立金融公司的操作原理

保险公司是指受控于跨国集团，为集团内成员提供保险和分保的一种外国基地公司。保险公司与金融公司相比，同样是间接利用避税地保留所得的受控外国公司，但其方式更为间接，需要考虑到风险和不确定性。

建立受控保险公司具有两个方面的优势：首先，作为集团内的保险公司，可以承担第三方保险公司不能承担的损失，同时需要投保的公司只需要较低的保险费用。其次，大多数国家保险赔款是不征税的，在出险的情况下，可以将避税地的保留所得合理转移到需要资金的子公司所在地。

4. 专利公司与租赁公司

专利公司与租赁公司都属于利用对资产的特殊所得税规定设立的外国基地公司。

专利公司是指利用知识产权、工业产权等无形资产，通过收取特许权使用费等方式获取收益的避税地基地公司。专利公司所利用的特殊资产所得税规定一般是对特许权使用费减征或免征预提所得税。在苹果的“爱尔兰三明治”避税架构中，就利用了欧盟关于免征特许权使用费的预提所得税的相关规定。

租赁公司，是指从事资产租赁贸易等活动的机构。租赁的本质其实是一定时期内使用权的交易，因此，一方面，租赁可以作为转让定价的特殊情况来看待；另一方面，租赁也适用于所得税法对固定资产折旧有特殊规定的情况。例如，在存在固定资产加速折旧的国家建立租赁公司，可以获得资产的加速折旧，提前获得抵税项目，从而达成与递延纳税相同的结果；又如，在不同国家对于融资租赁的规定不同的条件下，一项租赁业务可能在租赁公司所在国被认定为经济租赁，而在承租人所在国却被认定为融资租赁，该项租赁资产在两个国家都可以享受到折旧抵税。

13.3.3 受控外国公司制度（CFC rules）

利用在避税地建立的基地实现利润转移、保留和再投资是跨国集团常用的税收筹划安排手段，但是过于激进的筹划政策会造成不当的税收流失。因此，许多国家尤其是发达国家特别关注如何应对受控于本国的避税地公司从事避税活动，并以美国为首建立了受控外国公司制度。我国在2008年的《企业所得税法》中，首次加入了关于受控外国公司的规定，认定不合理保留的利润负有纳税义务，并且在法律上赋予了税务机关对受控外国公司的所得归属依法审查的权力。

1. 受控外国公司的界定

每个国家受控外国公司制度的核心都在于对“控制”的界定。就各国CFC法规而言，主要是对持股比例的界定。这些规定既包括对全部股东控制权的界定，又包括个别股东控制权的界定。例如，日本立法规定，当一家外国公司50%的股权被日本居民（企业）持有，且每个股东至少持有这家外国公司5%的股权时才需要纳税。其他国家或是对持股比例有不同规定，或是对是否对个别股东设置限额有不同规定，但是主要规定是类似的。除了在法律上对量化的持股比例作出规定之外，一些国家还提出了实质控制标准——持股比例虽然没有达到法定要求，但是实质上对外国公司构成控制的情况下，也会认定这家外国公司为受控外国公司。

此外，各国对确认控制的时间也有不同的界定规定。例如，法国规定，符合持股比例的控制时间累计超过183天（非协定国）的外国公司才会被认定为受控外国公司；而美国法律规定则是不间断地控制30天；还有些国家规定了特定的测试日期。

2. 针对受控外国公司的制裁

在确认了受控外国公司之后，受控外国公司的控制方所在国将会根据受控外国公司税制，对外国公司所得按照居民所得进行征税，具体征税方式有按照比例征收、具体分项征收、全额征收等。按照比例征收，是指将受控外国公司的所得乘以控制国居民持股的比例，再乘以一年中持股天数的比例作为税基进行征税。具体分项征收则是对受控外国公司所得进行分类，对每一项所得甚至每一项发生的业务进行分析，以确定是否征税。全额征收，则是规定只要受控外国公司位于避税港，其全部所得都按照居民所得征税。为了防止打击面过大，一些国家对符合条件（小额所得、无避税动机等）的受控外国公司会有免税规定。

OECD 的 BEPS 工作小组于 2013 年提出的应对 BEPS 行动计划中的行动 3，针对的是受控外国公司与不合理保留利润，督促 OECD 税收协定范本修订和各国 CFC 法律制度的修改。

在这一国际形势下，利用外国基地公司进行税收筹划的策略应更加谨慎，其一是税收筹划结构需要建立在各国最新税收政策基础上；其二是避免激进的税收筹划，违反税收筹划合乎立法意图的本质。

13.4 利息抵税与资本弱化税制

13.4.1 利息抵税在国际税收筹划中的应用

Modigliani 和 Miller 在 1958 年发表的论文中提出了关于资本结构的 MM 理论。该理论证明，在征收企业所得税的条件下，由于债务利息可以抵税，随着企业债务的增加，企业的筹资成本会逐渐降低，债务也会增加企业的价值。

有负债企业的价值=无负债企业的价值+负债×所得税率

企业筹资成本=股权比例×股权筹资成本+债权比例×债权筹资成本×(1-所得税率)

企业通过加大负债比例，减少股权比例的方式可以增加税前的扣除项目。借贷款支付的利息，一般是作为期间费用中的财务费用税卡扣除的。相比之下，股息一般不得进行税前扣除。因此，在一定程度上增加企业资本结构中负债的比例，可以实现筹划税收的目的，负债的这种作用也称为税盾作用。

跨国集团在经营过程中常常利用债务抵税的方法来减少纳税额，尤其是承担债务的公司所在国采取高税率时，利用债务抵税可以实现利润的转移。

13.4.2 资本弱化税制

财务健康要求资产负债率保持在一定程度（OECD 建议的资产负债率是 50%），如果债权比例过高，比例失调则被称为资本弱化。

资本弱化有很多危害，不仅破坏了税收中性原则，导致企业之间的不公平竞争，更引起被投资企业所在国的税基流失。OECD 的 BEPS 工作小组在应对 BEPS 行动计划中的行动 4 中提出了应对跨国企业通过关联方借贷获得利息扣除的建议。

许多国家建立了资本弱化税制。与受控外国公司制度主要针对本国对外国的投资不同，资本弱化税制针对的主要是外国对本国的（债权）投资。各国通常采取的方式是限制税前扣除。具体的限制数额，通常采用固定比例法、正常交易法等来确定。

1. 固定比例法

固定比例法是对企业的股权与关联方债务比例作出限制的资本弱化税制，其核心在于对关联方债务概念的确定。对债务概念的确定包括两个要点：一是对债务范围的规定，这一类规定明确了债务是什么："什么性质的金融工具属于债务？多久期限、何时借入的债务属于适用资本弱化税制的范围？"等。二是对债务来源的规定，这一类规定明确了贷款提供人的身份。除了美国以全部公司债务作为适用基础之外，其他国家一般规定，只有公司股东向本国公司提供贷款时，其债权才加入固定比例法中的债权数量进行计算。

固定比例法的优点是规则的确定性，节约了纳税成本与征税成本，方便纳税人遵循及税务机关的管理。固定比例法的另一个特点是容易回避，在了解该国对债务确定的政策之后，有些跨国公司会利用担保等方式，将贷款的提供者转为非股东，进而使公司股权结构在规定上符合固定比例。

我国采用的是固定比例法，在2008年实行的《企业所得税法》中，不仅将关联方的直接债务加入固定比例的计算，而且将关联方间接通过非关联方提供给企业的贷款、通过担保使企业获得非关联方贷款等也加入固定比例的计算之中。

2. 正常交易法

正常交易法是直接对债权债务的性质进行判断，如果一项关联方的借贷行为与非关联方的借贷条件不同，关联方贷款可能被视为资本弱化行为，则利息将被当作股息，不能获得抵税的效果。

正常交易法的优点是考虑了每一项借贷行为的实质与特别因素，符合实质课税、税收中性的原则。但考虑到其高昂的纳税与税收成本，实践中往往难以执行。

13.5 机构流动与常设机构

在国际税收领域，以人员（包括法人和自然人）流动或转移来减少税收的情况十分常见。在实行居民管辖权的国家，对企业居民身份的判定标准包括注册登记所在地、总机构所在地、实际管理机构所在地等，这些不同的标准恰恰为公司利用税制差异提供了税收筹划空间。

跨国企业可以在避税地或税收协定缔约国建立仅仅用来召开董事会的信箱公司，使之成为实际管理机构所在地，从而享受避税地的低税率或税收协定的税收优惠；跨国企业还可以利用两个国家对企业居民身份的认定差异，在两国都成为非居民公司，实现双重减少税收。这种方式常常利用了税制差异中的实体认定差异，被归类为混合错配的一种。

在 OECD 与联合国订立的税收协定范本中规定了常设机构的判别标准：①常设机构是全部或部分营业的固定场所；②常设机构也可以是代理非居民从事订单、合同签订的机构。不属于这两种情况的分支机构一般不会被视为常设机构。非常设机构的操作原理如图 11-7 所示。

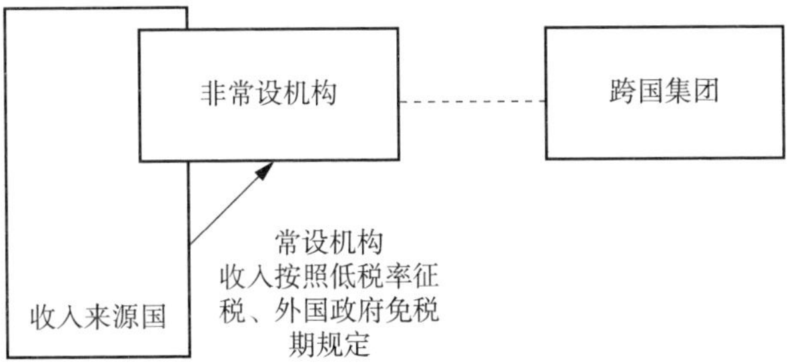

图 13-7 非常设机构的操作原理

中国在与美国、加拿大、泰国、新加坡等国家签订的税收协定中规定，仓储、采购、加工等辅助性的分支机构属于准备或辅助性质的常设机构。依据这一类规定，可利用非常设机构实现一些不需要常设机构的经营业务，回避收入来源地的税收，从而达到减轻税负的目的。

【案例 13-4】 日本在 20 世纪 70 年代兴建了许多船上流动工厂车间，使之在亚洲和非洲流动作业，就地收购原材料、加工并就地出售，整个生产周期仅有 1~2 个月。这些海上流动工厂既不对收入来源地负有纳税义务，在本国也被视作海外收入享受优惠，从而双重避免了税收。

下 篇

经典案例（classic case）

基于民法中的“私法自治”原则，纳税人因对税收利益的追求而采取法律允许的合法节税行为，是纳税人享有的一项合法权益。税收法定原则确立了纳税人的合法节税权，而“私法自治”使这种权利成为现实，体现了纳税人的法律意识，也体现了民主、正义的税收契约精神。

第14章

国内税收筹划案例

税收筹划的实质在于从企业组织形式、交易结构、契约签订、控制方式等方面进行顶层设计、通盘考虑，植入全局思维和前瞻思维。税收筹划从来都不是单纯的财务技术问题，而是牵一发而动全身的系统工程。

——中央财经大学教授、博士生导师　蔡　昌

14.1　美团公司税收筹划案例

14.1.1　美团公司概况

1. 营收状况①

美团公司2020年对外披露的年报显示，公司全年总收入为1148亿元，净利润47.1亿元，其中餐饮外卖业务交易金额为4889亿元。2020年，餐饮外卖日均交易笔数增长至2770万笔，收入增长至663亿元，经营盈利增加至28亿元，而经营利润率则升至4.3%。

年报还显示，截至2020年末，美团平台共有950万名外卖骑手。

2. 股权架构图②

美团隶属北京三快在线科技有限公司，总部位于北京，其母公司为位于香港的美团香港有限公司，2018年于香港上市，其股权架构如图14-1所示。

① 资料来源：美团2020年度报告，http：//media-meituan.todayir.com/202104190800031773972249 5_tc.pdf。

② 资料来源：天眼查，https：//www.tianyancha.com/company/26141112？tree_full=true。

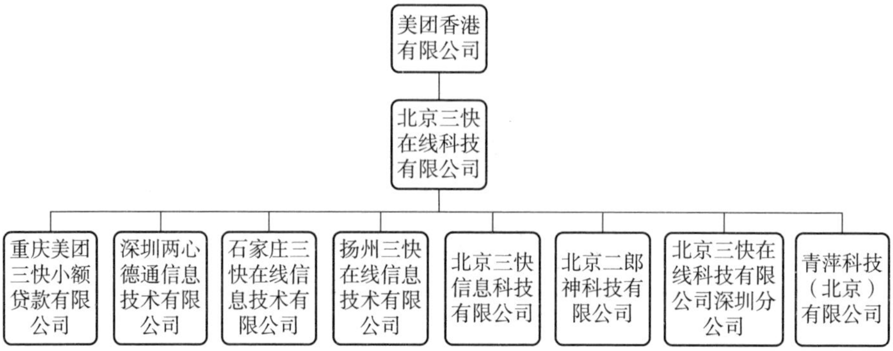

图 14-1 美团公司股权架构①

14.1.2 税收筹划方法之灵活用工

1. 基本方法：变雇用关系为合作关系

美团公司 2020 年的财务报告显示，其餐饮外卖业务收入为 663 亿元，而公司全年总收入为 1148 亿元，占比高达 57.75%，由此可知，餐饮外卖业务对于美团公司的营收贡献极大。对于餐饮外卖业务来说，外卖骑手的重要性不言而喻。2020 年财务报告表明，截至 2020 年年底，美团平台共有 950 万名外卖骑手。按照传统用工模式，外卖骑手与美团公司签订劳动合同，受雇于美团公司，其从美团公司取得的劳动所得需要按照“工资、薪金所得”项目适用 3%~45% 的七级累进税率；而美团公司需要为外卖骑手缴纳社保，从而承担巨额的社保成本。随着互联网技术的蓬勃发展，灵活就业兴起，零工经济快速发展，为美团公司与外卖骑手转换关系提供了契机。在新型用工模式下，美团公司可以通过零工平台将其与外卖骑手的雇用关系转变为合作关系，即美团公司通过零工平台与外卖骑手建立联系，当美团公司需要外卖骑手时，零工平台为其与外卖骑手匹配。但双方不再是雇用与被雇用的关系，而是合作关系。

灵活用工通常具有三种模式，这里介绍与美团公司类似的中介平台式的灵活用工模式，其中，零工平台充当着中介的作用（见图 14-2）。

具体而言，用工企业与零工平台签订服务协议，当企业需要用工时，零工平台为其与自由从业者匹配，自由从业者为用工企业提供劳务或服务后，零工平台代替用工企业向自由从业者支付报酬，并代自由从业者向税务机关申报纳税，同时向税务机关申请代开增值税专用发票；而用工企业向零工平台支付服

---

① 除北京三快在线科技有限公司对青萍科技（北京）有限公司控股 10%之外，其余均为 100%控股。此股权架构仅列明其对外投资情况，未列明分支机构。

务费和结算自由从业者的报酬，由零工平台就收取的服务费开具增值税专用发票。对于自由从业者来说，由于其不是受雇于用工企业，其取得的所得不按照“工资、薪金所得”纳税，且可以申请成为个体工商户，按照“经营所得”征税，一般就其全额收入核定征收个人所得税，而小规模纳税人月应税销售额不超过15万元（季度应税销售额不超过45万元）免征增值税，可以达到节税的目的。对于用工企业来说，其需要向零工平台支付服务费以及其代向自由从业者支付的报酬，而零工平台就收取的服务费开具6%的增值税专用发票，加上税务机关代自由从业者开具的增值税专用发票，用工企业可以此抵扣增值税进项，降低其增值税税负，且用工企业不需要负担自由从业者的社保，社保成本大大降低。

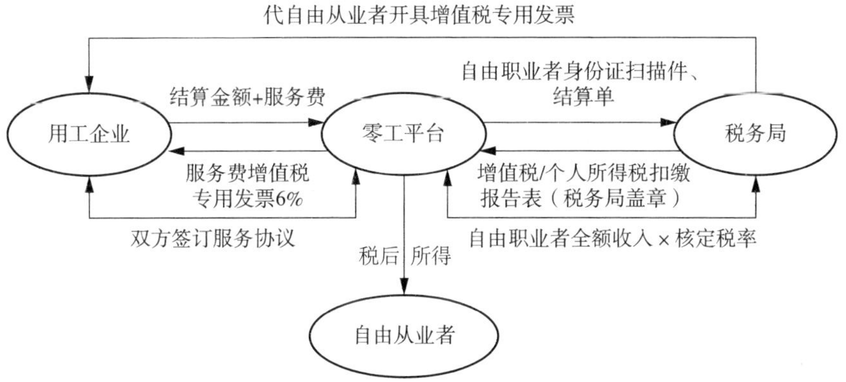

图14-2　中介平台式的灵活用工模式

对于美团公司来说，通过将雇用关系转变为合作关系，不仅不需要为众多外卖骑手负担高昂的社保成本，还可以获得零工平台和税务机关代开的增值税专用发票抵扣进项。同时，其向零工平台支付的服务费和负担外卖骑手的报酬可以在企业所得税前扣除。综上所述，通过转换关系，美团公司可以降低较多的社保成本和税收成本。

对于外卖骑手来说，首先，作为自由从业者，可以申请成为个体工商户，其提供劳动取得的所得不再按照“工资、薪金所得”项目适用3%~45%的累进税率，而可以核定征收，大大降低其个人所得税税负；其次，其应税销售额一般达不到增值税起征点，很大可能不需要缴纳增值税。

2. 筹划原理

（1）契约优化

美团公司与外卖骑手由雇用关系转换为合作关系，实质上是采用了契约优化的节税原理。多方利益相关者存在竞争与合作关系，他们之间的竞争合作是通过契约合同来维护的。契约优化是指通过修改相关的合同条款，使得多方利益相关者可以获得更高的税后收益。

在灵活用工模式下，美团公司不仅不需要承担相应的社保成本，还可以获得相关的增值税进项发票抵扣进项；而外卖骑手也不再按照“工资、薪金所得”项目纳税，而是适用个体工商户核定征收个人所得税。通过将合同优化，美团和外卖骑手均可以降低税收成本。

（2）税法弹性

美团公司将其与外卖骑手的雇用关系转变为合作关系，进而降低双方税负，还体现了税法弹性的筹划原理。税法弹性是指税收不是完全固定不变的，它会随着纳税人的组织架构、业务模式等改变而改变。税法弹性意味着纳税人有自由选择的权利，可以自由选择使其税后利益最大化的组织架构或者业务模式，具有一定的筹划空间。

美团公司通过改变与外卖骑手的关系，最终使双方的纳税情况发生了变化，正是利用了税收随着纳税人的业务模式、用工安排变化而变化的原理。

14.1.3 税收筹划方法之充分利用税收优惠政策

1. 基本方法一：入驻总部经济园区

近年来，各地方政府为了招商引资带动当地经济发展，采取了总部经济招商的措施，给予入驻园区的企业大量税收优惠，如重庆、江苏、上海、北京等地均设立了总部经济园区。总部经济园区系列税收优惠政策是地方政府为鼓励企业到园区设立总部、地区总部，促进园区经济发展而制定的。企业入驻采用注册式，可以通过在园区设立新公司、子公司、分公司或者迁移等方式进入园区。园区不要求企业实地办公，只要入驻园区，企业纳税时就可以享受一系列的税收优惠。

园区的优惠政策一般分为有限公司和个人独资企业的优惠政策两种，不同总部经济园区的优惠政策有所差别，这里以重庆垫江总部经济园区的税收政策为例说明。重庆垫江对新引进的总部企业，自设立年度起第一年至第五年，根据企业缴纳的增值税、企业所得税对地方经济发展贡献为基数，按季度给予企业税收扶持奖励，具体如表 14-1 所示。①

① https：//www. jianshu. com/p/6af8893df2db.

表 14-1　重庆垫江总部经济园区税收优惠政策

主体	优惠
有限公司（一般纳税人）	增值税：给予 70%~80%比例的奖励 企业所得税：给予 70%~80%比例的奖励
个人独资企业（小规模纳税人/一般纳税人）	可核定征收，征收税率为 0.5%~3.1%

增值税和企业所得税返还梯度标准：年纳税额 500 万元以下，按 70%安排；年纳税额 500 万~3000 万元，按 75%安排；年纳税额 3000 万元以上，按 80%安排。总部经济园区税收优惠政策适用于建筑行业、互联网行业、房地产行业、金融行业、电商平台行业等。

美团公司作为互联网大型企业，隶属互联网行业。如果其在总部经济园区设立新公司、子公司或者分公司等，便可以享受园区的一系列税收优惠，大大降低其税收成本。结合美团公司的股权和分支机构图可以看出，美团公司在重庆、扬州、北京均设立子公司，在重庆、扬州、无锡、上海等地均有分支机构。具体以北京三快在线科技有限公司扬州分公司和青萍科技（北京）有限公司为例，它们分别设立在扬州市经济技术开发区和北京市经济技术开发区，可以享受相对应的税收优惠。至于其他尚未入驻园区的公司，则可以考虑迁移至园区，以降低税收成本。

2. 基本方法二：充分利用其他税收优惠政策

为了鼓励软件技术企业的发展，我国出台了涵盖增值税、企业所得税等税种的优惠政策，如表 14-2 所示。

表 14-2　软件技术企业适用的税收优惠政策①

税种	具体优惠
企业所得税	高新技术企业税率为 15%
	研发费用加计扣除 75%
	技术转让所得≤500 万元，免税；>500 万元部分，减半征收
	小型微利企业年应纳税所得额≤100 万元，实际税率为 2.5%；100 万~300 万元，实际税率为 5%
增值税	实际税负超过 3%部分即征即退

美团隶属北京三快在线科技有限公司，而北京三快在线科技有限公司属于软件和信息技术服务业，且为中关村的高新技术企业，从事计算机软件技术、

① 笔者根据现有政策整理。

网络技术开发、技术转让等经营活动，可以享受高新技术企业优惠税率、研发费用加计扣除、增值税即征即退等优惠政策，而北京二郎神科技有限公司和青萍科技（北京）有限公司等子公司还是小型微利企业，享受相应所得税优惠，从而可以有效降低税收负担。

3. 筹划原理

（1）税法弹性

首先，美团公司充分利用各项税收优惠政策，体现了税法弹性中税法选择的筹划思想。国家提供了各项税收优惠政策，美团公司可以选择享受，也可以选择不享受，进而使其纳税情况不一致。基于理性人假设，美团公司应选择相应的税收优惠，从而有效降低其税收成本，提高税后收益。

其次，美团公司入驻总部经济园区以适用相应的税收优惠政策，总体体现的筹划思想是税法弹性中的税法漏洞利用。所谓税法漏洞，是指导致丧失有效性或导致经济活动低效率的税收条款。各地方政府为了促进该地区的发展，吸引企业的投资，设立总部经济园区，给予入驻园区企业大量的税收优惠，实质上构成了“税收洼地”，可能导致地方之间的恶性税收竞争。这种恶性税收竞争进而导致经济活动的低效性，且会扭曲企业的投资选择，不利于资源的有效配置。企业通过各种方式入驻园区，以充分利用总部经济园区的税收优惠，实质上便是利用税法漏洞。

最后，美团公司可以通过设立子公司、分公司，抑或迁移的方式入驻总部经济园区，以及可以选择设立有限公司或者个人独资企业，体现了税法弹性中税法选择的筹划原理。税收情况随着纳税人选择的组织架构、业务模式不同而不同；美团公司采取不同的入驻方式，可能导致其最后的纳税情况不一致，正体现了税收选择的原理。

（2）组织架构

美团公司入驻总部经济园区可以采用设立子公司或者分公司的方式，体现了组织架构的筹划思想。不同的组织架构，适用不同的税收政策。组织架构影响着企业边界及其内部组织关系，进而影响税收。美团公司选择设立子公司或者分公司，会导致其最终纳税情况不一样。如果其选择子公司，该子公司需要独立纳税，不享受盈亏抵补，但法律风险较小；如果其选择分公司（非法人分支机构），则不独立缴纳企业所得税，可以与总公司汇总纳税，具有盈亏抵补的好处。美团公司可综合考虑，选择最佳的组织架构，以实现税后利益最大化。

（3）规避平台

税法中的临界点被称为规避平台，具体包括时间临界点、优惠临界点、税基临界点和税率跳跃点。美团公司技术转让所得以及其子公司适用小型微利企业所得税优惠时涉及优惠临界点问题，如对于技术转让所得，不超过 500 万元的部分免税，超过部分减半征收。在实际运用时，公司应充分利用好临界点，运用好定价技巧，以获得税后利润最大化。

14.1.4　税收筹划方法之利用单一税收管辖权

1. 基本方法：母公司注册在实行单一地域管辖权的香港

中国香港实行单一的地域管辖权，仅就来源于中国香港的所得征税，而对来源于中国香港以外的所得不征税，且其所得税税率仅为 16.5%。从美团公司的股权架构可以看出，美团的母公司美团香港有限公司设立在香港，其只需就其在中国香港取得的所得征税，来自中国内地的所得无须纳税，有效地降低了税负。

2. 筹划原理

由于中国香港实行单一的地域管辖权，常被认为是“税收洼地”“避税港”，容易被跨国企业用以避税。美团母公司设立在中国香港，在一定程度上也是利用香港仅对来自香港的利润征税的单一地域管辖权及其较低的所得税税率，体现了税法弹性中的税法漏洞技术。

14.2　离岸家族信托税收案例[①]

14.2.1　“非 CRS 地+离岸信托+BVI 公司”

1. 案例背景

某地产企业是香港联交所上市企业，公司业务覆盖中高端住宅、文化旅游、长租公寓、产业地产、商业地产、酒店和物业服务等。该地产企业可以说是中国房地产企业中的一匹黑马，销售额由 2010 年上市之初的 83.3 亿元增长至 4649 亿元。2009—2017 年，该地产企业年度销售额分别为 83.3 亿元、192 亿元、356 亿元、547 亿元、658 亿元、682 亿元、1506 亿元、3652 亿元和 4649.5 亿元，[②] 8 年间，该地产企业销售额实现了 55 倍增长、5 个年份销售额大幅增长，其增长趋势如图 14-3所示。

---

① 本案例由蔡昌、徐长拓、王道庆根据相关资料整理撰写。

② http：//quote.eastmoney.com/hk/01918.html.

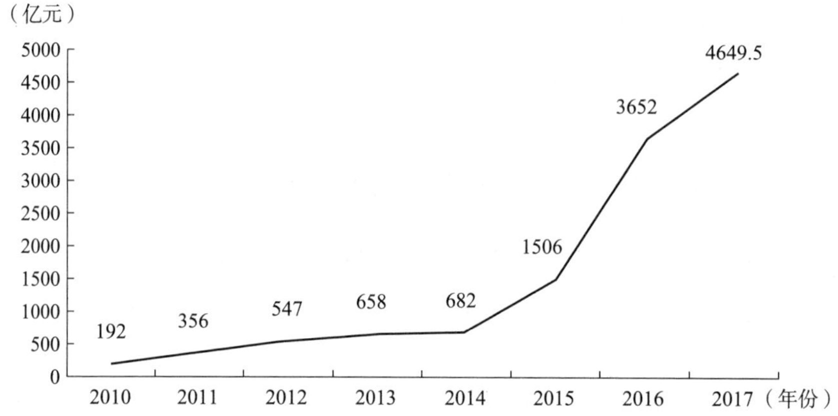

图 14-3 该地产企业销售额增长趋势

2. 案例解析

（1）离岸壳公司避税模式

国内上市公司的高净值人士惯用的一种海外投资方式是通过设立在避税地的离岸公司持有上市公司股份，然后离岸 BVI 公司不做利润分配，将利润保留在 BVI 公司，而 BVI 公司又免缴各种所得税和资本利得税等税种，从而实现避免缴纳企业所得税或者个人所得税的税收递延。

如图 14-4 所示，2018 年，在设置离岸信托之前，该地产企业某高管个人直接持有该地产企业 0.23%的股份，通过境内天津标的公司持有 1.11%的股份，通过境外的 BVI 公司间接持有 46.3%的股份。通过 BVI 公司持股可以享受 BVI 辖区的所得税、资本利得税免税，除此之外，BVI 公司不对个人股东分红或延迟分红，可以实现个人所得税的免税或递延。

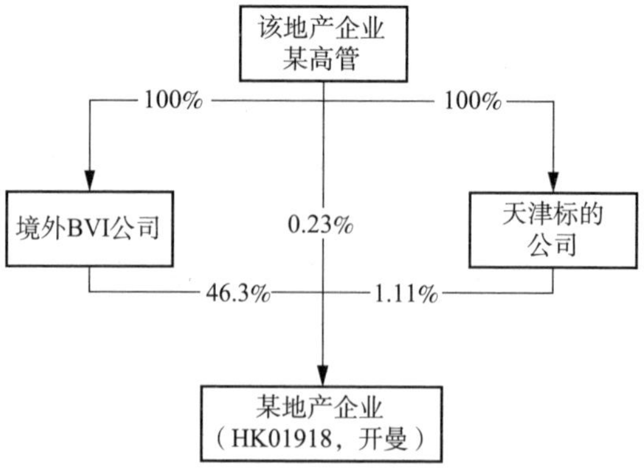

图 14-4 离岸壳公司架构

2018 年，我国《个人所得税法》修订，引入反避税条款，在第八条第二款引入 CFC 法规，明确规定居民个人控制的，或者居民个人和居民企业共同控制的设立在实际税负明显偏低的国家（地区）的企业，无合理经营需要，对应当归属于居民个人的利润不作分配或者减少分配，税务机关有权按照合理方法进行纳税调整，并且将税务居民概念从原有的在中国居住满 1 年改为在中国居住满 183 天。“183 天居民认定标准+CFC 法规”让该地产企业高管原有的离岸架构面临被穿透。

（2）离岸信托避税模式

2018 年初，某地产企业高管开始筹划其家族财产，当年 5 月及 6 月，其先是设了两个其家族信托，装入了约 14%的该地产企业股份，总价值约 138 亿元，受益人是其家庭成员。在 2018 年的最后一天，其又将所持有的占该地产企业总股份约 32.47%，总价值约 321 亿元的股票，转入了设在美国南达科他州的离岸家族信托，受益人是其及其家庭成员。2018 年年底，根据该地产企业的股东构成信息披露，持股人 South Dakota Trust Co. 持有 20 亿股股票，可知两个其家族信托受托人相同，其家族信托全设在了美国南达科他州。至此，其所持该地产企业几乎全部股份的 46.4%，价值 459 亿元，全部装入了南达科他州其家族信托。[①] 具体如图 14-5 所示。

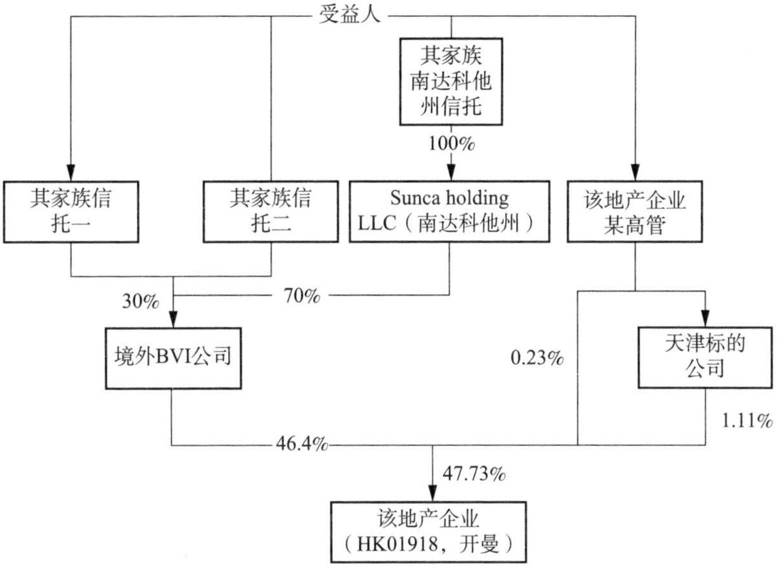

图 14-5　该地产企业某高管的离岸信托架构

① 张恒星. 离岸家族信托“有点潮”吸引一票境内富豪［EB/OL］. http：//finance.sina.com.cn/china/2019-05-19/doc-ihvhiqax9742549.shtml？wm=3049_0032.

①避免 CFC 规则穿透。

在英美法系中，承认财产的双所有权，信托财产的双重所有权受到保护，其资产既可以看作家族信托持有，又可以看作受益人的实际资产。该地产企业某高管通过将资产装入信托的形式，隔离了对资产的所有权，BVI 公司的名义控制人改变，名义控制人变成了信托 South Dakota Trust Co. 控制下的 Sunca holding 公司，避免了直接持有 BVI 公司而遭到我国《个人所得税法》中 CFC 规则的调整，从而不分配利润将利润保留在避税地，进而实现税收递延或不缴纳所得税的目的。

②非 CRS 参与地设置。

在全球 CRS 信息交换已经生效的背景下，设立在 CRS 交换地的离岸信托可能会被认定为消极非金融机构而被交换信息。该地产企业某高管将资产装入设置在美国南达科他州的离岸信托，美国是非 CRS 参与国，建立在美国南达科他州的信托从来不参加全世界任何一个交换体系，包括已经生效的 CRS 税务申报体系（又称共同申报准则）。因此，美国信托能够为其带来极强的避开 CRS 的功效，保持信托的私密性，且合情合理合法。

除此之外，南达科他州多年来被评为美国的最佳信托管辖地。南达科他州的隐私法被认为是全美最具保护性的法令，在其他州都要求信托在法院注册的情况下，南达科他州却没有这样的要求。当法院审理案件需要把信托文件留存备案时，受托人或受益人可以向法院申请文件封存，且该等封存是永久封存；而美国其他州，如特拉华州规定封存最长只有 3 年，相较于其他州，南达科他州的隐私保护十分到位。这就避免了其设立的信托信息被交换回中国，从而避免了之前的“个人——离岸公司”被穿透的风险，

③离岸信托税收优惠。

1983 年，南达科他州取消了州所得税，即州对信托资产免收个人所得税，无须在南达科他州提交所得税申报表，甚至无须满足最低免征所得税条件，该州的保险费税在美国也最低。在该地产企业某高管的整个离岸架构中，即使 BVI 公司向 Sunca holding 分配利润，所需负担的也只有美国 21%的联邦所得税。除了信托免征州所得税，南达科他州还不对信托征以下税：无形资产税、遗产税、赠予税、个人财产税、公司税、代际资产转移税。因此，该地产企业某高管将离岸信托设置在南达科他州避免了缴纳这些税收，身为美国国籍的他通过此税收优惠还可以规避本应承担的财富传承所需缴纳的美国遗产税。

3. 案例点评

该地产企业某高管通过运用“非 CRS 地+离岸信托+BVI 公司”的海外资产配置方式，既避过了《个人所得税法》的 CFC 穿透规则，也避过了 CRS 下的信

息交换，甚至避过了身为美国国籍所要负担的美国遗产税，其所负担的仅有美国 21%的联邦所得税。但中美已就 FATCA 法案实质性内容达成一致，未来若两国之间的 FATCA 双边法案正式实施，该地产企业某高管在海外的金融资产配置信息可能会被交换回中国，面临离岸架构全部被穿透的风险，从而需要补缴大量税款。

14.2.2 “离岸家族信托+BVI 公司+BVI 公司”

1. 案例背景

某地产企业是一家主要从事物业业务的香港投资控股公司，该公司通过三大分部运营，物业发展分部在中国发展及销售办公楼、商业物业、住宅物业及停车场。[①] 2009 年 11 月 21 日，该地产企业于港交所正式上市，从 2016 年开始发力，尤其是在 2017 年，一跃闯进千亿元俱乐部，全年营收 1561 亿元，同比增长 77%，排在行业第 8 位。2018 年，该地产企业业绩排名尽管相比 2017 年下滑了 2 位，从行业第 8 位变为第 10 位，但其核心净利润增加了 31. 5%至 128. 5 亿元，相比同行依然稳健。

在该地产企业的发展过程中政府的支持起到了重要作用。2008 年，金融危机冲击全球各地经济，银行紧缩贷款时，该地产企业并没有失去银行的贷款支持，几乎并未受到什么影响，仅仅是延期了上市计划。在政府的支持下该地产企业总能以较低的地价拿到土地，金融危机下它在重庆的市场份额反而上升，从 6%升至 9%，销售收入增长了 16%。

2. 案例解析

（1）离岸信托设置方式

本例以该地产企业某高管的离岸信托作为 CRS 穿透效应对离岸信托冲击的研究对象。

2007 年 11 月，该地产企业某高管夫妇在开曼群岛注册了离岸壳公司，以达到控股和上市的目的，随后二人又成立了 Charm Talent 及 Precious Full 两个 BVI 子公司，两个子公司实际控制该地产企业上市主体。2008 年 1 月，他们又注册了一家名为 Long For Investment 的 BVI 子公司，并由该地产企业全资控股。

2008 年 6 月 21 日，该地产企业某高管夫妇通过其控制的 Long For Investment 壳公司将 60%和 40%的股本分别转让给 Charm Talent 及 Precious Full，并在同日将 Charm Talent 及 Precious Full 无代价转让给 Silver Sea 及 Silver Land

① http：//quote. eastmoney. com/hk/00960. html.

两家境外 BVI 子公司，最后将两家子公司通过信托的方式，分别装入夫妇二人家族信托，而夫妇二人家族信托均以香港汇丰信托为受托人。

之后，香港汇丰信托以其家族信托的受托人身份全资拥有 Silver Sea；而 Silver land 也以同样的方式被香港汇丰信托持有。两个信托皆为全权信托，受益对象包括其配偶若干家族成员。

通过这些操作，在该地产企业上市前该地产企业某高管夫妇已经将各自的权益归属处置妥当，对于该地产企业的股份持有实现了分离。至此其夫妻二人的离岸信托架构已经形成（见图 14-6）。

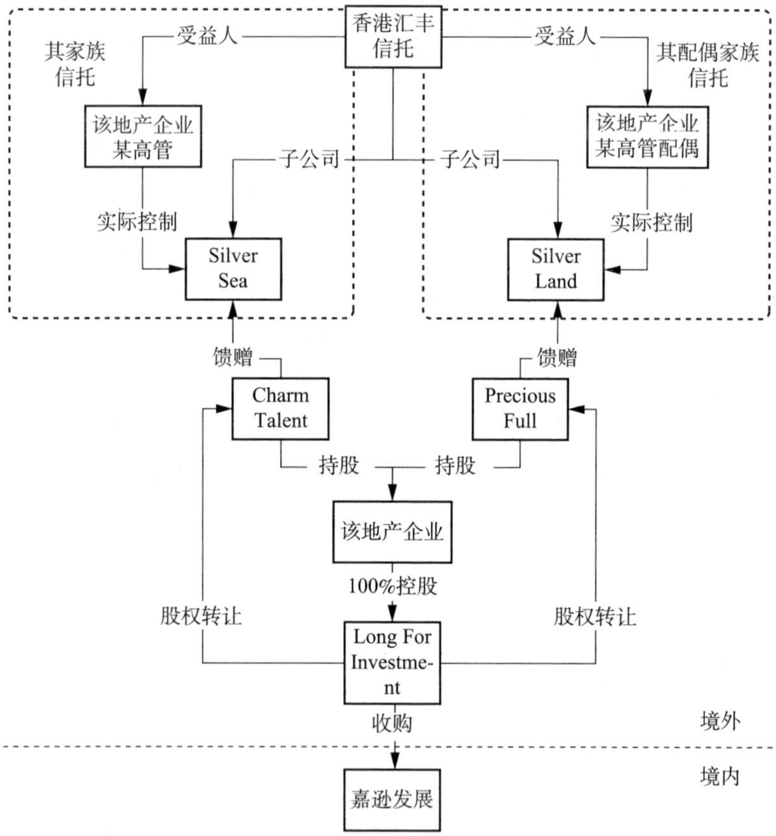

图 14-6 该地产企业家族信托架构

（2）离岸信托避税模式

本案例中最可能采取的避税方式是纳税人利用离岸信托隐瞒对关联公司的控制，掩盖其跨国投资和收益。

该地产企业某高管夫妇通过离岸信托架构的两层 BVI 公司间接持有该地产企业股份，而不是直接持有股权，二人表面上放弃了对该地产企业的持有权，但实际上该地产企业和两个BVI子公司依然由二人实际控制。同时，该信托中的受益人虽然是二人的家族成员，但实际上受益人也包括他们自身，即属于二人的自益信托，二人的BVI持股公司进行投资活动，并由香港汇丰信托管理持股公司。但是这些公司财务利益的真正所有者是夫妻二人及其家人。全权信托使得香港汇丰信托公司成了持股公司事实上的所有人，从而有效地掩盖了跨国纳税人的投资。[①]

在CRS实施之前，该地产企业某高管夫妇在香港汇丰信托设立自己的信托，信托的两层子公司均设立在不征所得税的BVI地区。当BVI地区向香港分配利润，香港实施属地原则，对来源于香港以外的其他地区的所得不征税。因此，BVI公司盈利分回香港的利润无须在香港缴纳所得税，如此其海外资产可以一直在离岸架构中存续下去，投资再投资，不断地保值增值而无须负担大量税收。

（3）CRS下的财富透明化

在本案例中，该地产企业某高管夫妇将自身所持有的该地产企业转让给信托控制下的BVI子公司，且为了加强海外资产的隐蔽性，采用多重BVI壳公司进行股权嵌套持有，设立多个“信息阻拦墙”将财富信息尽可能地隐藏在海外，使得中国税务机关采用常规的税收检查手段无法获取相关的涉税信息。

为了解决诸如上述跨境税收征管难题，各国开始探索国际涉税信息交换制度来规范这种行为，CRS正是这种背景下的产物。2018年5月7日，CRS中国版正式实施，按原有计划如期进入实操阶段。在本案例中，CRS信息交换标准的实施，使得离岸信托框架对财富信息的隐蔽能力下降，从而使该地产企业的实际控制实体该地产企业某高管夫妇家族的两个海外信托信息暴露在中国税务机关面前，最终使财富完全透明。

①CRS实施前对该地产企业某高管夫妇离岸信托信息披露的相关分析。

该离岸信托相关的当事人及保护人身份分别如下：

委托人：该地产企业某高管夫妇

受托人：香港汇丰信托

受益人：该地产企业某高管夫妇家族

保护人：该地产企业某高管夫妇

在分析了本案例离岸信托中避税的可能性后，税务机关就需要对其相关的涉税信息进行采集，并按照法律规定确定是否存在少缴税款的情况。在CRS实施之前，税务机关对于该离岸信托架构中的相关当事人征税参考的资料和据以判断的依据只有实质重于形式以及核定纳税，税务机关的信息来源只有互联网的第三方信息以及境外机构提交的资料，但介于离岸公司已经被纳入离岸家族

---

① 吴骊．在避税地进行离岸信托避税的主要方式［J］．福建税务，2002（7）：8-9.

信托的架构，其隐秘性造成了税务机关无从得知该离岸信托的股权转让以及其他活动是否获取了收入等涉税信息。①

在本案例中，虽然该地产企业的持股控制权通过多次 BVI 公司的持股嵌套，但是最终实际控制权还是掌握在以该地产企业某高管夫妇为代表的两个家族信托手中。在 CRS 信息交换标准下，税务机关将直接穿透“阻挡”在离岸信托前面的多个 BVI 壳公司，直击离岸信托，从而获取被精心构建的离岸信托架构所掩盖的财产信息。

②CRS 信息交换实施后对该地产企业某高管夫妇离岸信托的分析。

2019 年，经过多年的前期沟通与安排，CRS 体系下的中国、中国香港和英属维尔京群岛之间的信息交换伙伴关系已经成功激活，在这种情况下，该离岸信托架构的信息将会披露给中国税务机关。针对该地产企业某高管的离岸信托分析如下。

该离岸信托相关的当事人及保护人身份分别如下：

委托人：该地产企业某高管夫妇

受托人：香港汇丰信托

受益人：该地产企业某高管家族、其配偶家族

保护人：该地产企业某高管夫妇

CRS 落实后该离岸信托的信息申报与交换流程：

因为该地产企业某高管夫妇的信托设置方式基本一致，在此只分析该地产企业某高管的信托在 CRS 下的交换，该分析同样适用于其配偶。

第一步：识别离岸信托及其架构下的机构对应的合规身份。

在本案例中，首先需要识别的是该地产企业某高管家族信托在 CRS 下的合规身份。此离岸家族信托在 CRS 属于“被管理的投资机构”。所谓“被管理的投资机构”，就是满足“管理测试”和“收入测试”。其家族信托是信托公司，属于金融机构，满足了“管理测试”；离岸家族信托持有的资产为离岸公司的股权，满足了“收入测试”，所以该案例中的离岸家族信托的合规身份为金融机构。

第二步：识别离岸信托架构中的机构及对应的合规身份。

本案例中，该地产企业某高管的信托机构包括多个与离岸公司相关的离岸架构，包括香港汇丰信托、香港汇丰信托的 BVI 子公司 Silver Sea 和 Silver Land、Charm Talent 和 Precious Full、××地产以及 Long For Investment 7 个机构，7 个机构在 CRS 下将被认定如下：

① 曾丞艳 . CRS 下离岸信托涉税信息交换的研究［D］. 昆明：云南财经大学，2019.

香港汇丰信托：本离岸信托属于离岸家族信托，该地产企业某高管将该信托交由香港汇丰信托这种专业机构打理，该机构在 CRS 下满足金融机构的定义。

子公司 Silver Sea（BVI）：子公司 Silver Sea 是香港汇丰信托设立在英属维尔京群岛的子公司，由香港汇丰信托直接控制，且全部资产为 Charm Talent 赠送的股权，因此满足 CRS 下“被管理的金融机构”身份。

子公司 Silver Land（BVI）：与 Silver Sea 相同，故在 CRS 下被认定为被管理的金融机构。

Charm Talent（BVI）：Charm Talent 除收购 Long For Investment 公司 60%的股权以外没有其他的经营活动，全部收益为股权权益，属于消极非金融机构。

Precious Full（英属维尔京群岛）：Precious Full 与 Charm Talent 一样，其在 CRS 下属于消极非金融机构。

××地产：该公司为设立在开曼的空壳公司，没有任何实际经营活动，属于消极非金融机构，需要对其实际控制人进行“穿透”，包括它的股权权益人和债券权益人。

Long For Investment：2019 年，其收入来源于股权转让，即 Charm Talent 和 Precious Full 分别以 19.8 亿港元和 48 亿港元购买其股权，故其金融资产超过全部收入的 50%，属于金融机构。本案例中 7 个实体机构的认证如表 14-3 所示。

表 14-3　该地产企业实体判定

实体	身份
香港汇丰信托	金融机构
Silver Sea	被管理的金融机构
Silver Land	被管理的金融机构
Charm Talent	消极非金融机构
Precious Full	消极非金融机构
××地产	消极非金融机构
Long For Investment	金融机构

第三步：确认离岸信托架构下的账户信息申报义务。

在该地产企业某高管家族离岸信托架构中，被识别为信托的委托人、受益人、保护人等均属于 CRS 下需申报人，因此相对应的股权权益账户需要在 CRS 下被识别和申报；而根据穿透原则，消极非金融机构以及股权权益的实际控制人均为其本人，且离岸架构下的各个金融机构转让股权的收入信息也会被税务机关获得，各金融账户涉税信息交换如表 14-4 所示。

表 14-4　离岸信托架构下的账户信息申报

实际控制人	账户余额或价值	账户收入
委托人	信托所持有账户的全部余额或价值	申报当期支付给或计入信托所持有账户的收入或收益分配
受托人	信托所持有账户的全部余额或价值	申报当期支付给或计入信托所持有账户的收入或收益分配
固定受益人	信托所持有账户的全部余额或价值	申报当期支付给或计入信托所持有账户的收入或收益分配
任意受益人	零	申报当期支付给或计入信托所持有账户的收入或收益分配
保护人	信托所持有账户的全部余额或价值	申报当期支付给或计入信托所持有账户的收入或收益分配
账户关闭	账户关闭的事实	该信托关闭前的申报期内支付给或者计入信托所持有账户的收入或者收益分配

在 CRS 落实以后，我国正式开启了全球金融账户涉税信息的交换，所以能够根据英属维尔京群岛税务机关交换的信息来穿透该离岸家族信托的架构，获得实际股权权益人的收入等涉税信息；根据交换回的信息对该架构下的离岸公司是否具有经济实质和商业目的进行判断，并且就本案例中最终实际控制人的收入是否需要补税进行判断。

3. 案例点评

在 CRS 实施前，该地产企业某高管的离岸信托是当前我国高净值人士所普遍采用的离岸架构避税模式。CRS 信息交换标准的生效使得通过各种框架下的海外避税方案被穿透，纳税人的海外资产透明化，采用离岸信托架构避税的方法越来越难实现。

14. 2. 3　“移民+离岸信托+BVI 公司”

1. 案例背景

某餐饮企业是一家中式餐饮品牌，主打火锅品类，1994 年创立[①]，短短 24 年间，其借着改革开放市场化的东风，靠着其优质的服务，从一家街边的小火锅店，发展成为一家大型餐饮企业。2018 年 9 月 26 日，该餐饮企业在香港成功上市。其上市之初以 17. 8 元的发行价，一手 1000 股，成为港交所历史上入场

① http：//quote. eastmoney. com/hk/06862. html.

门槛最高的新股。

2019 年该餐饮企业中期报告显示，公司上半年营业收入首次突破百亿元，达 116.95 亿元，实现净利润 9.11 亿元，同比分别增长 59.32%和 40.92%。截至 2019 年 11 月 20 日，该餐饮企业收盘价 35.3 港元，相比年初的每股 17.11 港元，暴涨近 100%，市值达 1850 亿港元。2024 年上半年，共计超过 1 亿人次光顾其餐饮店。

2. 案例解析

（1）离岸信托设置方式

该餐饮企业某高管同样采用离岸信托架构进行风险规避和逃避税款，但是其离岸信托架构有着不同特点。其家族信托最为特殊的地方是信托的主要设立人该餐饮企业某高管夫妇均选择了移民。通过该餐饮企业的招股说明书我们得知，该餐饮企业某高管夫妇都是新加坡国籍，而且其 1000 亿元资产，即全部身家，是通过离岸家族信托持有。通过“移民+离岸信托”，该餐饮企业某高管夫妇约 1000 亿元市值的该餐饮企业股票全纳入了英美普通法系保护下的离岸信托，并最终流回不对海外收入征税的新加坡。其离岸家族信托框架如图 14-7 所示。

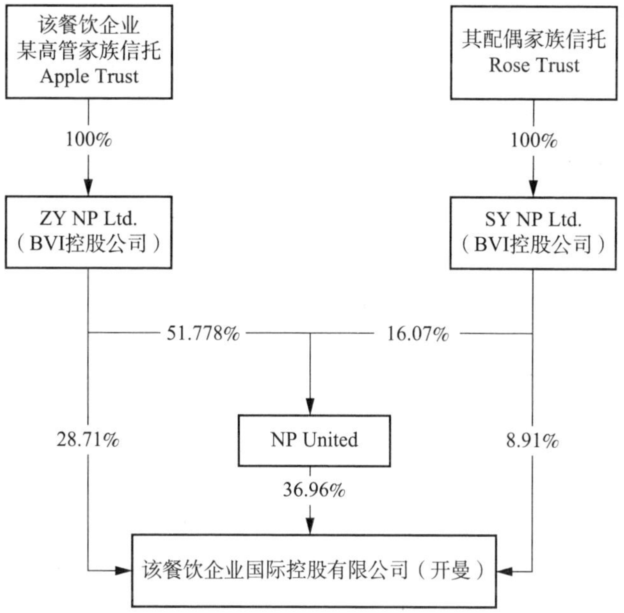

图 14-7　该餐饮企业某高管离岸家族信托框架

该餐饮企业市值 1000 亿元信托一分为二：该餐饮企业某高管的家族信托 Apple Trust 和其配偶的家族信托 Rose Trust。两个信托都是全权信托，都设立在

BVI 管辖区，两个信托又分别通过两个 BVI 公司——ZY NP Ltd. 和 SP NP Ltd.，最终分别持有该餐饮企业的股票。其中，该餐饮企业某高管家族信托 Apple Trust 持有该餐饮企业 47.84%的股份，Apple Trust 是以其作为信托的委托人和保护人，以其夫妇作为受益人。其配偶的家族信托 Rose Trust 持有该餐饮企业某 14.85%的股份，Rose Trust 是以其配偶作为信托的委托人和保护人，以其夫妇作为受益人。

（2）离岸信托避税模式

2018 年，我国《个人所得税法》进行修订，规定我国居民纳税人的认定标准为 183 天，根据现有的资料，难以判定该餐饮企业某高管是否为我国居民纳税人。中新协定规定，“当纳税人为双方居民纳税人时，首先根据纳税人的永久性住所判定纳税人的居民身份”。根据媒体报道，2017 年，该餐饮企业某高管在新加坡购置价值 1.4 亿元的豪宅，再结合该餐饮企业某高管的离岸信托架构设置，我们有理由认为其选择被认定为新加坡税务居民，以下的分析也以此为前提而展开。

①规避中国税法反避税条款。

该餐饮企业某高管夫妇移民到新加坡，成为新加坡税务居民，首先规避了我国的《个人所得税法》反避税条款。根据属人征税原则，《个人所得税法》引入的反避税条款对二人不再适用，其海外资产被穿透的风险大大降低。

②信托设立地新加坡不对海外收入征税。

新加坡以其极低的个人所得税税率和各种税收优惠减免而闻名于世。新加坡税法规定，“对居民来源于海外的收入免征个人所得税”。在本案例中，两个 BVI 公司实际控制该餐饮企业，该餐饮企业产生的收益层层流向离岸信托，最后流入新加坡境内，即流向受益人该餐饮企业某高管夫妇，又因为新加坡规定不对居民个人的海外所得征收个人所得税，因此二人的该收入免缴个人所得税。正是因为新加坡对居民的海外所得不征税，即使新加坡为 CRS 参与国，其税务居民的海外金融账户交换回国内，二人也不会面临补缴个人所得税的风险。

（3）个税反避税条款能否真正起作用

个税反避税条款为税务机关提供了进行监察的法律依据，而 CRS 信息交换标准的应用为税务机关提供了相应的监管环境和信息来源。但是新规定对该餐饮企业某高管设置的“离岸信托+移民”架构是否能够起作用还需要进一步探讨。

居民纳税人身份认定不明确会阻碍税法中纳税人反避税条款的生效。该餐饮企业某高管夫妇早在 2017 年为了上市转为新加坡国籍。根据我国纳税人判定标准的规定，“在中国境内有住所，或者无住所而一个纳税年度内在中国境内居住累计满183天的个人，为居民个人”，而对于居民纳税人应当对其来自全球的所得进行征税。回到本案例来看，该餐饮企业某高管将国籍改为新加坡，从国籍上来看属于外籍个人，应当依次判别其是否有住所、在一个纳税年度内是否居住满183天。判定是居民纳税人还是非居民纳税人是决定个税法案中反避税条款是否生效的核心问题。

根据我国在个税法案中引入的反避税条款“居民个人控制的企业，或与其他居民企业共同控制的、设立在实际税负明显偏低的国家（地区）的企业，无合理经营需要，对应当归属居民个人的利润不作分配或减少分配的，税务机关有权进行相关调整”。该条款主要是限制我国居民纳税人通过不合理的利润分配方式、“BVI壳公司+个人资产架构”等方式来避税。在这种情况下，反避税条款使税务机关能够有依据对相关利润进行调节，从而规避由此引起的税收风险。

但是针对本案例来看，无法准确判定该餐饮企业某高管是否是居民纳税人。对于其是否构成居民个人的判定标准，首先根据税法规定确定其是否有住所。对于住所的定义并不等同于实物意义上的房屋或房产，根据《中华人民共和国个人所得税法实施条例》第二条的规定，“在中国境内有住所，是指因户籍、家庭、经济利益关系而在中国境内习惯性居住”。习惯性居住是判定纳税人是居民个人还是非居民个人的一个法律意义上的标准，并不是指实际的居住地或者在某一个特定时期内的居住地。对于因学习、工作、探亲、旅游等而在境外居住，在这些原因消除后仍然回到中国境内居住的个人，则中国为该纳税人的习惯性居住地，即该个人属于在中国境内有住所。公开资料显示，该餐饮企业某高管通过离岸信托架构控制的该餐饮企业国际控股有限公司注册于中国境内，属于居民企业。按照判定标准，其总部位置应当是其习惯性居住所在地。但在2017年，该餐饮企业某高管一家移民到新加坡，且在新加坡购置了价值高达2700万新元（约合人民币1.4亿元）的豪宅，并大有长期居住在新加坡的打算。所以，在上述两种矛盾的现状中，中国现行税法条例对于这类移民国外但是大多数资产业务来源于中国境内的高净值人群并未有详细规定，存在税收流失风险。

在原来的税法体系中，通过设立在境外的离岸信托控制下的BVI公司躲避利润分配下的税款，只要该餐饮企业的利润不分配到其头上，税务机关则无权征税。现行的新个税反避税条例的引入虽然能够很好地堵塞原来税法的漏洞，但是其条例的实施需要建立在对居民个人身份确认的前提下。对于高净值人群来说，可以通过“移民+离岸信托”的方式，规避居民个人身份确认，从而能缓和新个税反避税条例对其财富的冲击。

3. 案例点评

该餐饮企业某高管夫妇通过“移民+离岸信托+BVI公司”的资产配置方

式，不但规避了中国个人所得税反避税条款，还解决了CRS标准生效的威胁，同时免予缴纳信托分配的收益。但这种资产配置模式让二人放弃了中国国籍。随着《个人所得税法》第十三条新规定“纳税人因移居境外注销中国户籍的，应当在注销中国户籍前办理税款清算”的出台，这对于境内的超高净值人士来说会是一笔巨额税收，该餐饮企业某高管的避税模式在未来很可能难以再复制。

14.2.4 离岸信托避税模式比较分析

1. 案例共性分析

无论是采用“非CRS地+离岸信托+BVI公司”模式，还是采用“离岸家族信托+BVI公司+BVI公司”模式，抑或采用“移民+离岸信托+BVI公司”模式，总结起来有以下三点相同之处：一是主要目的是财富传承；二是在架构中设置BVI公司；三是三种架构都面临税务风险。

（1）财富传承目的

英美法系承认法律上信托的独立性，一旦资产装入英美法系保护之下的离岸信托，信托即成为资产的所有者。归根结底，上述不同信托模式的设置都是分割开纳税人对资产的所有权和受益权，使纳税人只享有信托的受益权，而不享有资产的所有权；避税只是这些高净值人群的一个考量角度，其最终目的还是隔离资产的债务风险，使财富达到保值和传承的目的。

采用“离岸家族信托+BVI公司+BVI公司”模式的某地产企业高管将资产用信托隔离，不仅隔离了各种债务风险，且其女儿在同一家信托公司成立信托，在转让给其女儿的过程中只是信托公司的内部资产调整，避免了股权变动中的税收问题，同时不会让股权变动影响公司股价。“非CRS地+离岸信托+BVI公司”模式的信托也隔离了当事人个人的债务风险，从而保证资产保值，且信托设置规避了身为美国公民传承给下一代应负担的遗产税。以上某餐饮企业高管在海外设立的信托同样主要出于传承的目的。

除了“离岸家族信托+BVI公司+BVI公司”模式的离岸信托可能在CRS之下被穿透外，其他的离岸信托都规避了CRS的穿透效应，在保持信托私密性的情况下隐藏了其资产。其只持有少量的资产，享有信托资产的受益权，并运用不同信托设立地的税收规则规避了离岸信托收益的纳税义务；即使在不断完善的CRS规则之下信息被交换，纳税人面临税务风险，但离岸信托的隔离资产风险、实现财富传承的功能仍能实现。

（2）在架构中设置BVI公司

在CRS实施前，中国高净值人群普遍采用离岸壳公司进行避税，通过设立在避税地的海外壳公司吸纳来自境内经营实体产生的利益，不做利润分配或延缓利润分配，避免即期纳税，如以上采用“离岸家族信托+BVI公司+BVI公司”模式的某地产企业高管在设立离岸信托之前的架构，但这种方式在各国反避税行动之下难以持续。由于英美法系承认离岸信托的独立地位，且设立在离岸地的信托不设存续期限或存续期限极长，通过“离岸信托+BVI公司”的形式，将纳税人变为离岸信托的受托人，再通过信托设立地的选取避免涉税信息交换义务，即可实现整体架构的避税功能。但在CRS生效的情形下，这种设立方式要避税很难。

（3）三种架构都面临税务风险

虽然三种信托的设置方式各有异同，但这三种方式在CRS和新个税的实施之下都不能完全规避税收。首先，采用“离岸家族信托+BVI公司+BVI公司”模式的信托在CRS下无所遁形，面临被税风险；其次，采用“非CRS地+离岸信托+BVI公司”模式在未来FATCA法案实施后仍可能面临信息被交换回中国，从而丧失私密性；最后，采用“移民+离岸信托+BVI公司”模式的某餐饮企业高管在《个人所得税法》居民认定标准改为183天的情况下，其被认定为中国居民纳税人的概率大大增加，一旦被认定为中国税务居民，其整个离岸架构的功能可能都不再有效。

2. 案例个性分析

三种信托设置方式各有不同，达到的避税效果也不同。

采用“离岸家族信托+BVI公司+BVI公司”模式的某地产企业高管的信托设置在CRS生效之前能保持信托较好的私密性，通过隐藏关联交易等方式规避税收。但在CRS生效后作为实际控制人，其金融账户信息会被交换，对其而言离岸信托的避税功能可能已经丧失，离岸信托的功能或许只剩下平稳的财富继承以及隔离资产风险。

采用“非CRS地+离岸信托+BVI公司”模式的某地产企业高管的信托核心优势在于设置地选择了不参与CRS交换的美国，在短时间内FATCA双边交换不生效的情况下其信托仍然能保持私密性，其利用离岸信托规避个人所得税的目的仍然能够实现；即使未来其信息被交换，其仍能规避身为美国公民应负担的遗产税。

采用“移民+离岸信托+BVI公司”模式的某餐饮企业高管的信托核心优势在于他的移民行为，移民行为可能直接从法律上避开了中国个人所得税义务，即使其海外金融账户信息被交换回新加坡，其信托收益也会因为新加坡不对境外所得征税而得到豁免。

14.3 蚂蚁金服税务规划[①]

14.3.1 案例背景

1. “互联网+”时代背景

互联网技术的迅猛发展催生了一系列新生事物，国内最早于2012年提出了“互联网+”这一概念，即以互联网技术为依托实现传统产业的升级换代。“互联网+”的优势在于将互联网与传统产业融合在一起，激发传统产业新的发展点，从而促进国民经济的发展。蚂蚁金服就是在这样的大背景下脱颖而出，成为互联网金融领域的领军者。结合企业状况来看，我国小微型企业众多、涉及的行业十分广泛，在国民经济中发挥的作用不容忽视。然而小微企业受自身综合能力的限制，往往面临融资难的问题。“互联网+”的发展将互联网与传统的金融产业融合在一起，既为金融业注入了新鲜血液，又解决了小微企业融资难问题，同时使普通老百姓接触到更多金融产品。

2. 公司概况

2014年，浙江蚂蚁小微金融服务集团股份有限公司（以下简称蚂蚁金服）在支付宝的基础上成立，登记注册地为中国浙江省杭州市。蚂蚁金服是一家集金融与技术研发于一体的企业，各界对于其行业性质的划定一直存有争议。从企业的名称来看，蚂蚁金服应该归属于金融行业。从另一个层面来看，蚂蚁金服非常重视技术的研发和社会责任的承担。根据全球独角兽企业榜单，蚂蚁金服被划为金融科技领域，而行业性质的争议无疑增加了其潜在的税务风险。

蚂蚁金服自成立至今，经历了9轮融资。2019年以1538.46亿美元估值位居全球独角兽榜单第二，成为金融科技领域的佼佼者。

3. 集团发展

“双十一”期间，淘宝交易量爆发式增长，为了解决淘宝交易中出现的信用问题，蚂蚁金服基于阿里巴巴的淘宝平台，并经过10年发展成立。众所周知，支付宝已经成为广大普通消费者重要支付渠道之一，其大量的用户使支付宝在蚂蚁金服中占据了核心地位。2013年，蚂蚁金服联合天弘基金推出余额宝，余额宝以其门槛低及便利性快速走进人们的视野并吸引了大量客户。2015

---

① 本案例作者为蔡昌、张聪、王永琦。

年，蚂蚁金服投资成立了浙江网商银行有限公司，正式推出网商银行服务，其初衷是创立一个“新型”的银行，为广大小微企业及农户经营者提供新的融资平台。从公益的视角来看，蚂蚁金服除了为小微企业和普通消费者提供便利，还积极开展绿色环保事业，2016 年上线的蚂蚁森林是其开展环保事业的重要体现。严格来说，蚂蚁森林是支付宝开设的一个“碳账户”，通过互联网，蚂蚁森林使大众能够参与到环保这一公益事业中，从而为蚂蚁金服做了很好的正面宣传。2018 年，中央银行在《中国金融稳定报告（2018）》中宣布要成立 5 家金融控股公司试点机构。蚂蚁金服作为其中一家试点企业，对这一政策作出了积极回应，即将蚂蚁金服拆分为金融公司和科技公司。此举表明蚂蚁金服未来将会提供金融服务和科技服务，既有利于两类服务的发展，又有利于业务的规范化。

4. 互联网金融行业税收政策

2015 年，财政部和中国人民银行等十部委就如何实现互联网金融企业的健康发展做了规划，其中很重要的一项是落实财税政策对互联网金融的支持作用，通过合理设置税收优惠政策为互联网金融企业的发展创造良好的经济社会环境，引导社会资本的流入并促进互联网企业的发展创新。

按照税法规定，互联网金融企业涉及的税种较多，依据不同税种在互联网金融企业的重要程度，仅从增值税和企业所得税两个角度对互联网金融企业适用的税收优惠政策进行梳理。

（1）互联网金融行业增值税有关规定

蚂蚁金服作为典型的互联网金融企业，其业务收入主要由支付连接服务、金融服务和科技服务三部分构成，在不同的互联网金融公司或者不同的发展阶段，三部分收入占比会有所不同，但是并不会影响三类业务的整体地位。

①支付业务。[①]

2010 年颁布的《非金融机构支付服务管理办法》规定了第三方支付的性质，其中非金融机构在收付款双方之间起的是“桥梁”作用。依据该管理办法，互联网企业提供支付连接服务的行为是第三方支付的一种。互联网金融公司作为第三方支付机构，向其接受支付连接服务的用户收取一定的手续费。按照税法规定，收取的类似手续费属于金融服务中的直接收取使用费这一税目，适用 6%的税率。

②金融业务。

从本质上讲，互联网金融企业仍然是金融公司，其金融业务包括贷款、基

① 严格来讲，互联网金融企业提供的支付连接服务是金融服务的一种，基于支付连接有别于传统的金融服务且其在部分互联网金融企业中占有重要地位，故将其单列出来。

金、理财等。除了具体的表现形式，和传统的金融业务没有明显的区别，基本适用于对银行等金融机构的规定，即互联网金融企业应该按照现代服务中的金融服务缴纳增值税，适用6%的税率。

③科技业务。

在“互联网+”的基础上发展起来的互联网金融企业更重视技术的研发及应用，这些企业对云技术、区块链、大数据等技术的创新应用起到了很大的推动作用，使蚂蚁金服成为我国互联网金融技术领域的尖端企业。蚂蚁金服提供技术服务在增值税中归属于现代服务，适用6%的税率。

（2）互联网金融行业所得税有关规定

蚂蚁金服除了需要缴纳增值税之外，还需要以其取得的全部收入缴纳企业所得税。因为蚂蚁金服属于高科技企业，其中涉及多方面的税收优惠，将在下文详细论述。

另外，由于最终控股方普遍为个人，且中间控股平台大多是合伙企业，蚂蚁金服的利润分回企业之后不并入合伙企业的所得，而是直接视为合伙人个人所得，并依法缴纳个人所得税。我国《个人所得税法》对此类所得有特殊规定，同样将在下文进行分析。

14.3.2 蚂蚁金服税务规划

1. 利用股权架构进行税务规划

蚂蚁金服借助合伙企业搭建了一个完善的员工持股平台，目前估值为1500多亿美元。蚂蚁金服的股东并不直接掌握蚂蚁金服的股权，而是通过搭建中间持股平台的方式间接持有。这些控股平台主要包括杭州君洁股权投资合伙企业（以下简称君洁）、杭州君济股权投资合伙企业（以下简称君济）、杭州君瀚股权投资合伙企业（以下简称君瀚）、杭州君澳股权投资合伙企业（以下简称君澳），其中君瀚和君澳为蚂蚁金服的绝对控股企业，两家合伙企业持股比例合计为76.43%。与普通企业相比，蚂蚁金服的股权结构略显复杂，但事实上这种复杂的持股平台设计不仅能起到激励员工的作用，还能通过合理规划带来税收利益。

（1）规划原理

①有限合伙企业的合伙人包含有限合伙人（LP）和普通合伙人（GP）两种，二者均享有合伙份额，均享有请求分配企业利润的权利。二者的区别在于对合伙企业的控制权及对合伙企业债务承担的责任不同。权利与责任相伴相生，有限合伙人无权控制企业，仅以出资额为限承担合伙企业的债务；而普通合伙人拥有控制权，且要为合伙企业债务承担无限连带责任。

②合伙企业的纳税方式为"先分后缴"，即先分配经营利润，再由合伙人各自纳税，根据合伙人的性质选择税种，避免了双重征税。相比，若采取公司制企业形式则会涉及两层税收，导致合伙人（股东）手里的分红减少，同时加重企业的税收负担。

（2）规划方案

2014年，马云出资1010万元成立杭州云铂投资咨询有限公司（以下简称云铂投资），并通过多重股权安排设立了蚂蚁金服，并最终掌握其控制权。蚂蚁金服的股权架构为包含有限合伙企业、有限公司等实体的三层控股结构，具体安排如下：

首先，第一层为最终的实际控股人，第二层为控股人出资搭建的控股平台。马云出资1010万元设立云铂投资，该企业为马云100%控股的一人有限责任公司。接下来是员工持股平台的搭建，该企业集团创立了君洁和君济，并由蚂蚁金服及阿里巴巴参与股权激励的员工出资认购君洁和君济的股份，君洁和君济均为有限合伙企业。云铂投资少量出资认购君洁和君济的股份，分别仅占君洁和君济股权的0.48%和0.05%，剩余股权全部由员工持有，但云铂投资为君洁和君济的唯一普通合伙人。

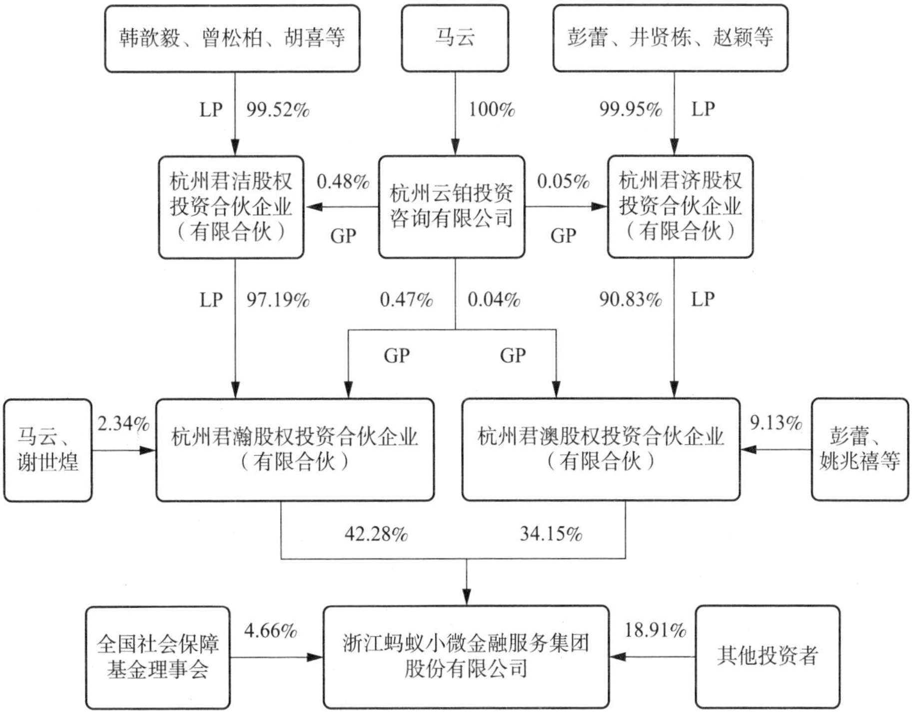

图14-8　蚂蚁金服的股权架构

其次，云铂投资和君洁、君济共同出资成立了君瀚和君澳。与上一个持股环节类似，云铂投资仅持有君瀚0.47%和君澳0.04%的股权并作为君瀚和君澳唯一的普通合伙人，君瀚97.19%的股份由君洁持有，另有2.34%由马云、谢世煌持有；同样君济持有君澳股权的90.83%，君澳另有9.13%的股权由彭蕾、姚兆禧等持有。

最后，君瀚和君澳共同出资设立蚂蚁金服。君瀚出资6亿元，占蚂蚁金服42.28%的股权；君澳出资5亿元，占蚂蚁金服34.15%的股权。另外，蚂蚁金服的资本中还包括国有出资在内的其他投资者的出资。蚂蚁金服为有限责任公司，君瀚和君澳两个合伙企业因为占据大多数股权而成为蚂蚁金服的绝对控股股东。

这种股权架构具有以下优势：

①掌握对蚂蚁金服的控制权。

通过分析股权结构可以看出，云铂投资借助普通合伙人的身份，以少量出资取得了君洁和君济的实际控制权，而后又成为君瀚和君澳的控制方，而君瀚和君澳又是蚂蚁金服的绝对控股股东，等于云铂投资也绝对控制了蚂蚁金服。作为云铂投资的最终控制人，马云仅出资1010万元就掌握了注册资本14.6亿元的蚂蚁金服的控制权，而作为绝大多数股权持有人的员工仅享有收益分配请求的权利。

②实现个人与企业的风险隔离。

出资设立企业即存在经营亏损的风险，云铂投资普通合伙人的身份能够实现对蚂蚁金服的控制，但同时为蚂蚁金服的债务承担无限连带责任。因蚂蚁金服为公司制企业，若因经营不善导致巨额债务被法院强制执行，尽管云铂投资承担无限连带责任，马云个人仅以云铂投资的1010万元承担有限责任，从而实现了个人财产和合伙企业之间的风险隔离。

③可获取税收利益。

利用有限合伙企业进行纳税筹划和风险隔离的模式是通过设立一人有限责任公司，以有限责任公司作为有限合伙企业的普通合伙人，税务规划优势如下：

马云及核心员工通过持有君瀚、君澳间接持有蚂蚁金服，持有人在持有期间取得的来自蚂蚁金服的股息、红利所得，或者通过股权转让取得收益，二者均应缴纳个人所得税。君瀚、君澳、君济、君洁等企业均为有限合伙制创投企业，根据财税〔2019〕8号文规定，有两种核算模式：

一是单一投资基金核算。合伙人从单一投资基金（包括不以基金名义设立的创投企业）取得的所得，按照20%的税率计算缴纳个人所得税。

二是整体核算。合伙人从创投企业中取得的所得整体按照“经营所得”项目规定的5%～35%的超额累进税率计算纳税。

企业根据税后利益最大化的原则选择按照哪种核算模式纳税，规划时需要考虑以下税务规划点：一是选择单一投资基金核算未必能少纳税，需综合考虑个人投资人在不同的核算模式下应纳税所得额。二是一般在创投企业的投资回报期内，创投企业并不会存在股权转让所得，在这一期限内，创投企业并没有选择单一投资基金核算方式的必要。创投企业退出期内，选择按单一投资基金核算往往对个人投资人更为有利。但应提前进行测算，对两种核算方式下个人投资人应纳税所得额作出测算，以判断是否选择单一投资基金核算。

2. 享受税收优惠政策

根据蚂蚁金服的业务构成，将对蚂蚁金服的支付业务、金融业务及科技业务展开分析。除此之外，由于蚂蚁金服较重视公益事业，下面对蚂蚁金服的社会公益事业也进行简要探讨。

（1）支付业务

蚂蚁金服提供的支付连接服务基本上是通过支付宝来完成，基于“互联网+”的时代背景及淘宝平台的支撑，支付宝自2004年成立以来快速发展。另外，据《2019年中国互联网金融行业监测报告》披露，2018年，支付宝在中国第三方移动支付交易中占据54.3%的市场份额，可见支付业务对蚂蚁金服的重要性。从当前来看，税法尚未专门对互联网金融企业的支付业务作出税收优惠的规定，蚂蚁金服同其他企业一样缴纳增值税等税收。有关资料显示，近几年，蚂蚁金服在不断调整其业务构成，其中支付业务占比呈下降趋势。笔者分析，蚂蚁金服业务结构的调整在很大程度上是受其战略定位的影响，但不排除有税收政策的影响因素。

（2）金融业务

蚂蚁金服在本质上属于金融企业，其金融业务除基本涵盖了传统线下银行的所有业务，还创新了金融业务的发展模式。蚂蚁金服的服务对象主要定位于小微企业，在国家财税政策支持下，蚂蚁金服可从中获益。

财政部和国家税务总局规定，金融机构如有向小微企业发放贷款的业务，可以自行选择其中一种方式享受免征增值税的优惠：一种是“起征点式”，即贷款利率水平不高于人民银行同期基准利率150%的情况，免于征收增值税，否则按照取得的利息收入全额征收增值税；另一种是“免征额式”，即不高于同期基准利率150%取得的利息收入部分，免于征收增值税，仅对高出部分取得的利息收入征收增值税。网商银行的重点贷款对象就是小微企业，所以选择以上任意一种纳税方式都可以节省一部分税收，企业可以事先对自身利息收入进行测算，选择税收负担较小的一种方式来纳税。

（3）技术服务

蚂蚁金服向来以“科技企业”自居，2018 年，蚂蚁金服提出未来发展战略——“BASIC”战略。[①] 到 2019 年，蚂蚁金服的支付业务收入和普通技术服务收入各占总收入的 45%，另外还有 10%来自金融云、技术开放平台、区块链等硬技术收入。科技业务为蚂蚁金服带来了巨额收入的同时，使其得以享受税收方面的优惠，主要涉及增值税和企业所得税两个税种。

首先，从企业所得税的角度来看，蚂蚁金服可享受低税率、加计扣除、加计摊销三重税收优惠，蚂蚁金服作为国家认定的高新技术企业可享受 15%的优惠税率。另外，研发活动的费用化支出可在税前加计扣除 75%，资本化支出可按照发生额的 175%税前摊销。作为全国最大的独角兽企业，蚂蚁金服曾完成过 3 轮巨额融资，总融资额高达 320 亿美元，这些巨额融资大多被用于应用技术和基础技术的创新升级，进而为企业减轻了税收负担。从增值税的角度来看，蚂蚁金服所提供的技术服务收入符合增值税的免税规定。综上所述，大力开发互联网应用技术和基础技术既能够帮助蚂蚁金服开拓更广阔的市场，提高技术收入在总收入中的占比也能使企业降低税负。

其次，《企业所得税法》规定，对创投企业投资满两年时，允许以投资额的 70%抵扣企业应纳税额。除了大力发展自身科技实力之外，蚂蚁金服十分善于发现并投资潜力巨大的小型或初创科技企业，从最早的天宏基金到后来的饿了么、滴滴出行，再到最近的芥舟科技、帮你投等，每一笔投资几乎都与互联网相关。可想而知，自创立以来，蚂蚁金服多达几十笔的融资为其减轻了多少税收负担。

（4）社会公益

除了以上三类重要业务，蚂蚁金服十分注重发展公益事业，其中一项是积极推进绿色环保，主要通过在支付宝平台开设的“碳账户”——蚂蚁森林实现。支付宝的用户可以通过参与由其设置的一些活动获取“能量”，当“能量”积累到一定数量，用户便可以在线上参加虚拟“种树”活动，而蚂蚁金服则会根据用户的种树标准在线下种植真正的树苗。从蚂蚁森林的运作模式来看，蚂蚁金服似乎在做赔本买卖，但实际上蚂蚁森林不仅会增加支付宝的点击量，还能为其带来一定的税收优惠。

蚂蚁金服的种树地点多为沙漠或者土地贫瘠的地方，在这些地方种树很有可能会使用节能、节水设备。国家为推广此类设备，在《企业所得税法》中规

---

① 即区块链（Blockchain）、人工智能（Artificial Intelligence）、安全（Security）、物联网（IoT）、计算（Computing）。

定：若企业在购置符合条件的环保设备并利用该设备用于环境保护，则其购进金额的十分之一可用于当年应纳企业所得税税额的抵免。从这一角度来看，蚂蚁金服发展环保事业不失为明智之举。

14.3.3 蚂蚁金服的税务规划风险

税务规划必然会带来风险，蚂蚁金服作为我国估值最高的互联网金融企业，每年为国家创造几百亿元的税收，企业活动自然会牵涉许多方面的税务问题。在复杂的股权架构之下，寻找税负最小化的方案极其复杂。同时互联网金融活动本身具有虚拟性、隐匿性特性，为企业带来了巨大的税务风险。我国对互联网企业的监管日益严格，税务机关已经在“互联网+税务”、云计算、区块链等技术应用层面有所突破，企业面临的违法风险越来越大。对于蚂蚁金服而言，必须谨慎地进行税务规划，权衡各个方面的利弊，进行合法、合理的规划安排。

1. 搭建持股平台的税务规划

如上文所述，通过合伙制持股平台的搭建，作为有限合伙人的员工在取得股息、红利所得或股权转让所得时可以选择两种方式来进行纳税：一是选择按照单一投资基金核算；二是选择整体作为经营所得核算。但这种安排同样存在加重税收负担的风险。

当选择按照单一投资基金方式纳税时，需要考虑资金管理费用的双重征税问题，即合伙企业作为持股平台往往会扣除合伙人的一部分所得作为管理报酬，而这笔所得并不会从合伙人的计税依据中扣除，同样需要缴纳个人所得税；同时在合伙企业层面，管理报酬一般会被分配给唯一的普通合伙人（在本案例中为云铂投资），普通合伙人再为此缴纳一次税款，如此就涉及双重纳税的问题，无形中加重了整个企业集团的税收负担。

若选择按照经营所得纳税，则可以避免上述重复征税的问题。但5%~35%的税率可高可低，如果合伙人取得的收益较高，可能需要缴纳高额税款。蚂蚁金服每年能够实现数十亿元的税后利润，很可能导致合伙人在选择这种纳税方式时适用35%的税率。

2. 利用业务性质进行税务规划

在整个企业集团当中，蚂蚁金服不同的业务归属于不同的子公司或子业务板块。只有特定的业务和子公司才能享受税收优惠，因此对企业集团的收入或成本进行统筹规划安排，能够有效降低税负。目前，大量互联网金融业务具有混合业务的性质，业务收入的性质和归属越发难以认定。因此，在互联网企业中，存在大量的混同业务收入和成本的行为。此类行为存在极大的违规风险，我国税法对于此类行为规定有明确的处罚措施，大多规定全部收入和成本支出均不得享受税收优惠。

3. 利用纳税地点进行税务规划

从纳税地点来看，线上交易没有地域上的边界，交易地点存在极大的流动性，难以将互联网金融企业具体划分到某一个税收管辖区。在我国目前的税法中一般是按照互联网金融企业的注册地或服务器所在地确定税收管辖区，但这容易使互联网企业通过在低税地选址的方式来避税。比如关联企业重庆市蚂蚁商城小额贷款有限公司注册地位于重庆市两江新区，而天宏基金公司成立于天津市自由贸易试验区，这两个园区均享受国家扶持的税收优惠。企业在进行纳税地点税务规划时需要注意尽量使注册地与实质业务发生地相一致，避免被税务机关认定为为避税目的而设立的“空壳公司”。

4. 利用计税依据进行税务规划

由于线上交易缺乏税务机关的监管，交易记录中真实的交易金额很容易被后台删除或篡改，由此企业的真实收入规模就难以确定，而交易金额直接关系到计税依据的大小，互联网企业通过计税依据进行筹划可以直接降低税收负担。我国针对线上交易推出了开具电子发票的规定，但依然无法保证电子发票信息是真实、可靠的。人为篡改交易金额、更改发票信息在性质上极为恶劣，随着监管技术的不断升级，这类违法行为将逐渐丧失其运作空间。企业不应抱有侥幸心理，否则将面临极其严重的民事甚至刑事处罚。

5. 利用扣除项目进行税务规划

蚂蚁金服的科研技术支出可依法享受税收优惠，其中费用化支出可按照实际支出享受加计扣除75%的优惠，资本化支出可按实际发生额的175%税前摊销。二者均强调了支出的“实际性”，根据我国《企业所得税法》规定，可享受加计扣除和摊销的科研支出必须满足几个特定要求，如必须按照国家财会制度要求记载与研究、开发相关的人员、设备支出；单独设置辅助账并准确核算，否则企业将无法享受税收优惠。

6. 利用纳税时间进行税务规划

互联网上的一些收入存在入账时间、纳税时间的差异，这一时间差经常被企业用来获取利息收入。支付宝拥有短期储蓄的功能，因此支付宝通常用这笔钱进行短期投资或者存放于银行赚取利息。但正是由于存在这种时间上的差异性，企业必须关注收付款的实际收支时间、入账时间、纳税时间的差异性，及时以取得的利息收入缴纳应缴纳的增值税款。企业应特别关注纳税义务实现时间的准确性，避免因隐瞒收入或推迟纳税而招致税务风险。

14.3.4 蚂蚁金服开展税收风险管理的建议

在分析蚂蚁金服的涉税风险之后，本部分针对蚂蚁金服潜在的税收风险提出了以下风险管理建议。

1. 加强税务知识学习

互联网金融业是“互联网+”背景下发展起来的一种新的行业，而税法具有滞后性，当前对互联网金融业的税法规定远不能满足对其进行税收监管的要求。蚂蚁金服作为互联网金融企业，面临较大的税收政策变动。为及时跟上税法的变动节奏，蚂蚁金服企业内全体人员尤其是高管应该加强税务知识的学习、关注税法的更新。财务人员及时了解税务知识可以从事后完成申报纳税的工作，而其他人员学习税法知识则有利于在事前减少企业面临不必要的税收风险，同时有利于降低个人的纳税风险。

2. 合理设计持股平台

在搭建股权架构的过程中，应将税收作为一个重要因素予以考虑，应站在整个企业集团的角度，综合考虑有限合伙人的个人所得税税负和普通合伙人的企业所得税税负，制定最符合税后利益最大化目标的股权架构安排，维护好员工的个人利益。

首先，针对收益较高的员工，选择单一投资基金方式纳税往往税负较低；持股平台应合理设置管理报酬，尽量避免双重征税的问题。其次，对于持有较高股权的合伙人来说，选择在两个或多个合伙制持股平台中分别持有部分股权可达到分散收益的目的，从而在选择按照整体经营所得纳税时，可避免因收益过高而适用高档税率的问题。最后，应当注意持股平台运营中的合法性、合规性问题，避免因不当税务安排导致被税务机关调查。

3. 规范企业内部账务、票务处理

从税法规定来看，不同性质的收入或者支出适用的税收政策会影响企业所能享受到的税收优惠以及实际应缴纳的税额。例如，税法规定研发支出要区分费用化支出和资本化支出，从税收利益的角度出发企业往往更加偏爱费用化支出，若由于主观因素重新安排两项支出，则会导致税务风险。所以，规范企业内账务处理不仅是为适应税务机关的规定，也是为了避免不必要地多缴税款。

4. 避免设立“空壳公司”

全国各地的税收优惠政策不同会产生一些“税收洼地”，企业往往倾向于

在这些“税收洼地”登记注册公司。从互联网金融企业自身特点来看，业务遍布范围极广，很难将所有业务归属到一个税收管辖区，很多企业滥用税收优惠政策成立了“空壳公司”。事实上，在对互联网金融企业的监管方面，税务机关面临很大的挑战，但是不容置疑的是互联网金融企业是税务机关重点关注的对象。设立“空壳公司”的行为比较容易引起税务机关的关注，企业因此可能面临支出增加的风险。所以，蚂蚁金服应尽量坐实经济业务，避免设立“空壳公司”。

5. 建立涉税信息共享机制

除了主观影响因素外，还有诸多客观因素会增加互联网金融企业的税收风险，如税收政策的变动、社会环境的重大变化。建立涉税信息共享机制不仅有利于有效减少企业涉税信息的重复收集成本，还有利于企业统一进行税收规划，从而保障企业能够充分地享受国家的优惠政策。在技术大爆炸的时代，蚂蚁金服应充分利用创新技术进一步完善企业涉税信息共享机制，同时安排专门人员进行税收知识分享。

6. 加强与税务机关的合作

随着监管技术的发展，税务机关的监管能力逐渐加强。如经由税务机关事后查处发现企业存在不依法纳税的现象，企业将因此遭受更加严重的后果。一方面，企业要承担税务机关的处罚；另一方面，企业自身的诚信度将因此受到影响。所以，蚂蚁金服要主动向税务机关报送相应信息、依法纳税。同时，蚂蚁金服还应主动加强与税务机关的合作或者参与税务部门组织的税法宣传等活动。通过加强与税务机关的合作，增强自身的纳税意识，提升对税法的掌握度。

7. 加强与利益相关者的税务合作

企业作为经济体总是不能独立存在于社会，从其资本来源来看，企业会与投资者与债权人产生经济联系，在进行生产经营活动过程中，企业与职工之间产生经济联系，在产品销售过程中，企业与客户也产生经济联系，所有这些与企业存在经济联系并对企业有现金要求的经济主体共同构成了企业的利益相关者，这些经济联系构成了企业所在的“价值链”。税收与经济之间存在天然的联系，在“价值链”的基础上形成了同企业关联的“税收链”。在“税收链”中，企业的利益相关者都会对企业的税收产生一定的影响。这种影响可以是负面的，也可以是正面的，关键在于如何处理与利益相关者之间的关系。根据“税收链”的思想，蚂蚁金服不仅要考虑自身的纳税状况，还要从利益相关者的角度看问题，通过加强与利益相关者的税务合作，实现多方共赢的局面。

14.4 股权结构调整的税收筹划

14.4.1 股权结构调整背景

1. 股权架构

南方某工业园区华润置业有限公司、华恒置业有限公司、永禾置业有限公司、永隆地产有限公司、富润投资有限公司是具有关联关系和投资关系的5家法人企业。它们之间的股权关系如图14-9所示。

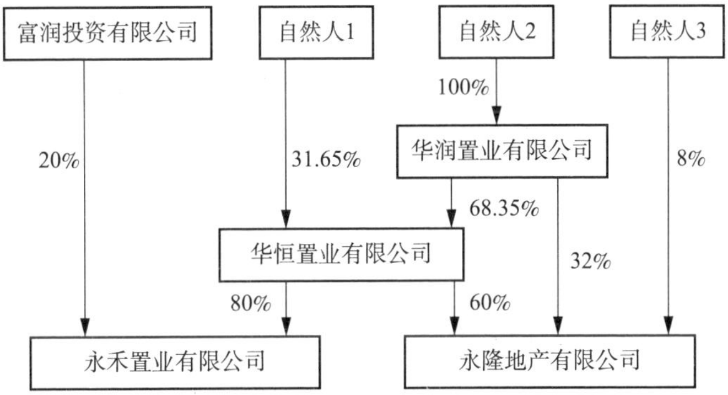

图14-9 5家法人企业的股权关系与持股比例

2. 股权调整的原因分析

(1) 改善复杂的股权结构

华润置业有限公司、华恒置业有限公司、永禾置业有限公司、永隆地产有限公司均为房地产开发公司，除永隆地产有限公司之外，其余三者的开发项目已经完成或接近尾声。为了尽快调整简化复杂的股权关系、注销不需要持续经营的置业公司，特进行有益的股权调整。

(2) 控制未来利润分配中的股东税负

自然人优化持股模式、设立投资公司利用间接控股方式控制项目公司，可以减少利润分配环节的个人所得税。自然人通过设立投资公司控股项目公司，而项目公司是居民企业，投资公司从项目公司分回的利润免征企业所得税。

14.4.2 股权调整思路与税务处理

1. 第一种思路

(1) 步骤

第1步：永禾置业有限公司择机注销。

永禾置业有限公司将剩余的房地产销售完毕后，进行注销处理（目前永禾置业有限公司的未分配利润账面余额少，未来公司注销时分配利润少，涉及税金自然也少）。

第2步：华恒置业有限公司持有永隆地产有限公司的股份置换给华润置业有限公司，华润置业有限公司的对价有两种情况：一是华润置业有限公司收购股权的对价为货币资金；二是华润置业有限公司收购股权的对价为华润置业有限公司对华恒置业有限公司投资的部分股权或所持其他企业股权（本案例中没有涉及），也可理解为华润置业有限公司按公允价值减持对华恒置业有限公司的持股额。

第3步：华恒置业有限公司注销，华润置业有限公司修改工商登记为投资公司。

调整后的股权关系如图14-10所示。

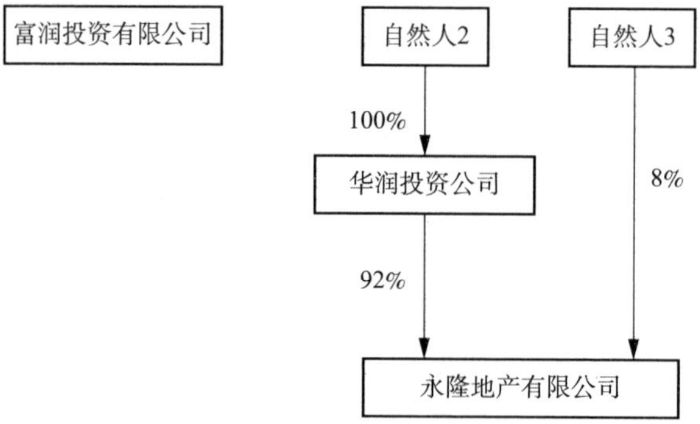

图14-10 调整后的股权关系

(2) 涉税分析

①永禾置业有限公司注销：按照清算要求，计算清算损益；根据清算损益对各股东进行分配，超过投资部分的收益部分计算缴纳所得税。

②华恒置业有限公司持有永隆地产有限公司60%的股份置换给华润置业有限公司，华润置业有限公司的对价为华润置业有限公司对华恒置业有限公司的

股权投资额，也可理解为华润置业有限公司按公允价值减持对华恒置业有限公司的持股额。

此过程视为华恒置业有限公司转让其所持永隆地产有限公司 60%的股权，如果华恒置业有限公司获得的对价为华润置业有限公司的货币支付额，则需要计算华恒置业有限公司的股权转让所得计算缴纳企业所得税。如果华恒置业有限公司获得的对价为股权支付额，且支付额占所转让标的企业股权的 50%以上，则视为免税重组，按照特殊性税务处理操作，不缴纳企业所得税；否则，华恒置业有限公司转让其所持永隆地产有限公司 60%的股权必须计算股权转让所得缴纳企业所得税。

③华恒置业有限公司注销，按照企业清算要求正常进行税务处理。

2. 第二种思路

（1）步骤

第 1 步：自然人 1 将其持有的华恒置业有限公司 31. 65%的股份转让给华润置业有限公司。自然人 1 受偿或持有华润置业有限公司股份，华润置业有限公司 100%持股华恒置业有限公司股份。

第 2 步：自然人 3 将持有的永隆地产有限公司 8%的股份转让给华润置业有限公司。华润置业有限公司直接持有永隆地产有限公司 40%的股份。

第 3 步：华润置业有限公司将控股 100%的华恒置业有限公司合并，将其持有的永隆地产有限公司 60%的股份置换给华润置业有限公司，华恒置业有限公司注销。

调整后的股权关系与持股比例如图 14-11 所示。

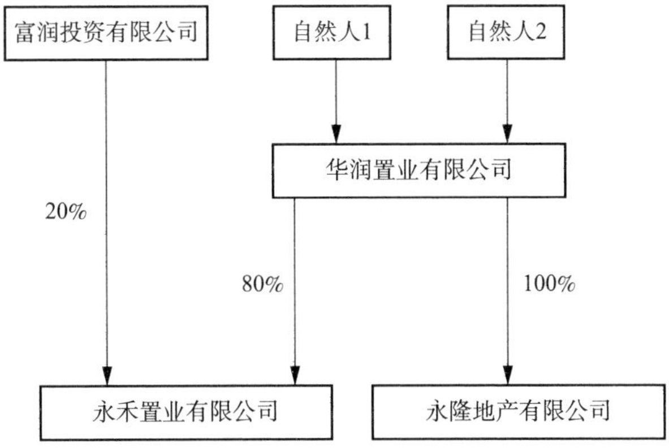

图 14-11　调整后的股权关系与持股比例

（2）涉税分析

①自然人1将其持有的华恒置业有限公司31.65%的股份转让给华润置业有限公司，拿到相应的对价支付额，则自然人1需按照股权转让所得以20%的税率缴纳个人所得税。

②自然人3将其持有的永隆地产有限公司8%的股份转让给华润置业有限公司，拿到相应的对价支付额，则自然人3需按照股权转让所得以20%的税率缴纳个人所得税。

③华润置业有限公司将控股100%的华恒置业有限公司合并，不缴纳企业所得税，双方按照账面价值进行所得税处理。

14.5 某娱乐集团对赌协议收购浙江某传媒公司①

14.5.1 案例背景

（1）某娱乐集团基本情况

该娱乐集团于1994年创立，2009年登陆创业板，成为中国影视行业首家上市公司。

该娱乐集团2017年年报数据显示，该报告期内实现营业总收入394627.61万元，同比上升12.64%；归属于上市公司股东净利润为82828.39万元，同比上升2.49%。在经营策略方面，该娱乐集团秉持全产业链扩张战略，经营业务涉及音乐、电影、游戏、主题公园、艺人经纪、视觉传媒等多个领域。其主要投资经营业务可以分为以下四大业务板块：以电影、电视剧、艺人经纪等业务为代表的影视娱乐板块，以电影城、电影世界、电影小镇、文化城等业务为代表的品牌授权与实景娱乐板块，以游戏、新媒体、粉丝社区等业务为代表的互联网娱乐板块以及产业投资板块。

该娱乐集团自2009年在创业板上市以来，显现出极为激进的投资策略，截至2017年，该娱乐集团参控股公司的数量达到了154家，相比2009年的7家激增了21倍。

（2）浙江某传媒公司的基本情况

浙江某传媒公司成立于2015年9月2日，公司注册资本为500万元，坐落

① 本案例作者为蔡昌、吴琦。

于浙江省金华市。其经营范围包括制作、复制、发行电视剧、电影、综艺等文艺作品，影视文化信息咨询，影视剧本创作、策划、交易以及艺人经纪等。

该传媒公司由冯某与陆某共同出资设立，冯某担任法定代表人并持股 99%，陆某持股 1%。2015 年，该娱乐集团与冯、陆二人签订股权转让协议，约定以 10.5 亿元的价格购买冯某持有的 69%的股权以及陆某持有的 1%的股权。本次股权转让完成之后，该娱乐集团持股 70%，冯某持股 30%，法定代表人变更为该娱乐集团股东王某。该传媒公司股权变更前后的股东持股情况分别如图 14-12、图 14-13 所示。

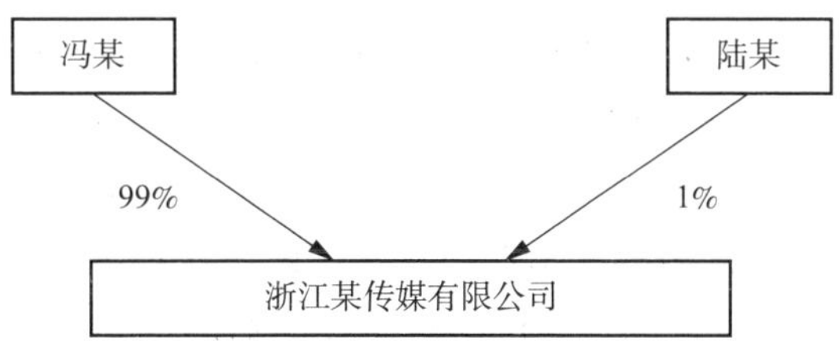

图 14-12 股权变更前该传媒公司关联方关系

注：信息来源于百度企业信用，xin.baidu.com。

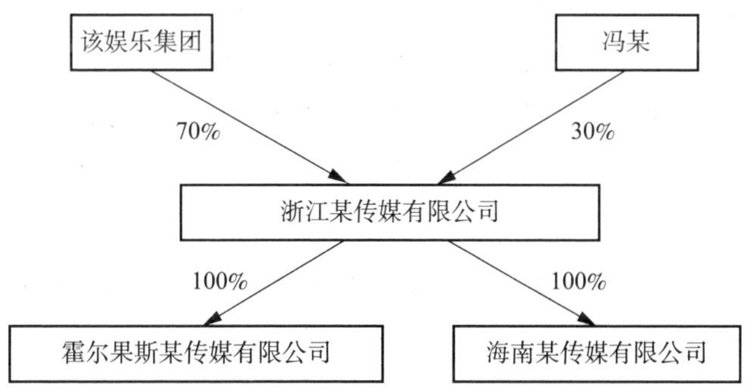

图 14-13 股权变更后该传媒公司关联方关系

注：信息来源于百度企业信用，xin.baidu.com。

（3）某娱乐集团投资控股浙江某传媒公司始末

2015 年 11 月 19 日，该娱乐集团召开的第三届董事会第 25 次会议审议 9 票全票通过了公司投资控股浙江某传媒有限公司的议案。根据决议，该娱乐集团发布关于投资控股浙江某传媒有限公司的公告，对该项交易细节进行了披露：

公告日前，该传媒公司的股权结构为冯某持有该传媒公司 99%的股权，陆某持有该传媒公司 1%的股权。

截至公告日，该传媒公司未经审计的财务数据为资产总额为1.36万元，负债总额为1.91万元，所有者权益为-0.55万元，注册资本金为500万元。该传媒公司主营业务是影视剧项目的投资、制作，影视剧本创作、策划、交易等。该传媒公司已经储备和开发的项目包括电影多部以及综艺节目等，除此之外，该传媒公司已经制订并且实施新人导演计划，培养新一代导演。

合同约定，该娱乐集团拟以10.5亿元的股权转让价款收购浙江某传媒公司的股东冯某和陆某合计持有的70%的股权，本次股权转让完成后，该娱乐集团将持有该传媒公司70%的股权，冯某持有该传媒公司30%的股权。股权工商变更登记手续办理完成之日起10个工作日内（或者协议各方同意延长的时间），该娱乐集团分别向老股东冯某和陆某一次性支付全部股权转让价款，共计10.5亿元。因老股东收取本协议项下的股权转让价款而产生的税金由老股东自行承担。

合同还约定，老股东需要作出业绩承诺，该承诺期限为5年，自标的股权转让完成之日起至2020年12月31日止，其中2016年度是指标的股权转让完成之日起至2016年12月31日止。2016年度承诺的业绩目标为该传媒公司当年经审计的税后净利润不低于1亿元，自2017年度起，每个年度的业绩目标为在上一个年度承诺的净利润目标基础上增长15%。若老股东未能完成某个年度的“业绩目标”，则老股东同意于该年度的审计报告出具之日起30个工作日内，以现金的方式（或该传媒公司认可的其他方式）补足该传媒公司未完成的该年度业绩目标之差额部分。该传媒公司承诺的2016—2020年业绩目标净利润如表14-5所示。

表14-5 该传媒公司承诺的2016—2020年业绩目标净利润 单位：元

年份	业绩目标
2016	100000000.00
2017	115000000.00
2018	132250000.00
2019	152087500.00
2020	174900625.00

14.5.2 案例剖析

1. 浙江某传媒公司开展避税的诱因

浙江某传媒公司于2015年9月2日在浙江省东阳市注册成立，注册资本为

500 万元。冯某作为自然人股东，持有 99%的股权，陆某持有 1%的股权。2015 年 11 月 19 日，某娱乐集团以 10.5 亿元的股权转让价款收购了该传媒公司 70%的股份。在该传媒公司注册成立两个月左右的时间后，该娱乐集团便作出如此高额的股权收购决定，除了合理的商业目的外，我们有理由怀疑此次收购是否存在其他原因，如通过收购进行避税，以降低企业和个人股东的整体税负。

该传媒公司之所以开展避税活动，其诱因是企业收入的来源不同，企业和股东需要缴纳的税种，以及税款总额高低会有很大差异。自然人股东存在利用股权转让取得收入，缴纳较少税款而套现的可能性。接下来，本部分对该传媒公司开展避税的诱因进行分析。由案例背景可以得知，该传媒公司作为被收购方，其原股东冯某转让了 69%的股权，陆某转让了 1%的股权，其收到的 10.5 亿元是自然人股东的股权转让收入，需要缴纳个人所得税。

（1）股权转让后，企业和股东的整体税负分析

我国税法规定，在不考虑转让过程中发生的其他费用以及扣除了股权原值的情况下，计算该传媒公司原股东需要缴纳的个人所得税总额：

$$\text{应纳税额}=105000\times\frac{69}{70}\times20\%+105000\times\frac{1}{70}\times20\%=21000\ (\text{万元})$$

（2）对股权转让价款为其他类型所得的几种假设分析

①若冯某任职受雇于该传媒公司，通过编剧、导演、监制、制片、演员、广告代言人等业务取得年工资薪金总所得 10.5 亿元。假设 10.5 亿元是每个月平均发放给冯某的工资薪金，则其应就该笔收入缴纳个人所得税。

旧的《个人所得税法》下，应纳税额 $=[(1050000000\div12-3500)\times45\%-13505]\times12=47231.904$（万元）

《个人所得税法》下，冯某的工资薪金作为综合所得，则其应纳税额 $=(1050000000-60000)\times45\%-181920=47229.108$（万元）

该计算方法没有考虑纳税人的其他专项扣除、新增的专项附加扣除以及其他依法扣除额等。但是由①可知，若 10.5 亿元作为导演任职受雇于该传媒公司取得的工资薪金收入，必然适用于最高级距 45%的边际税率，远远高于 20%的股权转让所得税率。

②若冯某与该传媒公司签订的不是具有雇佣关系的劳务合同，其以个人名义取得的编剧、导演、监制、制片、演员、广告代言人等业务的收入，应该属于劳务报酬所得。10.5 亿元的劳务报酬所得，应纳税所得额可以扣除收入的 20%，劳务报酬所得的畸高收入加成征收适用 40%的边际税率。

由此得知，若 10.5 亿元是个人的劳务报酬所得，应缴纳的个人所得税也高于股东收到股权转让所得应缴纳的税款。

③若冯某与该传媒公司签订的不是具有雇佣关系的劳务合同，其通过个人工作室来承接编剧、导演、监制、制片、演员、广告代言人等业务，则10.5亿元作为个体工商户的生产经营所得需缴纳个人所得税，扣除生产经营的必要成本、费用、损失后的收入，作为应纳税所得额，适用35%的边际税率。

由此得知，若10.5亿元是作为个人工作室的生产经营所得，应缴纳的个人所得税也高于股东收到股权转让所得应缴纳的税款。

④若10.5亿元为冯某作为该传媒公司的大股东从该公司得到的股息、红利所得，该笔所得适用20%的比例税率。

⑤若10.5亿元为该传媒公司实现的净利润，则这笔所得应适用25%的税率，缴纳企业所得税。税后利润再按持股比例分配给自然人股东冯某和陆某。冯某和陆某就分到的股息、红利所得适用20%的税率，缴纳个人所得税。在这种情况下，企业和自然人股东的整体税负要高于股东收到股权转让所得应缴纳的税款。

所得来源可能性总结见表14-6。

表14-6 所得来源可能性总结

所得来源类型	应纳税所得额（旧《个人所得税法》下）	适用税率（%）	涉及税种
工资薪金所得	月工薪收入-3500-五险一金-符合规定的健康保险	45	个人所得税
劳务报酬所得	每次收入额×（1-20%）	40	个人所得税
个体工商户生产经营所得	全年收入总额-成本、费用以及损失	35	个人所得税
股息、红利所得	一般为收入总额	20	个人所得税
公司利润总额	利润总额+纳税调整项目金额	25，20	企业所得税、个人所得税

2. 对赌协议带来的避税空间

某娱乐集团与浙江某传媒公司老股东冯某、陆某签订股权转让合同的同时，要求老股东作出业绩承诺，承诺期限为5年，自标的股权转让完成之日起至2020年12月31日止。自2017年度起，每个年度的业绩目标为在上一个年度承诺的净利润目标基础上增长15%；若某个年度的净利润未能达到业绩目标，则老股东需要以现金的形式补足差额。这个业绩承诺实质上就是对赌协议，下面对该娱乐集团与浙江某传媒公司签订的对赌协议进行深入探讨。

（1）对赌协议的主要内容

对赌协议（VAM），即“估值调整机制”，是指投资方与融资方在达成协议时，双方对于未来种种不确定情况的一种约定。通过这样的协议，双方可以保障各自的权益。如果约定的条件出现，融资方可以行使一种估值调整协议权利；如果约定的条件不出现，投资方则行使一种权利。对赌协议实际上是期权的一种形式。

对赌协议根据不同的分类标准，可以划分为不同的类型。

①按约定目标可分为业绩对赌协议和上市对赌协议。业绩对赌是指当融资方的业绩目标达到或未达到约定程度时，融资方与投资方之间分别行使权利支付现金或赠送股份等。上市对赌是指投资方与融资方签订的协议条件是约定期限上市。

②按处罚条款可分为单向对赌协议和双向对赌协议。单向对赌是指针对并购的某一方而制定处罚条款的协议，一般是针对融资方。如果融资方不能在协议期限内达到约定条件，那么根据事先规定的处罚条款，融资方要对投资方的利益损失进行弥补，以保障投资方利益。双向对赌协议是在单向对赌协议的基础上，增加了融资方实现约定目标后能够获得的奖励，即投资方承诺目标实现时给予融资方一定的现金或股权奖励。

③按对赌的筹码可分为现金补偿对赌协议和股权补偿对赌协议。现金补偿对赌约定融资方如果不能实现约定，需按照约定给予投资方固定数量的现金补偿。股权补偿对赌是以股权作为标的物进行对赌的，可进一步细分为股权回购型对赌和股权调整型对赌。股权回购型对赌目标一般是要求企业在固定期限内在资本市场成功上市，如果融资方在规定期限内没有完成上市目标，则其必须按照成本加成的方式回购投资方持有的股份，保障投资方顺利完成撤资。股权调整型对赌具体又可分为控股权转移和股权稀释两种类型。

本案例中，该娱乐集团与浙江某传媒公司签订的对赌协议属于以业绩为目标，单向的现金补偿的对赌协议。

（2）某娱乐集团与浙江某传媒公司签订对赌协议的避税空间

本案例中的对赌协议属于单向对赌协议，且以现金方式补偿业绩目标与该传媒公司实际实现净利润的差额，这可能会给企业带来避税空间。

首先，对于该传媒公司来说，如果其在某一年度没有完成该年度约定的业绩目标，则其老股东冯某直接向该娱乐集团进行赔偿。所以，在对赌协议期限的某一纳税年度内，该传媒公司可以通过将实际实现的净利润扣留一部分，而不全部在利润表上体现，业绩目标与财务报表上净利润的差额由老股东以现金的形式支付给该娱乐集团，则该传媒公司缴纳的企业所得税会少于它实际应该缴纳的企业所得税。

其次，影视行业具有一定的周期性，大年小年交替。该娱乐集团与浙江某传媒公司签订的对赌协议中没有相应的业绩激励条款，若在行业发展态势良好的年度内，该传媒公司的理性抉择必然是递延利润，如此可以降低企业税负。

最后，该娱乐集团披露的2018年半年报显示，2018年上半年浙江某传媒公司净利润为5139.15万元，而对赌协议约定的净利润目标为13225万元，该传媒公司尚未完成一半业绩。随着国家加强对影视行业的监督、管理和规范，影视行业的公司、艺人等相应地受到影响，若该传媒公司没能完成对赌协议约定的2018年净利润目标，则其老股东冯某就要以现金方式补偿该娱乐集团。当该娱乐集团收到这笔业绩承诺补偿款时，选择的税务处理方法不同，对公司企业所得税的影响也不同，从而可能成为避税的空间。接下来分析常见的盈利性补偿款的税务处理。

①对合同价款进行调整，双方将该笔盈利性补偿款视作未达到约定业绩而需要调整原合同的金额，属于股权转让合同中对价的一部分。该娱乐集团在收到补偿款时冲减长期股权投资的成本，该笔所得不用缴纳企业所得税；该传媒公司则冲减以前年度收入，可以获得退税。

该娱乐集团的相应会计分录为

借：银行存款

　贷：长期股权投资

②双方将该笔盈利性补偿款视为权益性交易支付的价款。该娱乐集团在收到补偿款时增加资本公积，该笔所得不用缴纳企业所得税。该传媒公司则作为投资损失，在企业所得税前可以扣除。

该娱乐集团的相应会计分录为

借：银行存款

　贷：资本公积——股本溢价

③双方将该笔盈利性补偿款视同该传媒公司没有达到业绩目标而支付的违约金。该娱乐集团在收到补偿款时作为营业外收入，当期缴纳企业所得税。该传媒公司作为违约金费用，允许在企业所得税前扣除。

该娱乐集团的相应会计分录为

借：银行存款

　贷：营业外收入

④双方将该笔盈利性补偿款视同该传媒公司没有达到业绩目标的盈利保证支出，作为其履行盈利保证的赔偿责任。该娱乐集团在收到补偿款时作为当期收入，当期缴纳企业所得税。该传媒公司则根据《国家税务总局关于发布〈企业资产损失所得税税前扣除管理办法〉的公告》（国家税务总局公告2011年第25号）判断是否能作为损失税前列支。

该娱乐集团的相应会计分录为

借：银行存款

　贷：营业外收入

⑤双方将这笔盈利性补偿款视同捐赠，该娱乐集团在收到补偿款时作为当期收入，当期缴纳企业所得税。该传媒公司则将支出视为非公益性捐赠支出，不能在企业所得税前扣除。

该娱乐集团的相应会计分录为

借：银行存款

　贷：营业外收入——捐赠利得

盈利性补偿款税务处理方式总结见表 14-7。

表 14-7　盈利性补偿款税务处理方式总结

处理方式	该娱乐集团	浙江某传媒公司
对合同价款进行调整	冲减长期股权投资的成本，不用缴纳企业所得税；待股权转让时缴税	冲减以前年度收入，可以获得退税
视同权益性交易	增加资本公积，不用缴纳企业所得税	投资损失，在企业所得税前可以扣除
视同违约金	作为营业外收入，当期缴纳企业所得税	作为违约金费用，可以在企业所得税前扣除
视同担保款	作为当期收入，当期缴纳企业所得税	作为担保损失，据相关规定判断扣除
视同捐赠	作为当期收入，当期缴纳企业所得税	视为非公益性捐赠支出，不能在企业所得税前扣除

（3）某娱乐集团与浙江某传媒公司签订对赌协议的不合理性分析

一般情况下，签订对赌协议的目的是尽可能地实现投资交易的合理和公平。它既是投资方（该娱乐集团）利益的保护伞，又能在一定程度上激励融资方（浙江某传媒公司）。但是进一步分析，笔者发现该娱乐集团与该传媒公司签订的对赌协议存在不合理性，主要体现在以下两个方面：

①该娱乐集团支付的对价缺乏审慎性。该传媒公司于 2015 年 9 月 2 日注册成立，收购交易发生时，该传媒公司才成立短短两个月左右时间，属于企业的初创期，没有历史业绩可以参考，未来业绩又存在巨大不确定性。在这种情况下，支付对价至少可以采取以下方式，来维护上市公司权益，见表 14-8。

表 14-8　对价方式

合理的支付对价方式	现金支付和股份支付
	现金支付，但分期购买股权
	现金分期支付
	现金支付，但分期解锁股权

由该娱乐集团2015年披露的财务报表可知，该娱乐集团受让浙江某传媒公司股权，股权转让价款为10.5亿元，采用的是以现金一次性支付方式。2015年12月9日，股权转让完成；截至2015年12月31日，股权转让款尚未支付。2015年8月，该娱乐集团向阿里创投、平安资管、腾讯计算机、中信建投4家公司定向增发1.456亿股公司股票，募集资金总额约36亿元。2016年6月30日的资产负债表显示，其短期借款为14.5亿元左右，长期借款为4.91亿元，应付债券为22亿元，应付利息为6727万元，由此得知，该娱乐集团受让股权的当年借款规模大，现金流并不充裕。这客观上导致该娱乐集团的现金流紧张，且可能不会像股份支付方式那样，让融资方处处维护投资方的利益。

②对赌协议中没有竞争禁止或限制条款。在承诺期内，该娱乐集团没有对浙江某传媒公司老股东是否可以另外设立同业公司进行披露，这一点也缺乏合理性。

3. 影视企业的避税条件——“税收洼地”

（1）“税收洼地”定义

“税收洼地”是指在特定的行政区域，在其税务管理辖区注册的企业通过区域性税收优惠、简化税收征管办法和税收地方留成返还等处理方法，降低企业税负，以实现吸引投资，促进地方经济发展的目的。在改革开放初期，我国在经济特区以廉价的土地、劳动力以及税收优惠政策来引进投资，以推动经济快速发展。

目前，我国“税收洼地”的税收优惠政策主要有三种表现形式：

一是利用国家级的区域性税收优惠政策。比较典型的有新疆霍尔果斯的企业所得税五免五减半的政策、西部大开发相关的地区企业所得税减按15%的政策等。

二是利用税收核定征管办法。比较典型的是利用税收管理上的“核定征收”办法，即利用核定利润率的方法计算公司制企业所得税或者合伙制、个人独资制的个人所得税，对高毛利或者成本费用严重无票的企业诱惑力比较大。

三是利用税收地方分成后税收返还。1994年开始实行的分税制改革，使我国正式从统收统支的高度集中的财政体制转变为中央让利放权的财政分权体制。从主要税种上来看，增值税目前的分配机制是国家和地方对半分成，所得税是国家和地方六四分成，地方政府对其享有的财政收入的征收和使用享有很大的自由度，“税收洼地”的地方政府正是用这部分地方财政资金进行税收返还，来吸引企业入驻。

（2）“税收洼地”政策分析

浙江某传媒公司的注册地在浙江省东阳市。除了在东阳注册成立公司外，从表14-2中可以看出，冯某通过以其参股的公司作为母公司，在具有较大税收优惠的新疆霍尔果斯市、海南海口市等地进行投资，利用当地的税收优惠政策，达到减税的目的。下面对这几个“税收洼地”的税收优惠政策作一个简要分析。

①东阳市税收优惠政策。浙江省东阳市作为中国最大的影视城——横店影视城的所在地，一直是众多明星导演注册投资的宝地。为了扶持文化产业的发展，东阳市出台了许多政策，给予在当地投资的影视公司诸多优惠。下面以2010年东阳市发布的《关于进一步加快横店影视产业实验区发展的若干意见》为例，介绍东阳市对影视企业实行的税收优惠政策。

一是税收返还政策，给予影视城特殊税收政策。实验区设立影视文化产业发展专项基金。实验区内影视文化企业，前两年的企业营业税、城市维护建设税留市部分按100%，后八年按60%每年度财政分两次给予奖励；实验区内影视文化企业，从入区之年起前两年增值税留市部分按100%，后八年按60%每年度给予一次性奖励；从获利之年起前两年企业所得税留市部分按100%，后八年按60%每年度给予一次性奖励。

二是鼓励上市融资的税收政策，对符合条件的通过股份制改造已实现投资主体多元化的区内影视文化企业，支持其申请上市。将总部设在东阳市的影视上市企业在争取上市过程中进入券商辅导期可享受3年辅导期优惠政策，影视文化产业发展专项基金给予其营业税、城市维护建设税、企业所得税、增值税留市部分100%，个人所得税总额10%的奖励。总部设在东阳市的影视企业实现国内或海外上市，当年实缴总税费达1000万元以上的，对上市企业奖励200万元。对实现买“壳”上市并把上市公司注册地迁至东阳市、纳税登记在东阳市的上市公司，当年税收实缴总额增加500万元以上的，奖励100万元。

从东阳市的税收返还政策可以看出，在东阳横店产业实验区内注册成立的影视企业，对于增值税，前两年企业会得到应纳增值税总额中归属于地方财政的税款返还，相当于增值税的减半征收；后八年企业得到应纳增值税总额中归属于地方财政的税款的60%返还后，经计算，与没有税收返还政策的地区相比，相当于少缴了增值税应纳税额的30%。对于企业所得税，前两年企业会得到应纳企业所得税总额中归属于地方财政的税款返还，相当于实际企业所得税税率为15%，后八年企业得到应纳所得税总额中归属于地方财政的税款的60%返还后，实际企业所得税税率为19%。由此可见，对在浙江东阳注册成立的影视企业而言，仅就税收返还这一政策能给企业带来的利润就足够丰厚了。

②霍尔果斯市税收优惠政策。

霍尔果斯位于我国新疆维吾尔自治区，是我国与哈萨克斯坦边境线上最重要的通商口岸。自古以来，这里就是我国连接中亚的重要门户与战略通道，对于西部的开发与发展具有重要战略意义。自2005年中哈霍尔果斯国际边境合作中心设立以来，我国越来越注重对霍尔果斯的扶持与发展。2010年开始，中央正式批准宣布在霍尔果斯设立经济开发区，并实行了一系列大力度的扶持政策，其中最具有代表性和吸引力的当数集企业所得税、增值税、关税和个人所得税于一体的税收优惠政策。

一是所得税的优惠政策：企业所得税的优惠政策可以概括为“五免五减半”，即在2010年1月1日至2020年12月31日期间，符合条件的企业自取得第一笔生产经营收入所属纳税年度起，5年免征企业所得税，免税期满后，再免征企业5年所得税地方分成部分。个人所得税的税收优惠政策则以奖励返还的方式实现。二是增值税优惠政策：新设立企业增值税、所得税及附加税的年纳税额留存在地方财政的总额按比率予以奖励。具体见表14-9、表14-10。

表14-9　霍尔果斯个人所得税返还比例

所得收入	返还比例（地方留存部分）（%）
1000~2000元	70
2000~4000元	80
4000元以上	90

表14-10　霍尔果斯增值税及其他附加税返还比例

总额	返还比例（地方留存部分）（%）
100万~300万元	15
300万~500万元	20
500万~1000万元	25
1000万~2000万元	30
2000万~5000万元	35
5000万~1亿元	45
1亿元以上	50

③海口市税收优惠政策。

海南省作为经济特区，为了促进相关产业的发展，吸引外来投资，国家与地方均出台了诸多优惠政策予以扶持。

2016年，海口市政府下发《海口市扶持影视产业发展暂行规定》，在税收方面指出：本市影视企业自注册登记之日起，2年内企业城建税、增值税本市留成部分按100%给予奖励；从获利之年起，2年内企业所得税本市留成部分按

100%给予奖励。凡实收资本不低于500万元，在本市常年从事影视后期制作，且当年影视后期制作营业收入占本企业总营业收入1/3以上的影视企业，2年内城建税、增值税本市留成部分按100%给予奖励；从获利之年起，2年内企业所得税本市留成部分按100%给予奖励。对于新注册登记的企业，海口根据其实收资本金额，给予其50万元到500万元不等的一次性资金补助。

（3）利用“税收洼地”避税分析

由浙江东阳、霍尔果斯、海南海口三地对影视行业的税收优惠政策可以看出，这些地方性的税收优惠政策的门槛较低，基本是注册登记地在当地就可以享受优惠政策。这导致许多影视企业通过在“税收洼地”注册“空壳公司”，通过转移定价、关联交易等方式将母公司的大量利润转移到低税地，以降低企业整体税负。

如果注册成立在“税收洼地”的企业在当地真实开展生产经营活动，必然会带动当地经济充分发展，对于企业和当地政府而言是双赢的。但如果企业只是想利用“税收洼地”的特殊税收政策来进行避税，如采用“空壳公司”等手段，则这些地方性的税收优惠政策将变得毫无意义，最终会导致地方税收竞争。

14.5.3 某娱乐集团收购浙江某传媒公司的税收分析

1. 个人所得税的征管现状与征收体制

个人股权转让是指股份有限公司、有限责任公司及其他企业自然人股东转让所持有的公司股权或股份取得的所得（不含所持上市公司间接股权转让所得）。根据税法的有关规定，个人股权转让应按“财产转让所得”缴纳20%的个人所得税，但在现实生活中，个人股东在股权转让过程中原价或低价转让、未依法履行纳税（扣缴）义务等现象依然广泛存在，甚至签订虚假的股权转让协议以逃避纳税义务。概括来说，个人股权转让所得税征管方面存在的问题主要体现在以下几个方面：

一是计税依据核实困难。个人股权转让的形式多样、转让行为隐蔽，税务部门往往很难对其真实性进行调查取证。根据《国家税务总局关于加强股权转让所得征收个人所得税管理的通知》（国税函〔2009〕285号）的规定，对申报的计税依据明显偏低且无正当理由的，主管税务机关可参照每股净资产或个人股东享有的股权比例所对应的净资产份额核定。但规定并没有明确净资产的定义，究竟是账面净资产还是经过评估的净资产的公允价值，我们无从得知。根据企业会计准则的规定以及目前的主流做法来看，将经评估的净资产的公允价值作为核定征收的依据更为合理。但是在个人股权转让中，该价值中经常包含较大金额的商誉及无形资产，保证它们的价值评估准确，对于税务部门来说难度很大。

二是代扣代缴制度存在漏洞。个人股权转让时，根据相关法律的规定，应由股权转让的受让方对转让方应缴纳的个人所得税进行代扣代缴，但是由于操作层面没有明确的规定，在对于转让方的计税成本以及合理税费的扣除存在很大的税务筹划空间。

三是个人所得税征管不够严格。个人所得税是中央和地方的共享税，由地方税务局对其进行征收。地方政府出于吸引投资，扶持本地企业的需要，会通过放松征管力度的方式给予其税收优惠。在股权转让相关的业务上，由于没有引入相应的涉税鉴证机制，且业务涉及复杂的金融会计知识，导致基层税务部门人员对其认识与理解不够，征管起来更困难。

正是由于上述问题的存在，在该娱乐集团对赌协议收购浙江某传媒公司过程中，有了更多的税收操作空间。

2. 股权转让中商誉的税务处理

商誉（goodwill）是指能在未来期间为企业经营带来超额利润的潜在经济价值，或一家企业预期的获利能力超过可辨认资产正常获利能力（如社会平均投资回报率）的资本化价值。商誉是企业整体价值的组成部分，在企业合并时，它是购买企业投资成本超过被并企业净资产公允价值的差额。

目前，国际上通用的商誉的初始计量方法为割差法，该方法是通过合并方的购买成本与被合并方可辨认净资产的公允价值的差额确定商誉的价值。这种方法认为，合并方支付的购买价格作为实际发生的产权交易价是具备客观性的，并且它是通过买卖双方讨价还价才得以确认，体现了双方当事人各自对企业价值的判断，这样的判断是具备公允性的。

在商誉的后续计量方面，国际上对于并购后商誉价值的衡量主要有立即注销法、永久保法、摊销法和减值测试法四种。我国企业会计准则目前采用的是减值测试法，该方法要求商誉作为一项单独的资产，应在合并资产负债表中列示，并在每年年末进行减值测试。

（1）商誉的初始确认

合并方该娱乐集团通过现金一次性向老股东冯某和陆某支付全部股权转让价款10.5亿元，因此合并成本公允价值确定为10.5亿元。

根据该娱乐集团披露的数据，截至合并日，被购买方未经审计的财务数据为资产总额1.36万元，负债总额为1.91万元，所有者权益为-0.55万元，公司注册资本为500万元。

表 14-11 该娱乐集团 2015 年披露的被购买方与购买日可辨认资产、负债 单位：元

被购买方		
	购买日公允价值	购买日账面价值
资产：		
货币资金	5000054.02	5000054.02
预付账款	7500.00	7500.00
其他应收款	5000.00	5000.00
负债：		
其他应付款	19358.00	19358.00
净资产	4993196.02	4993196.02
减：少数股东权益	1497958.81	1497958.81
取得的净资产	3495237.21	3495237.21

由表 14-11 可知，合并方取得的可辨认净资产公允价值份额为 3495237.21 元，因此商誉被确认为 1046504762.79 元。该娱乐集团收购浙江某传媒公司取得商誉图解如图 14-14 所示。

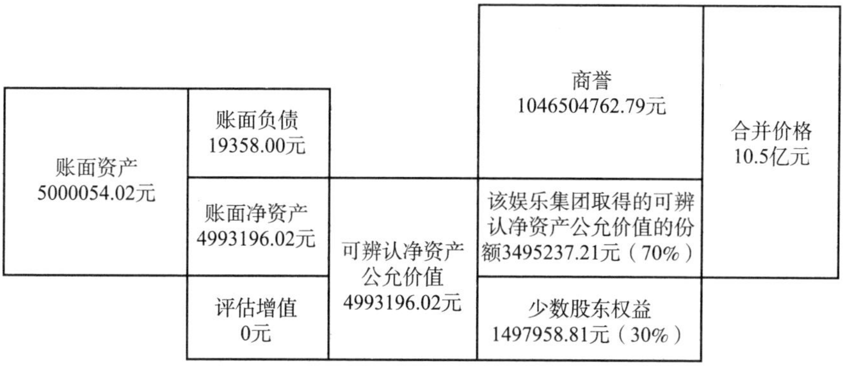

图 14-14 该娱乐集团收购浙江某传媒公司取得商誉图解

（2）商誉的后续计量

根据该娱乐集团 2015 年、2016 年以及 2017 年 3 年的年报，3 年内该娱乐集团并未对该项合并中形成的 10.5 亿元的商誉计提减值，也未在年报中披露相关的减值测试。

（3）商誉的初始确认与后续计量中存在的避税机会与风险

在对商誉进行初始确认时，被合并净资产公允价值采用的估值方法为资产基础法与收益法两种评估方式结合确定。结合表 14-11 可以看出，被购买方的

资产仅由少量的货币资金与预付账款组成，除去注册资本之外的净资产为负数。因此，我们可以推知，收益法为此次评估的主要方法。收益法是基于企业未来取得的收益，对企业整体资产的预期盈利能力进行评估。但是被购买方作为影视公司，本身就具有“轻资产”这一特点，公司的盈利能力主要取决于其人力资本等不可量化的无形资源。此外，从该娱乐集团公布的数据来看，被购买方资产扣除注册资金以后，总额仅为12500元，这说明被购买方并没有开展实质性的商业活动。由此来看，采用收益法对净资产公允价值进行评估，很可能高估了净资产的公允价值，导致商誉被虚增。

2020年对赌协议完成时，高达10.5亿元的商誉既可能带来大额的合并利润，也可能带来商誉减值的巨大隐患。

该娱乐集团年报显示，浙江某传媒公司2016年全年实现的净利润为5511.39万元，如果以这一年的净利润来看，其并未完成业绩承诺。但不得不提的是，该娱乐集团在对赌协议中强调，该传媒公司2016年度承诺的业绩时限，实际是从股权转让完成之日起至2016年12月31日止，以此视为2016年度。2015年，该传媒公司的净利润为4602.67万元，与2016年净利润合并约1.01亿元，勉强达标。2017年，该传媒公司依然是勉强跨过业绩对赌底线，当年实现净利润约1.17亿元，较上年增幅约为15.84%。根据该娱乐集团2018年半年报，该传媒公司2018年上半年净利润为5139.15万元，未完成一半业绩（见表14-12）。

表14-12 该传媒公司实现业绩情况一览表

2016年度	1.01亿元
2017年度	1.17亿元
2018年上半年	5139.15万元

同时，从对赌协议中的约定内容来看，该传媒公司为完成业绩承诺而储备和开发的项目有电影4部、电视剧1部以及综艺节目等。除此之外，该娱乐集团称当时浙江某传媒公司已经制订并且实施新人导演计划，培养新一代导演。

如果该传媒公司不能按时实现约定业绩，那么巨额的商誉减值准备会对该娱乐集团的财务数据造成震荡性影响。

14.5.4 股权转让涉税处理及“税收洼地”的政策建议

1. 股权转让征收个人所得税的建议

随着我国资本市场的发展以及市场竞争的加剧，企业转让股权或收购其他企业股权的交易越来越频繁。在个人股东转让股权的过程中，因其股权交易具有隐蔽性、股权交易公允价格难以确定等，导致资本市场不规范性以及国家税收流失。

（1）完善股权转让政策规定，实现征管的法治化

我国现行关于股权转让所得征收个人所得税的税收文件有财税〔2009〕167号文，其针对个人转让上市公司限售股征收个人所得税问题，从计算方法、征管办法等各方面进行了详细的解释和说明；国家税务总局公告2010年第27号文对股权转让所得个人所得税计税依据核定问题做了相应规定；国家税务总局公告2014年第67号文比较详细地说明了股权转让个人所得税的征管事项，在一定程度上解决了税务机关的征管难题。

但是随着资本市场的不断发展、股权交易的复杂性，以及缺乏有效的股权评估体系，当前的政策规定在实务处理中显示出了不足。比如对股权转让收入的确认，目前的政策规定了股权转让收入明显偏低时税务机关有权进行调整，并明确了相应的核定方法，即转让方申报的股权转让收入不得低于被投资方固定资产、无形资产等的净资产公允价值。第一，对于净资产公允价值的确定有待考量，无形资产的公允价值难以确定。第二，现行政策的关注焦点大多在股权转让收入明显偏低的情况。但是笔者认为股权转让收入只要不符合公允价格，税务机关就应该进行纳税调整，因为存在被投资企业股东与投资企业存在关联关系的情况下，投资企业以远高于公允价格的价款收购被投资企业股东的股权，被投资企业股东获得一大笔股权转让收入，适用20%的税率。相对于股东其他类型的所得来说，这种方式缴纳的税款明显偏低，存在股东利用股权转让套现，损失投资企业中小股东利益的可能性。

综上所述，我国应出台更为详细的股权转让个人所得税政策，对股权转让所得范围、股权转让收入的确认、股权转让协议的认定、股权转让所得的扣缴与申报等作出具体规定，让转让双方提供相关证据证实交易的公允合法性，以及引入第三方中介机构对股权转让的公允价格作出科学评估。

（2）明确对赌协议中交易安排的税务处理，堵塞避税漏洞

我国目前对于对赌协议中所涉及的交易安排，还未出台明确统一的税务处理方法，这给企业通过对赌协议逃避所得税留下了可乘之机。为此，可以借鉴其他国家的先进经验，并结合我国国情，统一各地税务机关的处理方法，完善我国对赌协议所得税的税收法律规定，建议从以下两个方面考虑：一是明确对赌协议签订时的股权转让所得。融资方应在股权转让权属变更完成之日起确认股权转让所得，就收到的股权转让所得依法缴纳所得税；投资方应在实际实现股权权属变更之日起将支付的股权转让价款计入相关成本。二是明确盈利性补

偿款的税务处理方法。应该区分双方签订的是正向的对赌协议，还是反向的对赌协议。交易双方收到或者支付该笔盈利性补偿款，在企业所得税中如何处理应有一个明确的政策规定。

（3）加强股权转让信息交换，健全股权交易税收征管机制

随着大数据时代的来临，税务部门与其他部门应该紧密合作，如与银行等金融机构、外汇管理局等合作，实现事前控制，防止税收流失；与司法部门建立密切联系，当涉及股权转让方面的案件时，司法部门是依法纳税、依法追征的有效保障；还可以与第三方中介机构保持联系，尤其是涉税鉴证业务方面，通过深度合作，既能提高税务机关工作人员的工作效率，也可以减少税收监管成本。

我国已于2018年9月加入CRS（共同申报准则），与其他国家进行涉税信息交换，高净值人士的海外资产信息可以更好地被我国税务机关掌握，涉及自然人股东的股权转让信息采集必然更加全面。为此，要加强境内外部门间的数据共享、信息互换，健全股权交易税收征管机制。

（4）提高税务机关专业人员素质，加大股权交易征管力度

目前，高溢价收购股权已然成为我国上市公司中的一种普遍行为。由于税务部门与基层税务机关对于企业的复杂交易认识与理解不够深入，相关政策制定得不够全面，因此在税收征管上留下了很大漏洞。针对这种情况，应当加大力度引入金融、会计等相关领域人才，定期组织培训考核活动，提高征管人员专业素养和业务能力，加大征管力度，防止国家税收流失。

2. 对我国“税收洼地”的政策建议

为了支持特定地区、特定行业的发展，一些地方政府出台了许多区域性、行业性的税收优惠政策，全国多个影视基地所在地都是“税收洼地”，有着非常吸引人的优惠政策。但是这些“税收洼地”在为我国市场经济做出贡献的同时也带来了一些外部负效应，对“税收洼地”的规范整顿是大势所趋。下面是几点政策建议：

（1）既要吸引投资，也要促进产业扎实落地

政府的税收优惠政策可以吸引许多企业投资设厂，但是如果产业不能扎实落地，就无法带动相关产业发展。以影视公司投资霍尔果斯为例，虽然霍尔果斯的税收优惠政策吸引了一大批影视公司来此注册，但是由于政策存在一定的漏洞，来自东部发达地区的企业并没有带来相应的资金，反而利用“空壳公司”进行避税，并没有带动当地文化、旅游等相关产业的发展。为此，笔者认为应该提高企业享受“税收洼地”优惠政策的标准，规范当地企业的注册登记工作，对于当地规模较大的企业，财税部门、监管部门等应该定期实施常规性检查，清理非实地经营的“注册型”企业，让在当地真正设厂投资，拉动当地

经济发展和就业的实体企业充分享受税收优惠政策。

（2）谨防税收优惠变成恶性竞争

为了招商引资，一些地方把税收优惠作为重要手段，制造“税收洼地”。然而，地方没有税收政策制定权限，于是就通过财政补贴、返点等形式。但是“税收洼地”导致的税收竞争是一种不公平的竞争。对于“税收洼地”地区来说，虽然表面上带来了 GDP 的增长，但这也让其他地区付出了税源流失的代价。从国家层面来看，这种竞争造成了国家税收的损失，是对国家政策统一性的破坏。为此，国家应该防止各地为了吸引投资，不顾当地实际情况，争先制定不合理的税收优惠政策，导致地方间税收的恶性竞争。

第15章

国际税收筹划案例

在国际税收领域，实质重于形式原则得到广泛使用。应对滥用税收协定的方法主要有透视法、渠道法、善意法。透视法是指最终取得股息的受益人应当是缔约国居民的公司；渠道法则是对享受税收协定优惠的公司支付给第三方居民的股息、利息、特许权使用费的比例作出规定；善意法则是指税收协定的优惠只允许从事实质交易的公司享受。

——中央财经大学教授 、博士生导师　蔡　昌

15.1　星巴克国际税收筹划模式

15.1.1　案例背景

星巴克（Starbucks）是美国一家连锁咖啡公司，在特种咖啡零售界处于世界领先地位。2020 年，国际品牌咨询公司 Interbrand（英特品牌）发布了《2019 年全球最佳品牌》（2019 *Best Global Brands Report*）报告，星巴克排名第 35。星巴克利用其跨国经营的优势，在国际税收筹划方面探索出适合自己的模式，享受着各国税制差异带来的税收便利。

1. 发展历程

1971 年，星巴克在美国华盛顿州西雅图市成立第一家店；1982 年，舒尔茨先生加入星巴克并于 1987 年收购星巴克，开立第一家销售滴滤咖啡和浓缩咖啡饮料的门店；1992 年，星巴克在纽约纳斯达克成功上市，进入一个新的发展阶段；1996 年，星巴克在东京开设第一家海外咖啡店，标志着其正式迈入国际市场。目前，星巴克经营范围遍布亚洲、美洲、欧洲、中东及太平洋地区，在全球 70 个国家拥有超过 24000 间门店，共有 238000 名员工。

2. 经营范围

星巴克最初经营的产品包括顶级的咖啡豆、手工制作的浓缩咖啡及一些冷热咖啡饮料，但从2011年开始，星巴克实施多元化发展战略，对与咖啡相匹配的食品企业进行收购。例如，2011年11月，星巴克收购了果汁公司Evolution Fresh；2012年6月，星巴克以1亿美元收购了面包店Bay Bread和它的咖啡店La Boulange；2012年11月14日，星巴克以6.2亿美元收购了茶业零售商Teavana。目前，星巴克店内除了销售经典的咖啡，还包含各种三明治、蛋糕、面包、茶饮料以及马克杯等产品。

3. 营销策略

星巴克拥有全球众多消费者，成为备受追捧的咖啡品牌是因为其严格的品质要求和精准的市场定位。星巴克对咖啡的原材料选购十分挑剔，对供应商的挑选、评估也有一套严格的程序。星巴克使用的咖啡豆来自世界主要咖啡豆产地，包括印度尼西亚、肯尼亚、危地马拉等，并在西雅图烘焙。从采购、运输、烘焙、调制到最后的配料、销售，都有严格的标准。星巴克精准的市场定位为其带来了一批忠实的消费者。星巴克以“都市白领”为主要市场，该消费群体具备一定社会地位，收入水平高、注重生活品质和情趣。因此，星巴克一般选址在商业区、金融中心或高档写字楼附近，通过精心选择地理位置和周边环境，稳定客户群，培养潜在客户，提升品牌影响力。

星巴克推崇体验式的营销方式，注重为顾客营造“第三空间”。星巴克认为，它们出售的不仅是优质咖啡，更重要的是体验咖啡的文化。星巴克希望能够为顾客营造一种有别于办公室和家的“第三空间”，为消费者营造一种浪漫、时尚、高贵的文化氛围，使其把喝咖啡当作一种生活体验，享受休闲时光。星巴克并不会刻意通过广告进行品牌宣传，而是通过口碑营销来推动目标顾客群的增长。

4. 全球布局

星巴克在全球范围内投资设立子公司，并根据不同洲的不同特点采取不同的商业组织结构。如在英国、泰国，星巴克持有子公司100%的股权进行独资经营；而在日本等国家或地区，星巴克只占股权的50%；在中国台湾、中国香港、上海等地则采用许可协议的方式，占股较少，大约5%；在菲律宾、新加坡、马来西亚以及北京市场，星巴克实行授权经营，不占任何股份。星巴克在全球范围内有着复杂的控股关系：星巴克集团控制着位于美国华盛顿州的一家有限责任公司Starbucks Coffee International，该公司控股位于英国的一家有限合伙企业Alki，英国合伙企业又与荷兰的Starbucks Coffee BV存在控股关系，而荷兰Starbucks Coffee BV同时控制瑞士一家星巴克公司和荷兰的Starbucks Manufacturing

BV，由此形成一种复杂的控股结构。

星巴克咖啡门店分布广泛，在全球 70 个国家和地区设有分店。图 15-1 显示的是星巴克门店在全球部分国家和地区的分布状况，从图中可以看出，美国的星巴克门店在全世界最为密集，纽约曼哈顿几乎每一处都有星巴克；加拿大是星巴克门店数量第二名的国家；首尔是星巴克分布最多的城市。近年来，星巴克在亚太地区的销售增长快于其他任何地方，星巴克将亚洲市场的发展，尤其是在中国的发展置于未来全球市场拓展计划的前列。星巴克在欧洲各国的发展参差不齐，如在英国的店铺分布较密集，而在法国、意大利等国则相对较为稀疏。

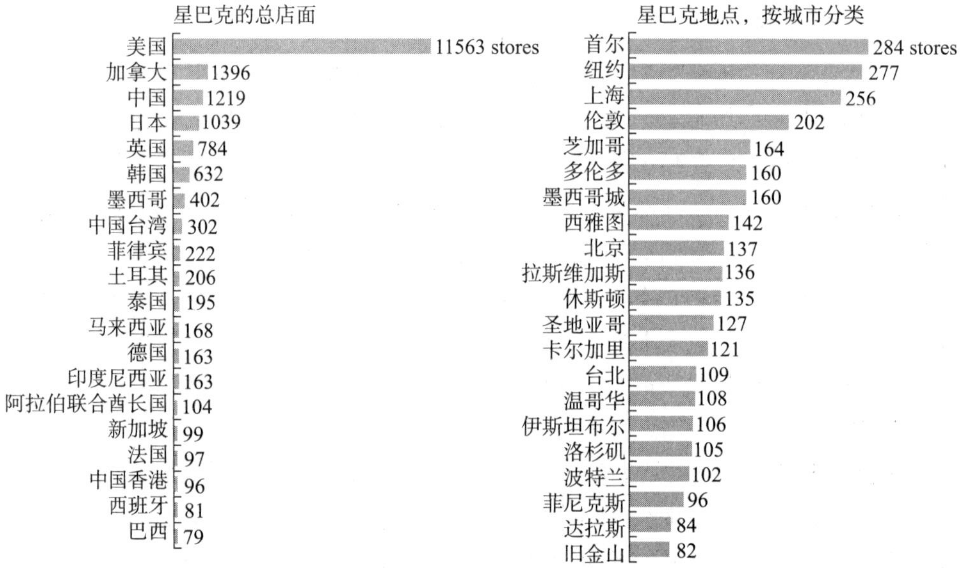

图 15-1 星巴克门店在全球部分国家和地区的分布状况

15.1.2 星巴克在美国的纳税状况及税收争议

1. 星巴克在美国的纳税状况

星巴克在其财务报告中分析，因为美国对留存海外的利润暂不纳税，等汇回美国后再缴纳，星巴克利用了这一延期纳税制度，留在海外的未分配利润帮助其减少了总体税负水平。例如，2015 年，外国子公司和股权投资公司累计未分配收益约 28 亿美元，这些收入不构成美国的收入，也未带来外国预提税支出。

作为一家美国企业，星巴克在尽可能地履行其纳税义务的同时，积极利用本国对跨国企业的优惠政策。同时，由于美国特殊的政治体制，星巴克努力游说政府，试图为其谋求更多的利益。星巴克曾表示，愿意考虑放弃一部分美国税收优惠，包括国内制造扣减和商业投资加速折旧，来换取较低的美国公司税率。此外，目前延期缴税适用于不相关特许经营者的国际特许权使用费，而不适用于与星巴克有关联的经营方。因此，星巴克提出针对特许权使用费收入的税收应延至资金汇回美国之后缴纳。

美国国会税收立法和企业之间良好的互动，一方面促进了有利于星巴克税收政策的形成；另一方面促进了星巴克履行纳税义务。然而在国外，星巴克的税收争议不断，代表性的有 2012 年英国的纳税公关危机和 2016 年欧美裁定荷兰对其采取非法国家援助。

2. 星巴克在英国的税收争议

在英国，2012 年星巴克曾因纳税问题引发公关危机。路透社和一家名为“税务研究”的英国独立调研机构共同进行的为期 4 年的调查显示，星巴克从 1998 年进入英国的 14 年间，占据了英国 1/3 的市场份额，总销售额累计超过 30 亿英镑，但其缴纳的企业所得税累计只有 860 万英镑，占其销售额的比重不到 0.5%。2011 年，星巴克在英国实现销售额 3.98 亿英镑，但其以“亏损”为由，未向英国政府缴纳一分钱的税收。该消息在英国引起轩然大波，英国民众在英国反避税组织的推动下，于 2012 年 12 月在各大城市的星巴克门店外举行抗议活动，抵制星巴克。

星巴克首席财务官特洛伊·阿尔斯泰德声称，星巴克在英国的一切经营都是合法的，他们有着非常严格的会计核算方法，之所以在英国的利润微薄、纳税过低，应归咎于英国经济萎靡、行业竞争激烈、原料成本上涨和门店业绩不佳等。不过，阿尔斯泰德也表示，星巴克确实存在以向其荷兰的欧洲总部支付特许权使用费的方式抵免英国税收。

英国当局和税务专家认为星巴克利用转让定价、资本弱化、收取特许权使用费等手段将英国子公司的利润进行转移，使得英国公司的应税利润很少甚至没有，造成英国的税收流失。另据英国《卫报》报道，星巴克通过英国和其他地区的分公司向荷兰和瑞士的公司付款，瑞士公司高价销售咖啡豆给英国子公司，同时在英国开展业务每年需支付商标使用费，这使得在英国的经营经常出现亏损。

迫于舆论压力，星巴克最终妥协，于 2012 年承诺会在未来两年向英国政府缴纳 2000 万英镑的企业所得税。

3. 星巴克在荷兰的税收争议

由于跨国公司国际避税愈演愈烈，欧盟近年来加大了对国际避税的打击力度，并掀起了对跨国公司及避税地国家的调查高潮，星巴克成为欧盟进行反避税调查的跨国公司之一。欧盟无权干预成员国税收制度，因此欧盟仅对星巴克与荷兰之间私下签订的协议是否违反了欧盟内部市场公平竞争原则、是否构成了非法提供国家补助进行调查评估。但是，星巴克和荷兰对欧盟作出的税务调查拒绝发表任何评论。

2015 年 10 月，欧盟委员会判决荷兰政府与星巴克之间签订的预约定价协议不正当地减少了星巴克在荷兰的税负，构成了荷兰对星巴克的非法国家补助。为减轻由此引发的不公平竞争，欧盟委员会责令星巴克向荷兰当局补缴 2000 万~3000 万欧元的税款。

2016 年 8 月，美国财政部批评欧盟对于美国星巴克、苹果等公司的避税调查存在片面和越权问题。其在白皮书中表示欧盟对其成员国给予跨国公司的特别税收优惠进行税务调查是一种“超国家税务机关”的存在，会对国际税务体系构成威胁。

然而欧盟认为，如果成员国私下向跨国企业提供特别税收优惠，吸引全球大公司把业务转移至其本国境内，将会造成欧盟内部的不公平竞争，因此要加大对这类避税行为的打击力度。2016 年 4 月，欧盟再次加强监管力度，出台了一系列旨在打击大企业避税的制度新规。

15.1.3 星巴克税收筹划的基本框架

星巴克税收筹划运作的基本框架如图 15-2 所示。

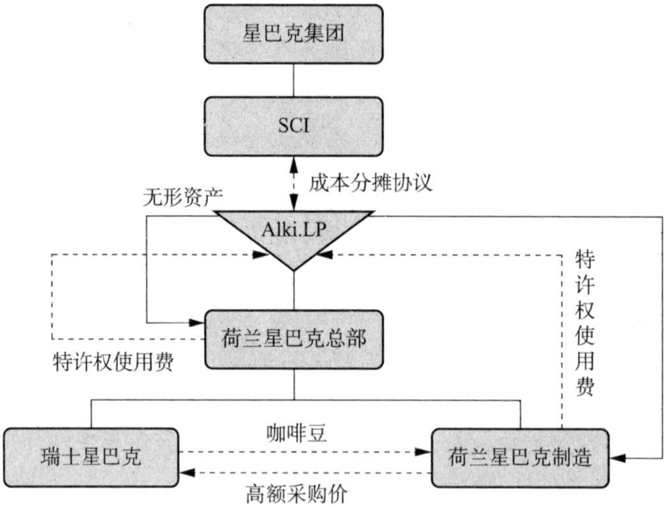

图 15-2 星巴克税收筹划运作的基本框架

星巴克集团控制下的 Starbucks Coffee International（SCI）是一家成立于美国华盛顿州的有限责任公司，其通过美国集团内部一系列复杂的控股关系，最终控制着位于英国的有限合伙企业 Alki（Alki. LP），这家有限合伙企业控股 Starbucks Coffee BV（荷兰星巴克总部），荷兰星巴克总部控股 Starbucks Coffee Trading Company SARL（瑞士星巴克）和 Starbucks Manufacturing BV（荷兰星巴克制造）。

星巴克企业的最终目的是把海外利润集中在英国和瑞士，原因如下：第一，瑞士是避税天堂，企业所得税率只有 20%，远远低于美国的 35%，也低于欧美多数国家，利润囤积在瑞士可以大大降低星巴克税负。第二，英国的企业是一个合伙制企业，按照英国税法规定，合伙企业不承担纳税义务，由合伙人缴纳个人所得税；而它的合伙人位于美国的华盛顿州，不用在英国纳税，所得分回美国后在华盛顿州不需要缴纳州税，节税效果明显。

1. 英国有限合伙企业

Alki. LP 和 SCI 一起负责产品研发，签订了成本分摊协议。英国的这一有限合伙企业拥有星巴克的无形资产所有权，包括星巴克商标、咖啡配方、咖啡豆烘焙技术等。它把星巴克咖啡豆烘焙技术的使用权授予荷兰星巴克制造，其他无形资产的使用权授予荷兰星巴克总部，因此这两家公司需要向英国的有限合伙企业支付特许权使用费。英国的这家有限合伙企业并没有太多实质性的经营活动，除负责一小部分产品研发，其主要起着授予无形资产所有权的作用。英国有限合伙企业在税收筹划中的结构地位如图 15-3 所示。

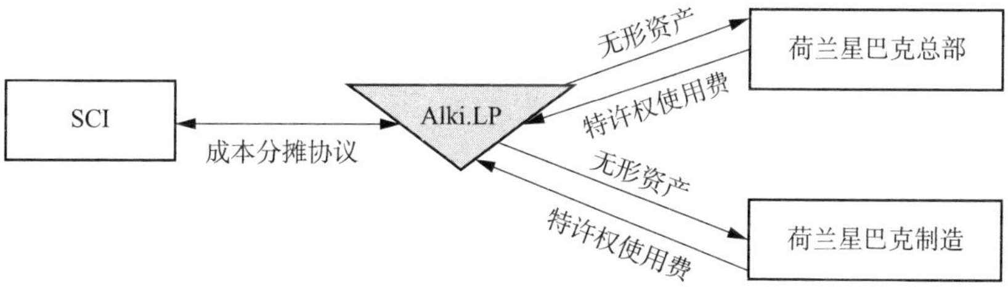

图 15-3　英国有限合伙企业在其税收筹划中的结构地位

2. 瑞士星巴克

瑞士星巴克负责星巴克全球范围内的生咖啡豆采购工作，再把咖啡豆销售给世界各地的星巴克制造公司，其中就包括荷兰星巴克制造。为了利用瑞士税率较低的优势，把利润汇集到瑞士，瑞士星巴克用较高的价格把生咖啡豆卖给荷兰星巴克制造。荷兰星巴克制造被定义为一家原料加工企业，其采购价格根据成本加成法，按照 20%的利润率，在瑞士星巴克购进生咖啡豆的成本上计算确定。资料表明，其他生咖啡豆加工制造企业的利润一般为 4.9%～13.1%。由此看来，20%的利润率明显偏高，因此瑞士星巴克和荷兰星巴克制造的交易价格偏高，存在一定程度的转让定价避税嫌疑。瑞士星巴克在税收筹划中的结构地位如图 15-4 所示。

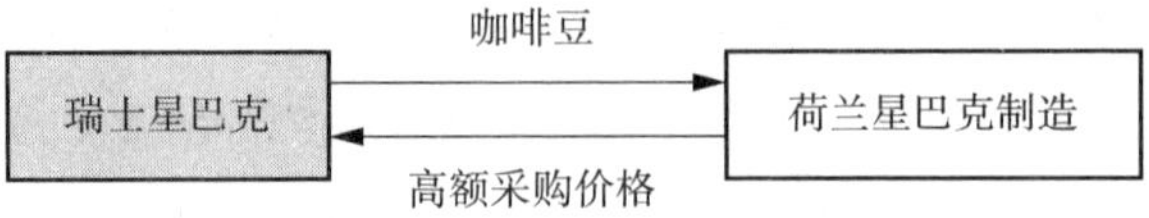

图 15-4　瑞士星巴克在其税收筹划中的结构地位

3. 荷兰星巴克制造

荷兰星巴克制造负责欧洲、非洲等地区的咖啡豆供应，从瑞士星巴克采购生咖啡豆之后，负责烘焙和包装咖啡豆，再分销给各地的门店。荷兰星巴克的利润一部分流入了英国，一部分流入了瑞士，造成其最后的应纳税所得额大幅减少。一方面，由于荷兰星巴克制造在咖啡豆生产过程中利用了英国 Alki. LP 授权的咖啡豆烘焙等技术，其收入的一部分通过特许权使用费的形式转移给了英国的有限合伙企业。另一方面，如上文所述，荷兰星巴克制造通过转让定价的方式，在采购咖啡豆的过程中，支付给瑞士星巴克较高的价格，把部分利润转到了瑞士。荷兰星巴克制造在其税收筹划中的结构地位如图 15-5 所示。

图 15-5　荷兰星巴克制造在其税收筹划中的结构地位

4. 荷兰星巴克总部

荷兰星巴克总部负责和各门店谈判各项产品的具体销售协议，同时提供星巴克商标等无形资产的使用权，向各门店收取特许权使用费。虽然荷兰星巴克总部每年从各门店获得了大量的特许权使用费，但是这一使用权由于是从英国星巴克制造授权而来，因此需要再向英国的 Alki. LP 支付高额的特许权使用费，由此把大量的利润转移给了英国的 Alki. LP。荷兰星巴克总部在其税收筹划中的结构地位如图 15-6 所示。

图 15-6　荷兰星巴克总部在其税收筹划中的结构地位

15. 1. 4　星巴克税收筹划策略

1. 利用税收管辖权

税收管辖权是一国在征税方面的主权，税收管辖权主要有地域管辖权、居民管辖权、公民管辖权。在实施居民税收管辖权的国家，是否是一国居民决定了该国是否有征税权，可利用各个国家居民判断标准的差异，避免成为一国居民而规避这个国家的税收，或成为一国居民而享受这个国家的税收优惠政策。纳税企业利用这一差异，避免双重征税，甚至产生双重不征税的情况；同时尽量享受到不同国家给予的税收优惠。

如表 15-1 所示，目前美国是按照登记注册地标准来判定纳税人身份的，而其他三个国家都使用登记注册地标准或实际管理与控制中心所在地标准。第一，星巴克在英国、荷兰、瑞士建立的这些企业，虽然某些企业只是一个“空壳公司”，实际管理与控制中心在美国，但是美国采用单一的登记注册地标准，故不用在美国缴纳所得税。第二，英国、荷兰和瑞士的企业所得税税率相较于美国较低，在这几个国家建立企业，成为该地居民纳税人，可以享受较低的税率和优惠的政策。

表 15-1 星巴克相关国家纳税人身份判定标准

国家	纳税人身份判定标准
美国	登记注册地标准
英国	登记注册地标准或实际管理与控制中心所在地标准
荷兰	登记注册地标准或实际管理与控制中心所在地标准
瑞士	登记注册地标准或实际管理与控制中心所在地标准

2. 特殊税收政策

（1）美国：延期纳税

美国有延期纳税的制度，这里所指的延期纳税并非推迟确认收入或者提前确认费用而获得货币的时间价值，是指延期缴纳境外所得的税款，即跨国公司从境外获得的所得，一直延期到所得从境外汇回美国时才缴纳企业所得税，当所得留存在境外的时候不用纳税。尽管美国给予纳税人境外税收抵免，但若跨国公司在低税率的国家开展经营活动，当纳税人把境外利润汇回时，纳税人就要按照两国税法分别计算的税款差额在美国纳税，这时企业税负还是达到了35%。为此，利用延期纳税规则，星巴克把大量所得留存在境外的瑞士、英国等国家，这部分所得只按照国外较低税率征收所得税；当星巴克需要资金时，直接从境外支付，因此盈利从获得到支付都避免了美国的税收。

（2）荷兰：不征预提税

集团内部通常会涉及跨国的资金支付，一般来说，支付资金的国家会对这笔来源于本国的所得征收预提税，因此这样的企业最好设在协定多甚至对支付的股息、利息等不征税的国家。荷兰有着特殊的企业所得税政策，即对从荷兰向境外支付的股息、利息和特许权使用费不征预提税。星巴克在荷兰设立了两家公司，都使用了英国有限合伙企业提供的特许权，须支付特许权使用费，但星巴克无须支付任何税收，就轻松地完成利润由荷兰到英国的转移设计。

3. 转让定价

转移定价是指有共同利益又处于同一控制下的相关企业之间，在转移商品、技术、劳务等过程中，违背市场交易规则而制定了特殊价格政策，以达到整体利益的最大化。由转移定价而避税的一般模式是将利润由高税地转移至低税地，高税国企业以较低价格向低税国企业销售相关商品，而低税国企业以较高价格向高税国企业销售相关商品。

随着企业对无形资产日益重视和无形资产的不断增加，其在企业发展过程中起到越来越重要的作用；而由于无形资产的特殊性，其价值不易可靠评估，故无形资产的转让定价被越来越多的跨国企业利用。目前，很多大型跨国企业转让定价是通过授予知识产权和支付特许权使用费的方式，星巴克就是利用了无形资产的转让定价。其拥有的商标权、咖啡生产技术等无形资产，由注册在英国的有限合伙企业拥有，由它授予荷兰星巴克总部和荷兰星巴克制造公司；这样一来，两个公司需要向英国的有限合伙企业支付大量的特许权使用费，从而转移了利润，降低了其在荷兰的税负。

4. 成本分摊协议

成本分摊协议是企业之间签订的一项协议，用来规定在研发、生产或获得资产、劳务和利益等过程中，各方承担的风险和成本，以及享有的权利。成本分摊协议签订后，签订协议的相关各方即可拥有开发后的无形资产，同时各方也可以扣除无形资产开发过程中产生的费用。

美国星巴克公司和英国的 Alki. LP 签订了成本分摊协议，共同开发无形资产，共同享有无形资产的使用权。事实上，星巴克大量的无形资产都是在美国产生的，而英国有限合伙企业和美国公司签订成本分摊后，无形资产自动地被视为被英国有限合伙企业所有。假设无成本分摊协议，美国公司在授予英国有限合伙企业知识产权的过程中会获得一笔特许权使用费，这笔特许权使用费没有改变整个集团的收益，却因需要在美国纳税而造成利益损失。此外，此举还为了规避美国的一项法律，即受控外国公司在取得美国公司授予的无形资产后，不进行进一步开发就直接对外销售的，这是受控外国公司实现的销售收入，不管是否汇回美国都要并入美国公司征税。签订成本分摊协议后，英国有限合伙企业同样履行开发无形资产的义务，如此其获得的特许权使用费便可以留在英国不用交税。

5. 企业组织形式

不同组织形式的企业的法人地位不同，会造成其在不同国家纳税义务的区别。常见的企业组织形式有股份有限公司、有限责任公司、普通合伙企业、有限合伙企业、个人独资企业、个体工商户等，前两类公司一般是法人；而对于合伙企业和独资企业来说，虽然通常意义上属于非法人机构，但是否被认定为独立的法人并附有纳税义务，不同国家的规定不同。

在英国，合伙企业不视为一个纳税主体，其取得的所得分配到各合伙人，由合伙人来纳税。在英国设立的星巴克合伙企业取得的所得不以合伙企业的名义纳税，直接分配给其在美国华盛顿的合伙人；而美国华盛顿州是不征收个人所得税的州，由此这笔收入就获得了双重节税的效益。

6. 政府协议

跨国公司在某个国家设立机构场所，会给该国家带来一定的收益和就业岗位，能够促进某个地区经济的发展。为了吸引海外的投资，很多国家会改变本国的税制设计，甚至和跨国企业签订特殊协议，让跨国企业获得一些节税效益。如荷兰的税务机关和荷兰星巴克协商，荷兰星巴克在计算应纳税所得额时，其整体利润率不得小于5%。如果荷兰星巴克的利润率小于5%，税务局会调增应纳税额；反之则不会干预。如此一来，相当于只要荷兰星巴克给当地政府留下5%的利润率的应纳税所得额，剩余利润的转移不受荷兰税务机关的限制。荷兰和瑞士等国家有税收裁定，纳税人可以利用税收裁定与税务机关谈判裁定的条款，税务机关一般会给予纳税人比法定税率更低的税率。这样的协定在某种程度上可以说是当地政府和企业的双赢，但是站在国际税收大背景下，却扰乱了国际秩序，侵蚀了其他国家的税收利益。

15.2　亚马逊公司税收筹划案例①

15.2.1　背景资料

1. 亚马逊公司基本情况

亚马逊公司1995年成立于华盛顿州的西雅图，美国最大的网络电子商务公司，全球第二大互联网企业。以图书销售起家的亚马逊，从2001年开始，除了

---

① 本案例作者为蔡昌、王思月、张赛。

宣传其是最大的网络零售商之外，还把“最以客户为中心的公司”确立为努力的目标。为此，亚马逊于2001年大规模推广第三方开放平台、2002年推出网络服务、2005年推出Prime服务、2007年开始向第三方卖家提供外包物流服务、2010年推出KDP的前身自助数字出版平台，业务从电子商务、数字阅读扩展到了云计算、物流、无人机等领域。

亚马逊是全球用户数量最多的零售网站，全球有3.04亿名活跃用户、其中35.4%的用户来自北美地区、31.8%的用户来自欧洲地区、24.1%的用户来自亚太地区。

从其全球的布局来说，亚马逊有14个全球站点，其中11个国家开通了第三方卖家功能；凭借强大的技术优势和销售网络，各站点吸引了全球大量的卖家和买家。表15-2总结了亚马逊14个站点的平均每日访问量。

表15-2 亚马逊在全球的14个站点访问量

指标	美国	英国	德国	法国	日本	加拿大	意大利	西班牙	荷兰	巴西	墨西哥	印度	中国	澳大利亚
访问量/天	约1亿	约1200万	约1400万	约480万	约2800万	约240万	约500万	约350万	约24万	约29万	约1200万	约880万	约13万	约24万

资料来源：ALEXA.COM。

另外，亚马逊全球有123个运营中心，可将商品配送至185个国家和地区的消费者。亚马逊拥有全球最先进的电商运营系统及物流仓储运营体系，系统可以为卖家所用，被称为“亚马逊物流”，即FBA。

由图15-7可知，卖家先将商品发送至亚马逊运营中心，由亚马逊运营中心储存商品；当客户订购商品后，亚马逊运营中心对商品进行选取、包装，再快捷配送至客户手中。

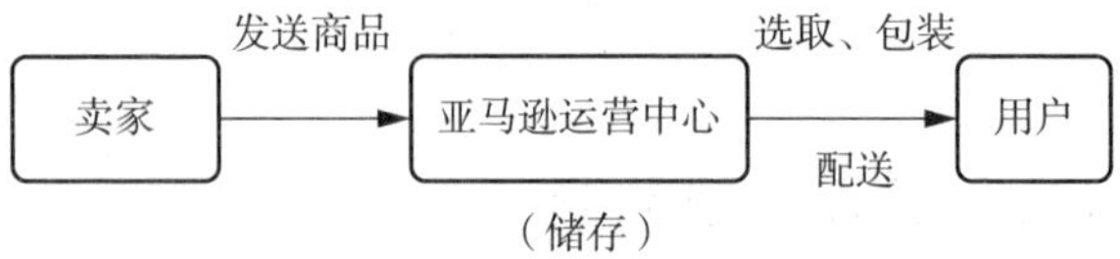

图15-7 亚马逊物流（FBA）操作流程

2. 与亚马逊有关的税收争议

纽约大学斯登商学院市场营销学教授斯科特·加洛威（Scott Galloway）在他的一篇文章中表示，亚马逊在过去9年缴纳的所得税只有14亿美元，而其最大竞争对手沃尔玛，同期缴纳的所得税则高达640亿美元。

（1）在欧洲的税收争议

一是与欧盟的税收争议。亚马逊的欧洲总部选址在税率很低的卢森堡。

2017 年 10 月 4 日，欧盟委员会要求亚马逊向卢森堡政府补缴 2.5 亿欧元（约合 2.94 亿美元）的税款，原因是欧盟委员会认为该公司获得了相对于竞争对手不公平的税收优势。欧盟称，亚马逊在 2006 年至 2014 年享受到了卢森堡政府给予的税收优惠，掩盖了约 9 亿欧元的欧盟内利润，而该税收优惠政策属于非法政府补贴，违反了欧盟的国家补助法规，因此亚马逊应向卢森堡政府补税。其实早在 2014 年 10 月 7 日，欧盟监管机构就对亚马逊公司在卢森堡的税务安排发起了正式调查。欧盟认为，亚马逊在欧洲的大部分利润被记在卢森堡子公司，而根据亚马逊与卢森堡政府签署的优惠协议，亚马逊在卢森堡 3/4 的利润并未纳税。也就是说，亚马逊比卢森堡当地的其他公司少缴了将近 4 倍的税收。

然而亚马逊否认其从事违法活动，认为监管部门将收入误认为是利润，并表示亚马逊在卢森堡的利润低是由于激烈的竞争环境和知识产权的巨大投资成本，而不是恶意避税。亚马逊曾发表声明称："我们完全依照卢森堡和国际税法纳税。我们将研究欧盟委员会的裁决，然后考虑我们采取何种法律行动，包括上诉。"

和亚马逊一样，卢森堡也否认其曾从事任何违规活动，曾在声明中称："卢森堡确信，本案中有关卢森堡违反了国家补助规定的指称并无事实根据，并确信卢森堡将可适时说服欧盟委员会相信其税收规则的合法性，以及说服其相信并无特定企业被授予竞争优势。"

对欧盟的这种做法，美国官员持批评态度，美国财政部负责国际事务的副助理国务卿罗伯特·斯塔克认为欧盟的调查是针对美国企业的行为。美国指责欧盟这一调查为越权行为，认为预约定价协议是一个国家的税收主权，而欧盟是在行使超国家的税收权力。为此，美国财政部在 2016 年 8 月 25 日发布了一份白皮书，白皮书中表达了对欧盟调查的反对，并表示欧盟的做法可能会威胁到全球的税务改革。

欧盟多国政府面对美国科技公司的大规模避税十分不满，准备改革税制，对这些科技公司征收更多的税金。

由表 15-3 可知，亚马逊负担的税金并未与其高额利润相匹配。法、德两国表示将对网络交易平台加强税收管理，杜绝逃税现象。2017 年 8 月 26 日，法国提出新的提案：向各互联网巨头征收一种全新的税收——平衡税。法国财长表示，美国互联网公司应根据其数字平台在营收来源国的总收入来确定其税收水平。另外，法国认为在对大型数码企业加强税务管理的同时，应寻求在欧洲设立统一税率，以消除爱尔兰、卢森堡等低税率国家身为避税天堂的优势。

在10月19日举行的布鲁塞尔会议中，即便28个欧盟成员国中有数十个国家的财长支持这项计划，但由于爱尔兰、卢森堡等国家强烈反对，欧盟领导人决定暂停在欧盟全境的税制改革，以寻求在OECD框架下达成一项可以应用于全球、适应于数字时代、更为有效和公平的长期协议。

表15-3 亚马逊在欧盟多国纳税情况

时间	国家	销售额	纳税额
2012年9月	法国	少缴2.52亿美元	
2012年	德国	87亿美元	392万美元
2014年	德国	119亿美元	1600万美元
2016年3月	意大利	少缴1.3亿欧元	

二是与英国的税收争议。2012年，亚马逊英国分公司被怀疑在英国没有缴纳全部税款，受到英国税务部门自2004年以来纳税情况的审查（见表15-4）。

表15-4 亚马逊在英国部分年度纳税情况

年份	销售额	纳税额
2011	33亿英镑	不到100万英镑
2012	42亿英镑	320万英镑
2015	53亿英镑	1190万英镑
2016	70亿英镑	740万英镑

针对亚马逊的避税行为，2013年3月22日，英国超过10万人签名向政府请愿对亚马逊强制征税；英国政府也于2015年4月推出转移利润税——向人为将利润转移到英国之外国家的企业征收25%的惩罚性税收。亚马逊英国区负责人发表声明称其税负低是由于投资成本大，导致平台盈利很微薄，并表示将在英国创造5000个新的工作岗位，提供24000个固定职位。

除了在缴纳所得税方面有争议，亚马逊与英国在增值税方面也存在争议。2017年9月13日，英国议员指责亚马逊、eBay等线上销售平台，认为其将产品销售到英国却没有在英国缴纳增值税。英国议会公共账目委员会指出，2015—2016年，电商VAT欺诈导致英国政府损失了10亿~15亿英镑的税收。另外，英国是欧洲最大的电商市场，2016年网上销售额占到了英国整体零售业销售额的14.5%，而且在所有电商销售中，有超过一半是通过亚马逊和eBay等平台。因此，英国政府要求亚马逊在英国销售货物时，应向第三方卖家收取增值税；而亚马逊和eBay认为，出售商品或服务所产生的增值税申报责任在于第三方卖家，而不是电商平台。

（2）在美国的税收争议

一是所得税方面的争议。2016 年 9 月，美国国内收入署起诉亚马逊逃税 15 亿美元，这一案件的争议焦点是亚马逊美国公司与其位于卢森堡的欧洲子公司之间签署的成本分摊协议中的转让定价内容。该合同是在 2005—2006 年进行的交易，涉及超过 15 亿美元的税款争议。根据该成本分摊协议，亚马逊集团授予子公司在欧洲使用某现有无形资产的权利，其中包括运营亚马逊欧洲网站业务所需的无形资产。协议要求子公司预付一笔“购置款”，即一次性买入支付费，以补偿美国母公司转让无形资产给子公司的损失。此后，子公司需每年支付分摊费用，以补偿美国业务持续发展的无形资产成本。

美国国内收入署认为这笔“购置款”的金额并不符合公平交易原则，导致亚马逊在美国的税收负担低于合理水平，并采用现金流折现法来重新评估转移定价。亚马逊则认为，其支付的一次性买入支付费是采用 CUP 计算出来的，CUP 是税法规定的计算转让定价的方法之一，并表示美国国内收入署的裁定武断、反复无常且不合理。美国税务法庭在美国国内收入署与亚马逊公司的税务争议中认为：美国国内收入署专员滥用自由裁量权，武断地将技术和产品内容 100%计入无形开发成本，夸大了子公司应付给母公司的无形资产成本，税务评估结果失当；并认可亚马逊为其子公司所需购进交易的支付总额所做的定价，认为其使用的经调整的成本分摊方法合理，可充分合理地将成本分摊进无形开发成本。

最终，尽管美国国内收入署在与亚马逊税收诉讼中败诉，但这是美国国内收入署再次使用税法条款对关联公司跨境转移定价实施纳税评估的一个实际应用，可以看出，美国国内收入署为挽回海外税源作出了不懈努力。

二是销售税方面的争议。除此之外，在州一级销售税方面，亚马逊曾和美国许多州政府产生分歧。一些州认为，亚马逊向本州消费者进行网络零售未收取销售税影响了本州税款的征收；而亚马逊则表示，根据美国法律，美国各州只对在州内存在实体的在线零售商征税，而亚马逊在很多州并未设立实际经营实体，无须缴纳销售税。随着 2013 年“市场公平法案”的通过，意味着各州政府对州外互联网零售商与州内实体零售商有征收相同税率销售税的权利（年收入低于 100 万美元的互联网零售商可被豁免征税）。截至 2017 年 4 月，美国有 45 个州对互联网零售商征收销售税，只有阿拉斯加州、特拉华州、蒙大拿州、新罕布什尔州和俄勒冈州尚未征收销售税。

同时，对亚马逊开征销售税之后，美国部分州计划征收小型电商卖家（包括亚马逊和 eBay 等平台的第三方卖家）的销售税。如 2017 年 6 月，南卡罗来纳州税务局向行政法庭提起诉讼，称亚马逊并未向南卡罗来纳州第三方卖家收取销售税，仅就 2016 年第一季度，亚马逊应支付给该州 1250 万美元的税款、罚款和利息。亚马逊在南卡罗来纳州有三个仓库，存在经营实体，因此亚马逊并不否认在该州的纳税义务。但当涉及第三方卖家时，亚马逊则坚持认为，应由卖家决定是否缴纳销售税。然而南卡罗来纳州认为，第三方卖家出售的商品数量占亚马逊销售总量的一半以上，而且亚马逊控制着第三方卖家的大部分销售过程，因而即使这些卖家在本州没有实体经营场所，但其使用了亚马逊的FBA 仓储配送服务，就有义务缴纳销售税。

15.2.2 亚马逊开展海外税收筹划的框架及方法

1. 海外税收筹划框架

亚马逊海外税收筹划主要是通过其在卢森堡设立的子公司完成。

亚马逊集团在卢森堡有两家公司，一个是亚马逊欧盟有限责任公司（Amazon EU），另一个是亚马逊欧洲控股技术公司（Amazon Europe Holding Technologies），两个公司都是卢森堡的企业，完全由亚马逊集团拥有，并最终由亚马逊美国母公司控制。

（1）亚马逊欧盟有限责任公司的作用

亚马逊欧盟有限责任公司是一个运营公司，拥有超过500名员工，经营着亚马逊的欧洲零售业务。该公司对欧洲亚马逊网站上售卖的商品先进行挑选，再从生产制造商购进这些商品并管理在线销售，最后通过海外各国分销商将产品交付给来自各个国家的客户。也就是说，无论客户在亚马逊欧洲的哪一个站点购买商品，商品都是从卢森堡销售至各个国家，这就使得亚马逊在欧洲的利润都转移到了卢森堡。亚马逊海外国家的分销商只是作为运营公司的一个服务提供商，从事实际经营活动以外的库存、仓储、发货及售后等服务，亚马逊只需向其支付少量的成本加成费。亚马逊正是通过将运营公司销售职能的分割，实现了利润的转移（见图15-8）。

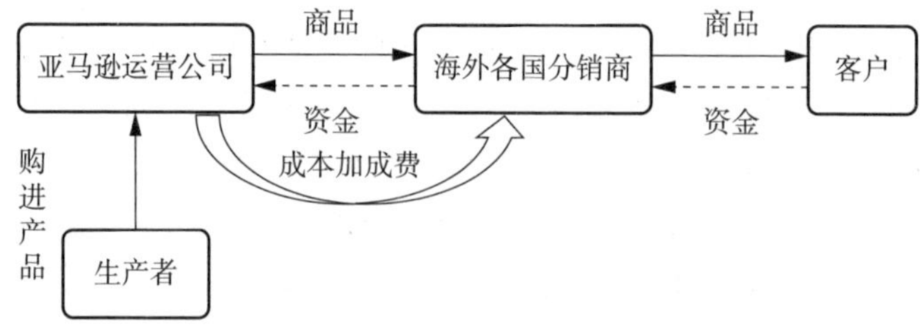

图 15-8 亚马逊运营公司在避税中的结构

（2）亚马逊欧洲控股技术公司的作用

亚马逊欧洲控股技术公司是在卢森堡设立的一家有限责任合伙企业，是一个没有雇员、没有办公室和实际经营业务的“空壳公司”。控股公司在运营公司和美国母公司之间扮演着中介的角色，它与美国母公司就知识产权签订了一份成本分摊协议，即共同拥有和研发无形资产，控股公司只需向母公司支付一次性买入无形资产支付费和每年支付的分摊费用，以补偿美国业务持续发展的无形资产成本。控股公司并不实际使用这项知识产权，它只是将其授权给运营公司，供其经营在欧洲的零售业务（见图 15-9）。

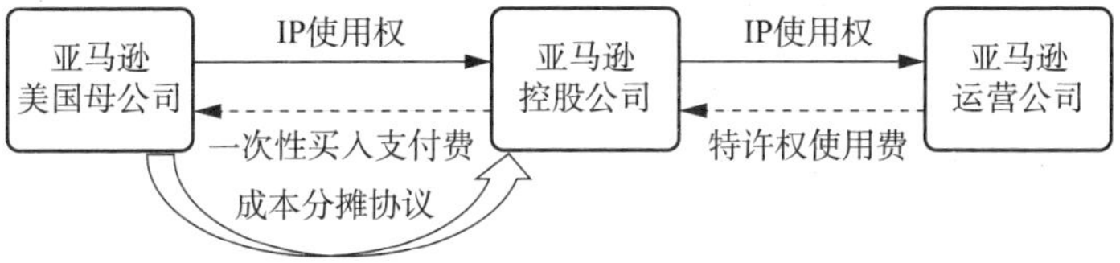

图 15-9　亚马逊控股公司在避税中的结构

运营公司和控股公司有一个实质的区别：运营公司设立在卢森堡，且在卢森堡进行实际经营，因而是卢森堡企业所得税税收居民；而控股公司因其企业形式是有限责任合伙企业，其取得的所得不以合伙企业的名义纳税，只就控股公司分配给股东的所得由股东缴纳税款。控股公司的合伙人是美国华盛顿州居民，卢森堡只能对其征收预提所得税。根据美国与卢森堡签订的税收协定，这笔利润只缴纳 5%的预提所得税，再加上华盛顿州不征收个人所得税，这使得这笔来源于卢森堡的所得少缴了大量税款。

（3）亚马逊在欧洲税收筹划的流程

如图 15-10 所示，亚马逊美国母公司将其在美国开发的知识产权的使用权授权给控股公司使用，由控股公司将其使用权再许可给运营公司使用，并由运营公司向控股公司支付特许权使用费。亚马逊卢森堡运营公司除了负责记录亚马逊在欧洲出售的所有产品的收入，还收集客户数据、进行市场投资、积极完善亚马逊欧洲电子商务平台的软件开发技术。虽然运营公司对授权的知识产权进行了管理和增值，但其向亚马逊卢森堡控股公司支付的特许权使用费大大超过了其应支付的金额（见图 15-10）。

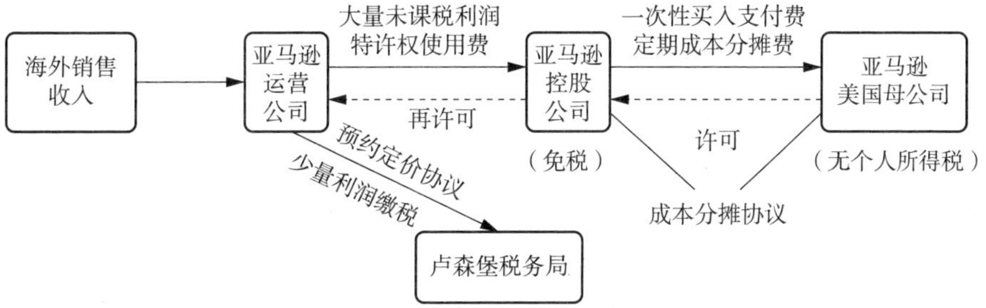

图 15-10　亚马逊在卢森堡的税收筹划架构

另外，亚马逊与卢森堡政府在 2003 年签署了一份优惠的税收协议，协议将亚马逊在卢森堡子公司的缴税比例限制在欧洲总收入的1%以内，而且这份协议认同运营公司向控股公司支付的巨额未反映经济实质的特许权使用费，这使得亚马逊运营公司并未缴纳与其所获大量利润相匹配的税款。对中介控股公司而言，由于其企业形式及其与美国母公司之间签订的成本分摊协议，控股公司取得的大量利润无须在卢森堡纳税；而且由于美国不同地区间的税制差异，其转移回美国的利润也避免了大量税款的缴纳。

2. 亚马逊海外税收筹划方法

（1）税收管辖权

税收管辖权是一个国家根据其法律所拥有和行使的征税权力。目前，世界各国大致实行三种税收管辖权：居民管辖权、公民管辖权和地域管辖权。对于法人居民身份的判定，各国主要采用注册地标准、总机构标准和实际管理机构所在地标准。

如表15-5所示，就亚马逊而言，虽然其在卢森堡空壳子公司的实际管理机构在美国，但由于美国采用登记注册地标准来判定居民身份，因而其不构成美国的居民纳税人，无须就其来源于境外所得在美国纳税。

表15-5 美国和卢森堡法人居民身份判定标准及征税情况

<table>
<tr><th>国家</th><th>法人居民身份判定标准</th><th>外国注册和本国有实际管理机构</th><th>外国注册和本国无实际管理机构</th><th>本国注册和本国无实际管理机构</th><th>本国注册和本国有实际管理机构</th></tr>
<tr><td>美国</td><td>注册地标准</td><td>就本国取得所得征税</td><td rowspan="2">就本国取得所得征税</td><td rowspan="2" colspan="2">就全球取得所得征税</td></tr>
<tr><td>卢森堡</td><td>注册地标准和实际管理机构所在地标准</td><td>就全球取得所得征税</td></tr>
</table>

（2）成本分摊协议

成本分摊协议是指参与方共同签署的对开发、受让的无形资产或参与的劳务活动享有受益权并承担相应活动成本的协议。最常见的成本分摊协议是无形资产共同开发协议，即每一个参与者都可以获得独立利用无形资产的权利。在成本分摊协议下，无须支付特许权使用费，因为没有发生无形资产使用权许可交易，但成本分摊协议要求各参与方分摊各自应承担的成本。

亚马逊出于保护知识产权的目的，将其注册在具有完善法律体系的美国。亚马逊美国母公司和卢森堡控股子公司签订成本分摊协议，意味着双方拥有共同开发该无形资产的权利，控股子公司无须向母公司支付特许权使用费，只需支付知识产权一次性买入费和定期支付的成本分摊费。如果亚马逊美国母公司和卢森堡子公司之间未签订成本分摊协议，母公司将知识产权授权给子公司使用，该交易视同母公司销售无形资产，子公司向其支付的特许权使用费应在美国纳税；相反，通过成本分摊协议，不仅卢森堡子公司可以获得知识产权经济意义上的受益权，还可以避免母公司在美国多纳税。

（3）利用打钩规则

子公司的利润在进行股息分配汇回给母公司之前，母公司一般不需要就子公司的利润进行纳税。然而为了防止跨国公司把利润滞留在避税天堂长期不汇回利润，各国税法一般要求符合一定条件的受控外国公司（如子公司）的所得应在当期向母公司所在国纳税。根据美国 CFC 规则，卢森堡受控外国子公司未对无形资产进行开发，而直接将其授权给卢森堡运营公司，收取的费用应视同受控外国子公司的销售收入，应将其中归属于母公司的利润并入美国母公司纳税。

然而在美国税法下，也存在“打钩规则”，即税务主体性质识别规则。美国税法允许美国公司将境外设立的公司选择为税法上不存在的实体对待，即纳税人可以自由选择是成为公司还是合伙企业。

如图 15-11 所示，亚马逊卢森堡控股公司可被视为美国税法上不存在的实体，即将其视为亚马逊卢森堡运营公司的一部分，运营公司向控股公司支付的特许权使用费、股息等费用属于单一主体的内部支付，因而视同不存在，无须就这笔收入在美国纳税，从而构成受控外国公司法制度的例外。

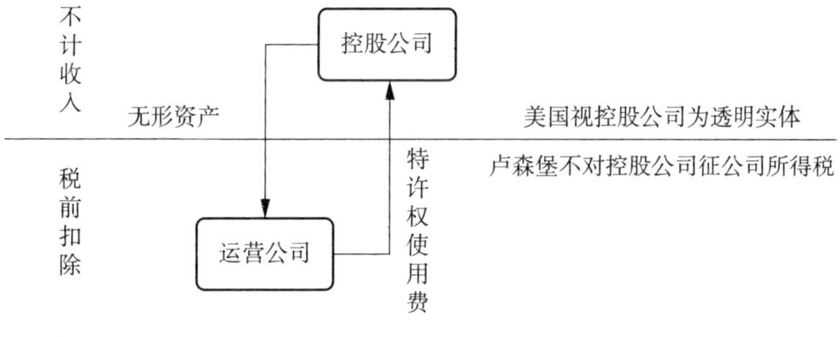

图 15-11　“打钩规则”的具体运用

（4）递延纳税

递延纳税是指，居民股东投资于外国企业所实现的投资所得被汇回本国时，才会对其征税；在被投资外国企业以股息形式分配给股东前，该股东在国内承担的应税所得中则不包括这部分应取得而未实际取得的利润，从而使股东规避了居住国的税款缴纳。这主要是各国政府在经济全球化条件下，为保持本国企业在国际市场上的竞争力而采取的措施。

亚马逊在向卢森堡缴纳了很少一部分税款后，将大量所得滞留在了卢森堡，当其有资金需求时，直接从卢森堡支付资金，从而从资金的取得到支付全流程避免了缴纳根据美国税法应缴纳的税收；而美国为吸引海外资金回流，在2017年9月28日推出新税改框架，对有海外盈利的美国企业的利润汇回时，由征收10%的税率转变为对其征收全球范围内享有的最低税率，这意味着美国递延纳税的政策或许被取消。

（5）预约定价安排

卢森堡以其优惠的税收政策和广泛的税收协定吸引了大量跨国企业，成为世界主要投资地之一。然而，卢森堡的企业所得税税率并不低，即使卢森堡法定公司所得税税率从21%降到了19%，但加上卢森堡当地对企业征收的市政商业税，综合企业所得税税率可达到27.08%。也就是说，亚马逊只要取得了来源于卢森堡的所得，就无法避免在卢森堡所面临的高税率纳税问题。但是，通过预约定价安排，亚马逊可以大幅地减轻其税收负担。

预约定价安排是企业与税务机关就企业未来年度关联交易的定价原则和计算方法所达成的一致安排，通常包括单边、双边和多边三种类型。为了实现双赢，亚马逊与卢森堡政府在2003年签署了一份优惠的税收协议，协议将亚马逊在卢森堡子公司的缴税比例限制在欧洲总收入的1%以内。亚马逊因此享受到了卢森堡政府给予的特殊性税收优势，在卢森堡少缴了大量税款。同时，这个协议并未因亚马逊销售收入的增长而进行调整，虽然违背了国际上的一般做法，但这是与政府签订的协议，因而仍具有法律效力和确定性。由此可见，亚马逊通过预约定价安排以合法的方式避开了卢森堡的税款征收。

（6）亚马逊利用转移定价操作

转让定价是指关联企业之间在销售货物、提供劳务、转让无形资产、进行融资等时制定的价格。跨国关联企业之间可以通过操控企业之间的关联交易，把利润转移到低税率的国家，达到降低企业集团总税负的目的。关联企业间转让定价一般做法如图15-12所示。

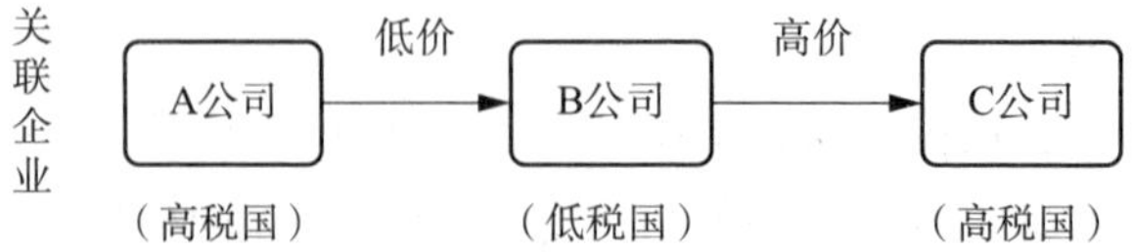

图15-12 亚马逊利用转移定价

各国政府要求关联企业之间的交易定价符合独立交易原则，而专有技术、注册商标、专利等无形资产的转让定价因为很难找到与其可比的对象和参照标准，且容易与其他财产的交易混杂在一起难以拆分。

就亚马逊而言，其先将在美国公司开发的知识产权授予其卢森堡控股子公司使用，控股公司再将其授予实际运营的运营公司使用，运营公司再通过向控股公司支付巨额的特许权使用费来转移利润，减少税款的缴纳。

（7）亚马逊的企业组织形式

合伙企业在卢森堡不被视为公司所得税纳税主体，不以企业的名义纳税，而是由各合伙人就其分配的所得来缴纳税款。因此，在卢森堡设立的控股公司只有将其所得分配给该企业的合伙人时，合伙人才缴纳税款；而该有限责任合伙企业的合伙人是美国华盛顿州居民，卢森堡只能对其征收预提所得税。根据美国与卢森堡签订的税收协定，这笔利润只缴纳5%的预提所得税，加上华盛顿州不征收个人所得税，使得这笔来源于卢森堡的所得少缴了大量税款（见表15-6）。

表15-6 美国与卢森堡签订的税收协定确定预提所得税税率

协定税率缔约国	股息		利息	特许权使用费
	个人、企业	符合条件的企业①		
美国、卢森堡	15%	5%	0	0

资料来源：IBFD数据库，国别报告，http://online.ibfd.org。

注：①一般是指美国居民公司持股比例超过10%的企业。

15.2.3 亚马逊境内税收筹划的条件及方式

1. 境内所得税筹划的条件及方式

（1）所得税筹划条件

美国公司所得税是对美国居民企业的全球所得和非美国居民企业来源于美国境内的所得所征收的一种所得税，分联邦、州和地方三级征收。在特朗普税改之前，美国联邦公司所得税税率采取超额累进税率制度，年应纳税所得额超过1833万美元的企业适用最高税率35%。同时，拥有税收立法权的州（地方）政府会根据其税收自主权和实际经济发展状况制定不同的税收法律及税制体系。

如表15-7所示，各州及地方政府的税收规定存在差异，从事跨州业务的企业因此有了税收筹划的空间。

表 15-7　美国各州公司所得税分类情况

类别	州政府名称
不设公司所得税的州	得克萨斯、华盛顿、内华达、南达科他、俄亥俄
实行固定公司所得税的州	佛罗里达、蒙大拿、新罕布什尔、印第安纳、犹他、密歇根、特拉华、北卡罗来纳、田纳西、密苏里、科罗拉多、爱达荷、西弗吉尼亚、伊利诺伊、亚利桑那、马萨诸塞、亚拉巴马、弗吉尼亚、宾夕法尼亚、俄克拉何马、南卡罗来纳、马里兰、华盛顿特区、威斯康星、康涅狄格、罗得岛、明尼苏达、加利福尼亚、纽约、肯塔基、佐治亚
实行累进税率公司所得税的州	阿拉斯加、俄勒冈、密西西比、堪萨斯、北达科他、内布拉斯加、夏威夷、缅因、新墨西哥、路易斯安那、阿肯色、爱达荷、佛蒙特、新泽西

资料来源：根据 IBFD 数据库整理。

一家从事跨州业务的美国公司是否要在不同州申报纳税，取决于该公司是否在该州"构成征税联系"①，企业一旦被认定为与该州有足够"关联"，则有义务在该州纳税。如果企业被几个州都认定为其纳税人，企业取得的全部所得应在几个州之间先进行分摊，再分别缴纳归属于各州的企业所得税。

因此，如何在相关州之间对跨州经营的州际公司进行所得税的划分是协调各州税收收入的重要内容，而州际公司所得税的分配主要包括对征税权的确立及对跨州经营公司税基的分配。征税州主要采用三种方法对跨州经营公司的所得在州际分配：独立核算法、特定分配法和公式分配法。其中，大多数州普遍采用的是公式分配法中马萨诸塞州首创的古典规则，即征税州在对跨州纳税人归属于其境内的净所得征税时，要考虑工资、财产和销售收入这三个因素，具体公式如下：

某州应分配的所得=(公司在该州的销售额/公司总销售额×权重+公司在该州的财产额/公司财产总额×权重+公司在该州支付的薪金额/公司支付的薪金总额×权重)×公司应分配的总所得

因此，从事跨州经营的企业可以从实际出发，对各州的税收政策进行对比，选择在不征所得税、所得税税率较低或实行更多优惠税收政策的州进行投资。另外，企业可以不与各州构成关联来避免成为所在州的居民纳税人。

（2）所得税筹划方式

一是合理选择经营注册地。亚马逊创始人贝佐斯曾表明，将公司总部设在华盛顿州的西雅图，而不是建立在能为电商企业提供更多智力和技术支持的加利福尼亚州或纽约州，其原因之一就是华盛顿州能给予更优惠的税收政策。

① 构成征税联系，是指企业通过在该州拥有或租赁财产、设立营业场所或从事实际经营活动、拥有雇员或代理商及利用该州资源取得营业收入而与该州形成的关联。

如表15-8所示，华盛顿州不征收公司所得税和个人所得税，实行一系列的税收优惠政策，为亚马逊税负的减轻创造了条件。

表 15-8 华盛顿州税收规定

税种	公司所得税	个人所得税	资本利得税	营业及开业许可税（B&O）	州际销售税	地方销售税
征收情况	不征	不征	不征	0.13%~3.3%（税基为总收入）	税率6.5%	平均税率2.7%

二是充分利用产业扶持政策。美国促进高新技术产业发展的税收优惠形式有直接优惠和间接优惠。直接优惠方式表现为定期减免所得税、采用低税率等；间接优惠方式通常包括加速折旧、投资抵免、费用扣除、亏损结转、提取科研开发准备金等。

由图15-13可知，企业R&D费用可选择两种方法扣除——资本化和在费用发生当年进行一次性扣除。其中，作为鼓励措施，企业R&D费用新增部分的20%可直接冲减应纳所得税额，未冲减完的部分准予结转。美国加利福尼亚州拥有全美最高的研发费用扣除率，允许企业将企业内部研发费用的15%或企业请外部机构从事研发费用的24%，在计算缴纳企业所得税时进行税前扣除。正是因为美国加利福尼亚州鼓励企业进行技术研发力度之大，亚马逊在加利福尼亚州上市的子公司有四家，包括位于旧金山和库比蒂诺的软件开发公司及位于帕罗奥图和旧金山的互联网搜索引擎公司，进而达到减轻企业税负的目的。

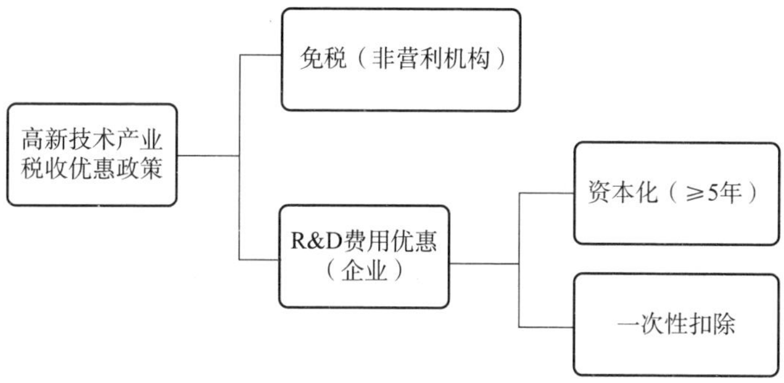

图 15-13 美国高新技术产业税收优惠政策

2. 销售税筹划条件及方式

（1）销售税筹划条件

一是税率不同。销售税是美国州和地方政府对商品及劳务按其销售价格的一定比例课征的一种税，税率由各州政府自行制定。销售税的纳税人是消费者，采用消费地原则，并在销售方向消费者销售时的销售环节征收。当一州居民购买了来自其他州未课税的商品时，居民需在其所在州自行申报缴纳与销售税具有替代性质的使用税。表 15-9 为州级销售税税率分类。

表 15-9 州级销售税税率分类

类别	州政府名称
不征收销售税	阿拉斯加、特拉华、蒙大拿、新罕布什尔和俄勒冈
征收最高销售税	加利福尼亚（7.25%）
征收最低销售税	科罗拉多（2.9%）

资料来源：Tax Foundation，https：//taxfoundation.org。

在征收销售税的州中，地方政府平均销售税税率最高的 5 个州分别为亚拉巴马州（5.03%）、路易斯安那州（5.02%）、科罗拉多州（4.60%）、纽约州（4.49%）和俄克拉何马市（4.36%）；州级和地方综合销售税税率最高的 5 个州分别为路易斯安州（9.98%）、田纳西州（9.46%）、阿肯色州（9.34%）、亚拉巴马州（9.01%）和华盛顿州（8.92%）。由此可见，不同州及地方政府的销售税税收规定存在差异，为从事跨州经营的企业进行税收筹划创造了条件。

二是是否开征亚马逊税。为支持互联网和电子商务的发展，1998 年 10 月美国制定的《互联网免税法》规定，3 年内禁止对互联网课征新税，联邦、州政府不能对非本地的销售商征收销售税或使用税，除非该销售商在该州建立了“税收关联”，该法案一直被延期至 2014 年 11 月 1 日。

由于无法向网购消费者收取销售税，2012 年美国政府因网购损失了 233 亿美元的税收收入。这给传统零售企业带来了冲击，因而一些州政府为享受公平待遇和获取更多税收收入开始对互联网零售商征收销售税，此类法律通常被称为“亚马逊法”①。2009 年，纽约州成为首个通过“亚马逊税收法案”的州政府。截至 2017 年 4 月，美国有 45 个州对互联网零售商征收销售税。尽管对网上零售商征收销售税可以增加财政收入，但为吸引投资，一些州政府同时制定了较为灵活的税收政策，如阿拉斯加州、特拉华州、蒙大拿州、新罕布什尔州和俄勒冈州尚未征收销售税，这为电商企业税收筹划创造了条件。

---

① 亚马逊法：即使网络零售商在某州没有仓库、办公场所等传统意义上的实体存在，但只要该企业与本州内的居民或代理机构签有协议，拥有专用的服务器，并通过该服务器的网址从事实质性、经常性的交易而不是偶然性、辅助性的活动，则可认定该跨州纳税人与该州构成实质性经济联系，该州可以对跨州纳税人行使税收管辖权。当该网络零售商在该州内年销售额超过 100 万美元时，就有义务在该州缴纳销售税或替代性的使用税。

(2) 销售税筹划方式

一是亚马逊通过与州政府达成协议减轻税负。

2012年10月26日，亚马逊与亚利桑那州税务局达成协议：州政府批准亚马逊暂时不对本州消费者收取销售税，亚马逊则承诺建设物流等设施来为该州提供就业机会。自2013年2月1日开始，亚马逊同意对亚利桑那州的居民代收销售税，并承诺自当年7月1日起，同时代征电子书等数字产品或服务的销售税。作为交换条件，亚利桑那州政府同意亚马逊只代征6.6%的州级销售税，并不代征地方政府的销售税，使得其可以少缴近1/3的税款。

二是亚马逊通过解除与代理机构的合作关系来规避纳税义务。

2011年，阿肯色州立法通过了“亚马逊法案”，因亚马逊与该州的代理机构构成“关联”关系，要求其代收销售税。亚马逊于是于2011年7月24日终止了与该州联营机构签订的协议，关闭了其在阿肯色州的网站，以达到免缴税款的目的。因为相同的原因，亚马逊终止了与美国加利福尼亚、康涅狄格、北卡罗来纳、罗得岛、伊利诺伊和夏威夷等州联营企业的合作关系，以继续享受免税待遇。

三是亚马逊通过充分利用税收政策来减轻税负。

由于不同州和地方的税率和税收优惠政策不同，亚马逊可以选择在低税率甚至是免税州从事生产经营活动，如亚马逊最初选择将物流中心建在免征销售税的特拉华州。

案例分析题一

我国台湾反避税条款于2016年7月颁布实施。反避税条款的内容主要有两大重点：

一是建立受控外国公司课税制度（CFC），只要在台企业及其关系企业，投资境外受控公司股权合计超过50%，海外收益盈余无论是否分配汇回，在台企业都要按照持股比率缴税，防止在台企业迟延缴税，将盈余留在台湾地区外子公司。

二是订立反制企业转换居住者身份的“实际管理处所”（PEM）课税制度，企业在避税天堂设立境外公司，其居住者身份视“实际管理处所”来决定，避免其规避税负。

请用国际税收原理解释两项反避税条款的政策含义及实践应用。

案例分析题二

1. **背景资料**

集美集团是一家新加坡大型跨国企业，其创始人为中国居民陈先生和私募基金光华私募。2011 年，由陈先生 100%控股设立在 BVI 群岛的欣荣 BVI 以及由光华私募 100%控股的香港风云（中国香港居民企业）共同在开曼群岛设立美臣开曼公司。

集美开曼的董事长为陈先生，他每年有 80%的时间在境内工作；副董事长为王先生，他每年有 50%的时间在境外工作，在中国有永久性住所，妻女常住中国；财务总监李女士，每年有 30%的时间在境外工作；其他两位独立董事均为外国居民，平时不在中国工作。

集美开曼除日常事务外的重大决策由董事会作出，同时公司的人事任免和财务决策亦由董事会决定。除上述公司最高管理层外，集美开曼的人事总监、销售总监等高层管理人员均在中国长期居住。

为了方便企业信息的查询，集美开曼的会计账簿、董事会和股东会议纪要档案存放在中国。

公司董事会每季度召开一次，召开地点不确定，可能在中国、开曼群岛、新加坡等地。当公司董事会成员因故不能聚齐时，董事可以以视频会议的形式在各自所在地参加会议。

2. **问题思考**

（1）2016 年年底，新加坡企业天伦集团拟收购集美开曼 100%的股权。税务机关认定集美开曼不适用 698 号文的“穿透”。作为谈判议价的参考，天伦集团需要知道作为转让方的欣荣 BVI 和香港风云在中国有哪些税务义务和风险。请对此进行解释和评论。

（2）2013 年，天伦集团派遣员工 Ryan 到集美中国长期负责销售工作，合同未明确约定 Ryan 的实际雇主，也未明确其工作责任和风险由谁承担。派遣过程中，天伦集团仅向集美中国收取其垫付给 Ryan 的工资。Ryan 的奖金等职工福利由集美中国负担，且集美中国全额代扣代缴其工资和福利的个人所得税。Ryan 需向天伦集团和集美中国汇报工作，Ryan 的绩效考评由天伦集团和集美中国共同完成。请分析该派遣安排给天伦集团所得税带来的影响。